GOLDMANN

Buch

Innerhalb der heiligen Mauern des Pentagon wird ein Mord verübt: Dr. Richard Joycelen, der wissenschaftliche Leiter des aufwendigen Raketenabwehrprogramms »Safekeep«, wird erschossen. Sehr bald verhaftet man den CIA-Offizier Robert Cobol als Täter. Da die hohen Militärs auf eine schnelle Aburteilung und damit Beilegung des Falles hoffen, wird die junge, unerfahrene und gerade erst zum Rechtsstab des Pentagon gestoßene Margit Falk mit der Verteidigung beauftragt. Schon bei ihrem ersten Treffen mit dem mutmaßlichen Täter aber melden sich bei Margit Falk schwere Zweifel an dessen Schuld. Als sie dann eines Nachts aus dem Gefängnis angerufen und am nächsten Morgen bei ihrem Eintreffen vom Selbstmord des Verdächtigen unterrichtet wird, ist sie überzeugt, daß sie ein kleines willfähriges Rädchen in einem abgekarteten, teuflischen Spiel abgeben soll. Für die Militärführung ist der Mordfall Joycelen mit dem »Selbstmord« erledigt, doch das Gefühl einer himmelschreienden Ungerechtigkeit läßt Margit Falk nicht ruhen. Sie ermittelt auf eigene Faust weiter und muß schon sehr bald feststellen, daß sich niemand in die Interessenkonstellationen der höchsten Militärs, in den alten Kampf zwischen Falken und Tauben einmischt, ohne mit seinem Leben zu spielen.
In ihrem neuesten Kriminalroman, in dem Margaret Truman souverän den Bogen zwischen der großen Politik und den Machtinteressen einzelner spannt, stellt sie eine neue, ausgesprochen attraktive Ermittlerin vor, die ehemalige Hubschrauberpilotin und jetzige Pentagonanwältin Margit Falk, die sich auch unter größtem Druck nicht den Schneid abkaufen läßt.

Autorin

Margaret Truman weiß, worüber sie schreibt. Als Tochter des ehemaligen Präsidenten der Vereinigten Staaten kennt sie Washington und die Kreise der höchsten Regierungsbeamten besser als die meisten Journalisten, die darüber berichten. Margaret Truman lebt in New York.

MARGARET TRUMAN

MORD IM PENTAGON

Kriminalroman

Aus dem Amerikanischen
von Bernhard Schmid

GOLDMANN VERLAG

Deutsche Erstausgabe

Die Originalausgabe erschien unter dem Titel
»Murder at the Pentagon«
bei Random House, New York

Umwelthinweis:
Alle bedruckten Materialien dieses Taschenbuches
sind chlorfrei und umweltschonend.
Das Papier enthält Recyclinganteile.

Der Goldmann Verlag
ist ein Unternehmen der Verlagsgruppe Bertelsmann

Umschlaggestaltung: Design Team München
Umschlagfoto: Design Team München
Satz: Uhl+Massopust, Aalen
Druck: Elsner-Druck, Berlin
Krimi 5826
Lektorat: Ulrich Genzler
Redaktion: Henriette Zeltner
Herstellung: Heidrun Nawrot
ISBN 3-442-05826-0

10 9 8 7 6 5 4 3 2 1

»Mit unserer Verfassung ist das wie mit der Bibel – man sollte sie immer wieder lesen.«

PRÄSIDENT FRANKLIN D. ROOSEVELT

»Wir wissen alle, daß Korruption im Verborgenen gedeiht und das Licht der Öffentlichkeit scheut; und so ist es nicht ganz abwegig, davon auszugehen, daß sich hinter Heimlichkeiten auch Unredlichkeiten verbergen.«

PRÄSIDENT WOODROW WILSON

»Sie stehlen uns unser Land unter den Füßen weg. Es sind unsere eigenen Leute, und jeder einzelne von ihnen ist ein Verräter.«

SENATOR HENRY »HANK« WISHENGRAD

1

Am Horizont erschien das obere Viertel einer blaßroten Sonne, die sich, kurz davor, ihre sengende Hitze über die Wüste zu breiten, rasch in den noch pechschwarzen Himmel schob. Anmutige Beduinen in Kopftuch und Burnus fütterten, ungewarnt oder die Warnung mißachtend, ihre gereizten Kamele und bereiteten sich auf einen weiteren Tag im Dienste des Propheten vor.

In einem in den Sand gegrabenen Unterstand warteten Männer, die ihre ganze Aufmerksamkeit auf ein stählernes Skelett konzentrierten, das sechs Meilen vor ihnen in den sich langsam aufhellenden Himmel ragte. Sie trugen dunkle Spezialbrillen und starke Feldstecher an Lederriemen um den Hals. Vor sich hatten sie einen Wall elektronischer Gerätschaften mit zitternden Leuchtdioden, auf denen, Reihe um Reihe, rote, grüne und gelbe Lichter blinkten. Ein untersetzter Mann in erdfarbener Uniform besorgte, den Blick auf eine lautlos und unaufhaltsam vor sich hinzählende Digitaluhr geheftet, den Countdown. Andere hielten Videokameras in Richtung der dürren stählernen Anomalie inmitten der unermeßlichen Weite der Wüste.

»Minus zwei«, sagte der Mann an der Uhr.

»Achtung!«

»Minus eins«, sagte der Hüter der Uhr genau eine Minute später.

»Kameras an!«

»Kameras laufen.«

»Brillen auf!«

»Dreißig ... neunundzwanzig ... achtundzwanzig.«

Im Unterstand herrschte prickelnde Erwartung. Und Angst.

»Drei... zwo... eins.«

Es begann langsam, als kaum wahrnehmbares Grollen der Erde. Dann ein blendend weißer Blitz von der Spitze des stählernen Gerüsts, dessen Licht die Männer in den Unterständen noch einen Sekundenbruchteil vor dem Knall erreichte. Und eine Sekunde, nein, mehr als zwei Sekunden darauf fuhr das ehrfurchtgebietende Äquivalent von zwanzigtausend Tonnen TNT in die Erde, dann Feuer, Rauch und tonnenweise Wüstensand in den Himmel schickend, wieder nach oben. Wie eine Haube legte sich eine pilzförmige Wolke über den Ort und kündete von der Zerstörung.

Die Videokameras hielten jede Sekunde des perversen Schauspiels fest – vom Grollen der Erde über den blendenden Blitz bis hin zum Grauen des nur allzu bekannten Pilzes. Seismographenstationen rund um den Globus registrierten es auf ihren empfindlichen Instrumenten. Meßinstrumente und Aufzeichnungsapparaturen erzählten eine verblüffende Geschichte. Die Russen waren die ersten, die wußten, was los war: Irgendwo im Nahen Osten war eine Waffe von etwa derselben Sprengkraft wie Amerikas erster Atomtest gezündet worden. Aber auch andere wußten Bescheid: Dänen, Japaner, Franzosen – und einige auserwählte Grüppchen von Amerikanern, die sofort, selbst kleine Wölkchen bildend, zusammenkamen.

Im Bundeshaus von Hybla Valley an der Telegraph Road, südlich von Alexandria im amerikanischen Bundesstaat Virginia, trafen sich Mitglieder der Operativen Abteilung des Ressorts Atomare Kriegführung im Verteidigungsministerium zu einer Krisensitzung.

Im Pentagon steckten die Vereinigten Stabschefs in einem scharf bewachten Konferenzraum der Bundesmilitärkommandantur im dritten Stock des E-Rings, gleich gegenüber den Büros des Verteidigungsministers, die Köpfe zusammen. Der Minister selbst befand sich augenblicklich in einer Konferenz mit dem Präsidenten, David Beardsley, und einem schlechtgelaunten Kabinett im Weißen Haus. Man hatte gerade in ebenso düsterem wie entschiedenem Ton den eilig zusammengestellten Bericht der Stelle für atomare Überwachung, einer der Operationsabteilung unterstehenden Einrichtung, verlesen.

»Dann hat er sie also«, sagte Beardsley.

»Sieht ganz so aus.« Das Gesicht des Außenministers Warren Smith blieb ausdruckslos.

»Großer Gott«, sagte Vizepräsident Joe Fletcher.

Präsident Beardsley warf einen forschenden Blick in die Gesichter der anderen Kabinettsmitglieder. Dann schlug er, in einem für ihn völlig untypischen Gefühlsausbruch, mit der Faust auf den Tisch.

»Er hat sie. Der Wahnsinnige hat die Bombe.«

2

Der Atomtest in der Wüste, der der Welt die Augen über die Möglichkeit eines erneuten Krieges geöffnet hatte, war Anfang Juli über die Bühne gegangen. Jetzt, an einem heißen, stickigen Tag Ende August, saß Luftwaffenmajorin Falk auf einer der zahlreichen Bänke der gut zwei Hektar umfassenden magnoliengesäumten Parkanlage im fünfeckigen Innenhof des Pentagon. Die Morgensonne hatte auf ihr Haar dieselbe Wirkung wie auf jede andere schwarzseidene Haarpracht auch: sie brachte die tieferliegenden Kupfertöne zum Vorschein. Sie trug Bermudas aus Khaki, makellos weiße Leinenschuhe und ein pinkfarbenes T-Shirt, auf dem in grünen Buchstaben »ICH BIN EIN WOLKENQUIRL ... UND STOLZ DARAUF« stand. Man hatte Margit Falk nach ihrer in Deutschland geborenen und schon früh – Margit war erst fünf Jahre alt gewesen – verstorbenen Großmutter benannt. Für gewöhnlich wurde sie von Leuten, die bei der Vorstellung nicht genau hingehört hatten, mit Margaret angesprochen. Es hatte eine Zeit gegeben, in der sie daran gedacht hatte, ihren Namen in die amerikanische Version umzuändern, aber sie hatte diese kurze Periode mangelnden Selbstvertrauens überwunden und buchstabierte nun jedem verwirrten Gegenüber ihren deutschen Namen stolz, um nicht zu sagen, zwanghaft vor. Klar, daß die Leute dazu neigten, sie Peg oder Peggy zu nennen, aber sie zögerte nicht, ihnen liebenswürdig zu sagen, wie sie genannt zu werden wünschte.

Sie war schön, darin war man sich einig. Sie besaß die Art Schönheit, die in gewissen Männern romantische Gefühle weckt und bei Adoleszenten jeden Alters, die eifrig jeder Ausgabe des *Playboy* harren, das Feuer sexueller Phantasien schürt. Sie war in Fleisch und Blut, was Hugh Hefners »Mädchen von nebenan« hatte sein sollen, aber doch nie war, es sei denn, man wohnte neben einem ... na ja, lassen wir's gut sein. Tatsache war immerhin, daß einmal ein Fotograf vom *Playboy* auf den Luftwaffenstützpunkt Lowry gekommen war, um eine Fotostory über Frauen beim Militär zu machen. Als er Margit erspähte, wußte er, er hatte sein Centerfold – bis sie ihm, angesichts des Glitzerns in seinen Augen, höflich, aber bestimmt zu verstehen gab, daß sie die Kleider nur für sehr wenige Menschen ablegte, die meisten von ihnen Ärzte oder Krankenschwestern, und daß ihr ihre militärische Laufbahn mehr bedeutete als alles Geld, das Mr. Hefner je besessen oder verloren hätte; ganz zu schweigen davon, daß sie den Gedanken, nackt herumzustehen, ziemlich albern fände. Außerdem, so sagte sie ihm mit einem Lächeln wie ein Sonnenaufgang, handle sie nicht mit Äpfeln.

Was dem künstlerischen Urteil des Fotografen freilich keinen Abbruch tat. Mit ihren ein Meter siebzig, den langen

Beinen, der hübschen Sommerbräune, die für den Rest des Jahres zu einem natürlich dunklem Teint verblaßte, war Margit Falk, auch der Stärke ihres Charakters wegen, eher eine Kandidatin für das Titelbild von *Prevention.* »Stramm« war eines der Worte, mit denen man eine Figur wie die ihre beschrieb. »Sportlich«, »gesund«. All das und vieles mehr.

Zuweilen hielt man sie fälschlicherweise für eine Französin. Tatsache war, daß ihre Großeltern väterlicherseits Franzosen waren und sie ein gut Teil ihrer Jugend bei ihnen verbracht hatte, ein Umstand, dem sie ihre ganz passablen Französischkenntnisse verdankte, die es ihr erlaubten, sich zumindest mündlich zu verständigen. Ihr Vater war Chef einer Wartungsgruppe bei der Luftwaffe gewesen, so war sie als typisches Soldatenkind aufgewachsen. Trotz der zahlreichen Umzüge hatte sie eine schöne Kindheit gehabt, denn ihr Vater hatte sich bei ihrer Erziehung genausoviel Mühe gegeben wie bei der Wartung der ihm anvertrauten Maschinen. Er hatte gerade lange genug gelebt, um ihr noch ein wenig beim Erwachsenwerden zu helfen. Sie vermißte ihn sehr.

Ihre großen Augen waren überraschend blau für jemand mit so dunklem Teint; es waren leuchtende und offene Augen, die zugleich Intelligenz und eine natürliche Freundlichkeit ausstrahlten.

Sie zog sich weder provozierend an, noch wackelte sie beim Gehen mit den Hüften, aber das spielte keine Rolle; was immer Margit trug, ob ein T-Shirt, das eine wohlgeformte Brust ahnen ließ und ihre weiblichen Hüften zur Geltung brachte, ihre blaue Ausgehuniform oder die Pilotenmontur, man drehte sich nach ihr um. So auch an diesem Vormittag auf dem alljährlichen Picknick der Test- und Auswertungsabteilung, an dem sich die Köpfe von gut einem Dutzend Männer weitaus auffälliger bewegten als ihre Hüften. Am deutlichsten ließen sie jene ihre Bewunderung spüren, die weder Frau noch Freundin hatten. Die übrigen werteten etwas verstohlener aus, was sie nie würden testen dürfen.

Er wartete neben dem lila Wasserbehälter im Tiefgeschoß des Pentagon. Es gab 685 Wasserspender im Pentagon, aber nur einer davon war lila. Warum? Kein Mensch wußte es. Er warf einen Blick auf die Uhr: 11 Uhr 05. Fünf Minuten zu spät. Unpünktlichkeit hatte etwas Arrogantes. Leute auf den »großen Auftritt« warten zu lassen, zeugte von schlechtem Charakter.

»Na, genießen wir die Sonne?«

Ein korpulenter Mann ließ seinen gewichtigen Körper neben sie auf die Bank fallen, ein freundliches Lächeln auf seinem nassen runden Gesicht. Margits einziges Zugeständnis an die während des Sommers in der amerikanischen Hauptstadt üblichen klimatischen Bedingungen waren winzige Schweißperlen auf Oberlippe und Stirn.

»Ein richtig schöner Tag«, antwortete sie.

»Mir ist er zu heiß«, sagte der Mann und fuhr sich mit einem bereits klatschnassen Taschentuch übers Gesicht. »Ich bin Joe Maize. Wie in Puffmais.« Er bot ihr die Hand mit dem Taschentuch, lachte dann und hielt ihr die andere hin. Sie nahm sie. »Margit Falk.«

»Ich habe Sie noch gar nie gesehen«, sagte Maize.

»Ich bin noch nicht sehr lange hier«, erwiderte sie. »Man hat mich erst letzten Monat versetzt.«

»Zu T & A?«

»Nein«, sagte sie. »Zur Rechtsabteilung.«

»Sie sind Anwältin?«

»Ja, und auch das noch nicht sehr lange.«

»Tja, dann willkommen im Rätselpalast.«

»Danke.« Rätselpalast. Der klassische Spitzname für Amerikas Verteidigungszentrum, das Pentagon. Aber nicht der einzige. Etwas weniger geläufig waren Fort Schnitzer, Zinnoberfabrik und Fünfseitige Klagemauer.

Margit fragte nicht, aber Joe Maize bot die Information – er sei Zivilangestellter, bezahlt nach GS-15, in der Revisionsabteilung für Rüstungsaufträge – auch so. Durchschnittlich würden im Pentagon Tag für Tag zirka fünfzigtausend Verträge unterzeichnet. Über einen Mangel an Arbeit könnten sie sich also wohl kaum beklagen. »Das da drüben ist meine Frau«, sagte er. Er deutete auf eine Frau von beträchtlichem Umfang, die mit einer kleinen Gruppe von Leuten um eine eigens für das Picknick aufgebaute Hufeisenwurfanlage stand.

Margit nickte. Er war massig, verschwitzt, verheiratet und nicht besonders interessant. Immerhin schien er recht nett; er besaß die Freundlichkeit der Menschen aus dem Mittleren Westen. Und was sollte man auch schon groß sagen?

Maize stand auf. »Tja, dann herzlich willkommen, Miss Falk.« Er beugte sich vor, um die Aufschrift auf ihrem T-Shirt zu entziffern. »Ein Club?« fragte er.

»Nicht ganz«, sagte Margit. »Ich fliege Hubschrauber. Einige meiner Kolleginnen und ich haben uns die Dinger drucken lassen.«

»Nett«, sagte Maize. »Und entschuldigen Sie, daß ich Sie mit ›Miss‹ angesprochen habe. Sie sind beim Militär, was?«

»Major.«

»Freut mich, Ihre Bekanntschaft gemacht zu haben, Major.«

»Danke.« Lustig, wie Männer sich gar soviel Mühe geben, unsere T-Shirts zu lesen, dachte sie. Vielleicht hätten wir uns lieber Oberarmabzeichen machen lassen sollen.

Obwohl Margit Maize nicht kannte, wußte sie doch, wer er war – der Chefrevisor eines umstrittenen Waffensystems für die Luftwaffe, das unter dem Namen Projekt Safekeep lief. Es basierte auf der Lasertechnik und wurde von der Abteilung für Fortgeschrittene Rüstungstechnologien finanziert. Die technische Entwicklung von Safekeep war der Firma Starpath Inc. anvertraut worden, einem nicht gerade im Rampenlicht arbeitenden kalifornischen High-Tech-Unternehmen. Die Theorie hinter der neuen Waffe sah vor, nachdem was Margit gehört hatte, kleine Atomsprengvorrichtungen mit

Kampfflugzeugen ins Einsatzgebiet zu transportieren und dann in der Luft zur Detonation zu bringen; die dabei freiwerdende Strahlung sollte ausreichen, um feindliche Flugkörper zu zerstören. Soweit Margit wußte, hatte man noch kein funktionstüchtiges Modell zur praktischen Erprobung, aber Starpath behauptete, erfolgreiche Labortests durchgeführt zu haben. Die Abteilung Fortgeschrittene Rüstungstechnologien und die mit der Überwachung des neuen Waffensystems beauftragte Sektion der Luftwaffe im Pentagon hatten dem Kongreß vor kurzem mitgeteilt, man habe entscheidende Fortschritte gemacht. Andere Wissenschaftler wagten diese Aussage zu bezweifeln und argumentierten dabei mit dem derzeitigen Forschungsstand der Lasertechnik, die, wie sie sagten, bestenfalls in den Kinderschuhen stecke.

Sie beobachtete, wie Maize zu seiner Frau zurückging, der großen quadratisch-praktischen Frau mit dem kurzen blonden Haar und den von der Hitze geröteten Wangen. Eine Weile später stand Margit auf und schlenderte lässig in ihre Richtung. Im Vorübergehen hörte sie Mrs. Maize zu den anderen in der Gruppe sagen: »Samstag, Sonntag, nie ist Schluß damit. Also das wäre doch mal ein Abkommen, um das sich der Präsident mit den Russen balgen sollte: daß man es an einem Tag der Woche unter Strafe verbietet, auch nur an Landesverteidigung zu denken!« Sie lachte unbeschwert, aber man hörte es ihrer Stimme an, wie ernst ihr das Thema war.

Margit kannte nicht viele auf dem Picknick. Sie war die einzige aus der Rechtsabteilung des Ministers. Man hatte sie eingeladen, weil ihre erste Aufgabe nach ihrem Amtsantritt im Pentagon darin bestand, als juristischer Verbindungsoffizier bei dem von der Abteilung Test und Auswertung betreuten Projekt Safekeep zu fungieren. Sie hatte zunächst erwogen, die Einladung abzuschlagen, vor allem als Jeff abgesagt hatte. Sie und Jeff Foxboro hatten zusammen an der George-Washington-Universität Jura studiert. Jeff hatte sich ganz dem Studium widmen können, während Margit, die im Fliegerhorst Bolling etwas außerhalb von Washington stationiert war, nur abends und an den Wochenenden Zeit dafür hatte. Nach dem Examen hatte er einen Posten bei Henry »Hank« Wishengrad, einem im Blickpunkt der Öffentlichkeit stehenden liberalen Senator aus Wisconsin, angenommen, der bereits seine vierte Amtsperiode absolvierte und im Kongreß der führende Kritiker des Pentagon war.

Ihre Beziehung war unter dem gestrengen Auge von Juraprofessor Mackensie Smith erblüht, der Margit nicht nur die Jurisprudenz beibrachte, sondern ihr auch als persönlicher Mentor zur Seite stand. Kurz nach ihrem Examen wurde Margit an den Fliegerhorst Lowry in Colorado versetzt, was ihre Beziehung zu Foxboro zwar erheblich gestört, ihr jedoch nicht gleich den Garaus gemacht hatte. Mit ihrer Rückkehr nach Washington wegen ihres neuen Postens im Pentagon schlug sie gleich drei Fliegen mit einer Klappe: erstens war sie natürlich wieder näher bei Jeff; zweitens hatte sie Gelegenheit, ihre Bekanntschaft mit Mac Smith und dessen Frau Annabel aufzufrischen, mit denen sie sich über das normale Verhältnis zwischen Student und Professor hinaus angefreundet hatte; und drittens war da natürlich die nicht von der Hand zu weisende Attraktivität eines Postens im Pentagon. Eine Zeitlang in der Stärke-und-Männchen-Fabrik, wie sie das Pentagon nannte, bot zwar keine Garantie für den Aufstieg beim Militär, aber andererseits konnte eine erfolgreiche Dienstzeit dort auch nicht schaden.

Obwohl es Jeff Foxboro nicht möglich gewesen war, sie an jenem Vormittag auf das Picknick zu begleiten, hatte er sie doch gedrängt hinzugehen. »Eine gute Gelegenheit, Leute außerhalb des Büros kennenzulernen. Die Leute persönlich zu kennen, wird dir helfen, Probleme aus dem Weg zu räumen, wenn du mal welche hast – überhaupt in einem Zoo wie dem Pentagon.«

Er hatte natürlich recht, und obwohl sie nun allein hier war, so war sie doch froh, gekommen zu sein. Hier in der Ruhe unter den Bäumen, umgeben von einem der größten Bürogebäude der Welt – 34 Hektar Bürofläche auf über 70 Hektar Grund –, in dem Entscheidungen von größter Bedeutung getroffen wurden, hatte man auf einmal das angenehme Gefühl, auf einem altmodischen Familienpicknick gelandet zu sein. Kinder rannten herum und stolperten sich durch Dreibeinrennen und Sackhüpfen. Die Ehrgeizigen unter den Erwachsenen waren in den Fitneßclub der Pentagonoffiziere gegangen, um in Gymnastik- und Schwimmwettbewerben gegeneinander anzutreten. Das Gebäude, in dem der Club untergebracht war, hatte man im Zweiten Weltkrieg als Bunker für Franklin Delano Roosevelt errichtet. Bomben waren freilich keine darauf gefallen, aber dafür hatte der Zahn der Zeit daran genagt, bis sportlich interessierte Offiziere die Mittel aufgetrieben hatten, es etwas aufzumöbeln.

Andere auf dem Picknick verschafften ihren auf Wettbewerb eingestellten Pentagonnaturen mit weniger anstrengenden Spielen Auslauf: Sie warfen Hufeisen, spielten Volleyball oder Badminton. Margit zog den Wettstreit mit sich selbst vor; sie übte sich in Ausdauer und Kraft und hatte es nicht nötig, sich anderen zu beweisen, so daß sie sich damit zufrieden gab, Spiel und Spaß als Zuschauerin zu genießen und sich dabei die Sonne ins Gesicht scheinen zu lassen.

Er hörte Schritte auf dem harten Boden, warf wieder einen Blick auf seine Armbanduhr. Neun Minuten Verspätung!

»Margit!«

Sie war eben auf dem Weg über den Hof zum Kiosk, an dem es Hamburger, Hot dogs, Wassermelonen, Limonade und Bier gab. Sie blieb stehen und wandte sich um.

»Schön, dich wiederzusehen.« Es war Bill Monroney. Es stimmte also nicht, daß Margit auf dem Picknick niemanden kannte. Sie hatte Oberstleutnant William Monroney vor Jahren kennengelernt, kurz nach ihrer Ausbildung am Hubschrauber, die ihr die Erlaubnis eingebracht hatte, dieses schwierige, unhandliche und doch so wunderbare Flugzeug zu fliegen. Kennengelernt hatten sie sich in Panama, wo Margit – allen Bestimmungen zum Trotz, die Frauen den Einsatz in Kampfgebieten verboten – mit einem UH-60, einem »Blackhawk«, von einem vom CIA finanzierten Landeplatz in Costa Rica aus Nachschubmissionen zur Unterstützung der Invasion geflogen hatte. Monroney war der ihrer Einheit von der Luftwaffe zugeteilte Nachrichtenoffizier gewesen.

»Ich habe schon gehört, daß du im Pentagon bist«, sagte er liebenswürdig und streckte ihr eine Hand entgegen. Margit warf einen forschenden Blick in sein Gesicht. Er war älter geworden – was sie nicht weiter überraschte –, aber er sah noch besser aus, als sie ihn in Erinnerung hatte: groß, herrlich schlank, und das bißchen Grau an den Schläfen gab seiner aristokratischen Schönheit noch einen Hauch von Weisheit. Wie Margit selbst hatte auch Bill Monroney seine Freude daran, sich in Schuß zu halten. Er trug weiße Hosen, Mokassins und ein schlichtes Hemd, an dem die beiden obersten Knöpfe offenstanden. Eines jedenfalls hatte sich nicht verändert: sein Lächeln war nach wie vor ansteckend.

»So etwa seit einem Monat. Komisch, daß wir einander noch nicht über den Weg gelaufen sind.« Wenn ich ehrlich wäre, dachte sie, dann würde ich ihm sagen, wie sehr ich gehofft hatte, ihm nicht zu begegnen. Was natürlich unrealistisch war, selbst in einem solchen Moloch von einem Gebäude. Monroney war dem Direktorium für das Ingenieurswesen der Luftwaffe zugeteilt. Angesichts von Margits Aufgabe beim Laserprojekt war es gar nicht zu vermeiden gewesen, daß sie sich früher oder später begegneten.

»Das hier ist ein Riesenladen«, sagte er. »Und ich bin fast den ganzen Monat über weg gewesen. Wie ist es dir denn so ergangen?«

»Prima. Wirklich gut.«

»Fliegst du immer noch Hubschrauber, als wärst du in einem geboren?«

»Klar. Wenn ich die Möglichkeit habe.«

»Und auch noch Anwältin«, sagte er mit leicht übertriebenem Respekt. »Und was steht bei Margit Falk als nächstes auf dem Programm? Gehirnchirurgie?«

»Ich habe daran gedacht«, sagte sie. »Hast du's nötig? Siehst gut aus. Das Pentagon scheint dir zu bekommen.«

Monroney lachte. »So lange man es nicht zu ernst nimmt. Um ehrlich zu sein, mein Posten gefällt mir. Geht doch nichts darüber, mit den lila Anzügen zu verkehren.« Lila Anzüge war Pentagonesisch für die höchsten Stellen. »Ist ganz gut für die Karriere, wenn schon nicht für die Moral.«

»Wie geht's denn deiner Frau?« fragte sie.

Monroney warf einen Blick hinüber zu seiner Frau, die, mit einer anderen plaudernd, an einer Limonade nippte. Er wandte sich wieder Margit zu. »Celia geht es prima. Und du? Noch immer allein?«

»Ja, und ich genieße jede Minute. Entschuldige mich jetzt. War schön, dich zu sehen, aber ich habe Durst.« Sie ging weiter in Richtung Kiosk, sich völlig darüber im klaren, daß Monroney jeden ihrer Schritte beobachtete. Sie umging Celia Monroney und erreichte die kleine Bude, wo einige Freiwillige mit langen schwarzen Gabeln hantierten, deren Spitzen sich in die Haut von Würstchen oder verkohlte Rippchen bohrten. Das Fett, das von den Hamburgern tropfte, machte den Grill zu einer zischenden Schlangengrube. Margit bestellte sich eine Cola light.

Unangenehme Erinnerungen befielen sie, aber sie schob sie beiseite. Zu ihrer Rechten standen die Theke entlang Offiziere, denen Beruf und Rang selbst in Zivilkleidung anzusehen war, dazwischen Lobbyisten, die von ihren Pentagonkontakten eingeladen worden waren, und sogar ein Abgeordneter aus dem Repräsentantenhaus, den Margit von Fotos kannte.

»Also eines weiß ich«, sagte einer der Militärs in autoritärem Befehlston (ob er sich seiner Frau und den Kindern gegenüber auch so anhört? dachte Margit), »diesen Hurensohn sollte man besser ordentlich zurechtstutzen, bevor er auf die Idee kommt, seine Bombe auch einzusetzen, jetzt, wo er sie endlich hat.«

»Na, die Israelis jedenfalls haben ganz schön gespitzt«, sagte einer der Lobbyisten. »Was habe ich da gestern gehört? Daß sie in einer Krisensitzung zwei Milliarden für neue Waffen gebilligt haben sollen?«

»Verdenken kann man's ihnen nicht«, sagte ein anderer Offizier in Zivil. »Dieser Irre braucht nur eine einzige Bombe auf Tel Aviv werfen, schon ist Schluß mit der Heimat der Juden, mit Israelanleihen und konventioneller Kriegführung.«

Margit hörte an ihrer Cola nippend zu. Die Demonstration, mit der der Führer einer arabischen Nation bewiesen hatte, daß es ihm tatsächlich gelungen war, eine Atombombe zu entwickeln, hatte seit der Veröffentlichung der Videoaufzeichnungen praktisch jedes Gespräch dominiert. Bis zu jenem schicksalhaften Augenblick hatte sich die Welt langsam, aber sicher in Richtung eines brüchigen, aber doch tröstlichen Friedens bewegt. Die Zusammenarbeit zwischen den Vereinigten Staaten und dem, was von der Sowjetunion übriggeblieben war, hatte sich entwickelt. Gorbatschow und seine Politik von Glasnost hatte den Stein ins Rollen gebracht. Die Berliner Mauer war gefallen. Die Länder im Ostblock hatten sich gestreckt wie nach einem Winterschlaf und strebten nun nach Marktwirtschaft und freien Wahlen. Dann der fehlgeschlagene Putsch gegen Gorbatschow und, vor allem, der Zusammenbruch des Kommunismus in der Sowjetunion, der den Zerfall ihres Status als atomare Supermacht in Gang gesetzt hatte.

Saddam Husseins dreister Einfall in Kuwait und die darauf folgende Schlappe auf dem Schlachtfeld durch Stormin' Norman bei der Hundert-Milliarden-Dollar-Operation Desert Storm hatte den Irak – wenigstens fürs erste – zur Ohnmacht verurteilt. Die Verhandlungen zwischen Israel und der PLO schienen einen Schritt vorangekommen zu sein, auch wenn eine definitive Lösung noch in weiter Ferne lag.

Und dann sah sich die Welt durch einen einzigen Knopfdruck erneut vor die Aussicht auf eine atomare Auseinandersetzung gestellt. Was die Regierungen schon immer befürchtet hatten, war jetzt Tatsache: daß nicht eine der Supermächte die atomare Katastrophe auslösen würde, sondern daß die technischen Möglichkeiten in den Händen eines Einzelgängers, eines unzivilisierten und unvernünftigen Despoten landen würden, der bei einer solchen Waffe nicht die Bedrohung der Menschheit sähe, sondern die Möglichkeit, sich ungeahnte Macht zu sichern – und selbstverständlich, je nach Tiefe seiner religiösen Überzeugung, einen besonderen Platz im Himmel.

Der Test der Atomsprengvorrichtung hatte das Pentagon in fieberhafte Aktivität rund um die Uhr katapultiert. Waffensysteme, die man längst auf Halde gelegt hatte, sahen sich wieder hervorgezerrt und wurden einmal mehr für machbar erklärt. Senatoren aus den Haushaltsausschüssen, die alles getan hatten, um der relativen Ruhe auf der Welt wenigstens eine bescheidene Dividende abzugewinnen, indem sie wenigstens vorübergehend freigewordene Mittel in den Wiederaufbau von Amerikas Infrastruktur lenkten, um die langsam, aber unentwegt zunehmende Armut zu lindern, die wachsende Lücke zwischen arm und reich zu schließen und dringend benötigte Bildungsprogramme zu finanzieren, selbst diese Leute überprüften nun ernsthaft ihre eigenen Schnitte am Rüstungshaushalt.

Die Besatzung eines russischen Raketensilos vor St. Petersburg fläzte sich auf den Sofas, die man ihnen für ihre langen und langweiligen Schichten zur Verfügung gestellt hatte.

Amerikanische und russische Unterhändler hatten hinsichtlich des Abbaus der atomaren Arsenale beträchtliche Fortschritte erzielt, aber der Tag, an dem derlei Waffen endgültig abgeschafft würden, war noch nicht in Sicht. Drei der Besatzungsmitglieder spielten Karten. Aus einem Radio tönten von Mussorgskij orchestrierte russische Volksweisen in den großen, fensterlosen Raum, von dem aus der Abschuß des tödlichen Werkzeugs im Silo zu bewerkstelligen war. Der Befehl zum Abschuß käme per Telefon, einem schlichten schwarzen Apparat auf einem Schreibtisch vor der komplexen Apparatur, die, einmal aktiviert, die Rakete in den Himmel und übers Meer direkt auf das nach wie vor programmierte Ziel schicken würde: einen Kiosk genau in der Mitte einer zwei Hektar großen, von fünf Mauern umgebenen Grünanlage; ein Ziel, das im Augenblick aus Coke und Pepsi, Hamburgern, Hotdogs, Kartoffelchips, Popcorn, Kaffee und Tee bestand. Dieser Kiosk war seit Jahrzehnten Ziel für die erste im atomaren Ernstfall von den Sowjets abgeschossene Atomrakete. Die Tüten mit den Chips würden mitsamt den Mauern ringsum in einem großen Blitz verschwinden.

»Ich habe Kopfweh«, sagte einer der Russen.

»Du hast gestern abend zu tief in den Wodka geschaut«, sagte ein Major mitfühlend.

»Es soll sich schon mal einer totgemischt haben«, sagte ein einfacher Soldat am Tisch.

Und so ging das, Schicht für Schicht, Woche für Woche; man wartete auf das Klingeln des Telefons, das noch nie geklingelt hatte und dessen Klingeln mit jedem Tag der Entspannung unwahrscheinlicher wurde.

Es sei denn, die Raketen unter dem Kommando der sowjetischen Crew würden von einem Kiosk in der Mitte des Pentagon aus auf eine Stadt mit weißen Mauern im Nahen Osten gerichtet.

Margit wanderte weiter durch den Park und blieb gelegentlich stehen, um sich Leuten vorzustellen, die ihren Kontaktversuchen gegenüber aufgeschlossen schienen. Eine gewisse Traurigkeit hatte sich ihrer bemächtigt. Nicht daß sie tiefbetrübt gewesen wäre, es war ein Augenblick der Melancholie, wie sie ihn durchaus kannte und der sich für gewöhnlich immer dann einstellte, wenn sie sich inmitten einer von Familien beherrschten Umgebung sah. Der Gedanke, verheiratet zu sein und Kinder zu haben, hatte durchaus seinen Reiz, obwohl sie sich vom Naturell her keineswegs dazu gedrängt sah; dazu hatte sie schon zu viele Anträge abgelehnt. Ihre Gedanken wanderten zu Jeff. Würde sich ihre Beziehung soweit entwickeln, daß sie eines Tages heirateten? Man übereilte so etwas schließlich nicht; wenigstens sollte man das nicht. Wenn es passierte, dann passierte es eben. Inzwischen hatte sie genug anderes zu tun.

Sie bemerkte eine andere Frau, die ebenfalls allein schien. Sollte sie sich ihr vorstellen, oder sollte sie gehen, was sie eigentlich hatte tun wollen? Die Frau verbreitete eine... nun ja, eine sinnliche Aura, wie manche Frauen sie haben, etwas, was weniger auf Kleidung oder Make-up zurückzuführen ist, als auf ein angeborenes Gefühl, es sei ihr angestammtes Recht, ja ihre Pflicht, zu flirten und sich gleichzeitig zu zieren, Männer wie Frauen anzuziehen und zu verführen. Die Frau war in etwa so groß wie Margit und trug beige Hosen und eine geblümte Bluse. Ihr blondes Haar war leicht gelockt, und Hitze und Luftfeuchtigkeit sorgten dafür, daß es mehr an Form verlor, als ihm guttat. Ihre Züge waren gewöhnlich (in dem Sinne, daß sie auf den ersten Blick nicht gerade umwerfend erschienen), nur ihre Lippen waren sehr voll. Sie besaß einen ganz unglaublichen Schmollmund. Richtig sexy.

Die Frau stand abseits von den anderen an einen Baum gelehnt. Margit ging zu ihr hin. »Hallo«, sagte sie, »ich bin Margit Falk und neu hier.« Die Frau hatte sie nicht kommen sehen und schien überrascht, aber dann sagte sie: »Hallo, ich bin Christa Wren und schon ewig hier.«

Margit machte eine Geste in Richtung Picknick. »Ganz lustig«, sagte sie.

»Ja. Werden Sie im Pentagon anfangen?«

»Ich bin Majorin bei der Luftwaffe und der Rechtsabteilung zugeteilt. Arbeiten Sie auch hier?«

»Nein, ich bin mit jemand mitgekommen.«

»Oh.« Margit fragte nicht, mit wem und wo er steckte. Warum eigentlich mußte es sich um einen *Er* handeln? Vielleicht war sie mit einer Freundin hier. Nein, es war mit Sicherheit ein Mann.

Christa bot die Erklärung, nach der Margit nicht gefragt hatte, auch so. »Ich bin mit Dr. Joycelen hier. Er ist nur eben wegen irgendwas reingegangen.«

»Dr. Joycelen. Von dem habe ich natürlich schon gehört, obwohl ich ihn noch nicht kennengelernt habe. Er ist bei der Fortgeschrittenen Rüstungstechnologie.«

»Stellvertretender Direktor.«

»Ein brillanter Mann, was?« sagte Margit.

»Ausgesprochen klug. Ein Genie.«

»Ich habe so was gehört. Tja, schön, Sie kennengelernt zu haben. Vielleicht sehen wir uns mal wieder. Bei einem anderen Picknick. Oder auf der Weihnachtsfeier. Es gibt doch wohl eine Weihnachtsfeier hier, oder?« Margit lachte leise.

»Vielleicht«, sagte Christa, die ihren Blick wieder der Tür zuwandte, die aus dem Innenhof in einen der Flügel des Pentagon führte.

Nicht ein Wort fiel, als die beiden sich am lila Wasserspender trafen. Der eine wollte eben etwas sagen, als ein Geräusch zu hören war, ein geradezu lächerliches »Plop«, bedenkt man den Schaden, den es anrichtete. Die Kugel brachte eine Brille zum Bersten, und durchdrang direkt zwischen den Augen Haut und Knochen. Ein Wort formte sich auf den Lippen des

Sterbenden, aber es erblickte nie das Licht des Tages. Ein ebenso plötzlicher wie rascher Tod.

Es gab nur einen Zeugen für die Szene. Den Mörder. Niemand sonst hatte etwas gesehen.

Außer dem schweigsamen Auge einer der vielen hundert Überwachungskameras. Ständig und gnadenlos auf der Hut, solange sie funktionierten, hoffnungslos blind, wenn dem nicht so war.

Wieder eine Viertelstunde, sagte sich Margit, als sie Christa Wren stehen ließ und Bill Monroney an ein Mikrofon auf einem kleinen hölzernen Podium in der Nähe des Kiosks treten sah. »Meine Damen und Herren«, sagte er, »es wird Zeit, die Gewinner unserer sportlichen Veranstaltungen bekanntzugeben. Beginnen wir mit den Wettbewerben der Kinder.« Ein jüngerer Mann mit einer Schachtel voll Medaillen und Bänder stellte sich zu Monroney auf das Podium. Margit war dem jungen Offizier während einer Besprechung vorgestellt worden. Mucci? Ja, sie glaubte sich daran zu erinnern. Major wie sie selbst. Major Anthony Mucci. Ein auf Hochglanz polierter Soldat, erinnerte sie sich. Er hätte aus einem Werbeplakat für das Militär entstiegen sein können: kurz geschorenes braunes Haar, intensive, ruhige Augen, eine gute Haltung, ein Mann, der nicht viele Worte machte. Selbst in Zivil war er der Inbegriff eines jungen Militärs. Beeindrukkend.

Die Kinder, die in ihren Disziplinen gewonnen hatten, traten stolz auf das Podium, um ihre Anerkennung in Empfang zu nehmen. Aber um die Wahrheit zu sagen, es gab Medaillen für alle, auch für die vierten, sechsten, achten Plätze und so weiter, und so dauerte es denn auch einige Zeit, bis man alle durch hatte. Als Monroney so weit war, brachte Mucci eine zweite Schachtel mit den Medaillen für die Erwachsenen zum Vorschein. Monroney hatte eben die ersten genannt, als Margit die beiden Männer wahrnahm, die aus dem Pentagon gekommen waren und jetzt forschen Schritts auf das Podium zugingen. Andere sahen sie jetzt, auch Monroney und Mucci. Monroney stieg von der Plattform, und er und die beiden Neuankömmlinge begannen eine gedämpfte, aber lebhafte Unterhaltung. Als sie fertig waren, kehrte Monroney auf die Plattform zurück, nahm das Mikro und sagte: »Meine Damen und Herren, es hat einen Unfall gegeben. Tut mir leid, aber das Picknick ist damit vorbei. Den restlichen Gewinnern werden die Medaillen am Montag zugestellt. Wenn Sie sich nun bitte entfernen würden. Gehen Sie nach Hause. Ich danke Ihnen für Ihr Kommen.«

Monroney machte Mucci und einem anderen Mann vom Stab Zeichen mitzukommen, und sie folgten den beiden, die die Nachricht von dem Unfall im Pentagon überbracht hatten, durch die Tür, durch die sie gekommen waren.

Die sich zerstreuende Menge war in heller Aufregung. So plötzlich. So rasch. Was war passiert? Was sollte da passiert sein? Und wem?

Instinktiv drehte sich Margit nach der Stelle um, wo sich Christa Wren gegen einen Baum gelehnt hatte. Sie war nicht mehr da. Margit stellte sich auf die Zehenspitzen und warf einen Blick über die Menge. Sie sah Christa rasch den Innenhof verlassen und durch den vorgeschriebenen Eingang verschwinden, den auch die langsameren Picknickbesucher benutzten.

Margit schloß sich der auf den Ausgang zuströmenden Menge an, hörte die Gespräche um sie herum, die Fragen, die Spekulationen. Sie hatte niemanden, mit dem sie ein solches Gespräch hätte beginnen können. Es war ohnehin zwecklos, sich an diesem Ratespiel zu beteiligen. Sie würde es früh genug erfahren – zusammen mit allen anderen.

Monroney, Mucci, der dritte Offizier, der sich ihnen angeschlossen hatte, und die beiden Sicherheitsleute standen da und blickten auf die Leiche. Sie befanden sich im zweiten

Untergeschoß des Pentagon, in einem Lagerraum, der durch eine Treppe und einen Aufzug zu erreichen war, die beide einen Stock darüber schwer bewacht waren. Dr. Richard Joycelen saß gegen den Wasserkühler gelehnt. Die Kugel, die ihm das Leben genommen hatte, war ihm genau zwischen die Augen gefahren. Eine Menge Blut war aus der Wunde über den auffallenden Höcker an seiner Nase und dann über die Wange gelaufen. Viel davon war bereits geronnen und bräunlich.

»Ist das Gebäude gesichert?« fragte Monroney einen der Sicherheitsleute. »Haben Sie die Sanitäter gerufen?«

»Jawohl, Sir.«

»Gut.« Und dann an Mucci gewandt: »Gehen wir rauf. Sieht ohnehin so aus, als dürften wir das Wochenende hier verbringen, und ein Picknick wird das unter Garantie nicht.«

3

»Geht das in Ordnung, wenn ich jetzt gehe?« fragte Jeff Foxboro seinen Boß, Hank Wishengrad.

»Teufel, nein«, grinste Wishengrad. »Sie sind ja erst drei Tage und Nächte hier, und so sehen Sie auch aus. Gehen Sie nach Hause.«

»Nicht direkt. Ich bin zum Abendessen verabredet, aber ich werde mich trotzdem früh in die Falle hauen – falls mir der Kopf nicht schon in die Suppe fällt. Bißchen Matratzenhorchdienst würde Ihnen auch nichts schaden.«

Der Senator aus Wisconsin lehnte sich in den hohen roten Ledersessel und schob die Hände hinter den Kopf. Sein Haar war silbern, und er trug es etwas länger, als man es von einem Mann in den Sechzigern erwarten würde, zumal einem Senator der Vereinigten Staaten – schon fast so lang, daß man es als »wallend« hätte bezeichnen können. Zusammen mit der

Halbbrille, die mehr Zeit auf seinem Schädel zubrachte als auf der Nase, und einer Schwäche für Fliegen sah er aus wie der typische Intellektuelle der sechziger Jahre: ein Professor, ein radikaler Anwalt oder ein in die Jahre gekommener Beatnik – ein Erscheinungsbild, das die Experten auf dem *Hügel* als Affektiertheit verspotteten. Was jedoch nur zur Hälfte der Wahrheit entsprach.

Der Senator schloß die Augen. »Mit wem essen Sie denn?« fragte er geistesabwesend.

»Mit der Frau, von der ich Ihnen erzählt habe. Margit Falk.«

»Der Majorin?«

»Genau der. Um genau zu sein, wir sind zu viert. Mackensie Smith, mein ehemaliger Juraprofessor und seine Frau Annabel haben uns eingeladen.«

Hank Wishengrad öffnete die Augen; ein Lächeln verzog seine Lippen. »Mac Smith. Wie geht's denn dem so?«

»Ganz gut – hoffe ich doch. Ich habe ihn seit meinem Examen kaum mehr gesehen. Alle heiligen Zeiten telefonieren wir mal miteinander. Ein großartiger Mann, und er hat eine wunderbare Frau. Um genau zu sein, Margit hat das Essen in die Wege geleitet. Sie versucht schon seit ihrer Rückversetzung nach Washington eine Art Miniklassentreffen auf die Beine zu stellen.«

Wishengrad stand auf, streckte sich, gähnte. »Tja denn, Jeff, falls Sie bei Ihrem Professor oder Ihrem Schatz aus dem Pentagon die eine oder andere Perle der Weisheit aufschnappen sollten, so geben Sie sie doch morgen früh an mich weiter. Wir können jeden klugen Gedanken brauchen, der hier nur zu haben ist. Manchmal glaube ich, wir haben nach dem Marshallplan zu denken aufgehört.«

Foxboro nahm seinen braunen Regenmantel von einem antiken Kleiderständer und zog ihn sich über sein Tweedjakkett. Er trat ans Fenster und blickte hinaus. Es hatte zu nieseln begonnen. Vielleicht würde das die Stadt um einige Grade abkühlen, wenigstens auf eine niedere Garstufe. Er sah sein Spiegelbild im Fenster und tätschelte sich den Kopf, um die außer Fasson geratenen Haare zu glätten. Es zeitigte keine große Wirkung. Foxboros sandfarbenes Haar hatte die Konsistenz eines Hunde- oder Katzenstriegels. Jedes Haar hatte seine Unabhängigkeitserklärung abgegeben und legte sich genauso, wie es wollte. Überhaupt war es ihm nie gelungen, diesem Wildwuchs beizukommen, bis er eines Tages auf einen Stylisten gestoßen war, einen jener Leute, die den guten alten Friseur ersetzt haben; der hatte ihm versprochen »das Ungeheuer zu zähmen« – was ihm dann auch bis zu einem gewissen Grad gelungen war. Foxboro hielt seine einsachtzig kerzengerade; eine merkwürdig militärische Haltung, zumal er nicht gedient hatte. Sein Gesicht war kantig und seine Stirn für gewöhnlich gefurcht, was ihm einen zornigen Ausdruck verlieh, der so ganz und gar nichts von dem flinken, trockenen Witz ahnen ließ, der dieses Gesicht blitzartig in ein Kaleidoskop von Lachfalten verwandelte. Er arbeitete mit Gewichten, aber nur um sich den Muskeltonus zu erhalten, nicht des dicken Bizeps wegen; und zu guter Letzt war er, nach einem Fortbildungskurs in Washington, auch noch ein ganz passabler Experte in Sachen chinesische Küche geworden.

»Meine besten Grüße an Mac Smith«, sagte Wishengrad, als Foxboro schon auf dem Weg zur Tür war.

»Wird gemacht, Senator. Ich werde ihm sagen, Sie hätten einen Plan, unsere nichtexistenten Eisenbahnen dazu zu bringen, pünktlich zu fahren – den Mussoliniplan. Ich wünsche Ihnen eine gute Nacht. Sehen Sie zu, daß Sie nach Hause kommen. So wie es aussieht, ist die Regierung der Vereinigten Staaten auch morgen früh noch im Geschäft.«

Foxboro hatte zuerst zu Fuß vom Dirksonhaus zu Mackensie Smith gehen wollen, der in der in Foggy Bottom gelegenen 25. Straße wohnte, aber da er ohnehin schon zu spät dran war, sprang er in eines der wenigen leeren Taxis, die an diesem verregneten Abend durch die Stadt kreuzten.

So müde er auch sein mochte, der Gedanke an einen Abend mit Margit und den Smiths gab ihm neue Energie. Er grinste, als er sich den Verlauf des Essens ausmalte. Als Jurastudent an der George-Washington-Universität war er einige Male zum Abendessen im Haus seines ebenso gelehrten wie mit den Gesetzen der Straße vertrauten Professors gewesen. Diese Abende waren unweigerlich in eine lautstarke Debatte zwischen den eingeladenen Studenten und ihrem Lehrer ausgeartet, der sich ausgesprochen wohl dabei zu fühlen schien, den widersprüchlichen Argumenten, die um den Tisch gingen, die Schärfe zu nehmen. Daß Smith über einen bemerkenswerten Verstand verfügte, stand außer Frage, aber es war doch immer wieder Annabel, die einem Thema mit einer pointierten, einsichtsvollen und für gewöhnlich geistreichen Bemerkung die Krone aufsetzte, und das mit einem Lächeln für ihren Gatten, wenn die beiden gegenteiliger Meinung gewesen waren und die seine auf dem Boden gelandet war. Foxboro hatte sich hinterher hin und wieder gefragt, ob die beiden wohl weiterdiskutierten, ob sie sich je stritten. Letzteres schien ihm unwahrscheinlich; die Smiths schienen sich gesucht und gefunden zu haben, ganz zu schweigen davon, wie gut sie zusammen aussahen: er, trotz der Hornbrille der knorrige männliche Typ, dem selbst schon Minuten nach einer gründlichen Rasur wieder ein Schatten auf Hals und Wangen trat, sie, die umwerfende Frau mit einem Teint wie Milchkaffee, einer vollen Mähne kupferroten Haars und einer Figur, die auch nicht den geringsten Zweifel daran ließ, welchem der beiden Geschlechter sie angehörte.

Foxboro sprang die Treppe vor dem schmalen zweigeschossigen grauen Haus mit den sternenbannerblauen Läden hinauf und kündigte seine Ankunft an, indem er den Messingklopfer gegen das Holz der blauen Tür krachen ließ. Annabel öffnete. Sie hielt Rufus, die dänische Dogge, am Halsband fest, damit sie Foxboro nicht die riesigen Pfoten auf die Schultern legte. »Hallo, Jeff«, sagte sie liebenswürdig. »Kommen Sie rein. Wir haben schon angefangen, uns Sorgen um Sie zu machen.«

»Tut mir leid, daß ich so spät dran bin«, sagte er. »Ich hatte ein paar hektische Tage im Büro. Oder waren es Jahre? Ich hab's vergessen.«

»Jahrzehnte«, sagte Annabel, die ihm den Mantel abnahm und ihn ins Wohnzimmer führte, wo Margit bei einem Glas Weißwein saß.

»Hallo, Schatz«, sagte Foxboro. Er drückte ihr einen Kuß auf die Wange und ließ sich Zeit dabei. An Annabel gewandt sagte er: »Wo ist denn unser Prof?« Foxboro hatte nie so recht gewußt, wie er Mac Smith ansprechen sollte. Während des Studiums hatte er selbstverständlich Professor Smith gesagt. Jetzt als Anwalt und Mitarbeiter eines Senators hatte Smith ihn gebeten, ihn Mac zu nennen, was er denn auch tat, auch wenn ihm nicht ganz wohl dabei war.

»Wo sollte er wohl sein?« erwiderte Annabel. »In der Küche bei der Arbeit an einem seiner kulinarischen Triumphe. Burger King wird vor Neid erblassen. Was zu trinken?«

»Ja, bitte«, sagte Foxboro. »Scotch auf Eis wäre für einen armen Kerl wie mich jetzt genau das richtige.«

Annabel kehrte mit einem großen Glas voll Eis und Knockando zurück. Gepanscht wurde bei den Smiths nun wirklich nicht, dachte Jeff anerkennend. Der Scotch war unverschnitten, und der Bourbon kam aus ein und demselben Faß. Smith steckte seinen Kopf zur Küchentür heraus, um ihm einen Gruß zuzurufen. Er trug eine lange Schürze über einem blauen Hemd mit Botton-down-Kragen und einer roten Paisleykrawatte. Auf der Schürze war ein Fluß zu sehen, der sich durch einen Wald wand. Klettverschlüsse hielten zwei Topfhandschuhe in Forellenform.

Annabel setzte sich zu Margit auf ein Zweiersofa; Rufus fläzte sich zu ihren Füßen und lag fast schon im nächsten Zimmer. Foxboro schlenderte in die Küche, wo Smith eben einige Rinderfilets mit Sojasoße behandelte. Dann würzte er das Fleisch mit frischgemahlenem Pfeffer und stellte den Teller auf den Kühlschrank. »Bei meinen letzten Rinderfilets habe ich den Fehler gemacht, sie auf der Anrichte stehen zu lassen«, erzählte Smith. »Ein Bissen, und Rufus hatte sein zweites Hors d'œuvre.«

Foxboro lachte. »Für den ist das nur ein Big Mac.«

»Und für uns Chinesisch zum Mitnehmen. Wie geht's denn so, Jeff?«

»Ziemlich gut, obwohl ich fast in Senator Wishengrads Büro wohne. Ach, übrigens, er läßt Sie grüßen. Ich habe gar nicht gewußt, daß Sie befreundet sind.«

Smith hob den Blick von seiner gußeisernen Pfanne, in die er eben einen Teelöffel Olivenöl gegeben hatte. »Wir sind nicht befreundet. Ich habe einige Zeit im Städteausschuß des Senators zugebracht und habe seine Qualitäten kennen- und schätzengelernt. Ich fürchte nur, aus dem Ausschuß ist nicht viel geworden. Ihr Chef ist Angehöriger einer Minderheit, wenn es um Bundeszuschüsse für unsere Städte geht, aber wir haben getan, was wir konnten. Sie haben zu trinken? Prima.« Smith nahm ein schweres geschliffenes Kristallglas mit Eis und einer samtenen braunen Flüssigkeit, hob es an die Lippen und schlürfte langsam und lautstark daran. »Ausgezeichnet. Ich weiß, der Trend zu Gespritztem und Flaschenwasser mit extra feinen Bläschen ist nicht mehr aufzuhalten, aber für die Seele ist ein guter Bourbon aus einem einzigen Faß weitaus besser. Wenigstens für die meine.« Er schaltete den Herd an, stellte die Temperatur auf 220 Grad und lehnte sich gegen die Anrichte. »Ich hatte noch keine Zeit, Nachrichten zu hören. Gibt es was Neues über den Mord an Joycelen?«

Foxboro zuckte mit den Achseln. »Da, wo ich die letzten Tage gewesen bin, war von dem Mord kaum die Rede. Ich meine, es gab ein paar Spekulationen, gleich nachdem es passiert war, aber das Hauptthema ist nun mal unser arabischer Freund mit seinem neuen Spielzeug.«

»Eine verdammte Schande«, sagte Smith. »Hat sich bei der UNO-Vorlage, ihn zu verurteilen, was bewegt?«

»Nicht genug. Jedermann scheint seine eigene Ansicht darüber zu haben, wie man die Sache anpacken soll, was wahrscheinlich darauf hinausläuft, daß sich überhaupt nichts bewegt – wenigstens nicht in nächster Zeit.«

Margit erschien auf der Schwelle, und Foxboro legte ihr einen Arm um die Taille. Annabel gesellte sich zu ihnen, was Smith zu der Frage veranlaßte: »Wie kommt es nur, daß immer alle in der Küche landen? Liegt es an meiner sexuellen Anziehungskraft?«

»In diesem Fall sind es weder deine Fertigkeiten als Koch noch die auf anderen Gebieten, sondern vier hungrige Mägen«, antwortete Annabel ihm. Smith hatte seine Freude am Kochen, obwohl er kaum dazu kam. Er hielt sich einiges zugute auf seine Fähigkeiten, aber unter denen, die ihn wirklich kannten, herrschte das schweigende Einvernehmen, daß sein Erfolg in der Küche vor allem auf seine Einkaufsgewohnheiten zurückzuführen war, da er ausschließlich die besten Zutaten kaufte und seine Menüs nicht unnötig komplizierte.

»Was weiß denn die Gerüchteküche im Pentagon über Joycelen?« fragte Smith Margit.

»Nicht viel, das ich wüßte, obwohl wir mehr Tratsch zu produzieren scheinen als sonst etwas. Na ja, vielleicht mal abgesehen vom Papierkram. In diesem Fall ist die Ermittlungsabteilung des Verteidigungsministeriums zuständig. Falls man dort was herausgefunden hat, so haben sie es jedenfalls nicht an die große Glocke gehängt. Daß das Fußvolk ja nur nichts erfährt. Was die Presse natürlich wahnsinnig machen muß. Fernsehen, Radio, Zeitungen – alles ist voll davon, aber sie wiederholen nur immer wieder dieselben Fakten, und die sind verdammt knapp.«

Annabel spürte eine Kälte, die nicht auf die Klimaanlage zurückzuführen war. Sie umfaßte sich mit beiden Armen: »Unheimlich, diese ganze Geschichte, daß Dr. Joycelen mitten im Pentagon ermordet wurde.« Zu Margit sagte sie: »Sie müssen doch ziemlich nervös sein dort.«

»Ein bißchen. Aber wir sind ja über zwanzigtausend. Ich nehme an, daß das Opfer ein Mann von Dr. Joycelens Kaliber war, spielt eine Rolle.«

»Ganz zu schweigen davon, daß so etwas in einem der bestgesicherten Gebäude der Welt passieren konnte«, fügte Smith hinzu. »Scheint sich wieder mal das alte Wort zu bewahrheiten, daß man nichts und niemanden hundertprozentig absichern kann!«

»Ich kann mir vorstellen«, sagte Margit, »daß wir alle dasselbe denken: Da die Sicherheitsvorkehrungen derart lückenlos sind – woran ja wohl kein Zweifel besteht –, muß der Mörder ganz offensichtlich jemand sein, der problemlos Zugang hat.«

»Was natürlich nichts anderes bedeutet, als daß Joycelen von einem eurer eigenen Leute abgemurkst wurde«, sagte Foxboro.

»Daran möchte ich lieber nicht denken«, meinte Margit.

»Was gar nicht so leicht ist«, sagte Foxboro.

Margit sah ihn forschend an. Sollte das ein Seitenhieb auf das Militär werden? Etwas, was er zu gern tat, und es war deswegen bereits zu Auseinandersetzungen gekommen, die mit seinem Versprechen geendet hatten, diese Neigung zu zügeln. Er wußte, was sie dachte, lächelte deshalb breit und zog sie an sich.

Margit, Jeff, Annabel und Rufus sahen mit angemessenem Respekt zu, wie Smith das Rindfleisch in der Pfanne auf allen Seiten anbräunte. Dann steckte er es in den Herd. »Dürfte so um die zwanzig Minuten dauern«, sagte er. »Gerade Zeit genug, um zusammen einen Entspannungsdrink zu genießen. Ein alter amerikanischer Brauch, obwohl wir ihn auch den jungen Amerikanern zugestehen.«

Mit frisch gefüllten Gläsern begab man sich zurück ins Wohnzimmer, wo Margit plötzlich und aus unerfindlichem

Grund zu kichern begann. Die anderen sahen sie an. »Ich komme mir wieder vor wie auf der Uni«, sagte sie.

Annabel lächelte. »Ich hätte nichts dagegen, noch einmal Jura zu studieren.« Sie war eine beinharte, aber faire Scheidungsanwältin gewesen, als sie Mac Smith kennenlernte. Dieser hatte eben Frau und Sohn in einem Unfall auf dem Washingtoner Stadtring verloren; ein Betrunkener hatte ihn verursacht. Smith war seinerzeit einer der angesehensten Anwälte der Stadt gewesen. Nicht lang, nachdem er Annabel kennengelernt und sich in vielen Gesprächen mit ihr einer Gewissensprüfung unterzogen hatte, schloß er seine Kanzlei und nahm seinen gegenwärtigen Posten an der Universität an. Annabel hatte seine Entscheidung enthusiastisch begrüßt, was sie ihm bedeutend erleichtert hatte, obwohl er jetzt weit weniger verdiente. Ein Jahr später dann hatten sie eine ähnliche Reihe von Gesprächen, nur daß es diesmal Annabel war, die einen alten Wunsch aufs Tapet brachte: mit der Juristerei Schluß zu machen und ausschließlich ihrem leidenschaftlichen Interesse an präkolumbianischer Kunst nachzugehen. Sie entledigte sich der Fälle, an denen sie arbeitete, und mietete einen hübschen kleinen Laden in Georgetown, wo sie eine Galerie eröffnete, die ganz ihrer Kunstleidenschaft gewidmet war. Das Geschäft ging gut, und sie mietete schließlich auch die Räume nebenan, um die wachsende Zahl von Stücken unterzubringen. Selbstverständlich verringerte sich ihr Einkommen dadurch drastisch, aber, wie Smith zu sagen pflegte, die erste Schuld, die man zu begleichen hat, ist die sich selbst gegenüber, erst dann muß man hin und wieder an die Gesellschaft denken. Es dürfe dies nicht nur das Privileg der Kriminellen sein, sagte er. Keiner von beiden hatte die Entscheidung jemals bereut.

»Wie steht's mit dir, Mac?« fragte Annabel. »Siehst du Margit und Jeff noch als Studenten?«

»Ganz gewiß nicht, obwohl ich mich beträchtlich älter fühle, wenn ich mit ehemaligen Studenten beisammen sitze, von denen die eine Majorin der Luftwaffe und obendrein noch Anwältin mit Hubschrauberschein ist und der andere ein Vertrauter und wichtiger Berater und Braintruster einer der ersten Volksvertreter unseres Landes.«

Wie das in Washington so üblich ist, kreiste die Unterhaltung bald um politischen Klatsch. Jeder von ihnen hatte Stoff genug beizusteuern, und sie lachten herzhaft, bis Smith schließlich die Nase hob, schnüffelte, aufstand und sagte: »Genug der Worte! Ich möchte nicht, daß das Fleisch zäh wird.«

Bald saßen sie im Eßzimmer an einem hübsch gedeckten Tisch, und Smith öffnete eine Flasche »rote Hausmarke«.

»Hat jemand hier Joycelen persönlich gekannt?« fragte Mac.

Keiner antwortete.

»Ich habe ihn einmal sprechen hören«, sagte Smith, der sich das Kartoffelpüree mit einem Hauch Knoblauch munden ließ. »So brillant er auch schien, ich hatte nicht den Eindruck, daß man ihn als Sitznachbar auf einem langen Flug hätte haben wollen.«

Foxboro lachte. »Die holde Weiblichkeit schien sich von seiner Art nicht gerade abgestoßen zu fühlen. Zweimal verheiratet und verlobt, wie ich gehört habe.«

Margit meldete sich zu Wort: »Jetzt hatte ich doch eine Unterhaltung ganz vergessen, die ich auf dem Picknick hatte. Ich habe dort eine Frau kennengelernt, sie hieß Christa Wren, glaube ich. Sie sagte, sie sei mit Dr. Joycelen gekommen, obwohl ich ihn nicht zusammen mit ihr gesehen habe. In dem Augenblick, in dem man bekannt gab, daß es zu einem Unfall gekommen sei, ging sie. Aber es gingen schließlich alle.«

Smith wandte sich an Foxboro: »Sie sagen, er sei verlobt gewesen? Vielleicht war das seine Verlobte.«

»Stimmt genau«, sagte Foxboro und widmete sich dem, was er noch auf dem Teller hatte.

»Woher kennst du ihren Namen?« fragte Margit.

»Ich habe ihn mal jemand erwähnen hören«, antwortete Foxboro, ohne aufzublicken.

Smith lehnte sich zurück, tupfte sich den Mund mit seiner Serviette ab und sagte: »Jeff, ich habe langsam das Gefühl, daß Sie mehr über Joycelen wissen, als Sie zugeben wollen.«

»Warum sagen Sie das?«

»Nun ja, es wäre doch nicht so abwegig, daß Senator Wishengrad und seine Mitarbeiter ein spezielles Interesse an Joycelen haben sollten. Als zweiter Direktor der Abteilung Fortgeschrittene Rüstungstechnologien und Kopf hinter diesem fortschrittlichen Waffensystem ... wie heißt es doch gleich wieder?«

»Projekt Safekeep.«

»Genau. Projekt Safekeep. Ihr Boß hat dieses Programm doch vom ersten Augenblick an unter Beschuß genommen. Hatte Ihr Senator mit Joycelen zu tun?«

»Nicht daß ich wüßte. Vielleicht bevor ich zu seinem Stab stieß.«

Smith sah Annabel und Margit an, an deren Gesichtern abzulesen war, was auch er dachte. Foxboro war nicht bereit, mehr über Joycelen zu sagen, als in den Zeitungen stand. Ihm sollte es recht sein, dachte Smith. Lassen wir das Thema. Nachdem man das Hauptgericht hinter sich gebracht, sich die Lippen geleckt und den Koch lautstark mit Komplimenten überhäuft hatte, ging Smith in die Küche und kehrte mit einer Käseplatte zurück, vier Sorten: toskanischer Caciotta, englischer Somerset Cheddar, französischer Fourme d'Ambert und ein italienischer Toma. Smiths Schwäche für Käse kam der Annabels für präkolumbianische Skulpturen gleich.

Man kehrte zurück ins Wohnzimmer, die Themen wechselten ebenso regelmäßig wie rasch. Die Diskussion hätte sich hingezogen, hätte Foxboro nichts von seiner Müdigkeit gesagt und daß die Smiths, wenn er nicht nach Hause ins Bett käme, einen Gast auf ihrer Couch haben würden. Margit war mit dem Wagen gekommen und hatte, was nicht weniger außergewöhnlich war als Jeffs freies Taxi, einen Parkplatz in der Nähe gefunden. »Na komm, laß mich unseren Senator Schlafmütze nach Hause fahren«, sagte sie, als sie Foxboro bei der Hand nahm und ihn mit gespielter Mühe von der Couch zog.

»Wie wohnt es sich denn so in der Kaserne?« fragte Smith vor der Tür.

»Wunderbar«, sagte Margit. »Nicht nur daß Bolling die beste Verpflegung, den besten Einkaufsmarkt und die beste Tankstelle der ganzen Gegend hat, ich bekomme obendrein noch jeden Morgen ein Ständchen. Die Marschkapelle der Luftwaffe ist dort stationiert und übt jeden Tag, und dann exerziert dort die Ehrengarde des Präsidenten. Ich mag das. Ich wünschte nur, es wäre noch immer ein aktiver Flugplatz. So muß ich, um auf dem Hubschrauber nicht einzurosten, jedesmal zu einem anderen Horst fahren.« Trotz seiner ereignisreichen Geschichte – in dem Hangar, der heute den Supermarkt beherbergte, hatte man 1927, nach Lindberghs erstmaliger Ozeanüberquerung, die *Spirit of St. Louis* untergebracht –, war auf dem Stützpunkt seit 1962 keine Maschine mehr gelandet. Ein Thunderbird F-105 auf einem Betonsockel am Eingang der Basis war das einzige Flugzeug, das zu sehen war. Bolling diente seit 1962 ausschließlich als Reserve.

»Tut mir leid, daß du so fertig bist«, sagte Margit zu Jeff, als sie ihn zu seiner Wohnung in Crystal City fuhr, einem gleich auf der anderen Seite des Potomac in Virginia gelegenen Ort, der sein rasches Wachstum der Nähe zu Washington und dem Pentagon verdankte.

»Das gehört wohl nun mal dazu«, sagte er verdrießlich.

»Netter Abend«, sagte sie. »Die beiden sind wirklich ein tolles Paar.«

»Das sind sie. Ich wollte nur, der Professor hätte nicht ständig das Bedürfnis, einen auszuhorchen, als säße man im Zeugenstand.«

Margit lachte. »Ich glaube nicht, daß er das tut. Er ist nur ein unheimlich interessierter Zeitgenosse, der immer gleich über alles, was er so aufschnappt, mehr wissen will.«

»Vielleicht. Wie auch immer, das Essen war gut.«

Schweigend saßen sie vor dem Apartmenthaus, in dem er wohnte, bis sie schließlich sagte: »Ich hoffe, wir haben bald mal mehr Zeit füreinander, Jeff. Obwohl ich wieder in Washington bin, scheinen wir zwei uns immer weiter voneinander zu entfernen.«

»Wir müssen uns eben Mühe geben«, sagte er. »Hör zu, Margit, ich kann heute zu keiner Unterhaltung mehr beitragen. Verdammt, ich bin so was von geschafft. Ich mache dem Abend nur ungern ein Ende, aber ich muß einfach.«

»Das verstehe ich doch«, sagte sie. Sie beugte sich zu ihm hinüber und hauchte ihm einen Kuß auf die Lippen. Eine Sekunde lang dachte sie, er würde es dabei bewenden lassen, aber dann drehte er sich auf dem Beifahrersitz herum und umarmte sie.

Als sie ihn schließlich im Haus verschwinden sah, wurde ihr klar, wieviel er ihr bedeutete. War sie ihm ebensoviel wert? Sie hoffte es doch, und mit diesem Gedanken fuhr sie zurück nach Bolling.

4

Der 28sitzige blaue Bus der Luftwaffe, der auf der Route 15B im Halbstundentakt zwischen dem Standort Bolling und dem Pentagon verkehrte, war nahezu voll, als Margit ihn vor dem Gebäude mit der Nummer 1300 bestieg. Sie war die ersten paar Wochen mit ihrem roten Honda Prelude zur Arbeit gefahren, hatte sich dann jedoch überlegt, daß sie mit dem Bus besser dran wäre. Ihr Rang im Pentagon berechtigte sie zu einem Parkplatz etwa in der Mitte des dafür vorgesehenen, über 25 Hektar großen Areals, so daß sie vom Auto aus noch gut eine Viertelmeile zu laufen hatte. Die Dienstränge unter ihr durften jeden Morgen eine halbe Meile wandern. Das Parkplatzproblem und der chaotische Verkehr (obwohl man sich in einer High-Tech-Stadt befand, schien es in Reichweite des Pentagon nicht eine einzige Ampel zu geben) veranlaßten sie, ihren Wagen an den meisten Morgen zu Hause zu lassen, es sei denn, sie hatte abends etwas vor. Selbstverständlich hätte sie sich auch den »Bolling Blasters« anschließen können, einem Club von Joggern, die jeden Morgen zum Pentagon liefen. Aber den Tag in verschwitztem Zustand anzugehen lag ihr nicht.

Als sie sich einer langen Schlange aus Männern und Frauen anschloß, die den Sicherheitsleuten ihre Abzeichen entgegenhielten, verspürte sie die vertraute heitere Frische, die sie jedesmal beim Betreten des Gebäudes überkam. Militärs wie Zivilisten schienen ein Gefühl für die eigene Wichtigkeit zu teilen, so erklärte sie es sich, ein Gefühl, das nichts damit zu tun hatte, ob ihre tägliche Aufgabe nun tatsächlich so bedeutend war oder nicht. Es war die besondere Art des Pentagon, der man sich nicht zu entziehen vermochte, den gestärkten Uniformen, den zackigen Frisuren, der bloßen Zahl der Menschen, viele von ihnen überdurchschnittlich intelligent und engagiert – auch wenn man den üblichen Anteil abrechnen mußte, dem lediglich an Gehalt, Beförderung und Pension gelegen war. Nicht zuletzt auch das Wissen, daß man sozusagen die Sicherheit des Landes in Händen hatte; all das sorgte für einen Rhythmus, dem sich selbst der Langsamste hier fügte – mal abgesehen vielleicht von der Putzkolonne, die eine etwas gesetztere Gangart für angebracht zu halten schien.

Die dem juristischen Stab des Verteidigungsministers zugewiesenen Büros lagen am Korridor 9 im dritten Stock des D-Rings. Margits Büro hatte die Nummer 3D964; ein Besucher konnte sie aufspüren, wenn er wußte, daß 3 für das Stockwerk stand, D für den Ring und die 9 den Korridor bezeichnete, in dem ihr Büro lag.

Die Zahl »Fünf« schien die magische Zahl der Architekten gewesen zu sein, die das Gebäude 1941 erbaut hatten, als fünfzehntausend Arbeiter sich daran machten, ein Zentrum für die Führung des amerikanischen Militärs zu schaffen, die seinerzeit als National Military Establishment in zahlreiche übers ganze Land verstreute Dienststellen gegliedert und sechs Jahre später zum Verteidigungsministerium vereint worden war. Neben den fünf Seiten des Gebäudes gab es fünf Stockwerke, die untereinander durch breite schräge Ebenen verbunden waren, um im Notfall die Evakuierung zu erleichtern. Es gab fünf Ringe, die mit den ersten fünf Buchstaben des Alphabets bezeichnet waren. Die besten waren die Ringe A und E, wobei der A-Ring mit Blick zum Innenhof lag. Der E-Ring, der das Gebäude umschloß, bot, je nachdem, einen Blick auf den Fluß, die Stadt oder den Heldenfriedhof Arlington. Die meisten Büros der Ringe B, C und D hatten nicht einmal Fenster, durch deren Glas die Sonne etwas Licht in Raum und Geist hätte bringen können.

Es wurde behauptet, daß man in sieben Minuten von jedem beliebigen Büro zu jedem anderen gelangen könnte, vorausgesetzt freilich, man wußte, wo's langging. Margit war immerhin schon soweit, ihr Büro nicht mehr zu verfehlen; sie schlug einfach Tag für Tag genau dieselbe Route ein. In dem Monat, in dem sie nun hier war, hatte sie überdies bereits einige andere Büros erfolgreich aufgespürt, sich andererseits aber auch einmal hoffnungslos verlaufen, als sie einen Raum in der fünften Etage des B-Rings suchte. Man erzählte sich zahllose Witze über Fremde, die den Weg hier hereingefunden hatten aber erst Tage später wieder hinaus, zweifelsohne lauter unbewiesene Geschichten, aber andererseits ...

So war sie auch an diesem Tag forsch und mit klappernden Absätzen auf ihrem Weg durch die scheinbar endlosen Vinylflure, bis sie den Arnold-Korridor erreicht hatte, dem nach Hap Arnold benannten Sitz der Luftwaffenkommandantur. Arnold, dem die Gebrüder Wright persönlich das Fliegen beigebracht hatten, war der einzige Fünf-Sterne-General gewesen, den die Luftwaffe je gehabt hatte. In diesem Bereich wurden ihre Schritte durch einen Teppich gedämpft; es ging hier relativ ruhig zu – wenigstens auf dem Flur.

Dann stieß sie wieder auf Vinyl, und es machte wieder klicketiklick; hier gab es mehr Leute, und alle schienen es eilig zu haben. Margit hatte gelernt, sich in der Mitte der breiten Korridore zu halten, um nicht über den Haufen gerannt zu werden, wenn irgendwo jemand aus einem Büro stürmte. Vor ihr geleitete ein junger Marineinfanterist ohne Rang ein Dutzend Leute auf einer Führung. Er ging dabei rückwärts, und das die ganze anderthalbstündige Führung hindurch und ohne die Augen von der ihm anvertrauten Gruppe zu lassen, es sei denn für einen gelegentlichen Blick über die Schulter, wenn sein Instinkt ihm ein Hindernis meldete.

Eine Hupe von hinten ließ sie zusammenfahren: einer der zahlreichen Elektrobuggies, mit der Soldaten hier die Post oder innerbetriebliche Korrespondenz ausfuhren. Sie trat zur Seite, und der Mann rollte vorbei. »Guten Morgen, Major« rief er ihr zu. Trotz ihres Spitznamens für das Pentagon, wurde innerhalb seiner Mauern nicht salutiert; selbst der offene Innenhof fiel aus einem unerfindlichen Grund per definitionem unter die Kategorie »geschlossener Raum«; die Regelung trug jedoch zu der zwanglosen Atmosphäre bei.

Sie erreichte ihr Büro. »Guten Morgen, Jay«, sagte sie zu dem Mann, mit dem sie den engen Raum teilte. Er las eben die aktuelle Ausgabe des *Early Bird*, eine Sammlung von aktuellen Zeitungsausschnitten, die sich mit Verteidigungsfragen beschäftigten; der *Early Bird* wurde mitten in der Nacht zusammengestellt und gleich als erstes am Morgen verteilt. Jeder im Pentagon las ihn. Offiziere und Zivilisten der höheren Führungsebene bekamen ihn ins Haus geliefert und lasen ihn auf dem Weg zur Arbeit auf dem Rücksitz ihrer chauffierten Dienstfahrzeuge. Die meisten Stabssitzungen, egal auf welcher Ebene, begannen mit einigen Kommentaren darüber, was die Presse laut *Early Bird* während der letzten vierundzwanzig Stunden berichtet hatte.

Major Jay Kraft hob den Kopf, nickte und las dann weiter. Kraft war die einzige unangenehme Facette ihrer Aufgabe im Pentagon, jedenfalls bis jetzt. Er war ein mürrischer Kerl, was angesichts der herrschenden Enge einer freundlichen Atmosphäre nicht gerade zuträglich war.

Margit sah ihren Terminkalender durch. Er versprach ihr einen geschäftigen Tag, der in einer Viertelstunde mit der Ankunft von Samuel Caldwell beginnen sollte. Im Gegensatz zu den meisten anderen Lobbyisten, die alle nach ein und derselben Public-Relations-Theorie arbeiteten – Nur nicht auffallen und die Arbeit hinter der Bühne erledigen! –, sah Caldwell sich gern im Rampenlicht. Was seinem Geschick, in diversen Ämtern und Abteilungen die Werbetrommel für Leute zu rühren, die ihm dafür hübsche Summen hinblätterten, nicht den geringsten Abbruch tat. Zu letzteren gehörte auch die Starpath, Inc. Das umstrittene kleine High-Tech-Unternehmen aus Kalifornien, das gegenwärtig mit der Entwicklung des Projekts Safekeep beschäftigt war, bezahlte ihn gut. Margit kannte Caldwells Namen von Anhörungen zum Thema Safekeep im Senat, die unter dem Vorsitz von Jeff Foxboros Chef stattfanden. Caldwell hatte mehr als einmal vor Hank Wishengrads Ausschuß ausgesagt, und Margit hatte Teile der Anhörungen über C-Span mitverfolgt. Wie sie sich erinnerte, fühlte sich Caldwell im Zeugenstand ausgesprochen wohl und konterte die Fragen von Senatoren und deren Beratern mit einer Lässigkeit, als sitze er in seinem Wohnzimmer oder einem fremdenfeindlichen Männerclub.

Caldwell hatte Margit vor einigen Tagen angerufen, weil er das neue Mitglied im Rechtsteam des Verteidigungsministers, wie er sagte, gerne »kennenlernen und herzlich willkommen heißen« würde. Margit hatte ihm gesagt, daß sie sich durchaus gern eines Tages mit ihm treffen würde, ihr

Terminkalender im Augenblick jedoch so voll sei, daß sie während der kommenden Wochen unmöglich die Zeit dafür abknapsen könne. Ihr Korb schreckte ihn nicht im geringsten. Er dankte ihr liebenswürdig dafür, daß sie sich die Zeit für das Telefongespräch genommen hätte, und sagte, er sehe einer »Lichtung« in ihrem Terminkalender ebenso freudig entgegen wie ihrer Bekanntschaft.

Am Nachmittag darauf erhielt Margit einen Anruf von einem Assistenten des Ministerialdirektors für Rechtsangelegenheiten im Verteidigungsministerium. Nachdem er sich als Oberst Watson vorgestellt hatte, gab er ihr zu verstehen, daß es in ihrem eigenen wie im Interesse des mit Safekeep betrauten Teams liegen könnte, Caldwell kennenzulernen.

»Warum?« wollte Margit wissen.

»Nun, Major Falk, weil Caldwell unabdingbarer Bestandteil des Prozesses ist, der Safekeep zum Start verhilft. Der Mann kann eine ausgezeichnete Informationsquelle sein.«

Margit wollte noch etwas fragen, aber Watson ließ sie gar nicht erst zu Wort kommen. »Major Falk, ich bitte Sie, etwas Zeit für Mr. Caldwell zu erübrigen und ihm mit ausgesuchter Höflichkeit zu begegnen.«

So saßen Caldwell und sie sich nun in einem kleinen, oft leerstehenden Büro gegenüber, das für solche Treffen diente, sie hinter dem Schreibtisch, er davor. Er war ein leutseliger Mann, Margits Schätzung nach um die Sechzig, von untersetzter Gestalt, mit gesunder Gesichtsfarbe und ganz offensichtlich bestens in Schuß. Darüber hinaus sprach er mit einem leichten Südstaatenakzent, der ihm Margits Ansicht nach nicht in die Wiege gelegt war. Soweit sie wußte, war Caldwell gebürtiger Kalifornier.

»Tja, Major Falk, ich weiß es wirklich zu schätzen, daß Sie mir Gelegenheit geben, Sie persönlich kennenzulernen. Sie betreuen also bei der Abteilung Test und Auswertung die juristische Seite von Safekeep.«

»So ist es.«

»Da haben Sie sich ja gleich zu Anfang eine knifflige Geschichte eingehandelt«, sagte er und lachte.

»Ich habe noch nicht genug in Erfahrung bringen können, um zu wissen, wie knifflig es wird. Im Augenblick versuche ich über das Projekt aufzusaugen, was ich nur kann.«

»Also noch in der Schwammphase«, sagte er. »Nun, das ist genau einer der Gründe, warum ich mir dachte, daß wir uns treffen sollten. Ich möchte, daß Sie wissen, daß ich Ihnen jederzeit zur Verfügung stehe, egal, was Sie auf dem Herzen haben, und Sie bitten, sich meiner zu bedienen, wenn Sie irgend etwas brauchen sollten.«

»Das ist ausgesprochen großzügig, Mr. Caldwell. Ich werde es gewiß nicht vergessen.«

Er beugte sich vor und nahm die Haltung eines Mitverschworenen an, eines alten Freundes, der einem einen guten Rat gibt. »Sehen Sie, Major Falk, dieses Projekt ist für die Verteidigung unseres Landes von allerhöchster Bedeutung, zumal jetzt, wo dieser Psychopath im Nahen Osten seine atomaren Muskeln spielen läßt.«

»Es hat ganz den Anschein«, meinte Margit, »als hätten sämtliche Waffensysteme eine neue Bedeutung bekommen, seit er die Bombe gezündet hat.«

»Und das aus gutem Grund«, sagte Caldwell.

»Wie sieht eigentlich der Teststatus des Systems aus?« fragte Margit, obwohl sie sich nicht ganz sicher war, ob sie das etwas anging.

Caldwell verengte die Augen zu Schlitzen und nickte. »Die Dinge entwickeln sich ausgesprochen gut, Major. Die eine oder andere Macke, sicher, aber das ist immer so, wo derart viel Technik im Spiel ist. Aber man macht große Fortschritte. Selbstverständlich ist es nötig, daß alles so reibungslos wie nur möglich läuft – wie ein Fluß ohne Staudämme.«

Im Klartext hieß das: Sorgen Sie dafür, daß weiterhin Geld in Richtung Starpath fließt. Margit hatte mit der Finanzierung des Systems nichts zu tun. Das war Sache des Kongresses, aber sie mußte daran denken, daß Caldwell als Lobbyist eines Rüstungsbetriebs einfach verpflichtet war, sich mit allem und jedem in Verbindung zu setzen, der auch nur das geringste mit dem Projekt zu tun hatte; es war schließlich seine Aufgabe, die ungezählten Leute, Zivilisten wie Militärs, auf Konsens zu bringen. Das war nur recht und billig. Und sie hatte ihm mit der Zeit, die sie ihm diesen Vormittag widmete, seine Chance gegeben; sie hatte einen Befehl befolgt. Sie warf einen Blick auf die Uhr; sie hatte noch eine weitere Verabredung und würde etwas Zeit brauchen, die dafür nötigen Papiere zusammenzusuchen und das richtige Büro zu finden. »Ich fürchte, ich muß Ihnen jetzt davonlaufen, Mr. Caldwell. Ich habe noch eine Besprechung. Eine nach der anderen, wie mir scheint. Wir könnten jeden Feind auf der ganzen Welt besiegen, würden wir ihn mit den Protokollen unserer Besprechungen bombardieren.« Sie stand auf und strich sich den Khakirock glatt.

Caldwell stand ebenfalls auf. Er streckte ihr die Hand entgegen. »Es war sehr freundlich von Ihnen, mich zu empfangen, Major Falk. Ich hoffe, es ergibt sich eine Gelegenheit, unser Gespräch fortzusetzen. Vielleicht in einer privateren, entspannteren Atmosphäre.«

Ein leichtes Nicken war alles, womit Margit seinen Vorschlag quittierte.

»Über einige unserer Herren Gesetzgeber kann ich mich zuweilen wirklich nur wundern«, sagte er.

»Ach?«

»Egal, wie die Fakten aussehen, Major, einige von diesen Leuten sehen die Dinge einfach nicht so wie Sie und ich. Nehmen Sie zum Beispiel Wishengrad. Er ist einfach nicht in der Lage, die sehr realen Bedrohungen zu erkennen, denen dieses Land ausgesetzt ist, ganz gleich welche Fakten man ihm vorlegt. Es ist eine Schande. Jeder, der eine Uniform trägt, sieht sie, und das ist der Grund, warum wir zusammenhalten müssen: Wir müssen Leuten wie unserem Senator aus

Wisconsin und seinesgleichen klarmachen, daß sie, anstatt den Verteidigungshaushalt zu kürzen, Mittel und Wege finden sollten, ihm unter die Arme zu greifen, ihn wieder auf ein Niveau zu bringen, auf dem wir Leute wie diesen arabischen Hitler nicht zu fürchten brauchen.«

Margit konnte es auf den Tod nicht ausstehen, mit anderen in einen Topf geworfen zu werden – egal ob mit Lobbyisten oder Militärs –, aber sie ließ sich nichts anmerken. Sie begleitete ihn zurück zu ihrem Büro und sagte, sie würde an der Pforte einen Mann anfordern, der ihn hinausbegleitete. Niemand wanderte ohne Eskorte durch die Korridore des Pentagon, es sei denn er arbeitete dort und hatte eine Marke dabei, die das bewies – oder er genoß einen speziellen Status, der ihn zu einem Hauspaß berechtigte.

Den Caldwell selbstverständlich hatte. »Ich muß noch unten beim Technischen Dienst vorbei. Ich habe den guten Leuten dort versprochen, heute vormittag mal reinzuschauen. Ich bin noch immer völlig fertig wegen dem, was Dick Joycelen zugestoßen ist. Ich kann es einfach nicht glauben. Dieser Mann – und ich habe ihn ziemlich gut gekannt –, das Genie dieses Mannes hat die Basis für das Projekt Safekeep geliefert. Was für ein Verlust für diese Nation. Tja, ich gehe dann mal besser hinunter. Ich lasse meine Freunde nicht gern warten.«

Falls er versuchte, Margit mit der Tiefe und Breite seiner Kontakte zu beeindrucken, so war ihm das nicht so recht gelungen. Sie überlegte beiläufig, ob Colonel Bill Monroney einer der Leute war, die er beim TD zu besuchen gedachte.

Von dem Augenblick, als Caldwell ging, bis zu jenem, in dem Margit um halb sechs die letzte Besprechung des Tages verließ, verging die Zeit wie im Flug. Die Besprechungen verliefen konzentriert und waren gut geführt, eine Leistung der Verantwortlichen, die Margit nur bewundern konnte. Sie hatte eine Menge Ratschläge von Leuten erhalten, die sie bisher im Pentagon kennengelernt hatte, inklusive des Tips, daß Vorgesetzte nach jener Art Führungsqualitäten suchten, die es einem ermöglichten, eine Besprechung so zu choreographieren, daß sie in der kürzestmöglichen Zeit das gewünschte Ergebnis zeitigte. Aufzug-Gespräch nannte man das hier, wenn man das, was man zu sagen hatte, in ungefähr derselben Zeit an den Mann brachte, die man für eine Fahrt mit dem Lift brauchte. Dies schloß vor allem die sogenannten Schanzentreffen aus, wie man hier flinke Besprechungen nannte, bei denen man sich hinter einer glatten Oberfläche verschanzte, wenn es einem an Substanz mangelte. Sie hatte bereits einige davon erlebt, seit sie hier war. Einerseits gingen ihr diese Treffen zuweilen auf die Nerven, weil sie sie von ihrer wirklichen Arbeit abhielten. Auf der anderen Seite gaben sie ihr Gelegenheit, für einige Zeit aus dem Kabuff zu verschwinden, das sie mit Kraft teilte. Abgesehen davon, daß der Mann so offensichtlich ein geborener Sauertopf war, ließ Kraft sie seinen Groll ihr gegenüber deutlich spüren. Er hatte am Projekt Safekeep gearbeitet, war jedoch bei Margits Ankunft abgezogen und mit weniger anspruchsvollen und ganz gewiß weniger wichtigen Aufgaben betraut worden. Daß er ihr das übel nahm, war nur menschlich, das wußte sie, aber seine Enttäuschung und sein Ärger trafen die Falsche. Kraft hatte es nämlich versäumt, sich während seiner Zeit im Pentagon einen Namen zu machen. Man sah diesen Leuten so etwas an, man hörte es in ihrer Stimme, sah es an ihrem Gang. Das Pentagon bot großartige Möglichkeiten für den beruflichen Aufstieg. Aber andererseits hieß es mitklettern oder abstürzen; und genau das schien Kraft passiert zu sein.

Als sie an diesem Tag in ihr Büro zurückkam, war sie spät dran und er bereits nach Hause gegangen. »Er sagte was von einem kranken Kind«, erklärte einer der zivilen Verwaltungsbeamten.

Margit schloß die Tür hinter sich. Sie hatte noch eine halbe Stunde totzuschlagen, bevor sie zum Treffen des Beratenden Ausschusses für Frauen bei den Streitkräften ging, das in einem der Auditorien des Pentagons stattfand. Margit war der Organisation in Lowry beigetreten und hatte nicht die Absicht, ihr Engagement zu vernachlässigen. Während der ersten Zeit bei der Luftwaffe hatte sie keinerlei Sinn darin gesehen, sich mit irgendeiner Organisation abzugeben, die sich für die Rechte der Frauen in dieser typischen Männerdomäne stark machte – 1991 dienten immerhin 220 000 Frauen, elf Prozent des gesamten amerikanischen Militärs, und ihr Anteil war seitdem Jahr für Jahr gewachsen. Margit hatte ihre Einstellung bald geändert. Obwohl die Möglichkeiten für Frauen bei den Streitkräften sich im Lauf der Jahre verbessert hatten, gab es doch Bereiche, in denen es ihrer Meinung nach noch männliche Vorurteile abzubauen galt, und das nicht nur im Interesse einer schlagkräftigeren Truppe, sondern einfach aus Fairneß. Sie war alles andere als eine militante Feministin, war auch nie eine gewesen; es war ihr ausgesprochen recht, daß es zwei Geschlechter gab und daß diese sich sowohl physisch als auch psychisch unterschieden. Nur daß sich der kleine Unterschied nicht auf die Möglichkeiten auswirken sollte, seine Arbeit zu tun und dafür entsprechend bezahlt zu werden. Daß es Frauen verboten sein sollte, ihre Rolle bei der kämpfenden Truppe zu übernehmen, war Margits Meinung nach nicht nur falsch, es war die reine Heuchelei. Sie wußte, die Hubschraubereinsätze, die sie in Panama geflogen hatte, waren extrem gefährlich gewesen. Sie kannte andere Frauen, die Einsätze geflogen hatten, in Vietnam und im Persischen Golf, und sich nicht weniger in Gefahr gebracht hatten als ihre männlichen Kollegen. Die Überlegungen, die dieses Verbot begründeten, waren ihr völlig klar. Aber die Zeiten hatten sich geändert, die Welt hatte sich geändert, und es war an der Zeit anzuerkennen, daß Männer und Frauen in Uniform ein und derselben Sache dienten und deshalb auch die Risiken teilen sollten. Unterschiede waren dazu da, sich mit ihnen auseinanderzusetzen.

Sie packte einiges Material zusammen, das sie zu Hause zu

lesen gedachte, und wollte eben gehen, als es klopfte. »Herein«, rief sie.

Ein junger Leutnant mit einem Knabengesicht steckte den Kopf zur Tür herein. Max Lanning war ein persönlicher Assistent des Rechtsberaters des Ministers, ein Steigbügelhalter, wie man die jungen Offiziere nannte, die ganz nach der Pfeife eines hohen Vorgesetzten zu tanzen hatten. Er und Margit hatten sich vom ersten Tag an prima verstanden. Eines der vielen Dinge, die ihr an ihm gefielen, war sein unverhohlen ehrfürchtiges Staunen darüber, im Pentagon zu arbeiten. Er war überdies eine unverbesserliche Klatschbase, die ihre Nase mit Vorliebe in anderer Leute Angelegenheiten steckte, und ein gut Teil der Halbfakten, die Margit bisher so aufgeschnappt hatte, stammten von ihm.

»He, dreimal dürfen Sie raten, was passiert ist, Major«, sagte er, als er eintrat und die Tür hinter sich schloß.

»Oh! Ändern sie endlich die Menüs in der Kantine? Keine unidentifizierbaren Fleischobjekte mehr?«

»Nee, so wichtig ist es auch wieder nicht«, sagte er grinsend. Er senkte die Stimme. »Es heißt, daß man im Mordfall Joycelen einen Verdächtigen hat.«

»Na,wenn das nicht wichtig ist«, sagte Margit. »Irgendeine Vorstellung, wer es sein könnte?« So interessant sie das Gerücht auch fand, so konnte sie sich andererseits auch einer gewissen Besorgnis nicht erwehren. Schließlich mußte es sich um jemanden handeln, der mit dem Pentagon zu tun hatte, womöglich sogar um einen uniformierten Angehörigen des Militärs. Ein Gedanke, der ihr gar nicht gefiel.

»Man hat noch keinen Namen genannt, aber soweit ich gehört habe, handelt es sich um einen vom CIA.«

»Vom CIA?« Margits gerunzelte Stirn zeugte von ihrer Verwirrung.

»Irgendein Verbindungsoffizier. Mehr weiß ich auch nicht. Ich denke, man hat vor, das morgen früh bekannt zu geben.«

Margit atmete so heftig aus, daß ein leises Pfeifen zu hören war. »Sind Sie sicher, daß die schon soweit sind, das bekanntzugeben?«

Lanning zuckte die Achseln. »Ich habe Ihnen alles gesagt, was ich weiß, Major.«

»Das möchte ich mal bezweifeln, Max. Aber Sie haben mir immerhin eine ganze Menge gesagt«, meinte sie. »Tja, jetzt muß ich mich aber sputen – eine Versammlung.«

Er warf einen Blick auf die Uhr. »Der Tag ist doch rum.«

»Nicht für die Unentwegten. Die Firma dankt für den Klatsch, Lieutenant. Also dann bis morgen früh.«

5

Als Margit zum Standort zurückkam, war die gesellige Stunde im Offizierskasino, die hier den Feierabend markierte, bereits vorbei, aber sie trank noch einen Schluck mit einigen Militärgeistlichen. Sie feierten einen Geburtstag, aber das Hauptthema ihrer Unterhaltung war – wie sollte es anders sein – der Mord an Joycelen.

Nach einem ebenso raschen wie stillen Abendessen, allein im Washington Room des Offizierskasinos – Jeff hatte Senator Wishengrad ins Wochenende begleitet – saß sie bis nach Mitternacht in ihrem Quartier und las in dem Akt über das Projekt Safekeep. Leise lief neben ihr der Nachrichtensender WTOP, für den Fall, daß man etwas über einen ersten Erfolg im Fall Joycelen bekanntgeben sollte. Aber obwohl der Mord jeden der sich im Zwanzigminutentakt wiederholende Nachrichtenblöcke einleitete, war nichts dergleichen zu hören. Falls es tatsächlich einen Verdächtigen gab, die Medien hatten zumindest noch nichts erfahren.

Dank eines sintflutartigen Wolkenbruchs und des heftigen Winds, der ihn begleitete, erwachte sie, noch bevor ihr Wekker seine Arbeit tun konnte. Angesichts eines solchen Wetters stellte sich einmal mehr die Transportfrage: Auto oder Bus? Nahm sie den Bus, so kam sie schon klatschnaß an der Haltestelle an. Nahm sie aber den Wagen, dann würde es sie auf dem Parkplatz erwischen. Stehen wir wieder einmal vor einer großen Entscheidung, Major? Mit das großartigste am Militär war Margits Ansicht nach der Umstand, daß die Wahl der Kleidung einzig und allein von den Jahreszeiten abhing. Jede Debatte darüber, welches Halstuch man zu welcher Bluse trug oder ob der Rock auch wirklich zur Jacke paßte, erübrigte sich. Es war Sommer, oder es war Winter, und jeder der beiden hatte seine entsprechende Uniform.

Sie saß neben einem Captain, dessen Bekanntschaft sie bereits auf früheren Fahrten gemacht hatte. Er gehörte zur Abteilung für Besondere Ermittlungen, die in Bolling ihr Hauptquartier hatte, und war alles in allem ein angenehmer, offener Zeitgenosse, ganz und gar nicht der Typ des Ermittlers. Sie konnte einfach nicht widerstehen: »Gibt es was Neues über den Mord an Dr. J.?«

»Ich denke nicht. Warum fragen Sie?«

»Reine Neugierde. Glauben Sie, daß die den Fall klären?«

»Die?«

»Die Ermittler. Ihre Dienststelle.«

»Ich habe damit nichts zu tun«, sagte er. »Ich habe die letzten beiden Monate damit zugebracht, Diebstähle im Standortmarkt aufzuklären.«

»Oh. Vielleicht waren's Mäuse?« Sie lächelte und wandte sich wieder ihrem Dick Francis in Taschenbuchausgabe zu, der sie die letzten paar Tage über begleitet hatte.

Jay Kraft war schon unterwegs, was sie nicht unbedingt störte. Sie hatte sich eben an ihrem Schreibtisch niedergelassen und einen Bericht angefangen, als Max Lanning ihr Zeichen machte, sich mit ihm auf dem Korridor zu treffen.

»Was gibt's?«

»In einer Stunde passiert's.«

»Joycelen?«

»Ja, Madam. Er heißt Cobol. Robert Cobol. Ein Captain vom Heer.«

»Ist er der Verbindungsoffizier von der CIA, von dem Sie sprachen?«

»Ich denke ja.« Er sah den Flur lang, links, dann rechts, und wartete, bis einer der batteriebetriebenen Karren vorüber war; dann neigte er den Kopf an ihr Ohr. »Kann ich Ihnen ganz inoffiziell etwas sagen? Streng geheim? Streng vertraulich?«

»Solange es sich nicht um eine Verschlußsache handelt.«

»Ich würde Ihnen doch keine Verschlußsache erzählen, Major Falk. Es heißt, daß Captain Cobol Dr. Joycelen wegen einer persönlichen Geschichte umgebracht hat.«

»Der Tod ist immer etwas Persönliches«, sagte Margit.

Sie verstummten. Eine Gruppe unter der Leitung eines rückwärts gehenden Korporals kam um die Ecke direkt auf die beiden zu; der Mann ließ den vorfabrizierten Text vom Stapel, den sie alle benutzten. Nachdem die Gruppe vorüber war, sagte Lanning: »Die beiden hatten was miteinander.«

»Joycelen und dieser Cobol?«

»So heißt es wenigstens.«

Margit lehnte sich gegen die Wand. »Joycelen war zweimal verheiratet. Er war verlobt. Ich habe die Frau kennengelernt. Also ein Transvestit war die nicht.«

»Genau das habe ich auch gehört, und das läßt die Geschichte doch ziemlich dumm erscheinen – richtig?«

Sie sah ihm gerade in die Augen. »Richtig.«

»Ich gebe nur weiter, was ich gehört habe. Um zehn soll die Verlautbarung kommen.«

»Wo?«

»Na hier. Im Haus. Mehr weiß ich auch nicht.«

»Sie scheinen eine ganze Menge zu wissen.«

»Ich halte nur die Ohren offen. He, es macht Ihnen doch hoffentlich nichts aus, wenn ich Ihnen das erzähle, oder? Ich meine, ich habe nur gedeacht, es würde Sie interessieren.«

»Nein, nein, es stört mich nicht. Es ist nett von Ihnen. Na, ich denke, um zehn werden wir die Wahrheit wohl alle wissen. Jetzt muß ich aber wieder rein. Ich habe einen wirklich wichtigen Bericht abzuliefern. Darf ich Ihnen einen Rat geben?«

»Es wäre mir eine Ehre.«

»Seien Sie vorsichtig, wem Sie hier was erzählen.«

Sie hatte ihn beleidigt. »Ich sage Ihnen eines, Major Falk, ich kann auch schweigen wie ein Grab, glauben Sie mir.«

»Ich glaube Ihnen.« Was natürlich nicht stimmte. So unmöglich es ist, daß Menschen an nur einer Phobie leiden, so unmöglich ist es geborenen Klatschbasen, sich auf nur einen Zuhörer zu beschränken.

Die Pressekonferenz fand in einem großen Raum statt, der eigens für die täglichen Presseverlautbarungen des Pentagon diente. An diesem Vormittag hatten sich zum Kontingent der akkreditierten Reporter, die vom Presseraum aus nur über den Flur zu schlendern brauchten, auch Kriminal- und Polizeiberichterstatter gesellt, ganz zu schweigen von Klatschkolumnisten, freiberuflichen Schreibern, der Auslandspresse und dem Produzenten einer beliebten landesweiten Fernsehshow, die Woche für Woche Kriminalgeschichten präsentierte.

Die Konferenz begann pünktlich um zehn. Um zehn Uhr fünfzehn gingen bereits die ersten Reaktionen auf die Verlautbarungen durch das Gebäude. Wie ein Witz, der sich beim Weitererzählen verändert, nahm auch das, was auf der Pressekonferenz gesagt worden war, eine neue Gestalt an, während es die Runde machte. Die grundlegenden Fakten freilich waren klar: Robert Cobol, Hauptmann der Armee, Mitarbeiter des CIA und im Pentagon Verbindungsoffizier zu der den Vereinigten Stabschefs unterstehenden Abteilung Test und Raumfahrt, wurde des Mordes an Dr. Richard Joycelen bezichtigt. Bei der Mordwaffe, die man am Tatort gefunden hatte, handelte es sich um die Standardhandfeuerwaffe des Heeres, eine italienische Beretta vom Kaliber 9 mm, die dem Beschuldigten gehörte. Die Seriennummer der Waffe bestätigte dies. Darüber hinaus waren in eine der Griffschalen seine Initialen eingraviert. Motiv hatte man keines feststellen können, wenigstens nicht laut der Berichte, die bis zu Margits Büro durchdrangen; auch von Homosexualität war keine Rede. Die Ermittlungen waren von einer Sondereinheit durchgeführt worden, die der Verteidigungsminister selbst zusammengestellt hatte und die eng mit dem FBI zusammenarbeitete. Cobol befand sich in Gewahrsam an einem nicht genannten Ort. Ende der Verlautbarung. Zum gegenwärtigen Zeitpunkt bitte keine Fragen.«

Der Regen machte es an jenem Tag unmöglich, zum Mittagessen hinaus in den Innenhof zu gehen, und so nahm sich Margit eines der siebentausend Sandwiches und eine der dreißigtausend Tassen Kaffee mit ins Büro, die an so einem Tag in den sechs Kantinen und neun Stehcafeterien des Gebäudes gekauft wurden. Einen Augenblick dachte sie daran, in den Fitneßclub zu gehen und rasch eine Runde zu trainieren, kam dann jedoch zu dem Schluß, daß sie besser am Schreibtisch blieb.

Lieutenant Max Lanning war den ganzen Nachmittag über nicht im Haus, da er den Leiter der Rechtsabteilung zu Terminen auf der anderen Seite des Flusses zu chauffieren hatte. Er kam zurück, gerade als Margit sich anschickte, ihre Sachen für den Feierabend zu packen. »Also, was halten Sie von der Sache?« fragte er sie.

Sie hob die Schultern. »Haben Sie mehr gehört als das, was bereits hundertmal durchs Haus ging?« fragte sie.

»Nein. Ich hatte eine Stunde totzuschlagen, weil ich auf ihn warten mußte, und da habe ich mich in eine Bar mit Fernseher gesetzt. Sie haben die Pressekonferenz wiederholt. Ziemlich kurz. Viel haben sie nicht gesagt.«

»Na, ich jedenfalls gehe nach Hause. Ich bin sicher, sie wiederholen sie stündlich im Fernsehen. Einen schönen Abend noch, Lieutenant.«

»Ihnen auch, Major.«

Sie machte noch einen Abstecher ins Gebäude P-15, trainierte an einer der Nautilus-Maschinen und setzte sich eine Weile in die Sauna. Erfrischt fuhr sie zurück zum Standort und machte in ihrem Zimmer den Fernseher an. Es dauerte nur wenige Minuten, dann kündigte ein Nachrichtensprecher die Wiederholung einiger Ausschnitte aus der Pressekonferenz über den Fall Joycelen an. Der Mann, der die Verlautbarung verlas, war Generalleutnant Morris Paley, Chef der Ermittlungsabteilung im Verteidigungsministerium; ihn hatte man mit der Leitung der Untersuchung betraut. Neben ihm auf dem Podium saß Frank Lazarus, seines Zeichens Direktor des FBI.

»So unglücklich der Vorfall auch sein mag, finden wir doch etwas Trost in der Geschwindigkeit, mit der wir den Beschuldigten haben fassen können. Eine Sonderkommission, der neben Spezialagenten des FBI auch einige ausgewählte Angehörige der Streitkräfte angehören, hat rund um die Uhr gearbeitet, um den Fall zu einem raschen Abschluß zu bringen. Mit Dr. Richard Joycelen wurde ein ebenso brillanter wie engagierter Mann aus unserer Mitte gerissen. Ich kann jedermann versichern, daß der Gerechtigkeit im Sinne unserer Militärgesetze in jeder Hinsicht Genüge getan wird. Ich kann Ihnen außerdem versichern, daß dem Beschuldigten, Captain Robert Cobol, unter dem Schutz dieser Gesetze ein faires Verfahren zuteil werden wird.«

Der Nachrichtensprecher erschien wieder auf dem Bildschirm und sagte, daß man den Reportern keinerlei Fragen beantwortet hätte, weder nach dem Motiv noch nach den Umständen, unter denen es den Ermittlern gelungen war, Captain Cobol zu fassen; auch sei nicht klar, ob er die Tat gestanden und bereits einen Rechtsbeistand gewählt hätte. »Bleiben Sie dran.« Ein Werbespot für eine durststillende oder durstig machende Limonade füllte den Bildschirm.

Das Telefon klingelte.

»Hallo, Major. Hier ist Mac Smith.«

»Hallo, Mac. Es war wunderbar bei Ihnen beiden.«

»Schön. Und herzlichen Dank für die Blumen. Wie geht's denn so?«

»Gut. Ich komme eben aus dem Fitneßclub.«

Er lachte. »Ich auch. Sie wissen ja, was man über einen gesunden Körper sagt. Als nächstes werde ich mich um meinen Geist kümmern.«

»Was verschafft mir denn die Ehre Ihres Anrufs?«

»Annabel und ich haben uns gedacht, einen Happen essen zu gehen. Und da wir wissen, daß Jeff unterwegs ist, haben wir uns gedacht, Sie würden sich vielleicht gern anschließen.«

Die Versuchung war groß. Es war Freitagabend, und sie hatte bis Montagmorgen dienstfrei. Sie lehnte jedoch ab. Bei ihr war in letzter Zeit zuviel liegengeblieben – sie hatte Briefe zu schreiben, die eine oder andere Lektüre zu erledigen und mußte zur Maniküre. »Ein andermal, so hoffe ich doch«, sagte sie.

»Sicher doch. Ich nehme an, Sie haben das über Joycelen gehört.«

»Es war kaum zu überhören.«

»Hat jemand etwas über das Gerücht gesagt, daß die Geschichte eine homosexuelle Seite hätte?«

Sie dachte daran, was Max Lanning gesagt hatte, entschloß sich jedoch, es nicht zu wiederholen. Er war der einzige, der es erwähnt hatte, und wenn man seine Neigung zum Klatschen in Betracht zog... »Nein, keinerlei Fakten darüber. Haben Sie was?«

»Nur Geschwätz aus dem Umkleideraum. Hat aber weder Hand noch Fuß, wenn man bedenkt, wie lange Joycelen verheiratet war.« Noch bevor sie antworten konnte, fügte er hinzu: »Natürlich ist eine Ehe nicht notwendigerweise ein lebenslanges Gelübde zur Heterosexualität. Derlei Gerüchte sind eine üble Sache. So was kann leicht zu falschen Schlüssen führen. Man braucht das Wort ›schwul‹ nur auszusprechen, und schon meinen einige Leute, sie bräuchten nicht weiter nach einem Motiv zu suchen. Wenn ich darüber gehört habe, dann spricht sicher schon die ganze Stadt davon. Wahrscheinlich verdrängt es als Gesprächsthema zur Cocktailstunde gerade Atombombe, Rußlandhilfe und wen Beardsley in den Obersten Gerichtshof setzen wird. Tja, schade, daß Sie nicht mitkönnen, Margit. Annabel läßt Sie schön grüßen.«

»Grüßen Sie sie auch von mir. Es ist nett und damit typisch für euch, an mich gedacht zu haben. Danke für die Einladung.«

Sie schlüpfte in Pyjama und Morgenmantel, holte die Zutaten zu einem einfachen, aber gesunden Abendessen aus dem Kühlschrank und setzte sich ans Fenster. Jeff fehlte ihr. Sie wünschte, sie hätten an diesem Wochenende etwas Zeit miteinander verbringen können. Sie dachte an ihren Vater, der ihr sehr nahe gestanden, und an ihre Mutter, die sie kaum gekannt hatte. Sie war traurig; wenn sie nicht aufpaßte, stand ihr fürs Wochenende eine Depression ins Haus. Sie musterte ihre Fingernägel und überlegte, ob sie sie sich vornehmen sollte. Sie sahen aus, als könnten sie eine Sanierung vertragen. Sie nahm das Telefon zur Hand und vereinbarte für den nächsten Vormittag um elf einen Termin im Kosmetiksalon des Standorts, um sich Haare, Hände und Füße machen zu lassen. Hin und wieder mußte man sich das einfach gönnen. Es mochte nicht zur Sicherheit der Vereinigten Staaten von Amerika beitragen, für ihre eigene jedoch würde es Wunder tun.

6

Unter gewöhnlichen Umständen wäre es nicht nötig gewesen, daß Margit den Personaloffizier des Standorts darüber informierte, wo sie in ihrer dienstfreien Zeit zu finden war. Da die jüngsten Ereignisse im Nahen Osten jedoch nicht unter die Kategorie »gewöhnlich« fielen, hatte eine Reihe von Pentagondienststellen ihre Mitarbeiter angewiesen, sich zur Verfügung zu halten. Margit kam sich etwas albern vor, als sie den wachhabenden Soldaten informierte, daß sie im Kosmetiksalon zu finden wäre, tat es aber dennoch. Wie sich herausstellte, hatte sie gut daran getan. Aber nicht daß es ihr gutgetan hätte.

Die Behandlung von Finger- und Zehennägeln hatte sie bereits überstanden. Der Lack auf den Nägeln war noch feucht, und sie hatte Angst, etwas in die Hand zu nehmen. Kleine Baumwollbäuschchen spreizten ihre Zehen auseinander; ihre Füße steckten in besonderen Papiersandalen. Ihr Haar war geschnitten, und die junge Frau, die mit beträchtlichem Geschick die Schere geführt hatte, hielt ihr eben den Fön an die gestutzte Haarpracht.

»Anruf für Major Falk«, rief eine Frau von der Anmeldung her.

Verzweiflung sprach aus Margits Blick. Die Frau lachte: »Major Falk ist im Augenblick indisponiert«, sagte sie. »Kann sie in einer halben Stunde zurückrufen?« Die Antwort fiel ganz offensichtlich negativ aus. »Augenblick, bitte«, sagte sie, legte den Hörer auf ihren Schreibtisch und kam an Margits Stuhl. »Er sagt, es sei dringend.«

Margit schlurfte an den Schreibtisch und nahm mit Daumen und Mittelfinger den Hörer auf; man hätte meinen können, er wäre vergiftet. »Major Falk«, sagte sie.

»Major, hier ist Lieutenant Lanning.« Sofort war sie auf hundert. Sie hatte ja nichts gegen das Geschäker im Büro, aber sie auch noch zu Hause anzurufen – ja schlimmer noch, bei einer Generalüberholung, das war unverzeihlich.

»Tut mir leid, Sie zu stören, Major, aber ich rufe nicht zum Spaß an. Der Chef hat mir gesagt, ich soll mich auf der Stelle mit Ihnen in Verbindung setzen.« Der Chef war Colonel James Bellis, Leiter der Abteilung Recht im Verteidigungsministerium.

»Warum?« fragte sie bereits etwas weniger wütend.

»Er will Sie um zwei im Büro sehen«, sagte Lanning.

»Wozu?«

»Das weiß ich nicht, Major. Ich befolge nur Befehle.«

»Handelt es sich um eine Stabskonferenz?«

»Alles, was ich weiß, habe ich Ihnen gesagt. Keine Stabskonferenz. Also Punkt zwei Uhr.«

»Alles klar, ich werde da sein. Danke, daß Sie angerufen haben, Max.«

»Ach, Major.«

Sie seufzte und verdrehte die Augen. »Was noch?«

»Ich denke, es könnte was mit Cobol zu tun haben.«

»Cobol?«

»Genaues weiß ich auch nicht, aber ich habe gestern nachmittag seinen Namen gehört – im gleichen Atemzug mit dem Ihren.«

Sie hatte nicht die Absicht, diese neue Richtung seiner Spekulationen weiterzuverfolgen, also dankte sie ihm und legte auf.

In die Dienststelle des Abteilungsleiters Recht zitiert zu werden, stürzte sie gleich in mehrere Spekulationen. Sie überkamen sie alle gleichzeitig auf dem Weg zurück zu ihrem Stuhl, wo sie darauf wartete, daß Haare, Hände und Füße trockneten. Hatte sie sich etwas zuschulden kommen lassen, daß man sie an einem Samstag sehen wollte? Wochenenddienst war beim Militär nichts Ungewöhnliches, aber das hier hörte sich ernst an. Konnte es sein, daß Max Lanning, die schlimmste Klatschbase des Pentagon, mit seiner Einschätzung der Situation richtig lag? Sie konnte sich nicht vorstellen, daß ihr Termin bei Colonel Bellis etwas mit dem Mord an Dr. Joycelen zu tun haben sollte. An diesem Gedanken hielt sie fest, als sie in ihr Quartier zurückkehrte und sich für das Treffen zurechtmachte, wobei sie besondere Sorgfalt auf Uniform und Schuhe verwandte.

Der Parkplatz des Pentagon war nur zu einem Viertel voll.

Trotzdem parkte sie auf dem ihr zugewiesenen Platz, um nicht irgendeinem übereifrigen Sicherheitsmann Gelegenheit zu geben, sein Wochenendpensum an Verwarnungen in die Höhe zu schrauben. Sie ging in ihr Büro und gab vor, beschäftigt zu sein, aber sie konnte nicht anders, als zu überlegen, was ihr wohl in zwanzig Minuten bevorstünde.

Um fünf vor zwei betrat sie den Vorraum zum Büro des Abteilungsleiters. Die Tür zum Büro selbst war geschlossen, und sie wünschte, die Sekretärin wäre hier. Sie ging auf und ab und sah auf die Uhr: Punkt zwei. Sie klopfte. »Herein«, bellte es mit gewohnter Schroffheit.

Colonel James Bellis war ein Mann voller Widersprüche. Auf der einen Seite war er ganz und gar Berufssoldat mit einigen ungeschliffenen Kanten, die bei diesen Leuten anscheinend zum guten Ton gehörten, auf der anderen Seite zeugte seine juristische Ausbildung – Harvard und ein oder zwei Semester Oxford – von einer beträchtlichen intellektuellen Tiefe. Dazu war er ein Ledernacken. Das Haar rund um den Kopf und was er obenauf davon noch übrig hatte, war einmal rot gewesen, jetzt jedoch graumeliert. Sommersprossen zogen sich von der Stirn aus bis hinauf auf die Halbglatze. Er hatte noch immer den Teint eines Rothaarigen; Margit hatte gehört, daß man ihn im Laufe der Jahre ein dutzendmal wegen Hautkrebs operiert hatte. Er bevorzugte eine familiäre, unkomplizierte Ausdrucksweise, aber seine militärische Förmlichkeit war einfach nicht zu übersehen. An diesem Samstag am Schreibtisch trug er weder die Hemdsärmel hochgekrempelt, noch die Krawatte gelockert. Er war in voller Uniform und saß da, als hätte er einen Stock verschluckt.

»Danke, daß Sie gekommen sind, Major Falk. Tut mir leid, Ihnen den Samstag zu versauen.«

»Kein Problem, Colonel. Ich hatte ja frei.«

»Setzen Sie sich. Nehmen Sie den hier.«

Sie setzte sich auf den von ihm bezeichneten Stuhl und sah

ihm zu, wie er in einer Schublade kramte. Er konnte nicht finden, wonach er suchte, und knallte die Lade zu. Dann blickte er sie an, als wäre er überrascht, sie zu sehen. »Tut mir leid, daß ich noch keine rechte Zeit für Sie hatte, seit Sie hier sind«, sagte er.

»Das ist schon in Ordnung, Colonel. Man hat sich bestens um mich gekümmert. Ihre Leute sind außerordentlich hilfsbereit.«

»Freut mich, das zu hören.« Es war ein offenes Geheimnis, daß Colonel Bellis mit einigen seiner Mitarbeiter ganz und gar nicht zufrieden war, vor allem mit den Zivilisten unter ihnen. Er ziehe ihnen Anwälte in Uniform vor, beklagten sich diese, und könne unnötig hart mit jedem umspringen, der keine Uniform trug. Seine Temperamentsausbrüche waren allseits gefürchtet. Margit hatte noch keinen erleben müssen, ihn jedoch einmal durch die Eichentür brüllen hören, die ihn vom Rest der Welt trennte. Ein schwieriger Chef, den man zu nehmen wissen mußte.

»Ich würde Ihnen gern Kaffee oder Tee anbieten«, sagte er, »aber ich habe keinen fertigen da. Normalerweise erledigt Helen das.« Er sprach von Helen Matthei, seiner Verwaltungsassistentin, die tausenderlei Aufgaben für ihn erledigte, die weitaus wichtiger waren, als ihm Morgen für Morgen die Thermoskanne zu füllen.

»Ich hatte bereits Kaffee, Colonel, aber danke, daß Sie daran gedacht haben.«

Es war offensichtlich, daß Bellis, so offen und ungehobelt er sonst sein mochte, im Augenblick Schwierigkeiten hatte, zur Sache zu kommen. Warum? Er war ihr Vorgesetzter. Hatte er eine unangenehme Aufgabe in petto? Dann bring's hinter dich. Abgesehen davon, daß es einem morgens die Wahl der Kleidung erleichterte, schätzte Margit am Militär sein unkompliziertes und direktes Procedere. Es war nicht nötig, einem Angestellten um den Bart zu gehen, ihn zu überzeugen oder gar zu überlisten, damit er eine Aufgabe übernahm. Man gab einen Befehl. So einfach war das, es sei denn dieser war offensichtlich illegal; in diesem Fall konnte ihn der Angestellte – mit anderen Worten der Untergebene – aufgrund dieser Unrechtmäßigkeit verweigern. Er hatte sie herzitiert. Also sollte er endlich sagen, was sie zu machen hätte, und falls es nicht tatsächlich illegal wäre, würde sie es auch tun. Man nannte das »einen Befehl befolgen«.

Vielleicht spürte Bellis, was sie dachte, da er sich auf die Ellenbogen gestützt nach vorne beugte. »Lassen Sie mich zur Sache kommen, Major Falk«, sagte er. »Ich habe da eine wichtige Aufgabe für Sie.«

»Ja, Sir?«

»Sie haben ja gehört, daß man Dr. Joycelens Mörder gefaßt hat.«

Margit unterdrückte ein Lächeln. Gab es überhaupt jemanden, der das nicht wußte? »Jawohl, Sir, ich habe es gehört.«

»Was haben Sie gehört?«

»Daß es sich um einen gewissen Robert Cobol handelt. Daß er ein zur CIA abgestellter Captain der Army ist, aber hier im Pentagon Dienst tut. In den Nachrichten habe ich gehört, daß man Dr. Joycelen mit seiner Waffe ermordet hat.« Sie hielt inne. »Ich denke, das wär's.«

»Das ist nicht alles.«

»Ach?«

»Die Geschichte ist voller Ecken und Kanten, einige davon nicht besonders angenehm.«

Sie sagte nichts.

»Passen Sie auf, Major, ich möchte Ihnen einige Fragen stellen. Haben Sie viel Erfahrung mit dem Militärstrafrecht?«

»Nein, Sir, nicht viel. Jedenfalls nicht genug. Auf meinem letzten Posten mußte ich zweimal Luftwaffenangehörige verteidigen.«

»Wie haben Sie abgeschnitten?«

Sie lächelte. »Ich habe beide Fälle gewonnen.«

»Und haben damit dem System eins ausgewischt, nicht wahr? Unserem Arbeitgeber?«

»So habe ich das nicht gesehen. Die militärische Führung hatte in beiden Anklagen unrecht. Es ging auch nicht um schwere Verbrechen, nur um angebliche Verstöße gegen die Dienstordnung.«

»Der Mord am stellvertretenden Direktor der Abteilung für Fortgeschrittene Rüstungstechnologien ist kein Verstoß gegen die Dienstordnung.«

»Da bin ich ganz Ihrer Meinung.«

»Hätten Sie Probleme damit, einen Offizierskollegen zu verteidigen, der jemand wie Joycelen erschossen hat?«

Sie wußte nicht, was sie sagen sollte. Mein Gott, Lanning hatte recht gehabt. Man prüfte sie hier auf ihre Eignung als Rechtsbeistand für Captain Cobol. Wenn sie überhaupt eine Möglichkeit hatte, nein zu sagen, so müßte sie es jetzt tun. Er hielt ihr sozusagen die Tür auf.

»Probleme, so jemanden zu verteidigen?« fragte sie. Die Frage füllte das Loch in ihren Gedanken.

»Ja, ganz persönliche. Philosophische Probleme. Vielleicht sind Sie so entrüstet über das Verbrechen, daß Sie nicht in der Lage sind, eine anständige Verteidigung auf die Beine zu stellen?« Er hob fragend den Kopf. »Oder Sie haben Angst, die Verteidigung eines solchen Menschen wäre nicht gut für Ihre Karriere.«

Diese letzte Bemerkung ärgerte sie. »Ich bin mir meiner militärischen Laufbahn sehr sicher, Colonel«, sagte sie. »Ich halte mich für einen guten Offizier. Außerdem bin ich der Ansicht, daß die Luftwaffe Fähigkeiten und Engagement erkennt und entsprechend honoriert.«

Er lehnte sich zurück, als hätte sie ihm eine gewischt. Dann lachte er. »Ich wollte Ihnen nicht zu nahe treten, Major, aber wir haben nunmal Militäranwälte, die sich scheuen, gewisse Fälle anzufassen aus Angst, jemand weiter oben könnte sich darüber aufregen. Offensichtlich fallen Sie nicht unter diese Kategorie.«

»Nun, ich glaube es jedenfalls nicht.«

Schweigend musterten sie einander einen Augenblick. Sie war es, die die Stille brach. »Warum gerade ich?«

»Dafür gibt es eine Menge Gründe. Man hat mir gesagt, daß Sie nicht auf den Kopf gefallen sind. Vielleicht sogar mehr als das. Ich habe hier einen Haufen Jungs, die nicht auf den Kopf gefallen sind, und sich trotzdem in einer Telefonzelle verlaufen würden. Man hat mir gesagt, Ihre juristische Ausbildung wäre erstklassig. Mitarbeit bei der juristischen Wochenschrift der George-Washington-Universität. Protégé von Mackensie Smith. Messerscharfer Verstand, wie man mir gesagt hat. Ich bin beeindruckt.«

Margit hatte die letzte Minute über scharf nachgedacht. Sie atmete tief durch, bevor sie den Mund aufmachte. »Colonel Bellis, darf ich ganz offen sein, Sir?«

»Das wäre mir sehr recht.«

»Sir, ich möchte Captain Cobol nicht verteidigen.«

»Und warum nicht?«

»Weil ich mich nicht für qualifiziert halte.«

»Und es hat nichts mit Ihrer Karriere zu tun?«

»Nein, Sir!«

»Tut mir leid, Major, aber ich habe mich eben entschlossen. Mir gefällt, was ich sehe. Mir gefällt, was ich höre. Ich übertrage Ihnen hiermit die Verteidigung von Captain Robert Cobol, der des Mordes an Dr. Richard Joycelen, stellvertretendem Direktor der Abteilung für Fortgeschrittene Rüstungstechnologien bezichtigt wird.«

»Würden Sie mir etwas Zeit geben, das zu überdenken?«

»Nein, Madam.«

Sie befreite sich von seinem Blick und betrachtete die Fotos an der Wand. Sie wurde nicht so ganz schlau aus diesem Auftrag. In der Abteilung Prozeßbeistand wimmelte es doch nur so von qualifizierten Militäranwälten, deren Job es war,

Angehörige der Streitkräfte vor einem Militärtribunal zu verteidigen. Sie hatte mit dieser Abteilung nicht das geringste zu tun. Seit sie ihr Examen gemacht hatte, sah sie sich durch einen endlosen Strom von Papierkram waten: Verträge, Bestimmungen, Positionspapiere. Auf ihrem Schreibtisch häuften sich Verträge, die mit dem Projekt Safekeep zu tun hatten. Erstgenannte Partei dies, erstgenannte Partei das. Nichts Schlimmes, wenn man von den Stunden absieht, die sie damit zubrachte, sie auf vage Klauseln und irreführende Formulierungen abzuklopfen. Sie hatte doch ihr Lebtag noch keine Verteidigung in einem Mordfall geführt – weder im zivilen noch im militärischen Bereich. Warum ich?

Sie fragte ihn.

Bellis stand auf. »Major Falk, der Mord an Dr. Joycelen hat Weiterungen, die deutlich über das hinausgehen, was einem im Augenblick ins Auge stechen mag. Lassen Sie mich Ihnen eine andere Frage stellen? Wie halten Sie es mit Homosexuellen?«

Also doch. Erst Max Lanning, dann Mac Smith. Offensichtlich war also etwas dran an dem Gerücht. Oder wenigstens war es putzmunter. Sie zuckte die Achseln. »Ich denke, diese Leute haben es nicht leicht im Leben, weil die Gesellschaft es ihnen schwermacht«, sagte sie geradeheraus.

»Eine noble Einstellung, aber Sie arbeiten nicht für die Bürgerrechtsbewegung. Wir haben beim Militär Dienstvorschriften, die besagen, wenn Sie homosexuell sind, dann haben Sie zu gehen.«

»Ja, Sir, dessen bin ich mir bewußt. Warum fragen Sie mich das?«

»Weil die Möglichkeit besteht, daß Captain Cobol homosexuell ist und daß er Dr. Joycelen wegen einer rein persönlichen Angelegenheit zwischen ihnen beiden umgebracht hat.«

»Dr. Joycelen soll schwul gewesen sein?«

»Mir liegt dieses Wort nicht besonders. Aber allem Anschein nach war er bisexuell. Also, Major, was halten Sie von der Geschichte?«

Sie war aufgebracht. Sie wäre lieber gegangen und hätte einen Spaziergang gemacht, um sich das alles durch den Kopf gehen zu lassen. Seine Fragen kamen ihr viel zu früh, und sie fühlte sich völlig außerstande, sie wenigstens mit einem Mindestmaß an Intelligenz zu beantworten. »Sir«, sagte sie, »wenn Sie mir die Verteidigung von Captain Cobol übertragen, dann wird mir nichts anderes übrigbleiben, als den Auftrag anzunehmen. Das ist mir klar. Falls Captain Cobol homosexuell ist, und falls das Motiv für den Mord damit zu tun hat, dann werde ich mit diesem Umstand umgehen wie jeder andere Anwalt in jedem anderen Strafprozeß. Ich will den Auftrag nicht. Ich bin nicht daran interessiert, Captain Cobol zu verteidigen, weil ich dafür nicht das nötige Rüstzeug habe und jemand, der des Mordes beschuldigt wird, einen erfahrenen Rechtsbeistand verdient. Ich bitte Sie also mit allem Respekt, Ihre Wahl noch einmal zu überdenken.«

Er nickte. »In Ordnung, Major Falk, ich werde noch einmal darüber nachdenken. Aber rechnen Sie nicht damit, daß ich meine Meinung ändere. Dafür bin ich nun wirklich nicht bekannt – ganz im Gegensatz zu einigen unserer Präsidenten und Verteidigungsminister.«

Sie stand auf. »Kann ich gehen?«

»Selbstverständlich. Hören Sie, Major, ich bedaure, daß unsere erste nennenswerte Unterhaltung ausgerechnet unter diesen Umständen zustande gekommen ist. Mir wäre es auch lieber gewesen, der Minister hätte diesen Auftrag einem anderen gegeben. Ich kann bei dieser Geschichte nur verlieren... und Sie wahrscheinlich auch – vorausgesetzt, ich überlege es mir nicht doch noch anders.« Er lächelte. »Aber, Major Falk, ich habe nicht die Absicht, es mir anders zu überlegen. Tut mir leid. Sie haben den Auftrag. Geben Sie ihm die beste Verteidigung, zu der Sie imstande sind, und daß die gut sein wird, da habe ich keinen Zweifel. Ich würde mich gern Montagmorgen um acht mit Ihnen treffen. Hier, in diesem Büro.«

Er begleitete sie an die Tür. »Jetzt habe ich Ihnen das Wochenende gründlich vermasselt, was?«

»Das haben Sie, Sir, das haben Sie wirklich.« Sie konnte sich ein Lachen nicht verbeißen. Trotz seiner schroffen Art war Bellis ein netter Kerl. Sie mochte ihn – trotz der Tatsache, daß er ihr das Wochenende versaut hatte.

Er hatte noch etwas auf dem Herzen, bevor sie ging. »Ich möchte, daß das unter uns bleibt, Major Falk, wenigstens bis nächste Woche, bis ich Gelegenheit habe, eine Verlautbarung herauszugeben.«

»Ich wünschte, Sie hätten das nicht gesagt, Colonel Bellis.«

»Warum?«

»Weil ich die Absicht hatte, in mein Quartier zu gehen, auf der Stelle Mackensie Smith anzurufen und noch mal Jura zu studieren.«

Bellis lachte. »Sie wollen die Geschichte mit Ihrem ehemaligen Juraprofessor durchgehen? Tun Sie sich keinen Zwang an, Major, aber belassen Sie es dabei. Das letzte, was ich jetzt brauchen kann, ist, daß die Medien Wind davon bekommen, bevor wir uns entschlossen haben, wann und wie wir es sie wissen lassen.«

»Einvertanden«, sagte Margit.

»Gut. Ach übrigens, eine Frage, die damit nichts zu tun hat. Was halten Sie eigentlich von Lieutenant Lanning?«

»Was ich von ihm halte? Er ist ein fähiger junger Offizier.«

»Er ist ein altes Waschweib, ein geschwätziger junger Kerl.«

»Davon ist mir nichts bekannt, Sir. Er scheint mir sehr viel von Ihnen zu halten.«

»Freut mich, das zu hören. Das letzte, was wir hier brauchen, ist einer, der den Mund nicht halten kann. Ich danke Ihnen, daß Sie an Ihrem freien Samstag reingeschaut haben, Major. Ich freue mich auf unsere Zusammenarbeit.«

Sie wollte, sie hätte das auch sagen können – und sagte es natürlich auch.

»Annabel?«

»Ja.«

»Margit Falk.«

»Margit. Wie geht's denn so? Schade, daß Sie gestern abend nicht mit zum Essen konnten. Wir sind auf eine Pizza in der Belmont Kitchen gelandet. Sie hätten uns davor bewahren können.«

»Da bin ich ja froh, daß ich nicht mit bin. Um eine Pizza von Belmont loszuwerden, braucht es zwei Stunden Turnhalle.«

»Wie geht's denn Jeff?« fragte Annabel.

»Der ist noch mit Wishengrad in Wisconsin. Ich hatte ein schlichtes Wochenende geplant, bin aber auf einer Besprechung mit meinem Chef im Pentagon gelandet.«

»Ich hoffe doch, wir ziehen nicht noch dieses Wochenende in den Krieg«, sagte Annabel.

Margit lachte. »Nein, aber von meiner Warte aus betrachtet, wäre mir das womöglich lieber gewesen als das, was ich mir da eingefangen habe.« Ihrer Ansicht nach war das, was Colonel James Bellis ihr da aufgehalst hatte, bei weitem beängstigender, als unter dem Beschluß von Heckenschützen Nachteinsätze in Panama zu fliegen.

»Hört sich ja schlimm an«, sagte Annabel.

»Das ist es auch. Ist der Professor zu sprechen?«

Annabel ließ ein flottes Lachen hören. »Irgendwie kann ich ihn am Wochenende nicht als Professor sehen. Mehr der grummelige kleine Heimwerker, der sich zu oft auf den Daumen haut. Ja, er ist hier. Eben zurückgekommen. Er war Gassi mit Rufus. Oder auch umgekehrt. Bleiben Sie dran.«

»Hallo, Margit«, sagte Smith.

»Mac, ich muß mit Ihnen reden.«

»Sie sind uns gestern abgegangen. Wir hatten Pizza.«

»Ich hab's gehört, Mac. Ich brauche eine informelle Rechtsberatung. Ich verteidige Captain Robert Cobol gegen eine Anklage wegen Mordes an Dr. Richard Joycelen.«

Stille am anderen Ende der Leitung. Dann sagte Smith: »Machen Sie, daß Sie rüberkommen.«

7

Der größte Teil der Vorstandsmitglieder von Consulnet war tröpfchenweise am Samstag in Wien eingetroffen, obwohl einige bereits am Abend zuvor angekommen waren. Man hatte sich zum Abendessen in einem kleinen Hinterzimmer im Korso eingefunden, dem eleganten Restaurant des Hotel Bristol am Kärntner Ring, wo man geschlossen abgestiegen war.

Man hatte üppig getafelt – Spezialitäten des Hauses: während die einen sich an einer Schweinsjungfrau gütlich taten, hatten andere Fogosch und Krebse gewählt. Zwei der acht Männer hielten sich an das weniger abenteuerliche Schnitzel. Das holländische Mitglied der Gruppe hatte mit einem Gumpoldskirchner einen österreichischen Wein gewählt, und die anderen beglückwünschten ihn zu dieser guten Wahl; nur der Franzose murmelte etwas von einer schon ins Kriminelle gehenden Fruchtigkeit.

Es ging schon auf Mitternacht zu; die Gedecke waren abgeräumt, Dessert und Kaffee serviert. Sachertorte für alle. Die meisten bevorzugten Kaffee schwarz – einen Schwarzen, wie das hier hieß –, und nur ein paar entschieden sich für einen gespritzten Mokka, mit anderen Worten für einen Schuß Rum. Einer derjenigen, die sich für die alkoholische

Variante entschieden, war Amerikaner, ein gewisser Paul Potamos, und er saß nicht rein zufällig am Kopf der Tafel. Er war weder groß, noch sah er aus wie einer, den Hollywood für die Rolle des Industriekapitäns gewählt hätte. Er war so gut wie kahl, und die Kopfhaut erstrahlte in seidigem Glanz. Er war gebürtiger Amerikaner griechischer Abstammung, sechzig Jahre alt und Erbe einer Familienreederei, die er beträchtlich vergrößert hatte. Mitarbeiter, vor allem solche, mit denen er zusammengestoßen war, hielten ihn für arrogant. Er selbst sah sich lieber als einen Mann mit Selbstvertrauen, ein Charakterzug, dem Geld nun sicherlich keinen Abbruch tat.

Potamos sah gähnend auf die Uhr. »Falls es nicht noch Geschäftliches zu besprechen gibt, schlage ich vor, wir machen Schluß.«

»Es gibt durchaus noch Geschäftliches zu erledigen«, sagte Colsunets Mann aus Brasilien.

»Und das wäre?«

»Zahlungen. Er ist im Rückstand, und zwar zu weit, um darüber hinwegzusehen.«

Potamos blickte hinüber zu dem deutschen Mitglied des Aufsichtsrats, Hans Keller, der sich schon gefreut hatte, als Potamos den Abend für beendet erklärte. Keller wurde auf seinem Zimmer erwartet. Er wußte, sie würde nicht gehen, schließlich war sie für die Nacht bezahlt. Aber eine so angenehme Gesellschaft verschwendet zu sehen war ihm ein Greuel. »Wieviel schuldet er uns denn, Hans?« fragte Potamos.

Keller, ein großer, massiger Mann, dem der Hemdkragen zu eng war, zuckte mit den Achseln. »Er hat dreiunddreißig Millionen bezahlt. Er schuldet uns also noch dreißig.«

»Nur für die Eierkuchen«, sagte der Kenner, Sidney Cheval. »Raoul hat recht. Die Rückstände sind zu groß. Dreißig Millionen allein für die Eierkuchen. Unser japanischer Lieferant stellt schon Fragen. Wer will es ihm verdenken?«

»Noch weitere Zahlungen?« fragte Potamos. »Weitere Schulden?«

Keller lachte, verschluckte sich am Rauch seiner Zigarre und hustete. »Ich habe Ihnen bei der Vertragsunterzeichnung gesagt, daß wir zuwenig Vorschuß verlangen. Die Absaugpumpen sind ein gutes Beispiel. Zwanzig Prozent Vorauszahlung? Absurd. Er hat nicht eine Ostmark mehr bezahlt.« Keller war ein ehemaliger Bürger der DDR, der nicht auf den Fall der Mauer gewartet hatte, um zu Wohlstand zu kommen. Jetzt war Deutschland wieder eine Einheit; für ihn war es das immer gewesen.

»Die Drehbänke und Fräsen«, sagte der Brite am Tisch, Sanford Sheffield. »Und die Nickellegierung. Wenn ich mich recht erinnere, hat er für nichts von alledem bezahlt.«

»Er hat eine kleine Anzahlung auf die Rechnung geleistet«, sagte Keller. »Eine sehr kleine.«

Potamos stand auf. »Meine Herren«, sagte er, ein Lächeln auf dem kleinen Gesicht, »ich fürchte, ich bin zu müde, um mich heute noch mit der Hochfinanz zu befassen. Vielleicht morgen, falls Sie es für nötig erachten. Das sind doch im Grunde Pfennigbeträge. Ich darf Sie daran erinnern, daß Consulnet diese Herausforderung nur unter der Bedingung angenommen hat, daß etwaige Fehlbeträge avaliert wären.«

»Schon, aber ...«

»Ich ziehe es vor, abzuwarten, bis zu welchem Betrag unser Kunde seine finanziellen Verpflichtungen zu ignorieren gedenkt. Und wenn das klar ist, werden die Avale wirksam. Ich halte es für übereilt, schon jetzt von Problemen bei der Bezahlung unserer Leistungen auszugehen. Schließlich hat es ihn, wie wir bei uns sagen, zum Stadtgespräch gemacht.« Er sah wieder Keller an. »Wann werden Sie sich wieder mit dem Kunden treffen, Hans?«

»Das Stadtgespräch so einiger Städte. Der ganzen Welt. In einigen Tagen.«

»Ein fester Termin?«

»Nichts ist fest, wenn er die Finger im Spiel hat.«

Potamos seufzte. »Nun, dann schlage ich vor, wir warten bis nach Ihrem Treffen. Setzen Sie sich mit Walter zusammen, stellen Sie fest, wieviel er uns schuldet und erstatten Sie nach dem Treffen mit unserem Kunden Bericht. Unsere nächste Zusammenkunft ist Ende September, sehe ich das richtig? Wo?«

»London«, antwortete Raoul Cinsere, der Brasilianer.

»Gut. Der Finanzbericht ist der erste Punkt unserer Tagesordnung. Schlafen Sie gut, meine Herren. Treffen wir uns morgen zum Lunch?«

Walter Munch meldete sich zu Wort: »Um eins. Im Glacisbeisl. Ich habe in Ihren Postfächern hinterlassen, wie Sie hinkommen.«

»Prächtig«, sagte Potamos.

Als er das Hinterzimmer zusammen mit Keller verließ, fragte er diesen: »Eine Rothaarige diesmal, Hans?«

Keller errötete und ließ ein künstliches Lachen vernehmen. »Thea. Eine Kusine. Sie ist brünett. Ich habe sie lange nicht mehr gesehen.«

»Wie schön, einen Verwandten wiederzusehen. Genießen Sie Ihr Familientreffen.«

Zwei Kellner begannen den Raum zu säubern, in dem Consulnet getagt hatte. »Wichtige Leute«, sagte der eine.

Der andere schnaubte. »Wichtige Leute. Teure Zimmer, teures Essen, kleine Trinkgelder. Im Kaffeehaus habe ich besser verdient.«

8

Die Pressekonferenz am Dienstagvormittag im großen Auditorium des Pentagon hatte man sehr kurzfristig einberufen. Eigentlich hatte man die Ernennung Margits zum Verteidiger von Captain Cobol erst Donnerstag bekanntgeben wollen.

Montag jedoch, zwei Stunden nach Margits Treffen mit Colonel Bellis um acht Uhr morgens, bekam der Nachrichtenservice der Streitkräfte, eine Einrichtung, die dem im Verteidigungsministerium für die Öffentlichkeitsarbeit zuständigen Unterstaatssekretär unterstand, einen Anruf von einem Pentagonspezialisten der *Washington Post.* Der Journalist wollte wissen, ob man die Verteidigung Robert Cobols in der Tat einer gewissen Majorin Falk anvertraut hätte, und bat um die Erlaubnis, mit ihr sprechen zu dürfen. Der Offizier vom Dienst versprach ihm zurückzurufen und setzte sich auf der Stelle mit Bellis in Verbindung.

»Wie zum Teufel haben die das erfahren?« brüllte Bellis drei seiner Leute an, die das Pech hatten, sich gerade in Hörweite zu befinden, und zu denen auch Margit gehörte. Sein harter Blick ging in ihre Richtung. Sie fragte sich, ob er wohl annahm, daß ihre Unterhaltung mit Mac Smith die Ursache für das Informationsleck wäre. Sie wußte, daß dem nicht so war. Sie hatte Smith nicht erst klarzumachen brauchen, daß er die Sache vertraulich behandeln mußte, bis die offizielle Verlautbarung kam, und sie war von seiner Diskretion überzeugt.

Bellis rief den Offizier an, der die Anfrage von der Presse entgegengenommen hatte. »Sagen Sie dem Reporter, daß wir morgen früh um zehn eine Pressekonferenz haben. Organisieren Sie diese. Und geben Sie dem Rest der Geier Bescheid, damit wir es wenigstens selbst bekanntgegeben haben.«

Er legte auf, lehnte sich zurück und schüttelte den Kopf. »Wenn das Leck hier in meinem Büro ist, dann kann sich derjenige, der geplaudert hat, als gefeuert betrachten.« Und als vom Planeten verstoßen, dachte Margit. Er ließ alle gehen außer Margit. Als sie beide allein waren und er die Tür geschlossen hatte, setzte er sich auf die Schreibtischkante. »Haben Sie Ihre Diskussion mit Smith gehabt?« fragte er.

»Ja, Sir, das habe ich.«

»Haben Sie ihm gesagt, daß die Sache unter Ihnen beiden bleiben muß?«

»Was auch immer wir besprochen haben, es hat sein Haus nicht verlassen. Zu seinen vielen Vorzügen gehört auch, daß er schweigen kann wie ein Grab.«

Bellis nickte. »Ich neige dazu, ihm ebenfalls zu vertrauen, obwohl ich ihn nur vom Hörensagen kenne. Irgendeine Ahnung, bei wem das durchgesickert ist?«

Margit schüttelte den Kopf.

»Ich habe es ernst gemeint. Wenn die Information aus diesem Büro kam, dann reiße ich dem Betreffenden den Kopf ab und rolle ihn wie eine Bowlingkugel den Korridor hinunter.«

Margit konnte sich eines Lächelns nicht erwehren, und Bellis schien es zu gefallen, daß sie es lustig fand. Er setzte sich hinter den Schreibtisch. »Haben Sie schon Pläne für das Mittagessen, Major?«

»Nein. Ich nehme an, falls ich heute überhaupt etwas esse, dann wohl nur am Schreibtisch.«

»Falsch, Major. Falls Sie heute überhaupt was essen, dann an *meinem* Schreibtisch. Wir haben vor morgen früh noch eine Menge durchzugehen. Ich schlage vor, Sie gehen in Ihr Büro und erledigen alles Dringende. Wenn Sie fertig sind, rufen Sie Helen an und sagen ihr, daß Sie Zeit für mich haben. Meine Termine für heute nachmittag sage ich ab, oder wenigstens die, die nichts mit dem Fall zu tun haben. Margit stand auf. »Sind Sie bereit für einen ordentlichen Schlauch, Major?«

»Bleibt mir etwas anderes übrig?«

»Nein, nicht das geringste. Ich sehe Sie also in ein paar Stunden.«

Margit sagte ihre Termine für den Nachmittag ab. Ihr letzter Anruf galt Foxboro in Senator Wishengrads Büro. Sie hatten sich vage auf einen Drink und ein frühes Abendessen verabredet. »Jeff, ich kann nicht sagen, wann ich heute abend hier rauskomme. Es ist was passiert, was mich eine Weile beschäftigen dürfte.«

»Und das wäre?« fragte er zerstreut.

»Ich kann am Telefon nicht darüber sprechen. Genaugenommen kann ich bis morgen früh überhaupt nicht darüber sprechen, nicht vor der Pressekonferenz.«

Jetzt schien sie ihn doch neugierig gemacht zu haben. »Hör auf mich zu triezen, Margit. Das stört mich. Was ist los?«

Es tat ihr leid, ihn angerufen zu haben, oder wenigstens hätte sie den Abend absagen sollen, ohne eine Andeutung darüber, daß etwas Besonderes vorging. »Ich weiß, es ist nicht fair, aber mir sind die Hände gebunden. Versteh das bitte. Ich werde zusehen, daß es nicht zu spät wird. Ich ruf dich dann an, und wir treffen uns wie geplant.«

»Ruf auf jeden Fall an.« Er hörte sich ärgerlich an.

»Falls ich dazu komme.« Sie legte auf und verspürte eine gewisse Unruhe. Zu solchen kleinen Wortgefechten war es in letzter Zeit öfter gekommen. Sie hatte das den beruflichen Belastungen zugeschrieben, denen sie beide ausgesetzt waren, und sich kürzlich sogar schon überlegt, einige Tage frei zu nehmen und Jeff dasselbe vorzuschlagen, um vielleicht auf ein verlängertes Wochenende irgendwohin rauszufahren und alles hinter sich zu lassen. Jetzt freilich war nicht die Zeit, um an Urlaub zu denken. Sie rief Helen Matthei, Colonel Bellis' Verwaltungsassistentin, an und sagte ihr, sie sei bereit, sich mit ihm zu treffen. Helen rief zu ihm durch, und als sie wieder in der Leitung war, sagte sie Margit, sie solle in einer halben Stunde da sein. Es war halb eins. Sie war plötzlich hungrig. Würde er Mittagessen für sie beide heraufkommen lassen? Mochte es auch heißen, daß im Pentagon keine zwei Büros weiter als sieben Minuten voneinander entfernt waren, beweisen konnte ihr das keiner. Zur nächsten Snackbar hinunterzugehen würde sie wenigstens eine Viertelstunde kosten. Mehr, wenn sie irgendwo falsch abbog.

»Ich habe zwei Stunden bis zu meinem Treffen mit dem Minister«, sagte Bellis zu Margit. »Das heißt, wir haben zwei Stunden, um die Pressekonferenz zu choreographieren.« Margit hatte ein ungutes Gefühl wegen der Wahl seiner Worte.

Bellis fuhr fort: »Abgesehen davon, dafür zu sorgen, daß wir uns bis aufs I-Tüpfelchen an die Paragraphen des Militärstrafrechts halten, müssen wir noch zweierlei zustande bringen. Erstens müssen wir der Öffentlichkeit versichern, daß Captain Cobol die ganze Härte des Gesetzes zu spüren bekommt. Immerhin beschuldigt man ihn nicht nur des Mordes, das Opfer war schließlich auch eine Kapazität auf dem Gebiet der Rüstungsforschung. Außerdem ist der Mord innerhalb einer militärischen Anlage passiert.« Er ließ ein boshaftes Lachen vernehmen. »Immerhin im Pentagon, dem Hauptquartier des Weltfriedens. Zweitens müssen wir der Öffentlichkeit versichern, daß dem Angeklagten die bestmögliche und fairste Verteidigung zuteil wird.« Er stöhnte. »Mit anderen Worten, Major, wir tun gut daran, dafür zu sorgen, daß das auf beiden Seiten ein Prozeß wie aus dem Lehrbuch wird.«

Margit hatte sich eine Reihe von Fragen zurechtgelegt. Bevor sie sie jedoch stellte, sagte sie: »Colonel, gibt es während meiner Verteidigung eventuell auch die Möglichkeit, etwas zu essen zu bekommen?«

»Die pragmatischen Anwälte waren mir schon immer die liebsten. Ich sage Helen, sie soll was raufkommen lassen. Was hätten Sie denn gern?«

»Hühnchensalat auf Vollkornbrötchen«, sagte sie. »Und Kaffee.«

Sie wandten sich wieder dem Thema zu. »Weiß Captain Cobol, daß ich ihn verteidigen werde?«

»Ja.«

»Akzeptiert er mich als Anwalt?«

»Offensichtlich.«

»In Anbetracht dessen, was man ihm da vorwirft, möchte man doch meinen, daß er von seinem Recht auf einen zivilen Rechtsbeistand Gebrauch macht.«

»Soweit ich weiß, hat er nicht darum gebeten. Sicher, ein Recht darauf hat er. Wir werden dafür sorgen, daß er das auch versteht. Wäre es Ihnen recht, zweiter Verteidiger zu sein?«

»Mir soll's recht sein«, sagte Margit. Sie hatte insgeheim gehofft, daß es darauf hinauslaufen würde. Ihr wäre bedeutend wohler, bei der Verteidigung eines angeblichen Mörders einen cleveren zivilen Strafverteidiger zur Seite zu haben.

Sie fragte, wo Cobol im Augenblick in Gewahrsam sei.

»McNair.«

Fort Lesley J. McNair war eine Armykaserne südlich der Hauptstadt am Anacostia, direkt gegenüber dem Marinestandort Anacostia und der Luftwaffenbasis Bolling. Seine Geschichte als Militärgefängnis war ebenso lang wie schillernd. Auf diesem ältesten noch aktiven Militärstützpunkt Amerikas wurden am 7. Juli 1865 vier Männer wegen der Verabredung zum Mord an Präsident Lincoln gehängt, die Leiche seines Mörders, John Wilkes Booth, heimlich begraben und zwei Jahre später fortgeschafft. Heute beherbergten die stattlichen Gebäude mit dem National War College die prestigeträchtigste Fortbildungsstätte für Offiziere aller Waffengattungen.

»Werde ich Gelegenheit haben, Captain Cobol noch vor der Pressekonferenz morgen zu sprechen?« fragte Margit.

»So sah es der ursprüngliche Plan vor – als wir die Geschichte erst am Donnerstag bekanntgeben wollten. Aber ich möchte Sie da jetzt nicht hinaushetzen. Falls man Sie fragt, ob Sie mit dem Angeklagten zu Rate gegangen sind, dann sagen Sie, Sie würden das innerhalb der nächsten achtundvierzig Stunden tun.«

»Ich muß noch einen Blick auf die Beweise werfen, die das Oberkommando gegen Cobol zusammengetragen hat«, sagte Margit. »Ach übrigens, wer ist eigentlich zuständig für diesen Fall?« Sie spielte damit auf eine Regelung im Militärgesetz an, wonach jeder Kommandant Verantwortung für Anklage und Verteidigung eines Beschuldigten trägt, in dessen Zuständigkeitsbereich das Verbrechen verübt wurde.

»Der Vorsitzende höchstpersönlich«, sagte Bellis.

»Wenn dieser Prozeß unter der Leitung des Vorsitzenden der Vereinigten Stabschefs läuft, dann ergibt sich daraus ein Interessenkonflikt für mich.« Sie wartete auf eine Antwort. Als Bellis nichts sagte, fügte sie hinzu: »Oder nicht?«

»Inwiefern?«

»Das Militärgesetz sagt klar und deutlich, daß der Verteidiger nicht aus dem Kommando kommen darf, in dessen Zuständigkeitsbereich das Verbrechen stattfand.«

»Stimmt, Major, aber Sie sind ja nicht den Vereinigten Stabschefs zugeteilt. Sie unterstehen dem Verteidigungsminister.«

»Ich nehme an, da haben Sie rein technisch gesehen recht, Colonel, aber für mich sieht das eher nach Haarspalterei aus.«

Er schüttelte den Kopf. »Nein, ich habe die Geschichte dem Kriegsgerichtsrat der Stabschefs vorgelegt. Er führt in diesem Fall die Aufsicht für den Vorsitzenden, und er sieht keinen Konflikt.«

»Ich dachte nur, ich sollte es ansprechen«, sagte Margit.

»Deshalb sitzen Sie ja hier. Sprechen Sie an, was immer Sie wollen. Wir sollten nur sicherstellen, daß wir uns auf der Pressekonferenz nicht gegenseitig die Beine wegziehen.«

»In welchem Ausmaß soll ich eigentlich zur Konferenz morgen beitragen?« fragte Margit.

»So wenig wie möglich. Ich habe eine Erklärung vorbereitet, die Sie miteinschließt. Ihren militärischen Hintergrund, Ihre juristische Ausbildung, alles, was Sie dazu qualifiziert, Cobols Verteidigung zu übernehmen, alles, was die Versammlung dort wird hören wollen.«

Sie zögerte vor ihren nächsten Worten. »Einschließlich der Tatsache, daß ich als Militäranwalt ein relativer Neuling bin und noch nie einen Mordfall vertreten habe?«

»Ich habe nicht die Absicht, das ausdrücklich klarzustellen. Wozu auch? Sie haben als Verteidiger vor Militärgerichten gearbeitet. Punkt. Sollte die Frage auftauchen, dann antworten Sie wahrheitsgemäß, aber denken Sie immer daran, daß Sie, auch wenn Sie die offizielle Anwältin sind, die volle Unterstützung meines Stabes haben.«

Sie verbrachten die nächste Stunde damit, sämtliche Einzelheiten durchzugehen, die auf der Konferenz zur Sprache kommen könnten. Bellis reichte Margit einen Ordner mit Cobols militärischer Laufbahn. »Machen Sie sich noch vor morgen damit vertraut«, sagte er.

Was nichts anderes bedeutete, als daß sie den ganzen Abend mit Lesen zubringen würde. Sie hatte sich ihre Aktentasche bereits mit juristischer Literatur vollgepackt, um einem des Mordes Beschuldigten auch innerhalb der Militärgerichtsbarkeit eine glaubwürdige Verteidigung zu sein. Am liebsten freilich wäre sie auf der Stelle aus Bellis' Büro gestürzt und zu Mackensie Smith gelaufen, um zu seinen Füßen sitzend seiner Weisheit zu lauschen, wie sie das als Studentin so oft getan hatte. Aber sie wußte, daß das nicht ging. Es war schon sehr großzügig gewesen, ihr am Samstag zuzuhören, Fragen zu stellen, ihre Gefühle auszuloten und ihr zu versichern, daß sie alles hatte, was zur Verteidigung eines angeblichen Mörders vonnöten war. Als sie ging, hatte er sie zwar aufgefordert, sich jederzeit an ihn zu wenden, aber sie konnte ihn nicht derart ausnutzen; das wollte sie einfach nicht.

Es war Viertel vor zwei. Noch eine Viertelstunde mit Bellis, dann war sie wieder in ihrem Büro. Eigentlich hätte sie ja sofort in ihr Quartier gehen und sich an die Lektüre machen sollen, aber sie entschloß sich Foxboro anzurufen, nur um zu sehen, ob ihrem Plan zum gemeinsamen Abendessen noch einmal Leben einzuhauchen war. Sie brauchte die Unterbrechung; nach einer kleinen Verschnaufpause würde sie sich eher in der Lage fühlen zu verdauen, was sie zu lesen hatte.

»Jeff? Margit.«

»Gratuliere«, sagte er.

»Wozu?«

»Ich habe eben im Radio gehört, daß du Cobol verteidigen wirst.«

»Du hast das im *Radio* gehört? Die Pressekonferenz ist erst morgen um zehn!«

»Eine rein akademische Übung, nehme ich an. Großer Gott, wie konntest du dich da nur reinziehen lassen?«

»Genau das habe ich mich auch schon gefragt. Hast du noch Lust auf den Drink und das Abendessen? Vielleicht kannst du mir ja bei einer Antwort darauf helfen.«

»Du hättest ablehnen sollen.«

»Ich hab's versucht. Aber ich hatte kein Glück.«

»Margit, du hast doch kaum Erfahrung als Juristin.«

Sie nahm die Bemerkung persönlich; sie schien ihr unnötig breit formuliert. Er spürte das und fügte hinzu: »Ich meine, deine Ausbildung ist in Ordnung, aber hast du denn schon mal jemanden verteidigt, dem man ein Verbrechen von dieser Größenordnung vorwirft?«

»Du weißt genau, daß ich das nicht habe. Und ich habe das auch zur Sprache gebracht, aber es scheint keine Rolle zu spielen. Außerdem hat mir Colonel Bellis versichert, mir würden sämtliche Möglichkeiten der Abteilung zur Verfügung stehen. Jeff, es hat keinen Sinn, groß darüber zu diskutieren, ob ich in dieser Lage sein sollte oder nicht. Ich bin es nun mal. Das ist die unselige Realität. Ich habe noch eine Menge nachzuholen vor der Pressekonferenz morgen, aber mir läge viel daran, mich mit dir bei einem Drink und einem Abendessen zu entspannen.« Sie hielt inne. »Ich brauche es wirklich, Jeff.«

»Okay. Bei deinem Anruf vorhin hatte ich schon gedacht, aus heute abend würde nichts werden, und da habe ich mich entschlossen, zu Hause zu bleiben und etwas fertig zu machen. Aber das kann auch bis morgen warten. Wo treffen wir uns?«

Ihr wurde ganz warm vor Erleichterung und Freude. »Sag du«, meinte sie.

»Hast du Lust auf thailändisch?«

»Sicher.«

»Also dann Thai Taste, und zwar der in Georgetown.«

»Wann?«

»Sechs?«

»Wir treffen uns dort. Und ... danke, Jeff.«

Sie hatten eingelegtes Hühnchen vom Holzkohlengrill und einen Teller *Satays* und unterhielten sich drei Stunden lang. Foxboro bestritt den größten Teil der Unterhaltung, nachdem Margit ihre Kommentare und Gedanken dargelegt hatte, warum man ihr den Fall Cobol übertragen hatte. Normalerweise war Foxboro bei privaten Treffs eher der Zuhörer als der, der das Wort führte, aber wenn ihn etwas verfolgte, dann konnte er sich in ebenso endlosen wie detaillierten Monologen ergehen. An diesem Abend waren es die Auswirkungen, die die Detonation des Atomsprengkörpers im Nahen Osten auf die Debatten über den Verteidigungshaushalt auf dem Hügel und auf die Atmosphäre im Pentagon hatten. Ein unüberschaubares Heer von Lobbyisten, Militärs wie Zivilisten, bestürmte den Kongreß, die massiven Kürzungen zurückzunehmen, zu denen es während der letzten beiden Jahre gekommen war. »Wenn Sie es nur bei der Rücknahme der

Kürzungen belassen würden, damit könnten wir ja vielleicht noch leben, aber die wollen das Budget ja nicht nur auf dem alten Stand sehen, die wollen noch Millionen draufgesetzt haben.«

»Er stellt ja auch eine weit schlimmere Bedrohung dar, jetzt wo er über die Möglichkeiten zum Bau einer Bombe verfügt«, sagte Margit.

»Sicher, das versteht ja auch jeder, aber das sollte doch nicht bedeuten, daß zwei Jahre sozialer Reformen so einfach den Bach runtergehen müssen. Himmel noch mal, Ihr Leute habt in diesem Land doch nun lange genug den Ton angegeben.«

»›Ihr Leute‹!«

Wenn Sie etwas nicht haben konnte, dann wenn er sie in einen Topf mit der riesigen Militärbürokratie warf, anstatt sie als das zu sehen, was sie war: ein Mensch, der sich nun mal zufällig für eine Laufbahn beim Militär entschieden hat, eine Frau, die wußte, daß sie drauf und dran war, sich in ihn zu verlieben, nicht ohne Vorbehalte und sicher nicht, weil sie mit ihrem Verstand Einfluß darauf genommen hätte; nein, es war eine rein emotionelle Angelegenheit – ganz und gar die instinktive Reaktion einer Frau auf einen Mann.

Sie streckte den Arm aus und legte ihre Hand auf die seine. »Jeff, wir wollen den Abend nicht mit einer Debatte über den Verteidigungshaushalt beenden. Ich weiß, daß deine Gefühle diesbezüglich sehr stark sind, und ich respektiere das, aber wenn du ›Ihr Leute‹ sagst, dann betrachtest du mich nicht mehr als Individuum.«

»Ein Individuum, das rein zufällig Majorin der Luftwaffe ist.«

»Na und? Nicht ich mache die Politik! Ich bin Anwältin wie du, und ganz zufällig fliege ich nun mal gern. Das macht mich doch nicht automatisch zur Mitverschwörerin in irgendeinem Komplott, auf das du hier zu reagieren scheinst.«

»Du hast recht, Margit. Du bist Anwältin – genau wie ich.

Der Unterschied liegt nur darin, wie wir unsere juristische Ausbildung einsetzen.«

Sie dachte, er spiele darauf an, daß er auf dem zivilen Sektor tätig war und sie beim Militär und daß er seine juristische Ausbildung auf die Lösung gesellschaftlicher Probleme verwandte, die ihm wichtig erschienen. Aber dann sagte er: »Ich kann es einfach nicht glauben, Margit, daß du diese Schwuchtel verteidigen willst.«

Sie legte die Stirn in Falten und lehnte sich zurück.

»Das hört sich nicht gerade nach dem Jeff Foxboro an, den ich kenne.«

Eines der vielen Dinge, die sie an ihm so anziehend fand, war seine Sorge um und sein Engagement für mehr soziale Gerechtigkeit, vor allem was die Entrechteten und Minoritäten anbelangte.

Er wußte, er war zu weit gegangen. Seine Gefühle waren mit ihm durchgegangen. Er holte tief Luft und lächelte sie an. »Tut mir leid, Margit, ich weiß, wir essen hier, damit du diese Geschichte eine Weile vergessen kannst. Und ich weiß auch, daß du diesen Auftrag nicht willst und nur keine andere Wahl hast, weil du nun mal beim Militär bist. Du nimmst Befehle entgegen. Ich nehme an, das stört mich etwas, weil ich der Ansicht bin, daß man von niemandem verlangen sollte, einfach blindlings irgendwelchen Befehlen zu gehorchen, wenn diese seinen Überzeugungen zuwiderlaufen.« Er hob die Hände. »Aber ich verstehe das. Ich kenne sogar die Arznei dafür. Was hältst du von einem Eis?«

Sie versuchte, sich seinem abrupten Stimmungswechsel anzupassen, hatte aber ihre Schwierigkeiten dabei. Er hatte sie klein und häßlich aussehen lassen, und sie nahm ihm das übel. Trotzdem zwang sie sich zu einem Lächeln. »Eis wäre jetzt das Höchste«, sagte sie, »aber nicht heute abend. Ich muß wirklich nach Hause und mich an meine Lektüre machen.«

Sein Auto stand einen Block vom Restaurant, sie selbst

hatte nicht so viel Glück gehabt; ihres stand drei Blocks weiter.

»Ich begleite dich zum Wagen«, sagte er.

»Ist nicht nötig, aber trotzdem danke. Ich mache vielleicht einen kleinen Umweg. Ein bißchen Bewegung könnte mir nach diesem Essen nicht schaden.«

Er zog sie an sich, und sie umhalsten einander. Sie spürte, daß sie den Tränen nahe war, wußte aber auch, daß sie ihnen nicht freien Lauf lassen würde. Sie küßten sich, und sie verspürte ein körperliches Verlangen nach ihm, das sie ebenfalls verwarf.

»Bist du sicher, daß du das alles noch heute lesen mußt?« fragte er.

»Ich fürchte ja.«

»Wir müssen unbedingt etwas Zeit miteinander verbringen, Margit. Eine ruhige Zeit, nur wir zwei.«

»Ich weiß. Ich dachte auch schon, wir könnten es vielleicht einrichten, für einige Tage zu verschwinden, für ein langes Wochenende, vielleicht ans Meer fahren.«

»So wie sich dieser Fall ausnimmt, wirst du wohl eine ganze Weile keinen Urlaub sehen.«

»Ich verspreche, Zeit zu finden.«

»Wie wär's dann mit diesem Wochenende? Tag der Arbeit.«

Sie zögete. »Okay. Versuchen wir's. Setzen wir es mal auf den Kalender und betrachten die Zeit als verplant. Aber es wäre wirklich vernünftiger, in der Stadt zu bleiben. Wie wär's mit Samstagabend, Sonntag? Einfach nichts tun?«

»Hört sich gut an.« Er küßte sie noch mal und sah ihr dann hinterher, als sie um die Ecke bog und verschwand.

9

Margit stand neben Bellis auf dem Podium. Zur anderen Seite hatte sie den Militärgerichtsrat der Vereinigten Stabschefs, Colonel Thomas Detienne, zu dessen Aufgaben es unter anderem gehörte, dem Oberkommando als Rechtsberater zu dienen. Detienne war ein hochgewachsener, feister Mann, der trotz der gewölbten Uniform über eine militärische Haltung verfügte. Er hatte zinnfarbene Locken und trug eine Hornbrille. Schon bei ihrer ersten Begegnung hatte Margit festgestellt, daß er ein klein wenig stotterte. Detienne war ein eingefleischter Golfer; auf dem Teppichboden seines großen Büros hatte er ein Grün aus Filz, auf dem Platz für neun Löcher war.

Margit schätzte die anwesenden Presseleute auf über fünfzig, obwohl sie sich nicht die Mühe gemacht hatte, sie zu zählen. Sie war zu nervös.

Detienne sprach als erster, beschränkte seine kurzen und prägnanten Bemerkungen jedoch darauf, seine Rolle in diesem Verfahren zu definieren. Er gab bekannt, daß in naher Zukunft ein Militärgericht zusammentreten werde und daß sowohl der Ankläger als auch der Verteidiger bereits bestimmt wären. Dann übergab er das Wort an Bellis.

Bellis las von einem sauber getippten Manuskript: »Wie Sie alle wissen, wirft man den Mord an Dr. Richard Joycelen einem Offizier der Streitkräfte vor. Es handelt sich dabei um Robert Cobol, Hauptmann der Armee der Vereinigten Staaten. Er sitzt derzeit in Untersuchungshaft im Militärgefängnis von Fort McNair. Noch im Lauf der Woche wird es zu einem Anklageeröffnungsverfahren gemäß den Regeln des amerikanischen Militärstrafrechts und der Kriegsgerichtsprozeßordnung kommen. Dem Beschuldigten wurden bereits Ankläger und Verteidiger zugewiesen. Letzteren werde ich Ihnen gleich vorstellen.«

Margit lächelte. Ein reiner Reflex, und ein nervöser obendrein. Die Hitze der Fernsehscheinwerfer verurteilte die Klimaanlage zur Machtlosigkeit. Laßt mich bloß raus hier, dachte sie.

»Sinn und Zweck des Militärstrafrechts im Sinne der Statuten für den Kriegsfall aus der Zeit der amerikanischen Revolution werden nirgendwo besser definiert als in der Kriegsgerichtsprozeßordnung aus dem Jahr 1984. In der Prozeßordnung heißt es: ›Das Militärstrafrecht dient der Förderung von Gerechtigkeit, der Aufrechterhaltung von Ordnung und Disziplin in den Streitkräften, der Förderung von Effizienz und Effektivität innerhalb des Militärs und somit der nationalen Sicherheit der Vereinigten Staaten von Amerika.‹ Das Militärgerichtsverfahren gegen Captain Cobol wird in jeder Hinsicht streng nach den Paragraphen des Militärstrafrechts geführt werden.

Captain Cobol wird während des Anklageeröffnungsverfahrens Gelegenheit haben, sich zur Anklage zu äußern. Er wird dort von seinem Rechtsbeistand vertreten. Selbstverständlich ist Ihnen allen klar, daß mit diesem Fall weitreichende Probleme verknüpft sind. Das Opfer war ein hochgeschätztes Mitglied unserer wissenschaftlichen Elite. Dr. Joycelen war stellvertretender Leiter der Abteilung für Fortgeschrittene Rüstungstechnologie im Verteidigungsministerium. Dr. Joycelens Verdienste um die Sicherheit unseres Landes durch seine unermüdlichen Anstrengungen, die militärische Verteidigungsbereitschaft dieses Landes zu erhalten und zu erhöhen, sind bestens dokumentiert. Wir haben ein wertvolles Mitglied unserer Gemeinschaft verloren und werden diesen Verlust noch lange Zeit spüren.«

Ein Fotograf kam tief geduckt auf das Podium zu. Direkt vor Margit blieb er stehen und richtete seine Linse auf sie. Klick. Klick. Sie mußte an den *Playboy*-Fotografen denken und zuckte zusammen. Wenigstens war sie angezogen.

»Gleichzeitig möchte ich betonen, daß man Captain Cobol

zwar dieses Verbrechens bezichtigt, daß er jedoch noch nicht für schuldig befunden wurde. Mag sich das Militärstrafrecht auch in gewissen Bereichen vom zivilen Strafrecht unterscheiden, die Grundrechte des Angeklagten sind hier nicht weniger nachdrücklich geschützt als die eines jeden anderen mutmaßlichen Straftäters von der zivilen Strafprozeßordnung.

Es hat um diesen Fall eine Reihe von Gerüchten gegeben, die zu seiner Unerquicklichkeit beigetragen haben. Ich erlaube mir, den Vorschlag zu machen, diese Gerüchte zu ignorieren, bis ein offizielles Tribunal die Fakten an den Tag gebracht hat. Aus diesem Grund möchte ich mit allem Respekt darum bitten, die Fragen, die Sie im Anschluß an diese Erklärung stellen können, auf die wesentlichen Fakten zu beschränken.« Er hob den Blick und lächelte. »Und Sie halten sich besser von vornherein an meinen Vorschlag, da Fragen, die hier nicht zweckdienlich sind, ohnehin ignoriert werden.«

»Diese Fragen zu ignorieren wird sie nicht wegzaubern, Colonel Bellis«, rief einer der Reporter.

»Was diese Konferenz anbelangt, so wird es das wohl«, gab Bellis zurück.

Er wandte sich wieder seinem vorbereiteten Text zu: »Wegen der Schwere des Verbrechens, das hier zur Verhandlung kommt, und der Strenge der möglichen Strafen im Fall einer Verurteilung, wird das Kriegsgerichtsverfahren gegen Captain Cobol streng nach den für ein solches Verfahren geltenden Richtlinien erfolgen. Ein Minimum von fünf Offizieren wird dem Gericht beisitzen. Den Vorsitz wird ein von der Prozeßrichtervereinigung der Armee der Vereinigten Staaten bestallter und vom obersten Militärrichter für diesen Fall eingesetzter Militärrichter führen. Obwohl dieser Fall unter dem Kommando der Vereinigten Stabschefs der Streitkräfte verhandelt wird, wird dieser Militärrichter aus einem anderen Kommando kommen. Wie einige von Ihnen vielleicht wissen, unterstehen Militärrichter nur anderen Richtern, nicht den Kommandanten, um ihre Unabhängigkeit zu gewährleisten.«

Margit hatte in Bellis bisher immer einen Mann gesehen, der kurz und bündig sofort auf den Punkt kam. Warum nur redete er hier so lange herum, und das mit einer derartigen Ausführlichkeit? Die Presse wollte keine Nachhilfe in Sachen Militärstrafrecht. Diese Leute wollten deftige Einzelheiten über den Mord.

»Der Anklagevertreter für das Oberkommando, das militärische Gegenstück zum zivilrechtlichen Staatsanwalt, wurde unter der Ägide von Colonel Detiennes Dienststelle vom Leiter der Strafrechtsabteilung benannt. Die Identität dieses Offiziers wird noch im Laufe des Tages bekanntgegeben. Er wird dem Anklageeröffnungsverfahren beiwohnen.«

Langsam begann sie zu verstehen. Er hatte mehrere Gründe dafür, so viel zu reden. Zum einen erweckte er bei den Journalisten durch diese Zeitschinderei den Eindruck, sie umfassend und fair zu informieren, und gab ihnen gleichzeitig zu verstehen, daß er ihre Arbeit respektiere. Zum anderen stellte er sich vor Margit. Indem er die Zeit mit Erklärungen über militärrechtliche Praktiken und Prozeduren verplemperte, hielt er die Presse davon ab, sich auf sie zu stürzen; er konnte so die Pressekonferenz für beendet erklären, ohne daß sie den Leuten zu kurz erschien. Wofür sie ihm dankbar war. Drittens wollte er wirklich sichergehen, daß sie das Gesetz verstanden, oder wenigstens das, was in einer so kurzen Zeit und unter den gegebenen Umständen davon zu verstehen war.

Es kam in Washington nämlich zuweilen durchaus vor, daß man etwas aus dem erklärten Grund machte und Menschen tatsächlich meinten, was sie sagten.

»Die Verteidigerin Captain Cobols steht neben mir, Major der Luftwaffe Margit Falk. Major Falk hat als Offizier der Luftwaffe der Vereinigten Staaten ganz außergewöhnliche Leistungen aufzuweisen. Sie hat den Pilotenschein und hat in dieser Eigenschaft eine ganze Reihe von Einsätzen mit Auszeichnung absolviert. Außerdem ist sie Rechtsanwältin mit einem Summa-cum-laude-Abschluß der George-Washington-Universität. Sie tut gegenwärtig Dienst im Beraterstab des Verteidigungsministers. Sie ist in diesem Fall Hauptprozeßbevollmächtigte, kann jedoch jederzeit sowohl auf die gesamten Ressourcen meiner Dienststelle zurückgreifen, als auch mit Unterstützung von außerhalb rechnen, falls ihr dies für eine angemessene Vertretung der Interessen des Beschuldigten vonnöten erscheint.« Er sah Margit an und lächelte; dann wandte er sich wieder ans Mikrophon. »Ich habe Major Falk gefragt, ob Sie irgendwelche Erklärungen abzugeben wünscht. Sie lehnt das ab, steht uns jedoch einige Minuten für Fragen zur Verfügung. Ich erinnere Sie noch einmal daran, daß aus Gründen der Gerechtigkeit und der Fairneß viele Aspekte dieses unglücklichen Vorfalls weder von der Anklagevertretung noch von der Verteidigung diskutiert werden können. Mit diesem Hinweis bitte ich Sie, Ihre Fragen zu stellen.«

Die anwesenden Medienvertreter hatten eine ganze Menge Fragen. Alles, was die angeblichen homosexuellen Beziehungen zwischen Dr. Joycelen und Captain Cobol betraf, wurde von Bellis nachdrücklich abgewiesen.

Einer der Reporter fragte nach der Richtigkeit, um nicht zu sagen der Rechtmäßigkeit des Umstands, Cobol ohne formelle Anklageerhebung in Haft zu behalten. Bellis antwortete ihm, der Gewahrsam des Angeklagten halte sich durchaus im Rahmen der Militärgesetze und daß das formelle Anklageeröffnungsverfahren innerhalb der nächsten Tage stattfinden werde.

»Major Falk, haben Sie schon mit dem Angeklagten gesprochen?

Margit trat ans Mikrophon, um ihre erste Frage zu parieren. »Nein, das habe ich noch nicht, werde dies aber im Hinblick auf das Anklageeröffnungsverfahren rechtzeitig tun.«

»Welche Erfahrungen haben Sie als Verteidigerin in Mordfällen?« wurde sie gefragt.

»Wenn Sie mich fragen, ob ich schon einen des Mordes Beschuldigten verteidigt habe, so lautet die Antwort: nein.«

»Colonel Bellis, Sie sprachen davon, Captain Cobol die bestmögliche Verteidigung zukommen zu lassen, ernennen aber jemanden, der keinerlei Erfahrung auf diesem Gebiet hat. Wie verträgt sich das mit Ihrer Erklärung von vorhin?«

Bellis starrte vom Podium auf den jungen Reporter hinab und fragte in gemessenem Ton: »Haben Sie je über einen des Mordes beschuldigten Angehörigen unserer Streitkräfte berichtet?«

Hier und da wurde gelacht. »Was ich damit sagen will«, erklärte Bellis, »ist, daß ein guter Journalist, gibt man ihm das entsprechende Material an die Hand, in der Lage sein sollte, über alles zu schreiben. Das gleiche gilt für einen guten Anwalt. Major Falks juristische Ausbildung, wie auch die Kompetenz, mit der sie ihren Pflichten als Anwältin des Militärs nachkommt, sind beispielhaft. Sie hat Erfahrung mit Militärgerichten. Nächste Frage.«

»Wie wir erfahren haben, besteht kein Zweifel, daß die Mordwaffe Captain Cobol gehört. Wie werden Sie diesen Teil der Beweislast angehen, Major Falk?«

»Wir werden uns mit dieser Behauptung, wie Colonel Bellis bereits gesagt hat, zusammen mit anderen zu gegebener Zeit und vor einem ordentlichen Tribunal beschäftigen. Da man mir die Verteidigung von Captain Cobol angetragen hat, wäre es höchst unprofessionell, einzelne Aspekte seiner Verteidigung zu diskutieren.«

»Haben Sie den Eindruck, ihre Ernennung zur Verteidigerin Captain Cobols hat – im Licht der besonderen persönlichen Umstände, die man dem Fall zuschreibt – etwas damit zu tun, daß Sie eine Frau sind?«

»Kein Kommentar«, sagte Margit.

Weitere Fragen wurden heraufgerufen, einige waren einer Antwort würdig, andere wurden von Bellis abgewiesen. Schließlich erklärte er die Konferenz mit einem Blick auf seine Uhr für beendet und verließ zusammen mit Detienne und Margit den Raum. In der Sicherheit eines kleinen Raums hinter dem Podium sagte Bellis zu ihr: »Gute Arbeit, Major, Sie haben sich gut gehalten.«

»Danke, Sir.«

»Ich habe mich mit den Verantwortlichen in McNair abgesprochen. Sie können Cobol heute nachmittag um vier sprechen.«

Margit fand es anmaßend von Bellis, ein solches Treffen zu arrangieren, ohne vorher mit ihr darüber zu sprechen. Jetzt, wo sie Verteidigerin des Beschuldigten war, wäre es doch wohl an ihr, den weiteren Ablauf sowie Ort und Zeit eines solchen Treffen zu bestimmen. Sie behielt diese Gedanken freilich für sich. Bei dieser Veranstaltung würde für Artigkeiten wenig Zeit bleiben. Und letztlich überwog ohnehin die Freude darüber, ihren Mandanten noch am selben Tag sehen zu können. Es war der erste und möglicherweise auch der schmerzlichste Schritt dieses Unternehmens, von dem sie sich eine Woche zuvor nicht einmal hätte träumen lassen.

Während im Pentagon die Pressekonferenz stattfand, rief im altmodisch-gediegenen Sitzungssaal des Russellhauses Senator Henry »Hank« Wishengrad hinter verschlossenen Türen eine besondere Anhörung des Senatsausschusses für die Streitkräfte zur Ordnung. Wishengrad saß am etwas erhöhten Tisch des Vorsitzenden. Zu seiner Linken und Rechten saßen weitere Ausschußmitglieder. Direkt hinter ihm waren Jeff Foxboro und eine junge Frau plaziert, die ebenfalls zum Stab des Senators gehörte.

Vor den Senatoren stand ein langer, weißer Tisch, an dem vier Männer saßen. Man hatte sie nicht vorgeladen; sie waren aus freien Stücken hier. Die Sitzung war von Wishengrad in der Hoffnung einberufen worden, daß diese vier, allesamt Experten, etwas Licht in die jüngsten Ereignisse im Nahen Osten bringen könnten, und zwar vor allem im Hinblick auf den immensen Druck, den die Militärs ausübten, um einige Milliarden mehr für den Verteidigungshaushalt zu bekommen.

Wishengrad direkt gegenüber saßen, von links nach rechts, der Direktor des CIA, Thomas Hickey; der Stabskoordinator des Ständigen Ausschusses beim Rat für Atomwaffen, Colonel Paul Burt; Burce Massingill, der für Politik zuständige Staatssekretär des Verteidigungsministeriums, und schließlich der Vorsitzende der Vereinigten Stabschefs, General Walker Getlin. Alles vertraute Gesichter für Wishengrad, da jeder der Herren in der Vergangenheit bereits vor seinem Komitee ausgesagt hatte. Nur einen der vier konnte er persönlich nicht ausstehen, und das war Massingill, Zivilist und Staatssekretär aus dem Pentagon. Und es war nicht einmal seine schroffe und abweisende Persönlichkeit, die den Senator irritierte, sondern vielmehr die weitreichende Macht, die er hatte, ganz zu schweigen von der allzu offenkundigen Freude daran. Sowohl im Kongreß als auch im Weißen Haus lief Massingills Dienststelle unter dem Spitznamen »kleines Außenministerium«. Sehr zum Verdruß Warren Smiths, des »echten« Außenministers, führte Massingill im Schutze des Pentagon nicht selten Staatsgeschäfte, die den langfristigen Programmen und Zielen des Staates zuwiderliefen. Daß das Pentagon in zahlreiche verdeckte Operationen mit weitreichenden Folgen verwickelt war, über »schwarze Budgets« verfügte und heimlich mit dem CIA zusammenarbeitete, war in den politischen Kreisen der Hauptstadt ein offenes Geheimnis. Es handelte sich, wie Hank Wishengrad immer wieder dachte, um zwei separate Regierungen: auf der einen Seite das Militär mit seinen schier unerschöpflichen Geldmitteln und der fatalen Neigung, ohne Absprache mit anderen Regierungsorganen handfeste Weltpolitik zu betreiben; auf der anderen Seite die zivile, gewählte Regierung, die man in solchen Dingen allzuoft im unklaren ließ und bei Anfragen immer wieder mit dem Hinweis auf die Staatssicherheit abschmetterte.

Wishengrad rückte sich das Mikrophon zurecht, räusperte sich und sagte: »Guten Morgen, die Herren. Ich bin sicher, auch im Namen meiner Kollegen hier zu sprechen, wenn ich Ihnen dafür danke, daß Sie Ihre kostbare Zeit geopfert haben, um uns an Ihren Kenntnissen und Einsichten teilhaben zu lassen. Wie Sie wissen, zwingen jüngste Ereignisse im Nahen Osten diesen Ausschuß dazu, in den kommenden Tagen rasch und gründlich die Höhe unserer Verteidigungsausgaben zu überdenken. Das Problem sind selbstverständlich nicht die Verteidigungsausgaben an sich. Es geht vielmehr darum, wie wir die Steuergelder ausgeben, die uns der Bürger nach Washington schickt. Es geht also um Ausgaben des Bürgers – oder genauer gesagt, um Ausgaben, die wir in seinem Namen machen. Wir haben hier hinter diesen verschlossenen Türen die Aussagen einer ganzen Reihe von Leuten gehört, die zwar alle mit der Erhaltung der Sicherheit unseres Landes befaßt, über das Ausmaß einer Aufstockung unseres militärischen Arsenals jedoch sehr geteilter Meinung sind. Offen gesagt, ich habe so viele widersprüchliche Meinungen gehört, daß ich heute diesen Raum in der – zugegeben ausgesprochen selbstsüchtigen – Hoffnung betrat, einige Stunden mit Ihnen könnten mit etwas Vernunft, Ehrlichkeit und gesundem Menschenverstand ein willkommenes Licht auf die Sachlage werfen.«

Wishengrad fragte jedes der Ausschußmitglieder, zu denen auch Martha Carlisle gehörte, ob man vorab etwas sagen wollte. Einige taten dies, faßten sich aber kurz. Die Abwesenheit der Fernsehkameras, mit denen C-Span sonst live berichtete, sorgte für einen willkommene Kürze seitens der Senatoren.

Zwei der Zeugen, Colonel Burt vom Ständigen Ausschuß beim Rat für Atomwaffen und General Getlin, der Vorsitzende der Vereinigten Stabschefs, gaben vorbereitete Erklärungen ab. Sie boten nichts Überraschendes, womit Wishengrad auch gar nicht gerechnet hatte. Die vier Sachverständigen repräsentierten die militärische Seite der Debatte – auch Hickey vom CIA, der selbst zwar kein Militär war, andererseits aber auch nie einen Hehl daraus gemacht hatte, wem seine Sympathien gehörten.

Nach den Eröffnungserklärungen war es an Wishengrad, in seiner Eigenschaft als Vorsitzender die erste Frage zu stellen. »Lassen Sie mich Ihnen, meine Herren, gleich ganz offen sagen, was mich an dieser Geschichte besonders verwirrt. Das letzte Mal, als vor diesem Komitee der Militärhaushalt zur Diskussion stand, hatten wir eine ernsthafte Debatte darüber, und alle schienen sich einig, daß es um die Welt so schlecht nicht bestellt sei. Verstehen Sie mich nicht falsch. Sie, meine Herren aus dem Verteidigungsministerium, und andere haben gute Gründe dafür angeführt, trotz des relativen Friedens auf der Welt nicht gleich unvorsichtig zu werden. An was ich mich insbesondere erinnere, ist die Aussage über den Stand der Dinge im Nahen Osten. Ich ging die Protokolle besagter Anhörungen durch und konnte überall lesen, man sei aufgrund der von uns gesammelten Informationen davon überzeugt, daß auch nicht ein arabischer Staat über die Mittel verfüge, während der nächsten fünf Jahre eine Atomwaffe zu entwickeln. Sie, meine Herren, wie auch andere, haben wiederholt darauf hingewiesen, daß sich viele der Nationen in dieser Gegend um die Herstellung solcher Waffen bemühten, daß es jedoch aufgrund der gegebenen Umstände noch Jahre dauern würde, bevor sie damit Erfolg haben könnten. Nun wurde aber eine solche Vorrichtung gezündet. Meine Frage lautet deshalb: Wie nur können wir derart falsch gelegen haben? Was ist passiert, daß dieser arabische Führer mit einem Mal diese Waffe entwickeln, herstellen und auch sonst alles zusammenbekommen konnte, was zu einer solchen Bombe gehört?«

Die Zeugen boten ihre Theorien, um auf Wishengrads Frage zu antworten, aber es war der Direktor der CIA, Hikkey, der die Erklärung lieferte, die dem Senator am vernünftigsten schien. »Senator Wishengrad, die Berichte unserer Nachrichtendienste waren sehr wohl zutreffend. Als sie vorgelegt wurden, war kein arabischer Führer in der Lage, innerhalb der nächsten fünf Jahre eigenständig die Voraussetzungen für die Produktion eines Atomsprengkörpers zu schaffen.«

Wishengrad hob die wuchtigen Augenbrauen. »Und?«

»Wir sind davon überzeugt, daß ihm ein Waffenhändler, wahrscheinlicher noch ein Konsortium von Waffenhändlern die Vorrichtung auf dem sprichwörtlichen Silbertablett überreicht hat. Immerhin ist es doch so: Wenn man eine Torte geschenkt bekommt, muß man nicht selbst in die Küche.«

Wishengrad war kein Freund von Metaphern, aber diese hatte, wenn man so wollte, Hand und Fuß. Die anderen Zeugen äußerten sich zu Hickeys Worten, bis Senatorin Martha Carlisle das Wort ergriff. »Ist unser Nachrichtendienst in Übersee derart unfähig, daß wir nicht in der Lage sind festzustellen, wer solche Geschäfte macht?«

»Ganz und gar nicht«, sagte Hickey. »Wir haben während der letzten zwölf Jahre über zweihundert solcher Geschäfte ausgemacht und unterbunden. Wir arbeiten dabei extrem eng mit den Nachrichtendiensten anderer Regierungen zusammen. Die deutschen Behörden ermitteln im Augenblick gegen mehr als zwanzig Firmen wegen des Verdachts, Länder im Nahen Osten mit diversen zur Herstellung einer Bombe benötigten Komponenten beliefert zu haben. Wir selbst haben einigen Waffenhändlern in Brasilien, Japan und der Schweiz das Handwerk gelegt.«

»Das ist sehr beeindruckend, Mr. Hickey«, sagte die Senatorin, »aber es geht an dem vorbei, was Sie vorhin sagten. Falls ein Waffenhändler oder eine Gruppe von Waffenhändlern tatsächlich eine solche Bombe liefern konnte, so scheint mir das Argument, daß sie anderen das Handwerk gelegt haben, rein akademischer Natur.«

General Getlin, stellvertretender Vorsitzender der vereinigten Stabschefs, mischte sich ein. »Dasselbe habe ich mir eben auch gedacht, Senatorin Carlisle. Daß das alles jetzt, wo er der Welt seine Bombe vorgeführt hat, rein akademisch ist. Selbstverständlich sollten wir weiterhin versuchen, Händler zu identifizieren, die Geschäfte mit Nationen machen, denen es an Prinzipien fehlt, aber Tatsache ist nun mal, daß er die Bombe hat. Wir alle haben hundertmal und öfter das Video gesehen. Ich habe das Gefühl, daß wir hier versuchen das Scheunentor zu schließen, nachdem das Pferd längst davon ist. Die Bombe ist eine Realität. Sie bringt das Kräftegleichgewicht im Nahen Osten völlig aus dem Lot und hat womöglich ernsthafte Auswirkungen auf den Rest der Welt, unsere Nation nicht ausgeschlossen. Ich möchte deshalb bei allem Respekt vorschlagen, unsere Zeit hier nicht mit Rätselraten darüber zu vergeuden, wie es dazu kommen konnte. Statt dessen brauchen wir schlicht und ergreifend das Geld, das letztes Jahr aus dem Verteidigungshaushalt gestrichen wurde, der darüber hinaus aufgestockt werden muß.«

Es ging noch eine Stunde hin und her, ohne daß man vorwärts gekommen wäre; Wishengrad und einige seiner Kollegen betonten die Notwendigkeit einer Aufklärung der Umstände, unter denen die Bombe in die Hände des arabischen Herrschers gelangt war, die Herren am Zeugentisch taten dies als Zeitverschwendung ab und forderten Mittel, die eine starke Anwort auf die Bedrohung gewährleisteten.

Bruce Massingill, der Staatssekretär aus dem Pentagon, beendete die Erklärungen der vier Sachverständigen. »Ich sehe durchaus die Notwendigkeit, daß sich sowohl dieser Ausschuß hier als auch der Kongreß ein Bild davon macht, wie es zu diesem Vorfall kommen konnte. Aber während sich diese Prozedur hinzieht, bringt uns jeder Tag näher an die Zündung einer zweiten oder dritten Bombe – Bomben, die diese Region und letztendlich auch den Rest der Welt womöglich bis zur Unkenntlichkeit verändern können. Ich respektiere die Bemühungen des Außenministers und anderer

Kabinettsmitglieder um eine politische Lösung, gebe aber zu bedenken, daß Rom inzwischen mit an Sicherheit grenzender Wahrscheinlichkeit in Flammen stehen wird. Oder in die Luft geht! Und mit Rom meine ich selbstverständlich Israel. Oder Ägypten. Oder Cleveland – oder den District of Columbia.«

Wishengrad war froh, daß die Anhörung vorbei war. Massingills Abschlußerklärung steckte ihm im Hals wie eine riesige bittere Pille, die sich nicht hinunterspülen lassen wollte. Er hatte die Absicht gehabt, unmittelbar nach der Anhörung eine Stabssitzung abzuhalten, strich diese jedoch.

»Ist Ihnen nicht gut, Senator?« fragte Foxboro, nachdem sie in ihr Büro zurückgekehrt waren.

»Es ging mir jedenfalls schon mal besser, Jeff«, antwortete Wishengrad. »Ich nehme an, was mir wirklich zu schaffen macht, ist, daß sie irgendwo recht haben. Dieser Hurensohn mit dem Putzlumpen auf dem Kopf hat die Bombe, und wir müssen etwas tun. Tut mir leid, wenn sich das antiarabisch anhört. Sie wissen, daß ich das nicht bin, aber wenn ich gegen etwas bin, dann sind das Atomwaffen. Ich denke, ich werde mich für zwanzig Minuten aufs Ohr legen. Ich habe Kopfschmerzen.«

10

»Sie waren große Klasse, Major«, sagte Max Lanning, als Margit von der Pressekonferenz zurückkam. Sie konnte sich des Gefühls nicht erwehren, daß er sie im Flur abgepaßt hatte.

»Danke«, sagte sie. Jay Kraft saß über einen dicken Akt gebeugt an seinem Schreibtisch. Er nahm ihre Ankunft gar nicht zur Kenntnis, und Margit schenkte sich das »Guten Morgen«.

Sie setzte sich an ihren Schreibtisch und richtete den Blick auf den davor aufgebauten Lanning. »Und? Was ist noch?« schienen Ihre gehobenen Brauen zu fragen.

»Man hat mich Ihnen für den Rest des Tages als Fahrer zugeteilt, Major«, sagte Lanning mit einem zufriedenen Lächeln.

»Als Fahrer? Ich wußte gar nicht, daß ich einen Fahrer habe. Ich wußte noch nicht mal, daß ich einen Wagen habe.«

»So lauten meine Befehle«, sagte Lanning. »Man hat mir gesagt, Sie wollten heute nachmittag um vier nach Fort McNair.«

Noch einer, der über ihr Treffen mit Cobol schon früher Bescheid wußte, als sie selbst? Sie würde das zur Sprache bringen, wenn Sie Bellis das nächste Mal sah.

»Schön«, sagte sie. »Ich würde gern zeitig losfahren.«

»Ich stehe Ihnen den ganzen Tag zur Verfügung«, strahlte Lanning.

»Ich brauche Sie vorher nicht. Wir fahren um drei.«

Ihre Absicht, die Zeit vor der Abfahrt so gut wie möglich zu nutzen, wurde von einer Reihe von Anrufen durchkreuzt. Ein paar Presseleute, inklusive einige Journalisten aus dem Presseraum des Pentagon, hatten sich unter Umgehung der Pressestelle direkt an sie gewandt. Nach drei Unterbrechungen dieser Art rief sie bei der Pressestelle der Streitkräfte an und verlangte, daß man etwas dagegen unternahm. Binnen einer Stunde hatte man ihr ein neues Telefon mit Geheimnummer installiert. Gleichzeitig wies man die Telefonzentrale, Nahtstelle von über 100 000 Meilen Telefonkabel und 200 000 Anrufen pro Tag, an, alles, was an Margits alte Nummer ging, direkt in die Abteilung Presse und Öffentlichkeitsarbeit durchzustellen.

Um drei Uhr nachmittags setzte sich Margit in den Fond des viertürigen luftwaffenblauen Fords mit dem Zeichen des Verteidigungsministeriums auf den Türen. Während Lanning Richtung McNair steuerte, herrschte in ihren Gedanken ein furchtbares Chaos, und sie gab sich alle Mühe, sich auf die

Liste von Fragen zu konzentrieren, die sie auf einen gelben Block gekritzelt hatte. Die allererste freilich stand nicht darauf. Wer und wie mochte dieser Cobol wohl sein?

Die P-Street erwies sich als Sackgasse, in der es nur linker Hand durch das Haupttor ins Fort ging. Margit legte ihren Notizblock zurück in den Aktenkoffer, holte tief Luft und wandte sich an Lanning: »Gebäude 41. Ich soll mich bei der Dienststelle für Prozeßhilfe melden.«

Lanning sprang aus dem Wagen und lief um diesen herum, um ihr die Tür aufzuhalten, aber sie war schneller. Sie hatte das Gefühl, er wolle sie hineinbegleiten. »Lieutenant«, sagte sie, »ich habe keine Ahnung, wie lange das mit Captain Cobol dauern wird. Wenn Sie bitte hier warten würden.«

Zwanzig Minuten später, Punkt vier, führte man Margit in ein großes, geschmackvoll ausgestattetes Büro in der Dienststelle für Prozeßhilfe. »Treffe ich Captain Cobol hier?« fragte sie ihre Begleitung.

»Ja, Major Falk.«

»Aber das ist doch ein Büro«, sagte sie.

»Ganz recht.«

»Ich hatte angenommen, ich würde meinen Mandanten in den Räumlichkeiten treffen, wo man ihn festhält.«

»Wir haben uns gedacht, Sie und Ihr Mandant wüßten eine etwas bequemere Umgebung zu schätzen.«

»Warum?«

»Die Entscheidung stammt nicht von mir, Major.«

Margit ging ans Fenster und blickte hinaus. Davor parkte ein von sechs bewaffneten Soldaten umringter Kleinbus der Militärpolizei. Die Tür hinten ging auf, und man half einem Gefangenen in Handschellen heraus. Er trug eine olivgrüne Arbeitsuniform und schwarze Slipper. Hinter ihm kamen zwei weitere bewaffnete Soldaten heraus. Der Gefangene warf einen Blick das Gebäude hinauf, und obwohl Margit wußte, daß er sie nicht sehen konnte, spürte sie seine Augen.

Captain Robert Cobol.

Ihr Mandant.

Der Offizier, der sie ins Büro geführt hatte, deutete auf eine Couch in der Ecke. Rechts und links eines Couchtisches mit Glasplatte standen zwei zitronengelbe Polstersessel. »Wir haben uns gedacht, hier drüben hätten Sie und Captain Cobol es am bequemsten, Major Falk.«

Margit warf einen Blick auf den Schreibtisch und den Rest der Einrichtung. »Das ist schon in Ordnung«, sagte sie.

Eine Minute später klopfte es laut an der Tür. »Herein«, sagte der Offizier von der Prozeßhilfe. Die Tür öffnete sich, und zwei Militärpolizisten traten zur Seite, um Cobol hereinzulassen. Er stand teilnahmslos da, die Hände hinter sich in Handschellen, und Margit nutzte die Gelegenheit, ihn sich anzusehen. Sie hatte Fotos von Cobol in seiner Akte gesehen, aber hier sah er anders aus. Auf den Fotos war er ein hübscher junger Mann gewesen; seiner Akte nach war er einunddreißig; jetzt sah er zehn Jahre älter aus. Er hatte das unordentliche, ungepflegte Äußere eines Mannes, der eingesperrt gewesen war, und Margit fragte sich warum. Beim Militär verlangte man auch von Häftlingen ein gewisses Maß an Disziplin, zu der auch das Erscheinungsbild gehörte. Warum nicht von Cobol?

Sein Gesicht war schwerer und kantiger, als sie aufgrund der Fotos vermutet hätte. Aus seiner Jugend waren ihm die Narben einer Akne geblieben. Seine Züge schienen nicht so recht zusammenzupassen. Seine Nase war eckig und etwas flach wie die eines Preisboxers, sein Mund dagegen schmal und zart. Seine Haltung war nicht die eines Kämpfers, er wirkte nicht aggressiv, eher folgsam – resigniert schien er der Dinge zu harren, die da kommen mochten.

Margit überwand die kurze Distanz zwischen ihnen beiden und streckte ihm die Hand entgegen. »Major Margit Falk, Luftwaffe. Man hat mich Ihnen als Rechtsbeistand zugeteilt.«

Cobol warf einen Blick auf ihre Hand, die darauf wartete, ergriffen zu werden. Seine Hände waren auf dem Rücken gefesselt. Ein kleines Lächeln schlich sich auf seine Lippen. Auch Margit warf einen Blick auf ihre einsame Hand und lachte; dann wandte sie sich an eine der Wachen. »Nehmen Sie bitte die Handschellen ab.« Der Mann warf einen Blick auf den Offizier von der Rechtshilfe, der den Kopf schüttelte.

»Captain, wenn ich mit meinem Mandanten sprechen soll, dann wünsche ich ihn nicht in einer derart unbequemen Haltung zu sehen.«

»Major Falk«, entgegnete der Captain, »in Anbetracht des Verbrechens, dessen man Captain Cobol bezichtigt, halte ich es ...«

»Ich verstehe Ihre Sorge, Captain, aber ich bestehe darauf. Sie haben hier genug Militärpolizei, um dafür zu sorgen, daß Captain Cobol nicht weit kommt, sollte er sich zu einer Dummheit hinreißen lassen.« Ruckartig wandte sie sich an den Genannten: »Sie würden sich doch nicht zu Dummheiten hinreißen lassen, oder?«

»Nein, Madam«, sagte er, überrascht über ihre Frage.

»Ich bitte Sie, Captain«, sagte Margit.

Nachdem man Cobol die Handschellen abgenommen hatte, nahm er die Hände langsam nach vorn und massierte die Gelenke.

»So, und nun würde ich gern anfangen«, sagte Margit und noch bevor sie eine Antwort erhielt: »Setzen Sie sich doch bitte auf einen der Sessel hier.« Zu ihrem Begleiter sagte sie: »Danke für Ihr Entgegenkommen.«

»Die Wache steht direkt vor der Tür, Major«, sagte er.

»Gut.«

Als sie beide allein waren, setzte sie sich auf die Couch, öffnete ihren Aktenkoffer und legte zwei große Blocks auf den Tisch, der eine mit ihren Fragen, der andere leer. Sie nahm einen Füller aus dem Koffer, schraubte ihn auf und sagte mit einem Blick auf Cobol: »Man beschuldigt Sie, Dr. Richard Joycelen ermordet zu haben.«

Cobol, der bis jetzt auf seine Zehenspitzen gestarrt hatte,

hob langsam den Kopf. »Wenn ich etwas weiß, Major, dann das.«

»Akzeptieren Sie mich als Ihre Verteidigerin?«

»Ja.«

»Wissen Sie irgend etwas über mich, über meinen Hintergrund als Juristin, meine Erfahrung?«

»Nein, Madam, nichts.«

»Nun, ich bin relativ neu in diesem Beruf. Ich habe Leute verteidigt, denen man Verstöße gegen die Dienstordnung vorgeworfen hat, habe jedoch noch nie jemanden vertreten, dem man einen Mord vorgeworfen hat. Was halten Sie davon?«

»Ich... ich will Ihnen nicht zu nahe treten, Major Falk, aber ich habe das Gefühl, daß es im Grunde völlig egal ist, wer mich verteidigt. Ich bin sicher, Sie werden Ihr Bestes tun, und das ist alles, was ich verlangen kann.«

»Sie haben da eine Reihe von Möglichkeiten, Captain. Sie könnten einen anderen Rechtsbeistand fordern, Sie können einen Zivilisten verlangen, oder Sie könnten sich zumindest zu einem Zivilisten als zweitem Verteidiger entschließen.«

»Muß ich das jetzt entscheiden?«

»Nein, aber ich schlage vor, Sie tun es so schnell wie möglich. Aber gehen wir zunächst einmal davon aus, daß ich Anwalt bin, und fahren wir mit diesem einleitenden Gespräch fort.«

Sie warf einen raschen Blick auf die Zeilen auf der gelben Seite vor sich. »Haben Sie Dr. Richard Joycelen getötet?«

»Nein.«

»Sie müssen verstehen, daß, wenn ich Sie jetzt befrage, als wäre ich skeptisch, das nicht heißt, daß ich an Ihren Worten zweifle. Es ist wichtig, daß Sie ganz und gar ehrlich mit mir sind, und daß ich sicher sein kann, sämtliche Umstände dieser Anklage zu kennen.«

»Ich verstehe. Sie können fragen, was Sie wollen.«

»Sie sagen, Sie haben Dr. Joycelen nicht getötet, und doch

hat man am Tatort Ihre Waffe gefunden, und die Kugel, die Joycelen getötet hat, stammt aus dieser Waffe. Wie erklären Sie sich das?«

»Ich kann es mir nicht erklären.«

»Ein bißchen mehr müssen Sie mir schon geben.«

»Wie sollte ich? Soll ich etwas erfinden? Drei Tage vor dem Mord an Joycelen war ich mit der Waffe auf dem Schießstand. Ich trage sie in der Regel nicht am Mann. Ich habe meine Pflichtstunde auf dem Schießplatz absolviert, die Waffe gereinigt und in die Kommode in meinem Schlafzimmer gelegt. Ich habe Freitagabend vor meiner Fahrt ins Pentagon nachgesehen, und sie war noch da. Wenigstens dachte ich das. Man behauptet, sie wäre nicht da gewesen. Man behauptet, man hätte Joycelen damit erschossen und daß die Waffe im Schubfach meiner Kommode nicht die meine gewesen sei. Alles, was ich mir denken kann, ist, daß sie jemand ausgetauscht hat.«

»Wer könnte das gewesen sein?«

»Ich habe nicht die leiseste Ahnung. Ich wünschte, ich wüßte es.«

»Wer hat Zugang dazu?«

»Nur sehr wenige Leute. Mein Mitbewohner, aber ich weiß, daß er sie nicht genommen hat.«

»Ihr Mitbewohner? Sie wohnen nicht in einer militärischen Einrichtung?«

»Nein.«

»Aber die meisten ledigen Offiziere wohnen in der Kaserne.«

»Ich bin gern beim Militär, Major Falk, aber es ist doch ganz schön, wenn man es abends hinter sich lassen kann.«

Margit mußte innerlich lächeln. Er hatte recht; sie wünschte selbst zuweilen, sie hätte sich dafür entschieden, in einem Apartment zu wohnen anstatt in Bolling.

Sie überlegte natürlich, ob sein Entschluß, nicht auf Militärgelände zu wohnen, etwas mit den Anspielungen auf seine

Homosexualität zu tun haben könnte. Sie würde selbstverständlich auch dieses Thema anschneiden, entschloß sich aber, es bis zum Ende ihres Treffens aufzusparen. »Ist Ihr Zimmergenosse ebenfalls beim Militär?« fragte sie.

»Nein.«

»Sie hatten zum Zeitpunkt von Dr. Joycelens Tod Dienst im Pentagon?«

»Hatte ich, ja.«

»Befanden Sie sich im Untergeschoß, dort, wo man seine Leiche gefunden hat?«

»Nein. Ich war im Sicherheitsbüro eine Etage darüber.«

»Direkt über dem Raum, wo man ihn fand?«

Cobols Augen wurden zu Schlitzen. »Nein, nicht direkt darüber, aber auf derselben Seite des Gebäudes.«

»Sie haben weder etwas gehört noch etwas gesehen?«

»Nichts.«

»Was war mit den Überwachungsmonitoren? Es gibt eine Kamera direkt an der Stelle, wo geschossen wurde.«

»Die war dieses Wochenende kaputt. Oder wenigstens hat man mir das gesagt.«

»Ich verstehe«, sagte Margit und sah wieder auf ihre Notizen. »Haben Sie Dr. Joycelen gekannt?«

Cobol schüttelte den Kopf. »Ich war bei einigen seiner Vorträge in der Kompanie. Ich wurde ihm bei dieser Gelegenheit zusammen mit einigen anderen vorgestellt. Wir haben uns die Hand geschüttelt. Das war alles.«

»Und darauf beschränkte sich Ihre Beziehung zu ihm?«

»Ja, Madam.«

Zeit, es anzugehen. »Haben Sie von den Gerüchten gehört, Sie hätten Dr. Joycelen getötet, weil Sie beide ein Paar gewesen seien?«

Sie hatte eine emotionelle Redaktion erwartet. Statt dessen kam seine Antwort in einem Tonfall, der ganz der Ausdruckslosigkeit seiner Miene entsprach. »Ja, ich habe davon gehört.«

»Ist irgend etwas dran?«

»Absolut nichts.«

»Sind Sie homosexuell?«

»Ja.«

Margit war sich nicht sicher, in welche Richtung sie mit ihren nächsten Fragen gehen sollte. Nachdem ihr das Gerücht bezüglich Cobols Homosexualität zu Ohren gekommen war, hatte sie die betreffenden Passagen im Militärstrafgesetz nachgeschlagen.

Bis 1981 waren die Bestimmungen zu diesem Thema ausgesprochen schwammig gewesen. Nichts Genaues. 1981 dann hatte das Verteidigungsministerium den Paragraphen 1332.14 erlassen, in dem es unzweideutig heißt, daß sich Homosexualität und Militärdienst nicht vertragen. Ein Uniformträger, der als Homosexueller entlarvt wird, hat unehrenhaft entlassen zu werden, ein Vorrecht des Militärs, das der Oberste Gerichtshof 1990 bestätigt hat. Diese Regelung ließ sich freilich flexibel handhaben. In Kriegszeiten zum Beispiel konnten Homosexuelle ihre Entlassung »aufschieben«, wenn sie bereit waren, für das Vaterland zu kämpfen. Mit Ende der Kampfhandlungen kam dann aber auch schon die Entlassung.

Robert Cobol, Hauptmann des Heeres, hatte ihr seine Homosexualität offen gestanden. Sie fragte ihn, ob dies das erste Mal sei, daß er das einem anderen Offizier gegenüber zugebe.

»Nein«, sagte er.

»Sie kennen den Paragraphen 1332.«

Er lächelte. »Natürlich kenne ich ihn. Kein Schwuler beim Militär, der diesen Paragraphen nicht kennen würde.«

»Mit wem haben Sie vor mir darüber gesprochen?«

»›Gesprochen‹ ist wohl nicht das richtige Wort. Ich weiß, worauf Sie hinauswollen. Selbstverständlich war mir weit wohler, dies unter meinesgleichen einzugestehen.« Er hob herausfordernd das Kinn. »Es gibt beim Militär mehr von uns, als Sie sich wahrscheinlich vorstellen können.«

»Vielleicht, aber das interessiert mich nicht. Sie sind seit neun Jahren bei der Armee. Ich nehme doch an, Sie haben während dieser Jahre als Homosexueller gelebt. Es dürfte eine ganze Menge Umsicht vonnöten gewesen sein, um das vor Ihren Vorgesetzten zu verbergen.«

»Wie bei jedem anderen Schwulen auch.«

»Und nicht einer – nicht einer Ihrer Vorgesetzten hat je etwas gemerkt?«

»Nicht ganz.«

»Warum haben –«

Er hatte bis dahin vornübergebeugt auf der Kante des Stuhles gesessen. Jetzt lehnte er sich zurück und schien sich zu entspannen. »Ich bin ein guter Offizier«, sagte er, »und es gibt Vorgesetzte – vielleicht nicht viele, aber wenigstens einige, die willens sind, die Vorschriften zu ignorieren, um einen guten Offizier zu behalten.«

»Und so ist es auch Ihnen ergangen?«

»Ja, das war vor etwa sechs Monaten. Ich hatte eben den Mann kennengelernt, mit dem ich seit kurzem zusammenwohne. Irgend jemand – ich habe keine Ahnung wer – hatte diese Beziehung mitbekommen und sie meinem Vorgesetzten beim CIA, Major Reich, gemeldet. Reich ließ mich in sein Büro kommen und las mir die Leviten; nicht so sehr weil ich schwul bin, sondern weil ich nicht diskreter gewesen war. Er sagte mir, er würde meiner ausgezeichneten Führung wegen vergessen, daß er je davon gehört habe. Selbstverständlich wies er mich auch darauf hin, daß er mich bei einer zweiten Meldung nicht mehr decken könne.«

»Ein sehr aufgeklärter Major«, sagte Margit.

Cobol bedachte sie mit einem liebenswürdigen Lächeln. »In der Tat.«

Und pragmatisch obendrein, dachte Margit. Wie Eisenhower, als er nach dem Zweiten Weltkrieg Oberbefehlshaber unserer Truppe war, wie Margit von einer lesbischen Offizierskollegin erfahren hatte, mit der sie während ihrer Stationierung in Lowry befreundet gewesen war. Der künftige Präsident der Vereinigten Staaten hatte eine große Abteilung weiblicher Heeresangehöriger unter sich gehabt, vor allem für den Schreibstubendienst und Nachschubangelegenheiten. Eines Tages sagte man ihm, daß in der Einheit auch einige Lesbierinnen Dienst täten. Er wies darauf eine seiner engsten Mitarbeiterinnen an, den Gerüchten nachzugehen und eine Liste zu machen. Seine Mitarbeiterin sagte, sie würde das zwar tun, daß aber ihr eigener Name auf dieser Liste ganz oben stünde. Sie nannte noch andere und wies darauf hin, daß jede von ihnen im Dienst Außergewöhnliches geleistet hätte und daß im wesentlichen sie es wären, die dafür sorgten, daß er den ungeheuren Berg seiner Pflichten bewältigen könne.

»Streichen Sie den Befehl«, soll Eisenhower darauf angeblich geantwortet haben. »Vergessen Sie, daß ich je etwas davon gesagt habe.«

Margit notierte sich Reichs Namen und bat Cobol dann um einen kurzen Überblick über seine militärische Laufbahn.

Er antwortete langsam, nachdenklich. Als er fertig war, fragte ihn Margit, wie es zu der Versetzung zur CIA gekommen sei.

»Keine Ahnung«, antwortete er. »Ich muß jedoch gestehen, daß ich ganz aus dem Häuschen war. Der kleine Bobby Cobol im Geheimauftrag – Spionagefälle, der Spion, der aus der Kälte kam.« Er zuckte die Achseln.

»Was ist mit Ihrer Familie, Ihren Freunden?«

»Mein Vater ist tot«, sagte er. »Meine Mutter lebt noch; sie wohnt noch immer in dem Haus auf Long Island, in dem ich aufgewachsen bin.«

»Hatten Sie Kontakt mit Ihr, seit Sie verhaftet wurden?«

»Nein. Wie ich gehört habe, hat Sie ein paarmal angerufen, aber man hat mir nicht erlaubt, mit ihr zu sprechen.«

»Würden Sie gern mit ihr sprechen?«

»Furchtbar gern.«

»Ich werde sehen, was sich machen läßt.« Er gab ihr die

Nummer seiner Mutter. »Können Sie mir irgend jemanden nennen, der mir bei Ihrer Verteidigung von Nutzen sein könnte?«

»Sie meinen jemanden, der mir ein Alibi geben kann? Nein. Ich war allein im Sicherheitsbüro, als er ermordet wurde.«

»Mal abgesehen davon – ich brauche einen Leumundszeugen.«

»Da kann ich Ihnen mehrere nennen. Ob sie allerdings alle nur Gutes über mich sagen, weiß ich nicht.«

»Captain Cobol, es liegen gegen Sie, soweit ich das im Augenblick beurteilen kann, zwar ausschließlich Indizienbeweise vor, aber diese sind schwerwiegend. Die Atmosphäre, das Umfeld, das alles ist für sie nicht gerade förderlich. Ein führender Mann aus Politik und Wissenschaft ist kaltblütig ermordet worden. Ich will mal ehrlich sein, ich weiß nicht, mit welchem Erfolg ich Sie verteidigen kann.«

»Das verstehe ich, Major Falk, und ich bin dankbar für alles, was Sie unternehmen. Ich denke, das einzige, was ich Ihnen sagen kann, ist, daß ich Dr. Joycelen nicht umgebracht habe. Ich habe in meinem ganzen Leben noch niemanden umgebracht.«

Margit stand auf. Sie wußte nicht, ob sie ihm glauben sollte oder nicht, aber hier galt es nach dem Grundsatz »im Zweifel für den Angeklagten« zu handeln. »Ich weiß nicht«, sagte sie, »ob ich Sie vor dem Anklageeröffnungsverfahren am Donnerstag noch einmal sprechen kann, aber ich werde dabei sein. Wir werden aller Wahrscheinlichkeit nach auf ›nicht schuldig‹ plädieren.«

Er stand auf. »Ganz recht. Nicht schuldig.«

»Wie ist es gelaufen?« fragte Max Lanning auf der Rückfahrt nach Bolling.

»Prima, Max.« Sie wußte, er wollte mehr hören, hatte aber keineswegs die Absicht, ihm Nahrung für seine Klatschsucht zu liefern. Er beschränkte sich für den Rest der Fahrt auf

Small talk, auf den sie soweit als nötig einging, um nicht unhöflich zu erscheinen. Als er vor ihrem Quartier hielt, sagte er, er würde sich zur Verfügung halten.

»Ist nicht nötig«, antwortete sie.

»Soll ich Sie morgen früh abholen?«

»Sind Sie mir denn für die Dauer des Prozesses zugeteilt?«

»Ich weiß nicht. Man hat mir nur gesagt, ich soll Sie morgen hinfahren, wohin immer Sie wollen.«

»Nein, Sie brauchen mich nicht abzuholen. Wenn ich Sie tagsüber brauchen sollte, lasse ich Sie es wissen. Schönen Abend noch, Max.«

In ihrem Quartier schlüpfte sie in einen pinkfarbenen Trainingsanzug und ging in die Küche, wo sie etwas tat, was sonst nur äußerst selten vorkam, wenn sie allein war: Sie schenkte sich etwas Geistiges ein. Irgend jemand hatte ihr mal eine Flasche Wodka geschenkt, den sie mit einem würzigem Vitamintrunk mixte.

Sie setzte sich ans Fenster und beobachtete das Kommen und Gehen der am Standort stationierten Männer und Frauen. Eine ganze Reihe von Leuten fiel ihr ein, die sie hätte anrufen können: Jeff, Mac Smith, Freunde in der ganzen Welt, die sie sich während ihrer Zeit beim Militär gemacht hatte. Aber der Hörer blieb auf der Gabel.

Über den Mord an Joycelen zu sprechen, über Cobol, über irgend etwas, das mit diesem Fall zusammenhing, würde sie nur noch mehr deprimieren. Sie mußte die ganze Geschichte vergessen, wenigstens für diesen Abend, und so machte sie, was sie immer machte, um einen klaren Kopf zu bekommen: Sie ging ins Fitneßzentrum und trainierte bis zum Umfallen, und als sie zurück ins Quartier kam, fiel sie in einen tiefen Schlaf, von dem sie wünschte, er würde einen Monat dauern.

11

»Mrs. Cobol, hier ist Major Margit Falk. Man hat mich Ihrem Sohn als Verteidigerin zugeteilt.«

»Ja, ich weiß wer Sie sind. Er hat sich heute morgen für nicht schuldig erklärt. Ich habe es im Radio gehört.«

»Ganz recht. Ich weiß, Sie haben versucht, Ihren Sohn zu erreichen. Ich möchte mich dafür entschuldigen, daß das nicht möglich war. Ich habe gleich nach dem Anklageeröffnungsverfahren dafür gesorgt, daß man Sie mit ihm sprechen läßt.«

Schweigen. Oder nicht ganz. Ein verhaltener Seufzer?

»Mrs. Cobol, ich verstehe, daß das alles sehr schmerzhaft für Sie ist, aber Sie sollen wissen, daß ich alles daran setze, Robert die bestmögliche Verteidigung zu bieten. Ich würde mich übrigens gern mit Ihnen treffen. Könnten wir das mit Ihrem Besuch bei ihm verbinden?«

Flo Cobol riß sich zusammen. »Ich treffe mich jederzeit mit Ihnen. Robert ist unschuldig. Ich weiß, daß er diesen Dr. Joycelen nicht erschossen hat.«

Eine Ansicht, auf die Margit sich nicht festlegen lassen wollte. So fragte sie nur: »Wann, meinen Sie, könnten Sie nach Washington kommen?«

»Ich könnte heute nachmittag kommen.«

»Ich denke, es wäre besser, bis morgen zu warten. Das würde mir Zeit geben, dafür zu sorgen, daß bei Ihrem Besuch alles klappt. Wenn ich für ein Uhr ein Treffen verabrede, geht das in Ordnung?«

»Das geht freilich.«

»Wenn Sie es einrichten könnten, morgen mittag in Washington zu sein, dann hole ich Sie ab, und wir besuchen ihn zusammen.«

Mrs. Cobol erklärte sich einverstanden, und sie vereinbarten einen Treffpunkt am Flughafen.

Margit lehnte sich zurück. Jay Kraft saß an seinem Schreibtisch, und Margit faßte einen spontanen Entschluß. Sie konnte Cobol nicht effektiv verteidigen, solange sie mit Kraft das Büro teilte – mit ihm oder mit sonst jemand. Sie mußte dazu ungestört sein, und so beschloß sie, sich damit an Colonel Bellis zu wenden, dem sie mittags Bericht über das Anklageeröffnungsverfahren zu erstatten hatte.

Das Verfahren war nichts weiter als eine juristische Pflichtübung gewesen. Der dem Fall Cobol vom Chef der Strafrechtsabteilung zugewiesene Ankläger war ein gewisser William Higgins, Hauptmann bei der Armee. Er stellte sich Margit vor. »Es ist mir ein Vergnügen, Sie kennenzulernen.«

»Danke«, sagte sie, überrascht von seiner offenen Liebenswürdigkeit.

»So wie es aussieht, werden wir uns ziemlich oft sehen.«

»Sieht fast so aus, Captain.«

Man verlas die Anklage gegen Cobol und bat ihn um seine Stellungnahme. »Nicht schuldig«, sagte er mit kräftiger Stimme. Unmittelbar darauf führte man ihn aus dem spartanisch ausgestatteten Raum.

»Sir«, wandte Margit sich an den vorsitzenden Richter J. K. Washington, Oberstleutnant der Luftwaffe, einen großen, schlanken Schwarzen mit angehender Glatze, der ständig dreinschaute, als finde er das alles eher amüsant. »Man hat Captain Cobol bisher das Recht verwehrt, Familienangehörige zu sehen, einschließlich seiner Mutter. Ich verstehe, daß es sich hier um einen heiklen Fall von einigem Gewicht handelt, aber ich bestehe doch bei allem Respekt darauf, daß man Captain Cobol dieselben Besuchsrechte einräumt wie jedem anderen unter Anklage gestellten Gefangenen.«

Washington sah Captain Higgins an, der sagte: »Keine Einwände, Sir.«

»Und ich meinerseits sehe keinen Grund, warum solche Besuche verwehrt werden sollten. Das Besuchsverbot ist hiermit aufgehoben.«

Gegen Mittag saß Margit Bellis an dessen Schreibtisch gegenüber.

»Glauben Sie Cobol?« fragte Bellis.

»Daß er es nicht gewesen ist? Um ganz ehrlich zu sein, Sir, ich weiß es nicht. Alles, was ich weiß, ist, daß ich, wenn ich ihn erfolgreich vertreten will, ein gewisses Maß an Glauben in ihn setzen muß.«

»Richtig«, murmelte Bellis.

»Colonel, ich habe da eine Liste mit Dingen, die ich brauche.«

»Die Sie brauchen?«

»Ja, Sir.« Sie warf einen Blick auf ihre Notizen. »Zunächst einmal brauche ich ein eigenes Büro. Ich halte es für unangebracht, mein Büro während der Dauer des Verfahrens mit jemandem teilen zu müssen.«

»Unser Büroraum ist knapp.«

»Nicht so knapp, daß die Verteidigerin eines Mannes, den man des Mordes bezichtigt, dadurch behindert werden sollte. Es muß doch wohl irgendwo ein Büro leerstehen, das ich benutzen kann.«

»Ich werde mal nachsehen. Was noch?«

»Ich brauche einen Assistenten und einen Ermittler.«

»Was für eine Art Assistent soll das sein?«

»Er oder sie braucht kein Anwalt zu sein, sollte aber gewisse Kenntnisse im Militärstrafrecht haben. Ein Anwaltsgehilfe mit Unteroffiziersrang würde völlig genügen.«

Bellis schrieb etwas auf einen Block. »Weiter.«

»Ich hätte gern einen Ermittler zugeteilt.«

»Wozu?«

»Um Leute zu befragen, für deren Befragung mir ganz offensichtlich keine Zeit bleibt.«

»Ich werde sehen, ob die Ermittlungsabteilung Ihnen vorübergehend jemanden zuteilen kann.«

»Ich wäre Ihnen sehr dankbar. Ich möchte außerdem einen zivilen Kollegen als zweiten Verteidiger hinzuziehen.«

»Hat Cobol das verlangt?«

»Nein, Sir, das nicht, aber –«

»Sie wissen, um einen Verteidiger von draußen muß sich der Angeklagte selbst kümmern.«

»Ja, Sir, das weiß ich, und ich habe die Absicht, Captain Cobol das vorzuschlagen, wenn ich ihn morgen sehe.«

»Das würde ich lieber lassen, Major.«

»Darf ich fragen, warum, Sir?«

»Weil diese ganze Geschichte äußerst heikel ist. Der Verteidigungsminister will, daß sie in der Familie bleibt – sozusagen.«

»In der Familie? Meinen Sie damit das Militär?«

»Ja. Denken Sie daran, daß Cobol dem CIA unterstand. Er hatte bisher die höchste Unbedenklichkeitsstufe und damit Zugang zu einer Menge streng geheimem Material.«

»Aber im Militärstrafgesetz heißt es ausdrücklich, daß der Angeklagte ein Recht auf einen zivilen Rechtsbeistand hat.«

»Ich weiß, was im Militärstrafgesetz steht, Major Falk, und alles, was ich Ihnen hier nahelege, ist, daß Sie Captain Cobol die Idee nicht aufdrängen. Warum treffen Sie sich überhaupt morgen mit ihm?«

»Seine Mutter kommt aus New York herunter. Ich habe dafür gesorgt, daß sie ihn sehen kann, und habe die Absicht, selbst auch mit ihr zu sprechen.«

»Sonst noch was?«

»Nein, Sir.« Margit warf einen Blick an die Decke und wandte ihren Blick dann wieder Bellis zu. »Sie sagen, Sie legen mir nahe, Captain Cobol die Idee eines zweiten, zivilen Rechtsbeistandes nicht aufzudrängen. Ist das auch so gemeint? Legen Sie es mir nahe, oder war das ein Befehl?« Sie wußte natürlich, daß ein gescheiter und vorsichtiger Soldat alles, was ihm ein Vorgesetzter nahelegt, als Befehl versteht. In diesem Fall jedoch wollte sie Klarheit.

»Nein, es ist kein Befehl, weil ich in dieser Hinsicht selbst keine Befehle habe. Ich darf Sie jedoch darauf hinweisen, daß man ganz oben der Meinung ist, daß die ganze Geschichte so weit wie nur möglich innerhalb des Militärs zu halten ist. Wenn Sie wollen, frage ich beim Minister an, ob das, was man mir gesagt hat, als Befehl zu betrachten ist. Ich würde das freilich lieber bleiben lassen. Ich würde Ihnen lieber vor Augen führen, wie man hier denkt, und das Ganze dann Ihrem offensichtlich gesunden Urteil überlassen.«

Sie hatte ihn wütend gemacht. Sie wünschte, das wäre nicht passiert.

Sie verließ Bellis' Büro und versuchte sich an einer Analyse ihres Gesprächs. Seine Botschaft, so verschleiert sie auch gewesen war, kam nicht eben überraschend. Ihre Jahre beim Militär hatten sie vieles gelehrt, einschließlich der nicht zu übersehenden Tatsache, daß zwischen dem militärischen und dem zivilen Teil dieser Gesellschaft eine unerklärte, aber klar umrissene Feindschaft bestand. Da die meisten Medien für das zivile Lager arbeiteten, sah sich das Pentagon ständig einer beträchtlichen mißtrauischen Beobachtung ausgesetzt. Solange man die Wahl hatte, zog man es beim Militär vor, seine Operationen, die sauberen wie die schmutzigen – vor allem aber letztere – für sich zu behalten. Im Falle des Mordes an Joycelen, zumal bei all dem Gerede über Homosexualität, war es ganz natürlich, daß die Führungsebene alle Anstrengungen unternahm, die Geschichte »in der Familie« zu halten.

Margit respektierte das; sie hatte es vom ersten Tag ihrer militärischen Laufbahn an respektiert. Aber es mußte einfach Ausnahmen geben. Als sie an ihrem Schreibtisch saß und über die Aktivitäten am Vormittag nachdachte, kam sie immer mehr zu der Überzeugung, daß das hier eine solche sein sollte.

Was ihre Forderungen anbelangte, so handelte Bellis rasch. Es dauerte keine Stunde, schon kam ein Umzugsteam und verfrachtete sie in einen kleinen, privaten Raum direkt gegenüber von seinem Büro. Zusammen mit zwei anderen Räumen bildete er ein kleines Büro; die Sekretärin im Vorzimmer sollte sie sich mit den Inhabern der beiden anderen Zimmer teilen.

Als sie ihr altes Büro verließ, wandte sie sich liebenswürdig an Kraft: »Sie können sich freuen, Jay. Sieht fast so aus, als hätten Sie jetzt ihr eigenes Büro. Wenigstens für eine Weile.«

Er rang sich ein schwaches Lächeln ab und wandte sich wieder seinen Verträgen zu. Ach, geh doch zum Teufel, dachte sich Margit, als sie ihre letzten Akten einsammelte und ihrem neuen Quartier entgegeneilte.

Um drei Uhr nachmittags erhielt sie einen Anruf von einem Zivilisten. George Brown, Chef der Sektion Unterstützende Ermittlungen bei der Prozeßhilfeabteilung. Nachdem er sich vorgestellt hatte, sagte er: »Ich habe gehört, Sie brauchen einen Ermittler.«

»Ja, Sir, das ist richtig.«

»Ich habe vor einer Weile mit Colonel Bellis gesprochen, und er hat mir Ihre Bedürfnisse mitgeteilt. Ich kann vorübergehend einen meiner Leute für Sie abstellen.«

»Dafür wäre ich Ihnen sehr dankbar, Mr. Brown. Haben Sie jemand mit Erfahrung in Strafsachen?«

»Natürlich. Vielleicht nicht gerade mit Mord, aber der Mann ist ausgebildet.«

»Soldat oder Zivilist?«

»Soldat.«

»Wann kann ich mit ihm rechnen?«

»Es könnte sich um eine Sie handeln.«

»Spielt keine Rolle. Wann kann ich mit ihm – oder ihr – rechnen?«

»Es wird ein paar Tage dauern. Lassen Sie mich sehen, heute ist Donnerstag. Dieses Wochenende haben wir Tag der Arbeit. Wie wär's mit nächsten Mittwoch?«

Margit hatte schon früher auf Hilfe gehofft, aber andererseits war ihr klar, daß über ein Wochenende mit einem Feiertag ohnehin nicht viel auszurichten wäre. »Schön«, sagte sie.

Um vier ließ Bellis sie in sein Büro kommen.

»Major, was halten Sie von den Marines?« fragte er sie. Er schien bester Laune.

Margit lachte. »Darüber habe ich eigentlich noch nie nachgedacht, Sir.«

»Ich habe für Sie bei der Rechtshilfeabteilung in Quantico einen Stabsfeldwebel losgeeist. Er heißt Woosky, Peter Woosky. Er erledigt da drüben eine Menge der juristischen Routine – Testamente, Vollmachten und dergleichen. Ich bin sicher, er kann Ihnen nützlich sein.«

»Es geht alles so schnell«, sagte Margit. »Ich habe eben einen Anruf von Mr. Brown erhalten, der mir Mittwoch einen Ermittler schickt.«

»Gut. Wie ist Ihr neues Büro?«

»Gut, Sir. Schön, es für mich allein zu haben.«

»Sieht so aus, als hätten Sie nun alles beisammen.«

»Ja, Sir. Ich denke schon.«

»Gut.« Er hielt inne. »Noch einen Rat.«

»Ja?«

»Geben Sie sich nicht zu sehr mit Cobols Mutter ab. Ich weiß, Sie würden am liebsten loslaufen und mit jedem sprechen, der Cobol je gekannt hat, aber das wird Ihnen nicht weiterhelfen.«

»Ich glaube nicht, daß ich ganz verstehe, Sir. Wenn die Beweislast gegen ihn so erdrückend ist, wie es den Anschein hat, dann muß ich mich in hohem Maß auf Leumundszeugen verlassen, Leute, die mir zwar bei der eigentlichen Verteidigung nicht viel nützen mögen, aber womöglich zu einer Urteilsmilderung beitragen.«

Bellis' gute Laune schien sich zu verflüchtigen. Er machte der Besprechung abrupt ein Ende, indem er aufstand und an die Tür trat. »Wenn man Cobol des Mordes an Joycelen für schuldig befindet, dann wird es keine großen Debatten über das Urteil geben.«

Margit dankte ihm noch einmal für seine Hilfe und kehrte in ihr Büro auf der anderen Seite des Flurs zurück.

Die Sekretärin, die sie geerbt hatte, reichte ihr einige Zettel. »Sie haben ein paar Anrufe bekommen, während Sie nicht da waren.« Einer war von Annabel Smith, die die Nummer ihrer Galerie in Georgetown hinterlassen hatte. Die anderen stammten aus diversen Büros innerhalb des Pentagon; auch einige Bitten von Reportern um Interviews waren darunter, die man in der Pressestelle gesammelt hatte.

Margit ignorierte die Interviews und erwiderte die offiziellen Anrufe; dann erreichte sie Annabel.

»Ich dachte mir, Sie würden vielleicht gern auf unser Angebot von letzter Woche zurückkommen«, sagte Annabel. »Mac und ich gehen zum Abendessen aus, und wir haben uns gefragt, ob Sie und Jeff nicht vielleicht mitkommen wollen.«

Margit nahm die Einladung auf der Stelle an, wenigstens was sie anbelangte, und sagte, sie würde versuchen Jeff zu erreichen. Sie hatte nun genug Abende damit zugebracht, allein über diesem problematischen Auftrag zu brüten. Bis heute war ihr Energiespiegel auf einem Tiefpunkt gewesen. Jetzt schienen ihre Batterien auf einmal wieder aufgeladen, und das letzte, was sie wollte, war, sich in ihrem Quartier zu verkriechen. »Aber nur unter einer Bedingung«, sagte Annabell.

»Und die wäre?«

»Keine Pizza.«

»Abgemacht. Mac wollte unbedingt in eins von seinen geliebten Macho-Steakrestaurants, aber ich habe ihn davon überzeugt, daß etwas leichtere Kost unserer Taille besser täte. Geht Japanisch in Ordnung?«

»Klar.«

»Ich lasse für sieben im Sushi-Ko an der Wisconsin reservieren. Ich werde mich mit Ihnen und Mac dort treffen. Vorher komme ich hier in der Galerie nicht weg. Tisch für vier?«

»Ich kann nicht versprechen, daß Jeff mitkommt. Soll ich zurückrufen?«

»Nicht nötig. Ich seh' Sie dann um sieben.«

Foxboro war nicht im Büro, als Margit anrief. Sie hinterließ ihre Nummer und sagte, sie wäre bis halb sieben zu erreichen. Er rief nicht zurück, und sie verließ das Pentagon enttäuscht. Die Richtung, in die sich ihre Beziehung entwickelte, gefiel ihr ganz und gar nicht. Sie wußte, wenn sie sie wieder ins Lot bringen wollte, so müßte sie sich gewaltig anstrengen. Sie wußte aber auch, daß das mit dem Fall Cobol im Nacken nicht leicht sein würde, schwor sich jedoch, sich Zeit dafür zu nehmen.

»Würden Sie es sich wenigstens überlegen?« fragte Margit Mac Smith beim Verlassen des Restaurants.

Smith warf einen Blick auf Annabel, und sie sagte: »Wir sehen besser zu, daß wir nach Hause kommen. Rufus platzt wahrscheinlich schon die Blase.«

»Nur daß Sie drüber nachdenken. Das ist alles, was ich verlange«, sagte Margit.

Annabel drückte ihr einen Kuß auf die Wange. »Schön, Sie wieder mal gesehen zu haben, Margit. Tut mir leid, daß Jeff nicht kommen konnte.«

»Es war ein großartiger Abend. Noch mal vielen Dank.«

Als Smith zum Parkplatz ging, um ihren Wagen auszulösen, sagte Annabel: »Margit, Ihnen ist es doch nicht etwa ernst damit, oder?«

»Natürlich ist es mir ernst.«

»Er hat sich zurückgezogen. Er ist Professor.«

Es war Margit nicht in den Sinn gekommen, daß Annabel so abweisend reagieren könnte, und sie wünschte, sie wäre etwas sensibler gewesen. »Ich hoffe, ich habe nichts Dummes gemacht heute abend«, sagte sie.

Annabel schüttelte den Kopf. »Nein, nichts Dummes. Mac ist wie jeder andere Mann in seinem Alter: Er träumt jede Nacht davon, im Endspiel der World Series zu pitchen oder den entscheidenden Touchdown im Superbowl zu machen. Da steht er dann auf dem Platz, froh, in seinem Alter noch einmal gefordert zu sein, die einzige Hoffnung des Teams, und verläßt sich auf seinen schlauen Kopf und seine Erfahrung, um seinen schwachen Arm zu kompensieren. Und natürlich entscheidet er das Spiel in den letzten Sekunden.«

Margit konnte nicht anders, sie mußte lachen. »Wie schön, mit solchen Visionen einzuschlafen.«

»Ganz Ihrer Meinung. Solange Sie sich nur im Bett abspielen. Es wäre mir ganz und gar nicht recht, ihn vor der Versuchung zu sehen, sich wieder in kontroverse Fälle zu stürzen. Er hat das schon mal gemacht, als man im Kennedy Center Senator Ewalds Berater ermordet hat, und dann noch mal letztes Jahr, als man unseren Freund Reverend Singletary ermordet in der Kapelle der National Cathedral fand.« Sie zuckte mit den Achseln. »Ich weiß, ich bin eigensüchtig, wenn ich ihn derart unter der Fuchtel zu halten versuche. Es ist nur, daß er mir als Professor lieber ist.«

»Das verstehe ich«, sagte Margit.

Smith kam angefahren und hielt Annabel die Tür auf. Als sie auf den Beifahrersitz rutschte, zwinkerte Annabel Margit zu und sagte in einer Art Bühnenflüstern: »Ich sorge schon dafür, daß er sich's überlegt.«

12

»Danke, Lieutenant, aber ich brauche Sie heute nicht«, sagte Margit Lanning am folgenden Morgen.

»Aber man hat mir gesagt, daß ich Sie fahren soll.«

»Ich denke, Sie haben den Befehl nicht ganz richtig verstanden«, sagte Margit. »Man hat Ihnen gesagt, Sie sollten sich zu meiner Verfügung halten, falls ich eine Fahrgelegenheit brauche. Und die brauche ich nicht. Wenn Sie bitte die Tür hinter sich schließen würden.« Niedergeschlagen drückte er sich rückwärts aus dem Büro.

Sie schlug das erst kürzlich überarbeitete Telefonbuch des

CIA auf und blätterte sich durch bis *R*. Es gab zwei Reichs, keiner von beiden ein Major. Sie wählte die Nummer der Personalermittlung, identifizierte sich und fragte nach Major Reich. »Einen Major Reich haben wir nicht«, sagte man ihr.

Sie legte auf und machte sich eine Notiz, Cobol nach näheren Einzelheiten über diesen Vorgesetzten zu fragen, der angeblich zu seinen Gunsten die Regeln gebeugt hatte.

Als nächstes schlug sie einen Aktendeckel auf, in dem sie Zeitungsausschnitte mit Berichten über den Mord an Joycelen sammelte. Jeden Tag hatte man darüber lesen können; seit sie Cobols Verteidigerin war, versuchte sie, auf dem Laufenden zu bleiben. Sie machte sich eine weitere Notiz, den Assistenten, den man ihr für Mittwoch versprochen hatte, mit einer gründlichen Recherche zu betrauen.

Sie nahm einen der Ausschnitte heraus und las ihn noch einmal. Es handelte sich um ein Interview mit Joycelens Verlobte, Christa Wren. Ms. Wren sagte darin, der plötzliche Tod des Mannes, den sie hatte heiraten wollen, habe sie schwer erschüttert, und daß er der beste und klügste Mann gewesen sei, den sie je gekannt hätte. Obwohl es ihr den Mann ihres Lebens nicht wieder zurückbringe, verspürte sie doch eine kleine Befriedigung dabei zu wissen, daß man seinen Mörder gefaßt hätte. Ihre letzte Bemerkung war eine Reaktion auf die Frage des Interviewers nach den Gerüchten, Joycelen sei homosexuell gewesen. »Das ist absolut lächerlich! Einfach absurd!« hatte sie geantwortet.

Margit schlug ein Telefonbuch der Stadt auf, sah unter Wren nach und fand C. Wren. Die Adresse gehörte zu einem neuen Apartmentblock in dem erst kürzlich fertiggestellten schicken Washington-Harbour-Komplex in Georgetown direkt am Fluß.

Schon seit dem Aufstehen hatte Margit daran gedacht, sich mit Christa Wren in Verbindung zu setzen. Sie wußte, sie sollte sie auf die Liste derer setzen, zu denen sie ihren Ermittler schicken wollte, fühlte sich jedoch verpflichtet, es selbst zu erledigen – und zwar noch heute. Wenn schon sonst nichts dabei herauskam, so hätte sie zumindest das Gefühl, endlich mit Cobols Verteidigung begonnen zu haben. Und da sie sich auf dem Picknick, wie flüchtig auch immer, mit Christa Wren bekannt gemacht hatte, konnte sie sich des Gefühls nicht erwehren, sie zu kennen.

Ihr Telefon klingelte ein halbes Dutzendmal, bevor sie ranging.

»Ms. Wren, hier ist Major Falk. Man hat mir die Verteidigung von Dr. Joycelens Mörder, Captain Robert Cobol, übertragen.«

Christa Wren sagte nichts.

Margit fuhr fort. »Wir haben uns am Morgen seines Todes auf dem Picknick kennengelernt. Vielleicht erinnern Sie sich noch an mich.«

»Was wollen Sie?« fragte Christa Wren.

»Ich weiß nicht so recht, ob ich etwas will. Selbstverständlich möchte ich Ihnen mein Beleid aussprechen. Ein schrecklicher Verlust.«

»Danke.« Ein einfaches Wort, ihr Ton war eisig.

»Ms. Wren, ich weiß, das ist nicht leicht für Sie, aber ich hätte mich gern mit Ihnen getroffen.«

»Damit ich Ihnen bei der Verteidigung des Mannes helfe, der meinen Verlobten umgebracht hat?«

»Ja, ich denke, das trifft es wohl. Aber so geschmacklos Ihnen das auch erscheinen mag, Captain Cobol hat wie jeder andere Beschuldigte auch das Recht auf eine richtige Verteidigung. Ich habe mir diesen Auftrag nicht ausgesucht. Ich habe den Befehl, ihn zu verteidigen, und ich führe diesen Befehl aus.«

Wren stieß ein wehmütiges Lachen aus. »Wie militärisch. Sie wollen mit mir sprechen, mich über Dick ausfragen?«

»Ja.« Margit dachte kurz daran, ihr zu sagen, daß sie ihr auch einen Ermittler schicken könnte, aber sie beschloß, sich diese Möglichkeit noch offen zu halten.

»Sicher«, sagte Christa, »warum nicht. Wenn Sie vormittags kommen, mache ich Tee. Nach zwölf ist dann die Bar geöffnet. Ich mache in letzter Zeit reichlich Gebrauch davon.«

»Ich danke Ihnen, Ms. Wren. Ich rufe Sie noch mal an.«

Später am Vormittag, Margit schickte sich eben an wegzugehen, um Flo Cobol vom National Airport abzuholen, ließ Colonel Bellis sie kommen. »Wie kommen Sie denn voran?« fragte er.

»Ich weiß nicht so recht. Ich bin eben auf dem Sprung, Cobols Mutter vom Flughafen abzuholen und sie zu ihm zu bringen.«

»Sind Sie sicher, daß Sie das wollen?«

»Ja, Sir. Warum auch nicht?«

Bellis, die Hemdsärmel bis über die Ellenbogen gerollt, hob die Hände. »Es scheint mir einfach, daß Sie doch eigentlich genug zu tun haben sollten, auch ohne sich die Leute selber vorzunehmen. Deshalb habe ich schließlich so schnell auf Ihre Anfrage nach einem Assistenten und einem Ermittler reagiert.«

»Wofür ich Ihnen auch ausgesprochen dankbar bin, Colonel Bellis. Ich bin sicher, wenn die Liste der Leute, die zu befragen sind, erst einmal wächst, bin ich froh, das nicht mehr selbst erledigen zu müssen. Aber in diesem Fall habe ich das Gefühl, es könnte mir von Nutzen sein, mehr über Captain Cobols Familie und sein Vorleben zu erfahren.«

»Was immer Sie wollen, Major Falk, aber tappen Sie mir nicht in die Falle eines allzu großen emotionellen Engagements. Ich weiß, Sie haben nicht sehr viel Erfahrung als Anwalt, also lassen Sie sich das von einem alten Schlachtroß wie mir gesagt sein. Gehen Sie die Sache an wie ein Arzt einen Patienten, den er aufschneiden muß. Tun Sie Ihr Möglichstes, aber bewahren Sie Abstand.«

»Ich werde es mir merken, Sir, und vielen Dank für den Rat.«

Er lachte leise. »Ich gebe es ja nicht gern zu, Major, aber ich bin dabei, ein väterliches Interesse an Ihnen zu entwickeln.«

»Väterlich …? Ich bin geschmeichelt.«

»Ich werde wohl alt, nehme ich an. Ich habe noch mal einen Blick in Ihre Dienstakte geworfen. Verdammt eindrucksvoll. Vor allem gefällt mir die Mischung: Hubschrauberpilotin und Anwältin. Belobigungen für den Einsatz in Panama. Ihr Vater war auch Berufssoldat?«

»Ja.«

»Ich möchte nicht zusehen, wie Sie irgendwelche falschen Schritte tun und sich damit eine derart gute Akte versauen.« Sie wollte ihn eben bitten, sich etwas deutlicher auszudrükken, aber er winkte ab. »Lassen Sie mich ausreden. Ein Job im Pentagon bringt eine ganze Reihe potentieller Fallstricke mit sich, die einem draußen erst gar nicht unterkommen. Draußen sind Einsätze eine ziemlich geradlinige Angelegenheit. Nicht so hier. Sie sind hier in Washington, D.C. Gleich auf der anderen Seite des Flusses sitzen die gewählten Volksvertreter, die uns ziemlich genau sagen, was wir tun können und was nicht, vor allem schon deshalb, weil sie die Hand auf dem Geldsack haben. Eine Aufgabe im Pentagon gilt, wie Sie wissen, als Privileg. Sie kann einiges für die Karriere tun. Sie kann sie aber auch zerstören.«

Margit hörte aufmerksam zu. Das hier war keine Ansprache, wie man sie hielt, um die Moral der Truppe zu heben. Es handelte sich um eine Botschaft. Aber wie lautete diese? Für wen war sie? Sollte sie fragen? Nein. Das hätte sich zu sehr nach einem Vorwurf angehört.

»Captain Cobol verdient eine ordentliche Verteidigung«, sagte Bellis in einem Ton, der andeutete, daß er die Unterhaltung als beendet betrachtete. »Aber er ist nur Teil einer vertrackten Situation. Joycelen war wichtig. Und umstritten. Vergessen Sie das nicht.«

»Ich werde mir alle Mühe geben, Sir. Ich muß jedoch gestehen, daß ich nicht so recht weiß, was Sie –«

»Was ist mit der Frau, die angeblich mit Joycelen verlobt war?«

Margits Augenbrauen hoben sich. »Ich habe eben ein Interview mit ihr gelesen«, sagte sie.

»Davon habe ich auch ein paar gelesen. Ich nehme an, Sie steht auf Ihrer Liste.«

»Ja.«

»Und ich bin sicher, egal wen die Ermittlungsabteilung Ihnen schickt, er wird das für Sie erledigen.«

Wollte er ihr damit zu verstehen geben, daß Sie Christa Wren nicht befragen sollte? Sollte sie seine Bemerkungen über Flo Cobol von vorhin auch so verstehen? Sie bat ihn nur deshalb nicht, deutlicher zu werden, weil sie keinen Befehl hören wollte, der ihr verboten hätte, was sie bereits in die Wege geleitet hatte. Solange man ihr nicht ausdrücklich sagte, sie dürfe weder mit Mrs. Cobol noch mit Christa Wren sprechen, konnte sie sich rechtfertigen – wenigstens vor sich selbst.

»Ist das alles, Sir?« fragte sie.

»Ja. Ich würde mich gern regelmäßig mit Ihnen treffen. Ich dachte mir, ein kurzer Treff jeden Morgen und dann noch einer, bevor Sie Schluß machen, wäre wohl sinnvoll. Paßt Ihnen das?«

»Selbstverständlich.« Der Gedanke eines strikten Stundenplanes für ihre Gespräche behagte ihr ganz und gar nicht, aber das zu entscheiden lag nicht an ihr.

»Melden Sie sich wieder bei mir, wenn Sie mit Cobol und seiner Mutter gesprochen haben.«

»Ich kann noch nicht sagen, wie lange das dauern wird«, sagte Margit.

»Ich bin den ganzen Nachmittag hier.«

Obwohl Margit Mrs. Cobol noch nie gesehen hatte, erkannte sie sie doch in dem Augenblick, als sie durch die Tür des Flughafenbusses trat. Margits erster Gedanke – und es war gewiß nicht respektlos gemeint – war, daß sie wie die typische Mutter aus einer amerikanischen Fernsehkomödie aussah. Sie war eine große, unauffällige Frau mit dünnem mausgrauen Haar. Sie trug einen fadenscheinigen Sonntagsstaat, eine Brille mit Drahtgestell und hatte eine kleine Tasche dabei.

Flo erspähte Margit, die gesagt hatte, sie käme in einer braunen Sommeruniform der Luftwaffe, näherte sich ihr jedoch, als sei sie sich nicht sicher. Margit ging auf sie zu. »Mrs. Cobol, ich bin Margit Falk.«

»Ja. Ich habe Sie schon gesehen. Ich habe die Uniform erkannt.« Ein Zucken in ihrem linken Auge verriet ihre Nervosität.

Auf dem Weg durch die Abfertigungshalle begnügte Margit sich mit Small talk: Hatten Sie einen sehr rauhen Flug gehabt? Pünktlich schien sie ja zu sein? War die Maschine voll gewesen. Alles, nur kein Schweigen. Als sie im Wagen saßen, sagte Margit: »Mrs. Cobol, ich weiß, wie schwierig das alles für Sie ist. Es tut mir leid, daß Sie Robert bisher noch nicht sehen konnten.«

»Ich verstehe nur nicht warum. Ich dachte –«

»Sie hatten ganz recht, als Sie dachten, man hätte es Ihnen erlauben müssen. Es steht Ihnen ab sofort frei, ihn regelmäßig zu besuchen.«

»Ich weiß nicht, wie lange ich bleiben kann.«

»Haben Sie ein Hotel gebucht?«

»Nein. Ich dachte... Ich meine, ich dachte, ich würde vielleicht einfach wieder heimfliegen.«

»Lassen Sie uns das entscheiden, wenn es so weit ist. Ich würde nach Ihrem Besuch bei Robert selbst noch gern ein wenig mit Ihnen sprechen. Ist Ihnen das recht?«

Flo Cobol nickte, und Margit fuhr los in Richtung Fort McNair.

Diesmal trafen sie sich nicht in einem geschmackvoll eingerichteten Büro. Man führte Cobol in den nur mit dem allernötigsten – einem Tisch und vier Stühlen – ausgestatteten, grünen Vernehmungsraum. Ein kleines Fenster in der Tür erlaubte es einem Militärpolizisten, hineinzusehen, aber vermutlich ohne etwas zu hören.

Robert Cobol sah seine Mutter an, schüttelte dann langsam den Kopf und starrte zu Boden. »Ich lasse Sie eine Weile allein«, sagte Margit. »Eine halbe Stunde?« Sie sagte der Wache, sie sei im Büro der Prozeßhilfe.

Vierzig Minuten später kehrte sie in den Vernehmungsraum zurück, wo Mutter und Sohn eng beieinander saßen. »Soll ich mich noch mal rar machen?« fragte Margit scherzend.

»Nein, bitte, setzen Sie sich«, sagte Robert. Er stand auf und nahm Haltung an; ein gutes Zeichen, fand Margit. Vielleicht war er dabei, sich wieder in die militärische Routine zu finden.

»Irgend etwas, was Sie mir gern anvertrauen würden?« fragte Margit. Robert lächelte seine Mutter an. »Ich glaube Robert«, sagte diese. »Er hat diesen Dr. Joycelen nicht auf dem Gewissen.« Als Margit nicht reagierte, fragte Mrs. Cobol sie: »Glauben Sie ihm?«

Eine Frage, die Margit lieber nicht gehört hätte. Um die Wahrheit zu sagen, sie wußte nicht, was sie glaubte, nur daß sie, falls sie eine glaubhafte Verteidigung auf die Beine stellen wollte, wenigstens nicht glauben durfte, *daß* er Dr. Joycelen auf dem Gewissen hatte. Sie blickte in Flo Cobols weiche, blinzelnde Augen und begegnete ihrem fragenden Blick. »Ja«, sagte sie, »ich glaube auch nicht, daß Robert Dr. Joycelen auf dem Gewissen hat, und ich habe die Absicht, ihn mit allen mir zu Gebote stehenden Mitteln zu verteidigen.«

»Ich danke Ihnen, Major Falk.«

Margit legte eine kurze Pause ein, bevor sie sagte, was sie die letzten vierundzwanzig Stunden über gedacht hatte. »Ich glaube, es wäre von Vorteil für Sie, wenn Sie einen zivilen Verteidiger hinzuziehen würden, der mit mir zusammenarbeitet.«

Mutter und Sohn starrten sie an.

»Ich halte mich für eine gute Anwältin. Meine Ausbildung ist ausgezeichnet, und ich habe eine solide Basis, was das Militärstrafrecht anbelangt. Aber einen des Mordes Beschuldigten zu verteidigen verlangt in jeder Umgebung, sei es innerhalb oder außerhalb des Militärs, nicht nur Wissen, wie man es sich durch langjährige Erfahrung aneignet – das Ganze reicht viel weiter. Ihr Leben steht auf dem Spiel. Ich will damit nicht andeuten, daß ich Sie nicht verteidigen will. Ich habe mich verpflichtet, mein Bestes zu geben. Ich denke nur, Sie verdienen mehr. Würden Sie es in Betracht ziehen, einen zivilen Anwalt zu engagieren, der mit mir zusammenarbeitet?«

Bei ihrem ersten Besuch schien Cobol die Qualität seiner Verteidigung nicht weiter interessiert zu haben; resigniert schien er alles zu nehmen, wie es kam. An diesem Tag zeigte er etwas mehr Interesse an seinem Schicksal. »Ich habe Vertrauen zu Ihnen, Major Falk, und ich werde tun, was Sie vorschlagen. Wenn Sie meinen, es hat Sinn, einen zivilen Anwalt hinzuzuziehen, dann machen wir das.«

»Wird das viel kosten?« fragte Flo Cobol.

»Ich weiß nicht, was das kostet. Gute Anwälte sind teuer, aber ich habe da so eine Idee. Mein Professor an der George-Washington-Universität war ein Mann namens Mackensie Smith. Bevor er Professor wurde, war er ein brillanter und erfolgreicher Prozeßanwalt hier in Washington. Ich will damit nicht sagen, daß er uns auf Vollzeitbasis als aktiver Mitverteidiger zur Verfügung stehen würde, aber es wäre mir doch eine große Hilfe, während des Prozesses von seiner Weisheit und seiner Erfahrung profitieren zu können. Es ist klar, daß er für seine Zeit und Erfahrung bezahlt werden müßte, aber er ist keiner, dem es nur ums Geld geht. Ich bin vielleicht etwas zu vorschnell gewesen; daß er sich bereit erklären würde, uns zu helfen, ist bis jetzt eine reine Mutmaßung, aber ich hätte doch gern Ihre Erlaubnis, das weiterverfolgen zu dürfen.«

»Ich habe nicht viel«, sagte Flo Cobol. »Mein Mann hat von Lebensversicherungen nicht viel gehalten, und auf dem Konto habe ich nicht viel. Aber ich werde alles tun, um Robert zu helfen. Ich könnte das Haus verkaufen oder eine zweite Hypothek aufnehmen.«

»Ich glaube nicht, daß wir gleich Häuser verkaufen müssen, Mrs. Cobol. Wenigstens noch nicht gleich.«

Margit konnte Flo Cobol überreden, die Nacht über zu bleiben. Sie buchte ihr in Bolling ein Zimmer im Quartier für Offiziersgäste und sorgte dafür, daß sie ihren Sohn am nächsten Vormittag, dem Samstag vor dem Tag der Arbeit, wiedersehen konnte.

Zu Abend aßen sie im Offizierskasino, wo Flo sich zu Margits Überraschung entspannte. Sie konnte ausgesprochen komisch sein, fand Margit; und ihre ungeschliffenen Bemerkungen waren nicht etwa komisch, weil es ihnen an Niveau gemangelt hätte, sondern weil sie so echt waren – direkt, ehrlich und deshalb oft amüsant.

Später saßen sie in Flos Zimmer, wo Margit sie dazu ermutigte, ihr etwas mehr über ihren Sohn zu erzählen, diesen Hauptmann der Armee, der – ohne ihr Zutun – ihr Mandant geworden war, und dessen Leben nun in ihren Händen lag.

Während Margit und Flo sich unterhielten – in Washington war es acht Uhr abends – verließ Hans Keller von Consulnet einen Privatclub, in den ihn sein arabischer Gastgeber mitgenommen hatte. Er hatte eine Frau am Arm, die ihm half, sich auf den Beinen zu halten. Es war morgens, zehn Minuten nach vier. Hans hatte eine Menge getrunken, auf Kosten seines Gastgebers und des Clubbesitzers, der der Ansicht war, das Alkoholverbot gelte lediglich für die weniger aufgeklärten unter seinen Mitbürgern.

Die Frau an Kellers Seite war halb Italienerin, halb Libanesin; sie war schlank, hatte aber ausladende Hüften und eine üppige Brust.

Keller stolperte auf den Rücksitz eines viertürigen schwarzen Mercedes, der am Bordstein stand. Seine Begleiterin setzte sich neben ihn. Keller wies den Fahrer an, sie zu seinem Hotel zu fahren, einer Glas- und Stahlkonstruktion, die zu einer amerikanischen Kette gehörte.

Keller konnte es kaum erwarten, ins Hotel zu kommen. Die Gespräche mit seinem Gastgeber waren nicht zufriedenstellend verlaufen. Der Alkohol, das Essen, Zigaretten, Small talk und eine Hand auf seinem Schenkel hatten die Substanz ersetzt. Er war müde, verstimmt und freute sich auf das Schäferstündchen mit dem hübschen Wesen neben ihm. Nicht daß er wirklich noch dazu in der Lage gewesen wäre, aber das konnte er auch morgen früh oder später. Sie gehörte ihm, solange er in der Stadt war.

Selbst zu dieser Stunde waren die engen Straßen des Geschäftsviertels verstopft, und der Mercedes kam nur im Schneckentempo voran.

Keller schüttelte den Kopf, um nicht einzuschlafen. Ihre Hand lag auf seinem Schenkel. Sie kicherte und berührte seine Wange. Er versuchte sie zu küssen, aber sie wandte sich ab. »Nicht jetzt«, sagte sie. »Bald.«

Er sah aus dem Fenster und merkte, daß sie in die falsche Richtung fuhren. Er sah das Hotel in der Ferne, das Dach, sah die Neonreklame durch die Wolken leuchten, die sich über die Stadt gesenkt hatten. Er beugte sich vor und tippte dem Fahrer auf die Schulter. »Sie fahren falsch, Sie fahren falsch«, brummelte er und deutete in Richtung des Hotels. »Da drüben. Fahren Sie da rüber.«

Der Fahrer nickte und wendete, beschleunigte dann und sauste eine Straße lang, die an einen verlassenen Kai führte. Dort kam der Wagen abrupt zum Stehen.

»Was zum Teufel machst du?« rief Keller. »Kameltreiber!« fügte er auf Deutsch hinzu. So ein Kretin!

Wie als Antwort auf seine Frage wurden gleichzeitig beide hinteren Türen aufgerissen. »Augenblick mal«, sagte Keller, mit einem Blick in die Gesichter, die zu den offenen Türen hereinstarrten. Die Frau rutschte flink über den Sitz und stieg aus. Ein Mann nahm ihren Platz neben Keller ein.

»Was wollen Sie?« fragte Keller.

Von der anderen Tür her packte ihn eine Hand am Kragen. »Nicht, bitte.«

Der Mann neben ihm zog einen langen krummen Dolch aus dem Gürtel und stieß ihn Keller rechts in die Rippen. Keller stieß einen Laut aus und faßte sich an die Stelle, an der der Dolch eingedrungen war. Als er seine Hand wieder wegnahm, war sie naß und rot. Er hatte Schmerzen. Kellers Mund formte sich zu einem O wie der eines gestrandeten Fisches. Dann kippte er nach vorn. Der Mann, der sich hinter ihm zur Tür hereinbeugte, legte ihm eine dünne Drahtschlinge über den Kopf und begann zu drehen; wie ein Messer schnitt sich der Draht durch die dicken Hautfalten an Kellers Hals. Die Augen traten ihm aus den Höhlen. Ein letztes Zucken seines Kopfes, und es war vorbei.

»... glaube ich, daß Robert nur seinem Vater zu Gefallen zum Militär gegangen ist«, sagte Flo Cobol zu Margit, als sie in Flos komfortablem Gästezimmer saßen. Sie war jetzt nicht mehr komisch. »Mein Mann hat sich immer Sorgen um Robert gemacht. Er dachte immer, Robert wäre nicht so männlich wie einige der anderen Jungs. Robert ging zur Armee und machte die schwere Ausbildung durch. Als er sein Offizierspatent bekam, war mein Mann so stolz auf ihn, wie ich das noch nie bei ihm gesehen hatte. Richtig gestrahlt hat er, Major Falk. Immer wieder schlug er Robert auf den Rücken und fiel ihm um den Hals. Dann starb mein Mann. Das war nur sechs oder acht Monate, nachdem Robert sein Patent bekommen hatte. Das war dann auch, als Robert mir sagte, daß er ...«

Ein peinliches Schweigen entstand.

»Daß er homosexuell sei?«

Flo nickte. »Er wußte es schon seit der High School, hatte

aber Angst, es einzugestehen, auch vor sich selbst. Natürlich ist er immer einer gewesen, der leicht zu beeinflussen war. Deshalb ist das ja auch passiert. Wenigstens glaube ich das. Er fing an, sich mit diesen Leuten abzugeben, und da wurde er dann auch einer von ihnen. Ich weiß, daß das so passiert. Manche Jungs sind stark. Sie hören nicht auf ihre Freunde. Es sei denn, ihre Freunde haben die richtigen Werte. Robert... Robert war einfach mit den falschen Leuten zusammen, und die haben ihn beeinflußt. Verstehen Sie mich nicht falsch, Major Falk. Es ist nicht, daß ich von ihnen weniger halten würde. Jeder Mensch ist anders. Wir sollten das respektieren. Aber wenn es der eigene Sohn ist... Seinem Vater hätte er das nie gesagt. Er hat mir gesagt, daß er stolz wäre, ein Offizier zu sein, und daß er keinen Grund sehe, warum sein Privatleben eine Rolle spielen sollte, solange er die Arbeit für sein Land gut machte.«

»Das Militär hat strikte Bestimmungen, was Homosexuelle anbelangt«, sagte Margit.

»Das habe ich gehört, ich habe es ihm auch gesagt. Ich habe ihm gesagt, er würde noch eine Menge Schwierigkeiten bekommen, wenn er sich nicht ändert, aber er sagte, er wäre überzeugt davon, daß er sein Privatleben für sich behalten könnte und daß keiner beim Militär je erfahren würde, was er ist. Ich halte Roberts Ansichten über Sex zwar nicht für normal, aber ich liebe ihn. Ich bin sehr stolz auf ihn.«

»Hat er Ihnen gegenüber je einen Major Reich erwähnt?« fragte Margit.

Flo legte das Gesicht in Falten. »Ich glaube nicht.«

»Wußten andere von seiner Homosexualität?«

Eine weitere Denkpause. »Enge Freunde, vielleicht.«

»Würden Sie mir eine Liste von seinen engen Freunden machen?«

»Oh, Major Falk, ich würde nie wollen, daß jemand meinetwegen Schwierigkeiten bekommt.«

»Ich habe nicht die Absicht, ihnen Schwierigkeiten zu machen, Mrs. Cobol. Ich muß Robert nur einfach verstehen. Immerhin beschuldigt man ihn, ein Mörder zu sein, und ich soll ihm das Leben retten. Ich muß wissen, wer sonst noch in seinem Leben eine Rolle spielte – und wer ihn gern in einer solchen Lage gesehen haben könnte.«

»Es tut mir leid«, sagte Cobols Mutter. »Ich werde Ihnen helfen, so gut ich nur kann.«

»Gut.« Margit stand auf und strich sich den Rock glatt. »Schlafen Sie sich richtig aus, Mrs. Cobol. Wir haben einen weiten Weg vor uns, und ich werde Sie an meiner Seite brauchen.«

Flo beugte sich vor, ihre Knie dehnten den Stoff Ihres billigen Kleids. »Bitte, lassen Sie ihn nicht sterben«, sagte sie.

13

Samstagmorgen wachte Margit auf und fand ihr Bild in der *Washington Times*.

Als sie und Flo Cobol tags zuvor in McNair eingetroffen waren, hatten vor dem Arrestgebäude einige Leute von der Presse herumgelungert. Bis ihnen klar geworden war, um wen es sich bei den beiden Frauen handelte, waren Flo und sie jedoch bereits im Haus gewesen.

Als sie dieses dann wieder verließen, war die Presse freilich zur Stelle gewesen. Margit beschränkte sich auf ein »Kein Kommentar!« und dachte, daß es sich damit wohl haben dürfte. Aber es war auch ein Fotograf unter der Gruppe gewesen, und das Foto, das er von den beiden Frauen geschossen hatte, sah sie nun auf Seite sechs. In einem kurzen Begleitartikel wies man darauf hin, daß es sich um Flo Cobols ersten Besuch bei ihrem Sohn handle. So wie das Ganze geschrieben war, mußte der Leser denken, Flo Cobol hätte bis dahin keinerlei Interesse an einem Besuch gehabt. Dieser

Effekt, den man hier den Fakten gab, ärgerte Margit, als sie in der Cafeteria des Standortmarktes über Saft, Toast und Kaffee saß.

Der Artikel schloß mit einer kurzen biographischen Skizze der Luftwaffenmajorin Margit Falk, Verteidigerin des Angeklagten. Sie basierte auf einer von der Pressestelle herausgegebenen Verlautbarung, und es war darin kaum mehr zu erfahren, als Margit im Falle einer Kriegsgefangenschaft dem Feind hätte preisgeben dürfen. Man streifte kurz ihre militärische Laufbahn, wies darauf hin, daß sie an der George-Washington-Universität studiert hatte, und erwähnte, daß sie den Pilotenschein besaß.

Margit schloß die Zeitung und trank ihren Kaffee aus. In all dem Durcheinander nach ihrer Ernennung zur Verteidigerin Cobols hatte sie fast vergessen, daß sie auch Hubschrauberpilotin war. Sie hatte zwei Wochen Zeit, ihre Pflichtstunden zu absolvieren, wollte sie ihren Status als aktive Pilotin nicht verlieren, und der Gedanke, diesen Vormittag einige Stunden in der Luft zu verbringen, hatte schon einen besonderen Reiz. Einfach aufzusteigen und alles unter sich zu lassen. Sie warf einen Blick auf ihre Uhr; in fünfzehn Minuten sollte sie sich mit Flo Cobol treffen, um sie nach McNair zu fahren; von dort würde sie sie zum Flugplatz begleiten und in die Maschine zurück nach Hause setzen.

Es war das Wochenende, daß sie und Jeff einander versprochen hatten. Er hatte jedoch den ganzen Tag über in Wishengrads Büro zu tun. Sie hatten sich zum Abendessen verabredet und ausgemacht, die Nacht und den ganzen Sonntag miteinander zu verbringen.

Sie eilte zurück auf ihr Zimmer und rief die Einsatzzentrale des nahegelegenen Fliegerhorsts Andrews in Maryland an. Obwohl der Hubschrauber jetzt so gut wie ausschließlich eine Domäne des Heeres war, gab es doch auch bei der Luftwaffe genug hubschraubertüchtige Piloten, um in Andrews eine kleine Flotte zu unterhalten.

»Irgendeine Möglichkeit, heute nachmittag noch unterzukommen?« fragte Margit.

»Wäre sechzehn Uhr in Ordnung, Major?«

»Hört sich gut an. Tragen Sie mich für eine Stunde ein.« Das würde ihr genügend Zeit lassen, wieder zurück ins Quartier zu fahren, zu duschen, für die Nacht alles Nötige einzupacken und sich mit Jeff zum Abendessen zu treffen.

»Sie haben Hubschrauber vier-zwo-drei um sechzehn Uhr.«

»Hübsche Nummer«, sagte Margit. »Ich bedanke mich.«

Flo war gedrückter Stimmung, als sie vom zweiten Besuch bei ihrem Sohn kam. Während der Fahrt zum Flughafen machte sie kaum den Mund auf. Beim Aussteigen sagte sie: »Es ist gut, daß mein Mann das nicht mehr erleben muß.«

»Ich werde für Robert tun, was ich kann, Mrs. Cobol.«

»Ich weiß, aber ich habe einfach das Gefühl, daß das alles nichts helfen wird. Und ihm geht es genauso.«

»Pessimismus ist etwas ganz Natürliches in diesem Stadium. Haben Sie noch mal mit ihm darüber gesprochen, Smith hinzuzuziehen?«

»Ja. Wir sind übereingekommen, Sie machen zu lassen, was Sie für richtig halten. Ich werde das Geld schon auftreiben.«

»Machen Sie sich jetzt keine Sorgen um das Geld. Ich werde mit Mac Smith noch dieses Wochenende sprechen, um zu sehen, ob er dazu bereit ist – und sei es auch nur in beratender Funktion.« Es war Margit wichtig, daß Smith eine offizielle Rolle übernahm, für die er bezahlt wurde, weil es ihr peinlich war, ihn nur aufgrund ihrer Freundschaft um Rat anzugehen. Wenn er das Honorar annahm, würde sie sich weniger schuldig fühlen, ihn aus seinem ruhigen, bequemen Leben zu reißen.

Sie rief Smith von ihrem Quartier in Bolling aus an, erreichte aber nur seinen Anrufbeantworter. Sie hinterließ eine Nachricht, laut der sie bis um drei zu Hause wäre und, für den Fall, daß sie nichts von ihm hörte, übers Wochenende noch mal anrufen würde. Sie beschäftigte sich eine Stunde mit Hausarbeit und rief dann in Wishengrads Büro an.

»Ich wollte dich eben anrufen«, sagte Jeff.

»Freut mich, daß ich mithelfen kann, eure Telefonrechnung knapp zu halten. Die soll ja größer sein als die der Army, habe ich gehört. Wie geht's denn?«

»Grauenhaft. Sie haben die Hearings über den Nahen Osten vorgeschoben. Sieht ganz so aus, als würden sie schon nächsten Mittwoch beginnen anstatt eine Woche darauf.«

Margit wußte, was jetzt kam.

»Margit«, sagte Jeff, »ich weiß, daß ich heute bis zu irgendeiner unchristlichen Zeit hier sitzen werde, und der Senator hat für morgen früh um acht eine Stabskonferenz anberaumt. Ich sehe einfach nicht, wie wir dieses Wochenende zusammenkommen sollen.«

Margit versuchte, sich ihre Enttäuschung nicht anmerken zu lassen. Sie wußte sehr gut, daß ihr eigener Terminplan der letzten Wochen es ihnen auch nicht gerade leicht gemacht hatte, etwas Zeit miteinander zu verbringen; wie sollte sie da ihn kritisieren, wenn er sich dem gleichen Druck ausgesetzt sah. »Ich verstehe«, sagte sie.

»Wir holen es ein anderes Wochenende nach«, sagte er. »Bald.«

Nachdem sie das Gespräch beendet hatten, verwandelte sich ihre Enttäuschung in Zorn. Sie wollte glauben, daß er mindestens ebenso enttäuscht war wie sie, aber angehört hatte sie es ihm eben nicht. Ihre Wut basierte wahrscheinlich weniger auf dem, was er gesagt, sondern wie er es gesagt hatte. Es lag ihr im Magen wie ein Knoten, der sich nicht lösen ließ.

Als sie in ihre olivgrüne Fliegermontur und die glänzend schwarzen Springerstiefel geschlüpft und ihre Flugtasche durchgegangen war, sah sie, daß sich die Wolken zu verziehen begannen, die der Morgen gebracht hatte; die Sonne schien kräftig. Auch ihre Stimmung hatte sich aufgeklärt, und mochte es auch sentimental sein, als sie ihren roten Honda auf den Anacostia Freeway Richtung Route 95 steuerte, summte sie »Off We Go into the Wild Blue Yonder«. Sie nahm die Ausfahrt 9, die sie direkt zum Haupttor des Luftwaffenstützpunktes brachte, der auch unter dem Namen »Himmelstor zur Hauptstadt« firmierte. Die besonders scharfen Sicherheitsvorkehrungen, die man hier traf, machten diesen Flughafen zum bevorzugten Landeplatz für all jene Würdenträger aus dem Ausland, die um ihre Sicherheit besorgt sein mußten. Diejenigen, deren Status nicht für Angst um Leib und Leben ausreichte, empfing man auf dem National oder dem Dulles.

Ihr Ziel auf dem über siebzehnhundert Hektar großen Gelände war die kleine Abteilung des Flugzentrums, in der die Helikopterflotte untergebracht war. Sie fuhr auf den für Flieger reservierten Parkplatz und betrat die Operationsbaracke. Ein Dutzend Piloten drängte sich hier; einige hatten ihren Flug eben hinter sich und meldeten sich ab, andere füllten Flugpläne aus, nahmen Wetterberichte in Empfang oder lasen am schwarzen Brett die neuesten Flugbestimmungen und Bekanntmachungen.

»Nur eine Pflichtstunde«, meinte sie zu dem Soldaten hinter der Theke der belagerten Anmeldung, um ihm zu sagen, daß ihr Flugplan nichts weiter vorsah, als die zur Erfüllung ihres Pflichtplans vorgeschriebenen Manöver zu absolvieren.

»Toller Tag«, sagte der Mann, als er ihr die Formulare über die mit einer Plastikfolie abgedeckten Karten der Gegend schob. Margit stimmte ihm strahlend zu. Das Wetter war wirklich herrlich.

Zwanzig Minuten später bekam sie Starterlaubnis für eine Stunde Soloflug in einem mit zwei PT6-Wellenturbinen bestückten Huey, Modell UH-1H, einem der besten Mehrzweckhubschrauber des Heeres, von dem die Luftwaffe ihn übernommen hatte. In voller Kampfausstattung, d. h. mit dem 40-mm-Granatwerfer M-5, den Raketenpods und den 48röhrigen Raketenpacks M-3, bezeichnete man diesen

Hubschrauber wegen seiner Bestückung am unteren Rumpf als »Kanonenboot«. In der Grundversion, derjenigen, die Margit an diesem Tag fliegen sollte, nannte man ihn »Slick«. Ein »Slick« befördert im Krieg keine Waffen, sondern Mannschaften.

Sie hatte ihre Ausbildung an einem Huey erhalten und war dann auf den Blackhawk umgestiegen, den sie in Panama geflogen hatte. In letzter Zeit flog sie jedoch fast ausschließlich Hueys der verschiedensten Typen. Hueys waren die Arbeitspferde der Hubschrauberflotte, langweilige und konventionelle »Nutzflugzeuge« und damit kaum der Stoff für romantisierende Militärgeschichte. Aber sie hatten sowohl in Korea als auch in Vietnam, im Irak und in Kuwait ihre Arbeit getan; sie hatten Mannschaften transportiert, in Sanitätsversionen Verwundete in die Lazarette gebracht, als Luftkavallerie feindliche Einrichtungen angegriffen und waren Aufklärungseinsätze an der Front geflogen.

Sie ging zur Staffel, in der die ihr zugeteilte Maschine – AF 66423 – auf sie wartete. Sie stand auf der Rollbahn wie ein vor sich hinbrütender Buddha, breit und unscheinbar, die großen Blätter hingen an der Rotorwelle wie müde, völlig verausgabte Arme. Obwohl der Huey jetzt zur Luftwaffe gehörte, trug er nach wie vor die für Vietnam entwickelten Tarnfarben Grau und Oliv.

Ein Sergeant vom Bodenpersonal bedachte Margit mit einem lässigen Salut und setzte dann seinen Weg um den Helikopter herum fort.

»Alles klar?« fragte Margit.

»Ja, Madam«, sagte er.

Sie dachte an ihren Vater. War dieser junge Sergeant auch so gut wie er? Margits Vater war der Beste gewesen. Sie hatte so viele Male gehört, daß man sich einer von Fred Falk gewarteten Maschine sorglos anvertrauen konnte.

Aber sein Ruf war nicht gut genug gewesen, ihm das Martyrium zu ersparen, das man ihm gegen Ende seiner Laufbahn auferlegte, einer Laufbahn, die vorzeitig zu Ende war, nur weil man einem Lügner mehr geglaubt hatte als ihm.

Der Unfall war in Kalifornien während eines routinemäßigen Manövereinsatzes passiert. Margits Vater war für die Wartung der Hubschrauberflotte in einer nordkalifornischen Basis verantwortlich gewesen. Er hatte nur noch ein Jahr bis zum Ruhestand gehabt, aber jeder – einschließlich Margit – wußte, daß er sich nie und nimmer freiwillig zur Ruhe setzen würde. Ihn würde man in Uniform hinaustragen – schreiend und um sich schlagend.

Und dann der Unfall.

Der Pilot hatte die Kontrolle über seine Maschine verloren und war beim anschließenden Absturz ums Leben gekommen. »Technisches Versagen« lautete die offizielle Erklärung. Seine Instrumente waren ausgefallen, wodurch das Flugzeug nicht mehr zu steuern war. Warum die Kontrollanzeigen ausgefallen waren? Die Reparaturarbeiten waren von einem jungen Soldaten aus Falks Trupp erledigt worden. Falk wußte, was den Absturz verursacht hatte, weil er die Maschine Teil für Teil durchgegangen war, nachdem man sie auf die Basis zurückgebracht hatte. Die Instrumente waren versehentlich kurzgeschlossen worden.

»Das hätte jedem passieren können«, hatte ihr ihr Vater gesagt. »Der Junge hat einen Fehler gemacht, das ist alles. Verdammt noch mal! Natürlich wollte ich, es wäre nicht passiert, aber es war nun mal so.«

Auch Margits Vater hatte einen Fehler gemacht. Angesichts der Papierflut hatte er auch für die Wartungsarbeiten an den Instrumenten des besagten Hubschraubers unterschrieben, da der Mann, der sie ausgeführt hatte, wochenlang nicht erreichbar sein würde. Falk hatte dies den Ermittlern gesagt, und sie hatten es auch akzeptiert und ihm nur einen milden Verweis dafür erteilt, für Arbeiten gezeichnet zu haben, die nicht von ihm persönlich ausgeführt worden waren.

Als sich der betreffende Soldat wieder zum Dienst meldete und nun aufgerufen war, für seinen Fehler geradezustehen, log er. Da er genau wußte, daß er nicht unterschrieben hatte, behauptete er, Falk habe die Arbeiten selbst durchgeführt. Auf der Freigabe stehe doch seine Unterschrift, oder vielleicht nicht? hatte er dem Ermittlungsausschuß gesagt.

Falk war wütend über die Lüge des Mannes, nahm aber nicht an, daß sie noch ein Nachspiel haben würde. Seine Dienstakte war tadellos, vorbildlich. Er hatte keinen Zweifel daran, daß man seiner Version Glauben schenken würde.

Aber es gab da noch einen Faktor, den Falk nicht in Betracht gezogen hatte. Den Vorsitz des Ermittlungsausschusses führte ein Oberst, der zusammen mit Falk auch schon auf dessen letztem Stützpunkt stationiert gewesen war. Der Oberst hatte den Pilotenschein, so daß er und sein Wartungschef, Sergeant Fred Falk, oft miteinander zu tun gehabt hatten. Der Oberst hatte Falk eines Tages befohlen, eine Wartungsprozedur abzukürzen, was Falks Meinung nach zu einer möglichen Gefährdung der Piloten seiner Staffel geführt hätte. Er weigerte sich, erst höflich, dann jedoch bestimmt, als die Debatte sich hinzog. Der Oberst zeigte ihn wegen Befehlsverweigerung an. Bei der Anhörung des Falles gab man Falk recht. Seine Ansicht bezüglich der Instandsetzungsarbeiten wurde bestätigt und die Klage des Obersts abgewiesen.

Falk wußte, der Mann würde ihm das nie verzeihen, daß er sich seinetwegen vor seinen Offizierskollegen zum Idioten gemacht hatte. Und er hatte recht. Während ihrer Zeit auf der Basis sprachen sie kein Wort mehr miteinander. Ihre nächsten Aufgaben führten sie an verschiedene Orte, aber vier Jahre später fanden sie sich beide in Kalifornien wieder. Sie hatten kaum etwas miteinander zu tun; dann kam der Unfall und die Untersuchung. Der Oberst hatte ein Gedächtnis wie ein Elefant. Man akzeptierte die Version des einfachen Soldaten. Von den Ressentiments des Obersts geleitet, empfahl der Untersuchungsausschuß, Falk seines Postens als Chef der Wartung zu entheben. Er focht die Entscheidung zwar an, aber seine rechtlichen Möglichkeiten waren begrenzt. Schließlich stellte man ihn vor die Wahl, auf einem Schreibtischposten beim Militär zu bleiben oder sich vorzeitig in den Ruhestand versetzen zu lassen. Von seiner Warte aus gab es da nichts zu wählen. Mit einem galligen Nachgeschmack schied er aus der Luftwaffe aus.

Seine ersten Tage als Zivilist waren für Margit nicht weniger schmerzhaft als für ihn selbst. Sie sahen sich gezwungen, ihre Wohnung am Standort aufzugeben und ein kleines Haus in der Stadt zu mieten, wo Margit ihn beobachtete, wie er tagelang in einem Sessel im Wohnzimmer saß, kaum den Mund auftat und mit jedem Atemzug älter zu werden schien. Aus mit dem Feuer, dem Gefühl, gebraucht zu werden, das ihn jeden Morgen aus dem Bett getrieben hatte, um sich seinem Schwarm häßlicher Vögel zu widmen. Sie begann zu fürchten, er könnte sich das Leben nehmen.

Schließlich überredete ein Freund mit einer kleinen Fluglinie Falk, Vizepräsident seiner Wartungsabteilung zu werden. Margits Vater schien sowohl stolz auf den neuen Titel als auch auf die Verantwortung, aber rückblickend mußte sie erkennen, daß das Ganze nur Fassade gewesen war. Nie wieder war er von demselben Stolz, demselben Gefühl, etwas geleistet zu haben, erfüllt wie damals beim Militär.

Wie schwer er auch gelitten haben mag, sein Leben ohne Uniform währte nicht lange. Er starb, noch bevor er den ersten Jahrestag in seinem Zivilberuf feiern konnte. Koronarthrombose. Ein frühzeitiger Tod, aber auch ein gnädiger.

»Hat eben die Hunderter hinter sich«, sagte der junge Wartungschef. Alle hundert Stunden wurden die Maschinen aus der Staffel genommen und einer Routinewartung unterzogen.

Margit reichte ihm ein Klemmbrettchen, das sie in der einen Hand hielt. Ihre Flugtasche hatte sie in der anderen. Er zeichnete gegen und wandte sich einer anderen Maschine zu.

Margit stellte ihre Flugtasche ins Cockpit und machte sich an Hand einer dreiundsechzig Punkte umfassenden Checkliste an ihre eigene Sichtinspektion des Huey. Manche Piloten schenken sich aus Faulheit den Check vor dem Flug und verließen sich auf das Wort des Wartungschefs, daß die Maschine flugtauglich sei. Margits Vater hatte ihr oft erzählt, daß gewisse Piloten, besonders junge, Angst davor zu haben schienen, ihn zu beleidigen, wenn sie seine Arbeit nachkontrollierten – wie ein Patient, der zögert, einen zweiten Arzt zu konsultieren, nur um den ersten nicht vor den Kopf zu stoßen.

Sie stand auf dem Dach der Pilotenkanzel und unterzog den Rotorstern, der die Rotorblätter mit der Rotornabe verband, einer sorgfältigen Prüfung. Man nennt sie nicht umsonst die »Himmelfahrtsnabe«. Wenn sie versagt, kommt es zu einem Unfall, der nicht zu überleben ist; dann geht es abwärts wie ein Stein – nichts, was den Fall noch bremsen könnte. Hubschrauberpiloten tragen keine Fallschirme, nicht einmal im Kampfeinsatz. Für Fallschirme haben sie keine Zeit. Statt dessen fliegen Hubschrauberpiloten mit zwei kugelsicheren Westen in den Einsatz: die eine ziehen sie an, die zweite legen sie sich unter den Hintern für den Fall, daß feindliche Kugeln den Boden der Maschine durchschlagen. Als letztes kniete sie nieder und krabbelte unter den Rumpf, um am Treibstoffhahn einige Kubikzentimeter Kraftstoff in ein Reagenzglas zu zapfen. Er sah klar aus, kein Kondenswasser. Sie steckte das Röhrchen in ein spezielles Fach ihrer Tasche.

Als sie in den rechten Sitz kletterte, überkam sie die vertraute Heiterkeit, die sich vor jedem Flug einstellte. Das war schon damals so gewesen, als sie als Teenager Stunden für den privaten Pilotenschein genommen hatte.

Sie hatte ihren Vater solange bearbeitet, bis er ihr erlaubte, fliegen zu lernen, und das nicht etwa, weil er der Idee zugestimmt hätte, sondern weil er es einfach nicht mehr aushielt, wie sie ihm zusetzte. Er fuhr sie zu einem kleinen zivilen Flugplatz mit einer Graspiste und einer Wellblechhütte und vertraute sie einem alten Knaben namens Papa Mills an, der schon seit ewigen Zeiten Felder mit Schädlingsgiften besprühte. Seinen richtigen Vornamen hatte Margit nie erfahren. Er spielte auch keine Rolle. Er war ein ebenso barscher wie anspruchsvoller Lehrer, dem während der ersten sieben Stunden mit ihr in der Cessna 150 nicht ein einziges Lächeln über die Lippen kam.

Eines Samstagvormittags, nachdem sie die erste Hälfte ihrer achten Stunde Starten und Landen geübt hatten, sagte er, sie solle in Richtung des Metallhangars rollen. Dort stieg er aus und sagte ihr, sie solle ihre Starts und Landungen allein weiterüben.

»Wirklich?« fragte sie mit bebenden Nerven.

»Klar. Denk nur immer dran, ohne mein Gewicht wird sie sich anders fliegen.« Sein Ledergesicht faltete sich zu einem Ausdruck, der wohl als Lächeln durchgehen konnte. Dann zwinkerte er ihr zu. »Bau mir keinen Mist. Ich hab' bloß zwei Maschinen.«

Sie baute keinen Mist, und die Freude, die sie an jenem Tag verspürte – endlich allein an den Instrumenten, endlich frei über einen endlosen blauen Himmel zu fliegen – hatte sie nie wieder verlassen. Ein Gefühl, das die meisten Piloten kannten, oder wenigstens die, die sie kannte. Es war nicht ein bestimmter Auftrag an sich; es war die pure Freude, da oben zu sein. Hatte einen dieses Gefühl erst einmal gepackt, war die Sucht so stark, daß man davon nicht mehr los kam.

Sorgfältig rückte sie sich den Sitz des Huey so zurecht, daß ihre linke Hand ganz bequem auf dem Blattanstellwahlhebel zu liegen kam. Sie tippte mit den Zehen auf die Steuerpedale. Es konnte losgehen.

Sie schnallte sich das Klemmbrettchen auf den rechten Schenkel, schob die Papiere darauf zurecht und ging die Klarliste für die Abflugprobe durch – zwölf Handgriffe. Ihre

Finger kippten Schalter und drehten Knöpfe, ihre Augen lasen die Instrumente ab, ihr Verstand analysierte, was sie sah. Nachdem diese Aufgabe erledigt war, ersetzte sie die Kontrolliste durch die Karte mit den Leistungsdaten.

Ihr Funkgerät schaltete sie auf die automatischen Start- und Landeinformationen, die sie mit einem konstanten Strom von Daten zu den Flugbedingungen über dem Flughafen versorgte. Sie wurden Stunde für Stunde auf den neuesten Stand gebracht und jede neue Version mit dem nächsten Buchstaben des Alphabets versehen. Margit lauschte dem »Bravo«-Bericht und machte sich Notizen.

»Startplatz räumen!« rief sie zum offenen Fenster hinaus. Sie kippte den Anlaßschalter auf dem Steuerknüppel für die kollektive Blattverstellung. Mit einem Jaulen startete der PT6; die Hauptrotorwelle hinter ihr setzte sich langsam und mühselig in Bewegung. Knapp über dem Boden schwebend, verglich sie die Anzeigen der Instrumente mit den Angaben auf der Karte mit den Leistungsdaten. Alles hielt sich innerhalb der vorgegebenen Grenzen; sie hatte genug Kraftreserven, um innerhalb der kleinen begrenzten Zone abzuheben.

»Huey vier-zwo-drei – erbitte Rollfreigabe für Landeplatz Charlie«, sprach sie in das Mikro, das sich vom Helm aus vor ihren Mund bog. Durch die Kopfhörer in ihrem Helm erhielt sie die von der Rollkontrolle angeforderte Erlaubnis.

Margit zeigte durchs Fenster den erhobenen Daumen, um anzuzeigen, daß sie losfliegen würde.

Der Wartungschef bot ihr einen halbherzigen Salut und trat zurück.

Margit schloß das Fenster und nahm den Druck vom Steuerknüppel, so daß sich der Winkel der Rotorblätter veränderte. Diese bissen in die Luft, und der Huey hob sich von der Rollbahn.

Einen knappen Meter über dem Boden schwebend warf sie noch einen letzten Blick auf die Instrumente und drückte sachte auf das rechte Steuerpedal. Der Huey drehte sich um die Hauptrotorwelle in Richtung des Startplatzes etwa dreihundert Meter vor ihr.

Sie bediente den Hebel für die zyklische Blattverstellung, und die Maschine bewegte sich vorwärts – ein Flug, den die Fluglotsen im Tower als »hover taxi« oder »Schweberollen« bezeichnen. Nach wie vor nur wenige Fuß über der Erde, manövrierte sie den Huey zum Startplatz, einem mit weißer Farbe markierten Kreis mit einem Malteserkreuz in der Mitte.

An den Tower meldete sie: »Air Force vier-zwo-drei klar zum Start. Habe ATIS-Bravo. Fliege zum Übungsgelände.«

»Roger, vier-zwo-drei. Viel Spaß!« Margit lächelte, während sie ihre linke und rechte Hand aufeinander abstimmte. Sie rückte am Hebel für die kollektive Blattanstellung, und schon stieg sie auf; der Boden fiel unter ihr weg. Ein gutes Stück höher jetzt, aber nicht zu hoch. Einen Hubschrauber zu fliegen macht schon allein deshalb Spaß, weil es, von den Flugvorschriften einmal abgesehen, eine Menge guter Gründe gibt, tief zu fliegen, sehr tief.

Sie blickte hinüber zum Übungsgelände, einem stark bewaldeten regierungseigenen Areal am Rande der Basis. Man hatte Lichtungen und Schneisen geschlagen, um den Hubschrauberpiloten die Möglichkeit zu geben, das Ein- und Ausfliegen in schwierigem Gelände zu üben. Sie begann zu strahlen, als sie ihre Maschine an die Stelle flog, wo sie eine Reihe von Manövern zu fliegen gedachte, um ihre Fähigkeiten zu trainieren.

Alle anderen Aspekte ihres Lebens verschwanden – Cobol, Jeff Foxboro, das Pentagon, ihr Junggesellenquartier in Bolling. In Augenblicken wie diesen bezweifelte sie die Richtigkeit ihrer Entscheidung, Jura zu studieren. Immerhin hatte sie die Möglichkeit gehabt, Hubschrauberpilotin zu bleiben, eine Rolle, in der sie selig gewesen war. Die Juristerei, die Vorstellung, Anwältin zu werden, hatte allerdings auch ihre Reize gehabt; es war eine Herausforderung gewesen, eine

Gelegenheit, den Intellekt auf die Probe zu stellen und mit ihrem Wissen zu wachsen.

Im Fliegen dagegen lag die reine Zufriedenheit für sie. Nicht nur, daß sie es erfrischend fand, ein Flugzeug zu bedienen, ein Hubschrauber ließ einem zudem für nichts anderes Zeit als für die Konzentration auf die zu erfüllende Aufgabe. Flugzeuge mit starren Flügeln fliegen sich buchstäblich von selbst, solange man keinen Mist baut. Man erreicht seine Flughöhe, trimmt seine Maschine, schaltet den Autopiloten ein und lehnt sich zurück.

Hubschrauber dagegen gleiten nicht. Man fliegt jede Sekunde, und wenn man von einem Flug einmal nicht völlig erschlagen zurückkommt, dann stimmt ewas nicht. Vielleicht kommt man dann überhaupt nicht zurück.

Als sie das Übungsgelände erreicht hatte, hielt sie die Maschine, die Konturen des Geländes nachzeichnend, auf »vier-vierzig« – vier Meter über der Erde bei einer Geschwindigkeit von vierzig Knoten, eine nützliche Technik für den Kampfeinsatz. Sie übte Schwebetechniken in den Lichtungen und wechselte dann zu einer offenen Fläche am Rand des Terrains, um aus purem Spaß an der Freude ein paarmal kräftig durchzustarten; der Boden sauste nur so unter ihr vorbei, und dabei war ihre Geschwindigkeit nur etwa dreimal so hoch wie jene, auf die Lindbergh es über fünfzig Jahre vor ihr gebracht hatte.

Sie flog zurück zum Wald und stellte sich Kampfsituationen vor, auf die sie reagierte – eine Luftevakuierung von Verwundeten, Angriffe auf feindliche Einrichtungen –, lauter Dinge, die sie im tatsächlichen Konfliktfall nicht hätte tun dürfen, weil die Vorschriften es Frauen verboten, Kampfeinsätze zu fliegen. Man mochte ihre Einsätze in Panama nicht als »Kampfeinsätze« bewertet haben, nur daß die Männer, die von unten auf sie geschossen hatten, diese Vorschriften nicht kannten. Man brauchte sich nur die Panzerweste auf ihrem Sitz anzusehen – und die sieben Kugeln darin, die den Rumpf der Maschine durchschlagen hatten.

Sie übte einen Start »mit Anlauf«, die Art von Manöver, die Militärpiloten – zumindest denen, die ihn überlebt hatten – besonders im heißen Dschungel nützte, an Stellen, wo die Luft weniger dicht war, und in Situationen, in denen das Bruttogewicht die Spezifikation weit überschritt. In solchen Fällen gab es nur eine Möglichkeit, über die Bäume hinauszukommen: so viel horizontale Geschwindigkeit wie nur möglich zu gewinnen, bevor man an Höhe zu gewinnen versuchte – und dabei beten, daß der dicke, schwingenlose Vogel es über die Wipfel schaffte, anstatt mitten hineinzukrachen.

Sie wählte einen Punkt nicht zu weit weg. Dort stellte sie sich Bäume vor. Sie regelte kollektive und zyklische Blattanstellung, und schon bewegte sie sich horizontal in Richtung des von ihr bestimmten Punkts. Als sie diesen erreichte, ließ sie den Huey nahezu senkrecht steigen, der Boden fiel unter ihr weg, und sie sah sich in frischen blauen Himmel gehüllt.

Die Stunde war schnell vorbei. Ihr letztes Manöver war eine Autorotationsübung aus tausend Fuß, bei der sie sich die besondere Konstruktion eines Hubschraubers zunutze machte, die dafür sorgt, daß Haupt- und Heckrotor sich auch bei abgeschalteter Maschine oder im Leerlauf drehen.

Sie stellte den Leistungshebel am hinteren Ende des Blattanstellwahlhebels auf Leerlauf und bestimmte den Winkel der Rotorblätter so, daß ihr eine minimale Drehzahl erhalten blieb. Das Ergebnis war ein sofortiger Höhenverlust. Mit Hilfe des Hebels für die zyklische Blattverstellung sorgte Margit für ausreichende Geschwindigkeit, mit den Pedalen kontrollierte sie die Flugrichtung, so daß die Vorwärtsbewegung des Hubschraubers für genügend Energie in den Drehflügeln sorgte, um die Fallgeschwindigkeit zu dämpfen.

Genau in der vorgeschriebenen Höhe sorgte sie für einen Rückstoß, indem sie den Knüppel für die zyklische Blattsteuerung nach hinten bewegte. Anstatt jedoch aufzusetzen, beschloß sie, alle Energie zusammenzunehmen, um in der Luft zu bleiben. Sie bewegte den Steuerknüppel für die zyklische Blattsteuerung nach vorn, um die Maschine in Landehaltung zu bringen, sorgte gleichzeitig für etwas Auftrieb mit dem Blattanstellwahlhebel, um die Sinkgeschwindigkeit zu drosseln, gab mehr Saft, um Maschine und Rotor wieder auf die Flugdrehzahl zu bekommen und kontrollierte dabei die ganze Zeit über mit den Pedalen die Flugrichtung. Ihre sicheren, geübten Bewegungen brachten den Huey exakt an der beabsichtigten Stelle zum »Stehen«. Zufrieden mit sich machte sie sich an den letzten vertikalen Aufstieg und begab sich dann auf den Rückflug.

Wenn es etwas am Hubschrauberfliegen gab, was Margit mißfiel, dann waren das die Vibrationen. Man lernte damit umzugehen – es blieb einem ja auch nichts anderes übrig –, aber anfreunden konnte sie sich damit nicht. Die Vibrationen freilich, die mit einemmal ihren Huey vier-zwo-drei zum Zittern brachten, gingen über das normale Maß weit hinaus. Margit hatte zwischen verschiedenen Arten von Vibration unterscheiden gelernt, und diese hier war eine mit hoher Frequenz und kam von den Pedalen her; die Ursache war wahrscheinlich ein Problem am Heckrotor. Sie nahm Saft weg, um das, was da hinter ihr passierte, zu kompensieren. Sie machte sich keine Sorgen darüber, wieder heil auf die Landebahn zurückzukommen; sie hatte schon mehrmals Probleme mit dem Heckrotor überstanden. Die Sache war nur die: nach der Landung galt es dann zahlreiche Formulare auszufüllen. Papierkrieg. Das Militär lebte davon.

Sie ging die Landung direkt gegen die Windrichtung an und vermied allzu große Energieschübe, um den Heckrotor so wenig wie möglich zu belasten. Als sie spürte, daß die Kufen den Boden berührten, atmete sie erleichtert auf.

Der Wartungschef war eben bei der Sichtinspektion eines anderen Huey, als Margit zu ihm kam. Sie berichtete ihm von ihrem Problem.

»Das sollte aber nicht sein«, sagte er. »Der kommt ja eben erst aus der Hunderter.«

Margit hörte das nicht zum ersten Mal. Es spielte nicht die geringste Rolle, welche Wartungsarbeiten eben durchgeführt worden waren. Tatsache war, daß der Heckrotor eine potentielle Gefahr für den nächsten Piloten darstellte.

»Ich gehe rein und trage es ein«, sagte Margit, die sich Mühe gab, ihren Unwillen zu verbergen.

»Wir werden ihn verladen müssen«, meinte er mit einem Blick hinüber zum Hubschrauber.

»Ganz recht«, erwiderte sie.

Er machte sich diesmal nicht die Mühe zu salutieren. Scheißkerl, dachte Margit, als sie in die Operationsstelle ging und die passenden Formulare zusammensuchte. Der konnte ihrem Vater nie und nimmer das Wasser reichen. Ihr Vater hätte viel mehr Interesse an den Tag gelegt, hätte sich von dem Piloten das Problem beschreiben lassen und dabei aufmerksam zugehört.

Als sie schließlich wieder im Auto saß und nach Bolling zurückfuhr, hatte sie den Wartungschef bereits wieder vergessen und dachte nur an das, was sie vor ihrem Start im Kopf gehabt hatte: Flo und Robert Cobol, Jeff Foxboro und ob sie Mac Smith wohl dazu bringen könnte, ihr offiziell zur Seite zu stehen.

Sie duschte, schlüpfte in einen dicken Frotteemantel und erwiderte einen Anruf, den Smith auf ihrem Anrufbeantworter hinterlassen hatte. Sie hatte kein Glück. Sie verpaßte ihn und sprach ein weiteres Mal mit seinem Anrufbeantworter; man hätte meinen können, zwei Maschinen unterhielten sich.

Es war noch ein zweiter Anruf aufgezeichnet, von Colonel William Monroney; er hatte die Nachricht hinterlassen, er werde im Offizierskasino von Bolling mit einigen Leuten zu Abend essen, und Margit sei herzlich eingeladen.

»Danke, kein Bedarf«, murmelte sie.

Sie dachte an Jeff und die Enttäuschung darüber, daß ihre Pläne fürs Wochenende ins Wasser gefallen waren. Sie erinnerte sich daran, daß sie kein Recht hatte, deshalb verärgert oder verbittert zu sein. Aber der Teil ihres Gehirns, aus dem diese rationale Botschaft kam, hatte keinen Draht zu der anderen, weicheren Hälfte, in der die Emotionen zu Hause waren.

Monroney würde um sieben im Kasino sein. Sie verwarf den Gedanken an ihn ein zweites Mal, besah sich die Ecke ihres Schreibtischs, auf der die dicker werdende Akte zum Fall Cobol lag, überlegte hin und her und kam zu dem Schluß, daß ein ordentliches Abendessen und etwas belebende Konversation nicht schaden könnten.

Margit und Monroney saßen in der Cocktail Lounge des Kasinos. Er hatte einen alten Freund mitgebracht, Lewis – seinen Nachnamen hatte sie nicht mitbekommen –, der in Europa stationiert und nur wegen einiger Konferenzen für eine Woche in Washington war; der vierte am Tisch war ein Mitarbeiter Monroneys, Major Anthony Mucci. Monroneys Freund Lewis und Tony Mucci hätten verschiedener nicht sein können. Sein Freund war der joviale Typ, der Margit und Monroney mit Anekdoten zu seinen jüngsten Bemühungen, eine Medaille wegen guter Führung zu umgehen, zum Lachen brachte. Er hatte schon einiges getrunken und machte Margit am Ende des Abends einen Heiratsantrag. »Das wäre ja was, eine Hubschrauberpilotin und Anwältin zur Frau zu haben«, sagte er, »besser noch als einen Schwiegervater mit einem Schnapsladen.« Margit hatte seinen Antrag liebenswürdig abgelehnt, und eine Stunde später war er dann gegangen; Monroney, Mucci und Margit standen an der Tür. »Noch einen Schlummertrunk?« fragte Monroney.

»Geht nicht, Colonel«, sagte Mucci, seine Miene wie in Stein gehauen, wie schon den ganzen Abend über. Nicht daß er verdrießlich gewesen wäre, noch nicht einmal unfreundlich. Margits Problem mit ihm war, daß er so selten lachte, als hätte ihm das Leben nie die Möglichkeit gegeben, sich darin zu üben. Mit jemandem herumzusitzen, der nicht lachte, führte dazu, daß man sich beim Lachen schuldig fühlte. Als sei man dem steifen, korrekten und gut aussehenden jungen Major zu leichtfertig oder zu seicht. Aber sie hatte bald entschieden, daß das sein Problem war, nicht ihres, und kicherte um so lauter über Lewis' komische und so offensichtlich übertriebene Geschichten. Schließlich hatte sie sich ihnen ja deshalb angeschlossen.

»Liegt ganz bei dir, Tony«, sagte Monroney.

»Ich muß mich um den Dienstplan kümmern«, sagte Mucci. »Gute Nacht, Major.«

»Gute Nacht«, antwortete Margit.

Sie sahen ihm nach, als er das Kasino verließ. »Und du, Margit?«

»Danke, nein. Ich geh' besser nach Hause.«

»Nur einen auf die Schnelle, Margit. Bitte. Um der alten Zeiten willen.«

Und so setzten sie sich wieder in die Lounge; er nippte an einem Gin Tonic, sie betrachtete ihren unberührten Serrana.

»Schön, daß du zu uns gefunden hast«, sagte er.

»War mir eine Freude. Dein Freund ist ein lustiger Kerl.«

»Fast so lustig wie Tony.«

»Fast«, sagte Margit und lachte wieder vergnügt.

»Er ist ein guter Offizier. Loyal, gewissenhaft, gescheit. Den Persönlichkeitswettbewerb des Pentagon wird er zwar nicht gewinnen, aber er macht seine Arbeit. Was Lewis anbelangt, sein einziges Problem ist, daß er jede Unterhaltung an sich reißt. Ich hatte gehofft, ich hätte mehr Zeit, mich mit dir zu unterhalten.«

»Ich hätte nicht viel zu sagen gehabt.«

»Du hast eine ganze Menge zu sagen«, sagte er. »Weißt du, Margit, ich denke oft an Panama und die Zeit, die wir dort verbracht haben.«

Ihr war nicht ganz wohl in ihrer Haut, und sie fragte sich, ob er das wohl spürte. Panama war längst vorbei, Panama war

Vergangenheit, nichts, woran man festhalten sollte. »Ich nicht«, sagte sie und wußte, es hörte sich gemein an. Außerdem war sie nicht ehrlich, weil sie sehr oft an Panama dachte, vor allem an jenen Aspekt ihres Auftrags, der zu der kurzen, aber heftigen Beziehung mit dem hübschen Mann neben ihr geführt hatte. Damals hatte sie nicht gewußt, daß er verheiratet war; sie hatte nicht gefragt, und freiwillig hatte er es ihr nicht gesagt. Erst später hatte sie von Celia und den beiden Kindern erfahren. Sie war wütend darüber gewesen, obwohl ihre Beziehung schon längst vorbei gewesen war. Sie hatte es ihm übel genommen, daß er ihr nichts von seiner Familie erzählt hatte. Sie fühlte sich benutzt. Sie ging davon aus, daß sie nichts weiter als die Eroberung eines verheirateten Mannes gewesen war, eine von vielen.

Als könne er ihre Gedanken lesen, sagte er: »Weißt du, Margit, es war mir Ernst mit dem, was ich in Panama gesagt habe.«

»Und das war?«

»Daß du etwas Besonderes für mich bist. Ich bin kein Schürzenjäger. Ich poussiere nicht herum, ich nehme nicht auf jedem Auslandsauftrag den Ehering ab und reibe Frauen mit Sonnenöl ein. Ich hatte weit mehr Gefühl für dich als für ein bloßes Abenteuer.«

Sie konnte sich noch an den Abend erinnern, an dem er ihr das gesagt hatte. Es war der Abend, an dem er ihr gestanden hatte, daß er verheiratet sei. Damals hatte sie ihm nicht geglaubt. Jetzt ging es nicht mehr darum, ob sie ihm glaubte oder nicht. Es spielte keine Rolle mehr.

»Hör zu, Margit, ich schlage ja nicht vor, noch einmal aufzuwärmen, was war.«

»Vielen Dank.«

»Aber ich sehe keinen Grund, warum wir beide nicht Freunde sein können, jetzt, wo du hier in Washington bist. Ich fände es schön, wenn wir uns hin und wieder zusammensetzen, miteinander reden und lachen könnten wie heute abend, ein bißchen Spaß miteinander haben.« Er lächelte und hob die Hände. »Rein platonisch, versteht sich.«

Margit sagte nichts.

»Gibt es jemanden in deinem Leben, jemand Besonderen?« fragte er.

Sie nickte.

»Beim Militär?«

»Nein, er ist Anwalt. Er arbeitet für Senator Wishengrad. Wir haben uns auf der Uni kennengelernt.«

»Senator Wishengrad. Der Fluch des Pentagon. Da ergeben sich sicher interessante Gespräche zwischen dir und deinem Freund.«

Margit lachte. »Na ja, wir sehen das Militär wohl mit verschiedenen Augen.«

»Was wahrscheinlich gut ist«, meinte Monroney. »So wird es wenigstens nicht langweilig.«

»Das sicher nicht«, sagte Margit. »Hör zu, Bill, ich muß wirklich in die Falle. Es war ein schöner Abend, und ich danke dir für die Einladung.« Sie stand auf.

Er blieb sitzen. »Was ich dich unter anderem fragen wollte, Margit, was ist mit dem Mord an Joyçelen. Du hast dir mit Cobols Verteidigung einen ganz schönen Brocken eingefangen.«

»Das ist noch milde ausgedrückt.«

»Ich nehme an, du wirst mich befragen wollen.«

»Warum sollte ich?«

»Ich war da – ich bin hinterher ins Haus gegangen. Weißt du noch?«

»Ich habe Fotos – und deine schriftliche Aussage. Das dürfte genügen. Wenn nicht, weiß ich ja, wo du zu finden bist.«

Sie gingen zur Kasinotür. »Können wir das mal wiederholen, nur wir beide, ein Plausch zwischen zwei alten Kumpels?«

»Nicht in absehbarer Zeit, Bill. Der Fall Cobol wird mich

eine ganze Weile beschäftigen. Noch mal danke. Ich fand's nett.« Sie schüttelten einander die Hand.

Es war schon zu spät, um Mac Smith anzurufen, der früh zu Bett ging und früh aufstand. Das würde bis morgen warten müssen. Margit saß bis Mitternacht vor dem Fernseher, kroch dann unter die Decke und lag noch lange Zeit wach. Ihr Leben schien ihr aus der Hand zu gleiten, eine Situation, mit der sie so überhaupt nicht vertraut war, und das behagte ihr ganz und gar nicht. Vielleicht war das so, wenn man älter wurde, dachte sie.

14

Als Margit das lange, langweilige Wochenende mit dem Tag der Arbeit überstanden hatte, war sie mächtig in Fahrt und brannte darauf loszulegen.

Während eines gemächlichen Dauerlaufs am Montag, bei dem sie sich so einiges von der Seele geschwitzt hatte, war sie zu der Überzeugung gekommen, daß sie sich im Fall Cobol wie ein Waschlappen benommen hatte. Wieso hatte sie sich so durcheinanderbringen lassen? Wieso hatte sie Angst davor gehabt, die Zügel in die Hand zu nehmen? Mittwoch würden ihr Assistent und der Ermittler eintreffen. Die beiden würden sofort klare Anweisungen brauchen und eine feste Hand. Sie hatte beim Militär schwache Führer kennengelernt, die ihre Schwäche aufgrund eines mangelnden Vertrauens in sich selbst und ihre Mission an ihre Untergebenen weitergegeben hatten. Ihr würde das nicht passieren.

Sie war sich jedoch darüber im klaren, daß ihr neues Selbstvertrauen zum Teil darauf beruhte, daß sie am Sonntag zwei Stunden mit Mackensie Smith zugebracht hatte. Ihre Anrufbeantworter hatten sich schließlich doch noch geeinigt und ihre Besitzer zueinander gebracht.

Smith hatte sich einverstanden erklärt, Margit als inoffizieller Berater zur Seite zu stehen. Ja, er würde ein bescheidenes Honorar von Mrs. Cobol annehmen, das er zu gleichen Teilen der Washingtoner Gesellschaft zur Verhinderung von Grausamkeit gegenüber Tieren und der Vereinigten Hilfe für Obdachlose spenden wollte. Es spielte keine Rolle für Margit, wo das Geld hinging, Hauptsache, Smith war ein *bezahlter* Berater.

Sie kamen überein, daß Smith sich alles ansah, was Margit an Material für die Verteidigung zusammentragen würde, und eine Strategie erarbeiten half, an die sie sich während des Prozesses halten sollte. »Aber wirklich nur im Hintergrund«, hatte er ihr gesagt.

»Müssen wir denn dem Gericht nicht mitteilen, daß noch ein zweiter Rechtsbeistand im Spiel ist?« fragte sie.

»Wahrscheinlich, aber Sie sind der Prozeßanwalt.« Smith lachte. »Genau andersherum als damals, als ich noch als Anwalt gearbeitet habe. Die anderen aus der Kanzlei schrieben das Drehbuch. Alles, was ich zu tun hatte, war, es der Jury vorzutragen, und zwar mit Gefühl. In diesem Fall werde ich Sie nach besten Kräften unterstützen, aber Sie stehen im Rampenlicht. Sie müssen den Kopf hinhalten.«

»Mir soll's recht sein«, sagte sie.

Darüber hinaus hatten sie noch diverse konkrete Strategien diskutiert, jede auf einen speziellen Verlauf des Prozesses abgestimmt. Im Augenblick sah es so aus, daß Margit, da Cobol auf ›nicht schuldig‹ plädiert hatte, sich darauf konzentrieren mußte, allem entgegenzutreten, was die Anklage an handfesten Beweisen vorlegen würde, um bei den Beisitzern für genügend Zweifel an seiner Schuld zu sorgen. Falls ihre Ermittlungen nicht genügend brauchbare Informationen erbrachten, um die Beweise der Anklage in Frage zu stellen, würde sie darauf vorbereitet sein müssen, das Ganze auf einer anderen Ebene anzugehen; vielleicht müßte sie, was die Schuld anbelangte, in eine andere Richtung zu weisen versuchen, vorausgesetzt, das Gericht erlaubte es ihr. Womöglich hätte sie, als letzte Möglichkeit, auf geistige Unzurechnungsfähigkeit zu plädieren.

»Das hinge davon ab, ob es eine persönliche Beziehung zwischen Cobol und Joycelen gegeben hat«, sagte Smith. »Sie sagen, Cobol streitet eine homosexuelle Beziehung zu Joycelen kategorisch ab. Glauben Sie ihm?«

Margit nickte. »Ja, genauso wie ich ihn mittlerweile für unschuldig halte.«

»Mit welcher Begründung?«

»Es ist nur eine instinktive Meinung. Seit ich bei ihm war.« Sie hob die Hände zu einer nicht ganz ernst gemeinten Geste der Verteidigung. »Ich weiß, ich weiß, Mac, wahrscheinlich bin ich naiv. Aber seine Antworten auf meine Fragen haben etwas, das mir sagt, sie sind wahr. Entweder er sagt die Wahrheit, oder er ist ein wirklich geschickter Lügner.«

»Was ihn zu einem glaubwürdigen Zeugen in eigener Sache machen würde«, sagte Smith.

»Da bin ich mir nicht so sicher.«

Margit fragte Smith, ob er bereit wäre, sich mit Cobol zu treffen. Er sagte ja.

»Womit Sie nicht länger im Schatten stehen«, sagte Margit.

»Man kann das auch unauffällig über die Bühne bringen. Arrangieren Sie's.«

»Okay.«

Als sie sich zu gehen anschickte, sagte er: »Sie wissen doch, daß Sie sich da womöglich auf sehr dünnem Eis bewegen, Margit, wenn Sie mich hinzuziehen. Sie sagen, Ihrem Chef schmeckt der Gedanke ganz und gar nicht. Wie wollen Sie ihn beschwichtigen?«

»Indem ich ihm sage, daß der Angeklagte auf einem zivilen Rechtsanwalt bestanden hat.«

»Was jedoch nicht ganz wahr ist.«

»Aber auch nicht ganz und gar aus den Fingern gesogen. Ich habe Cobol und seiner Mutter nur einen Vorschlag gemacht. Die beiden hielten es für eine gute Idee. Ich glaube nicht, daß ich mit Bellis Probleme haben werde. Er ist hart, aber fair.«

Am Mittwochmorgen nach dem langen Wochenende saß Margit in ihrem neuen Büro. Bei ihr befanden sich Stabsfeldwebel der Marines Peter Woosky, der Anwaltsgehilfe, den Quantico ihr geschickt hatte, und Oberstabsfeldwebel Matthew Silbert von der Operationsabteilung der Heeresmilitärpolizei.

Margit schätzte Woosky auf etwa fünfzig. Ein Mann, dem der Überdruß ins Gesicht geschrieben stand. Aschfahle Wangen umrahmten schlaff sein langes Gesicht. Seine Augen waren groß, braun und traurig. Sein graues Haar sah aus, als wäre es trocken wie Zunder, ein Buschfeuer, das nur auf ein Streichholz zu warten schien.

Silbert dagegen war energiegeladen, mit strahlenden Augen und hatte stets ein Lächeln parat. Er trug einen klassischen Bürstenschnitt und steckte in seiner Uniform wie aus dem Ei gepellt, ganz im Gegensatz zu Woosky, dem – ganz untypisch für einen Marine – die Korrektheit seiner Uniform keineswegs am Herzen zu liegen schien.

»Na denn, meine Herren, schön, Sie hier zu haben. Ich kann Ihre Hilfe wirklich gebrauchen.«

Silbert lächelte. Woosky nicht.

»Hat man Sie über die Einzelheiten dieses Falles und die Person, die ich verteidige, in Kenntnis gesetzt?«

Woosky schüttelte den Kopf; Silbert dagegen sagte: »Ich weiß, daß Sie Captain Robert Cobol in der Mordsache Dr. Richard Joycelen verteidigen. Nachdem ich das erfahren hatte, habe ich mich über Presse und Fernsehen informiert. Falls man denen glauben kann.«

»Bisher haben sie alles richtig gebracht«, sagte Margit. »Captain Cobol bestreitet die Anklage trotz der Sachbeweise gegen ihn, bei denen es sich freilich um reine Indizienbeweise handelt. Die Waffe, mit der Joycelen laut Anklage erschossen wurde, gehört Cobol. Sie trägt die Seriennummer der Waffe, die an ihn ausgegeben wurde, und hat seine Initialen am Knauf. Weniger handfest, aber gewiß nicht bedeutungslos, ist, daß er zur Zeit des Mordes in der Nähe war. Wie Sie wissen, war das ein Samstagvormittag. Und die Zeitungen spekulieren, daß er mit Joycelen eine homosexuelle Beziehung hatte.«

»Ist das wahr?« fragte Woosky.

»Ich glaube nicht. Captain Cobol jedenfalls bestreitet es. Joycelen war zweimal verheiratet und wieder verlobt.«

Sergeant Silbert lehnte sich zurück und schüttelte den Kopf, ein wissendes kleines Lächeln auf den Lippen.

»Ja, Sergeant?«

»So was kann man nie wissen. Ich habe in zwei Fällen ermittelt, in denen sich herausstellte, daß ein Verheirateter mit einemmal Jungs nachstieg.«

»War das der Zweck dieser Ermittlungen, eine gewisse sexuelle Neigung festzustellen?«

»Ja, Madam.«

»Und?«

»Man hat sie beide unter Berufung auf Paragraph 1332 vor die Tür gesetzt.«

»Ich verstehe«, sagte Margit. »Ich respektiere Ihre Erfahrung, aber ich glaube nicht, daß zwischen den beiden etwas war.«

»Was ist mit Cobol?« fragte Silbert. »Ist er schwul?«

Margit antwortete nicht. Unter normalen Umständen wäre sie der Ansicht gewesen, Cobols Sexualleben ginge nur ihn selbst etwas an. Wäre sie als sein kommandierender Offizier mit seiner Homosexualität konfrontiert worden, sie hätte sich selbstverständlich in der gleichen Zwickmühle befunden wie dieser mysteriöse Major Reich: sollte man Cobol seine Indiskretionen gestatten, um einen guten Offizier zu behalten, oder sollte man sich streng nach den Vorschriften richten. Sie blickte Silbert geradewegs in die Augen. »Captain Cobol hat mir seine Homosexualität eingestanden.«

»Wie hat er es da geschafft, so lang dabeizubleiben?« fragte Silbert.

»Durch Diskretion, nehme ich an«, sagte Margit. Sie erwähnte Reich und seine Entscheidung, Cobol nicht zu melden.

»Vorname?« fragte Silbert und schrieb »Reich« auf seinen Block.

»Das weiß ich nicht. Nach diesem Reich muß ich Cobol noch fragen. Reich war sein Vorgesetzter bei der CIA, aber er ist nicht mehr dabei. Ich würde ihn gern aufspüren und ihm ein paar Frage stellen.«

»Wollen Sie, daß ich das erledige?« fragte Silbert.

»Ja, ich denke schon.«

Woosky, der praktisch noch keinen Ton von sich gegeben hatte, meldete sich zu Wort: »Wenn dieser Major Reich Cobol nicht gemeldet hat, dann hat er gegen die Dienstvorschriften verstoßen.«

»Ich weiß, und ich habe nicht vor, ihm deswegen Schwierigkeiten zu machen. Auf der anderen Seite habe ich einen Mann zu verteidigen, den man des Mordes beschuldigt.«

»Was könnte dieser Reich zur Verteidigung beitragen?« fragte Woosky.

»Hintergrundinformationen über Cobol. Wir haben der Anklage zum gegenwärtigen Zeitpunkt nicht viel entgegenzusetzen. Schon die kleinste Information oder Einsicht könnte uns weiterhelfen.«

»Gibt es außer Reich noch jemanden, mit dem ich sprechen soll?« fragte Silbert.

Eine ganze Reihe von Namen schoß Margit durch den Kopf. Da waren Christa Wren und Joycelens Exfrauen. Cobols Mitbewohner; sie hatte vergessen, nach seinem Namen zu fragen. Jeder, der an jenem Samstagvormittag auf dem Dienstplan gestanden und mit Cobol Kontakt gehabt hatte, ja vielleicht sogar bezeugen könnte, daß dieser sich längere Zeit in dem Stockwerk über dem Tatort aufgehalten hatte. Es gab noch andere. Buchstäblich unzählige. Alle Leute auf dem Picknick zum Beispiel. Joycelens Mitarbeiter, die ihm womöglich aus beruflichen Gründen etwas nachtrugen.

Als Margit vergangene Woche diese Liste zusammengestellt hatte, war ihr klar geworden, daß die beste Chance, Robert Cobol – vorausgesetzt, er war unschuldig – zu retten, darin bestand, den wirklichen Mörder zu finden. Bei Perry Mason und Matlock funktionierte das immer, vorzugsweise während der letzten fünf Minuten ihrer Fernsehprozesse. Aber das hier war das wirkliche Leben. »Vergiß es«, Margit, sagte sie sich. »Du bist Hubschrauberpilotin, Soldatin, Anwältin, kein Detektiv à la Raymond Chandler. Hieran ist nichts Romantisches. Hier wird mit harten Bandagen gekämpft. Rette Cobol das Leben, und du könntest einen großen Sieg verbuchen. Aber sieh auf der anderen Seite auch zu, daß du dir deine Karriere nicht verdirbst.« Hatte sie das wirklich gedacht? Bellis hatte nicht ganz unrecht, wenn er sagte, daß sie daran denken sollte.

»Darf ich einen Vorschlag machen, Major?« fragte Silbert.

»Selbstverständlich.«

»Ich denke, ich sollte mit Captain Cobol sprechen. Ich kann von ihm mehr über Major Reich erfahren und bekomme vielleicht noch weitere Namen von Personen.«

»Tun Sie das«, sagte Margit. »Cobol wohnte privat, zusammen mit einem Mitbewohner, einem Homosexuellen. Ich habe noch nicht nach seinem Namen gefragt, aber wir sollten mit ihm reden. Ich werde dafür sorgen, daß Sie Cobol sprechen können. Wollen Sie mich dabeihaben?«

»Nein, Madam, das ist nicht nötig.«

Margit machte sich eine Notiz, gleich nach dieser Besprechung in Fort McNair anzurufen.

»Mit was soll ich denn Ihrer Meinung nach anfangen, Major Falk?« fragte Woosky.

»Zuerst einmal tragen Sie alles zusammen, was Sie über Dr. Richard Joycelen finden. Es ist seit dem Mord eine Menge über ihn geschrieben worden, und ich weiß, daß im Lauf der Jahre Artikel über seine wissenschaftliche Arbeit erschienen sind. Ich hätte gern ein so komplettes Bild dieses Mannes wie nur möglich.«

»Jawohl, Madam.«

»Was ist mit Joycelens Freunden und seiner Familie?« fragte Silbert. »Soll ich die auch unter die Lupe nehmen?«

Fast hätte Margit ihm grünes Licht gegeben, aber dann zögerte sie. »Nein, noch nicht. Wir reden später mit ihnen. Noch Fragen?«

Sie schüttelten die Köpfe.

»Ich hoffe, daß Sie mit Ihrem Büro zurechtkommen. Tut mir leid, daß nicht jeder sein eigenes haben kann, aber wir sind knapp mit Platz.« Man hatte übers Wochenende einen der anderen Benutzer der kleinen Zimmerflucht ausquartiert und in sein Büro Möbel für Woosky und Silbert gestellt.

Silbert stand auf und nahm automatisch Haltung an, ein Reflex – wie die Finger eines Pianisten, die sich automatisch über eine Tastatur krümmen. »Ich denke, das Büro geht in Ordnung«, sagte er. »Ich habe ohnehin nicht vor, viel Zeit darin zuzubringen.«

Nachdem sie gegangen waren, lehnte sich Margit auf ihrem Stuhl zurück und atmete erleichtert auf. Sie hatte schon Leute befehligt, auch unter Kriegsbedingungen. Aber diese Situationen waren, vom militärischen Standpunkt aus betrachtet, genau definiert gewesen. Die Aufgabe von Soldaten, Männern wie Frauen, war der Kampf und auf diesen vorbereitet zu sein. Es gab eine Befehlskette, eine Hierarchie. Es war leicht, Befehle zu geben und entgegenzunehmen, wenn man das tat, weswegen man zum Militär gegangen war. »Tanken Sie den Hubschrauber auf.« – »Ich möchte Sie Punkt fünf alle bei mir sehen.« – »Urlaub ist bis auf weiteres gestrichen.«

Hier jedoch befand sie sich in einer anderen Umgebung,

und sie wußte das. Sie saß hinter einem Schreibtisch wie ein ziviler Rechtsanwalt, konferierte mit ihren Mitarbeitern über einen Fall. Sicher, sie waren immer noch beim Militär; sie konnte Woosky und Silbert Befehle geben. Aber in dieser Umgebung – in dieser nicht in erster Linie militärischen Rolle – war alles anders, mußte alles anders sein. Man fühlte sich anders, man fühlte sich nicht so recht in seinem Element.

Sie kam zu dem Schluß, daß die Besprechung gut verlaufen war. Noch heute morgen waren Woosky und Silbert nur Namen gewesen. Jetzt hatte jeder für sie eine Persönlichkeit.

Die Unterschiede zwischen den beiden Männern waren frappant. Woosky war der typische Berufssoldat, zufrieden, eine Uniform zu tragen, in einem kleinen Büro zu sitzen, sich keine unnötigen Schwierigkeiten aufzuhalsen und seinen Kollegen bei den prosaischen Problemen des Alltags zu helfen – er setzte Testamente auf, regelte eine rückständige Ratenzahlung, gab vielleicht einen trockenen Rat, wie sich eine Ehe freundschaftlich beenden ließ. Impulse waren von ihm wohl kaum zu erwarten, aber er würde tun, was man ihm sagte.

Silbert dagegen schien wirklich Freude an seiner Arbeit als Unteroffizier zu haben. Er war energisch, ungeduldig und brauchte vermutlich seine regelmäßigen Streicheleinheiten. Die würde sie ihm geben; Befehle allein würden nicht genügen, um ihm sein Bestes zu entlocken.

Sie rief Flo Cobol in New York an und erzählte ihr von ihren beiden Assistenten und daß Mackensie Smith sich bereit erklärt hätte, die Rolle eines inoffiziellen Beraters zu übernehmen.

»Es ist nett von den Leuten, daß sie Robert helfen wollen«, sagte Flo.

»Welche Leute?«

»Na, die Armee. Ich dachte, die würden ihn im Stich lassen wegen dem, was sie ihm vorwerfen, aber ich denke, das ist wohl nicht der Fall. Das ist etwas, was Robert am Militär so gefallen hat. Daß die Leute zusammenhalten und einander helfen, hat er immer gesagt.«

Margit pflichtete ihr bei, obwohl ihr die Tatsache, daß man ihr Woosky und Silbert zugewiesen hatte, keineswegs ein derartiges Maß an Altruismus zu reflektieren schien. Trotzdem mußte sie zugeben, daß etwas dran war an dem, was Flo sagte. Der Militärdienst versah einen in der Tat mit einem gewissen Korpsgeist, mit dem Gefühl, einem gemeinsamen Ziel zu dienen, vor allem außerhalb der Schreibstuben und an der Front, wo das Leben davon abhing. Andererseits – das Militärgerichtsverfahren gegen Robert Cobol war ein Krieg, Wörter und der Hammer des Richters waren die Waffen, das potentielle Opfer saß im Graben seiner Zelle, eine Gewehrmündung an seinem Kopf.

Während sie sich mit Flo unterhielt, warf Margit schon mal einen Blick auf die Notizen, die sie sich am Sonntag während ihrer Besprechung mit Smith gemacht hatte. Ein Wort war mehrere Male unterstrichen und mit einer Reihe Fragezeichen versehen. *Unzurechnungsfähigkeit????* Sie fragte Cobols Mutter, ob er je Zeichen geistiger Instabilität an den Tag gelegt hätte.

Flo Cobol zögerte. »Nein. Robert ist ein ganz normaler junger Mann.«

Vielleicht, vielleicht auch nicht, dachte Margit. »War er je bei einem Psychiater oder Psychologen in Behandlung?«

»In Behandlung?« Cobols Mutter lachte nervös, gequält. »Natürlich nicht. Er war mal bei einem in New York, aber . . .«

Margit setzte sich auf, und schon schwebte die Hand mit dem Bleistift über einen leeren Seite. »Warum?« fragte sie.

»Warum er bei diesem Psychiater war?« sagte Flo Cobol.

»Ja.«

»Robert sagte, es sei reine Routine. Es hätte irgendwas mit seiner Abstellung zum CIA zu tun.« Ein weiteres unnatürliches Lachen. »Ich nehme an, daß sich jeder Offizier, der zu dieser Organisation abkommandiert wird, irgendwie untersuchen lassen muß, um sicherzustellen, daß er stabil genug ist, all die Geheimnisse für sich zu behalten. Robert muß es wohl gewesen sein, sonst hätte man ihn doch nicht genommen.«

»Er ging also vor seiner Abstellung zum CIA zu diesem Psychiater?«

»Ja. Na ja, vielleicht nicht vorher, aber jedenfalls kurz nachdem er dort angefangen hatte.«

Margit hatte Cobols Akte mehrere Male gelesen. Von einem psychiatrischen Gutachten in bezug auf Cobols Eignung für den CIA war nirgendwo die Rede. »Haben Sie eine Ahnung, wie dieser Psychiater hieß?«

»Daran erinnere ich mich nicht mehr. Nur, daß er in New York war. Bleiben Sie bitte mal einen Augenblick dran.« Einige Minuten später war sie wieder zurück. »Er hieß Dr. Half. Dr. Marcus Half.«

»Hat Robert sich den Namen notiert?«

»Ja. Major Falk, muß darüber wirklich geredet werden? Ich meine, hat es irgendwas mit Roberts Verteidigung zu tun?«

Margit hatte nicht die Absicht, Cobols Mutter zu sagen, daß sie ihren Sohn womöglich mit einem Antrag auf geistige Unzurechnungsfähigkeit verteidigen mußte. Sie sagte: »Zum gegenwärtigen Zeitpunkt, Mrs. Cobol, weiß ich noch nicht, was nötig ist und was nicht. Jetzt, wo ich meine beiden Assistenten habe, sammeln wir Informationen bei jedem, der uns helfen könnte zu verstehen, was passiert ist. Hat Robert Ihnen erzählt, worüber er mit diesem Dr. Half gesprochen hat?«

»Natürlich nicht. So etwas ist doch vertraulich. Ich weiß aber noch, daß er darüber gelacht und was von einem ›verrückten Hirnklempner‹ gesagt hat. Ich habe auch gelacht – ein Patient, der seinen Doktor verrückt nennt. Er war nur drei-, viermal bei ihm. Genau weiß ich es nicht. Er war jedesmal danach so merkwürdig.«

»Merkwürdig?«

»Ruhig. Nicht merkwürdig. Ruhig.«

Nach diesem Telefonat machte Margit sich daran, eine Liste der Dinge zusammenzustellen, die sie erreichen wollte. Zu Mittag aß sie am Schreibtisch. Gegen drei Uhr hatte sie einen Anfall von Müdigkeit. Sie schloß die Augen und dachte an Jeff, der mit seinem Chef, Senator Wishengrad, den ersten Tag der öffentlichen Anhörungen zu den stürmischen Ereignissen im Nahen Osten durchzustehen hatte.

Jeff hatte tags zuvor angerufen. In der kurzen Unterhaltung entschuldigte er sich dafür, die Pläne fürs Wochenende vermasselt zu haben, und schlug vor, sie sobald wie möglich neu aufzulegen. Dann sagte er, er müsse sich sputen und daß er wieder anrufen würde.

Ihr Telefon klingelte. Ja, es war Jeff. »Ich habe eben an dich gedacht«, sagte sie.

»Gut. Ich habe auch an dich gedacht, wie man an meinem Anruf sieht. Hör mal, Margit, ich habe mich wie ein richtiger Drecksack benommen. Aber nicht, weil ich es wollte, sondern weil ich so beschäftigt bin, daß ich vergessen habe, wie man nett zueinander ist, vor allem zu der einen wichtigsten Person in seinem Leben.«

Sie hatte schon so lange keine Zärtlichkeiten mehr von ihm gehört, daß sie sich darüber freute.

»Wir haben eben die heutige Sitzung hinter uns gebracht. Weißt du noch, als man dir Cobols Verteidigung übertragen hat und du mich unbedingt sehen und etwas Zeit mit mir verbringen mußtest?«

»Klar.«

»Jetzt ist es andersrum. Können wir was trinken gehen, was essen oder uns einfach unterhalten?«

Das einzige, was Margit sich für den Abend vorgenommen hatte, war ein rasches Abendessen und das Studium der militärischen Dienstvorschriften, die man auf Cobols Fall anwenden könnte. Aber die würden warten. »Machen wir's doch«, sagte sie fröhlich.

»Großartig.« Er nannte ihr ein romantisches Restaurant in Virginia. »Verschwinden wir für einen Abend aus dieser verrückten Stadt. Einverstanden?«

»Absolut. Holst du mich hier am Pentagon ab?«

»Wie wär's, wenn wir uns bei mir treffen?«

Sie vereinbarten eine Zeit, und sie war schon eine ganze Weile nicht mehr so glücklich gewesen. Mochte sie noch so entschlossen gewesen sein, eine zärtliche Hand an der Wange, Kerzenlicht und einige Nettigkeiten aus dem Mund eines Mannes konnten wohl nicht schaden.

15

Sie saßen auf dem kleinen Balkon vor Jeffs Schlafzimmer, Händchen haltend, die nackten Zehen aneinandergelegt, und sahen zu, wie die Sonne in den Himmel über der Hauptstadt stieg. Jeff war in einen grauen Trainingsanzug geschlüpft; Margit trug seinen Bademantel. Auf dem weißen Plastikgitter des Tisches standen leere Kaffeetassen.

»Glücklich?« fragte er.

Sie hatte die Augen geschlossen und lächelte. »Ja, sehr.«

»Sicher nicht glücklicher als ich«, sagte er. »Das ginge nämlich nicht. Hast du Lust auf ein Frühstück?«

Sie öffnete die Augen und wandte sich ihm zu. »Keine Zeit. Ich muß nach Hause, mich umziehen.«

Nachdem sie sich die Kleider vom Vortag übergezogen hatte, fragte er: »Was steht denn heute an?«

»Hm, laß mal sehen. Als erstes treffe ich mich mit Colonel Bellis. Wir haben ausgemacht, uns zweimal am Tag zu treffen, gleich als erstes am Morgen und dann noch mal am Nachmittag. Er hat das Treffen gestern morgen gestrichen, aber heute sehen wir uns. Dann will ich mir ansehen, was für Fortschritte Mr. Woosky und Sergeant Silbert gemacht haben. Silbert war gestern nachmittrag bei Cobol. Ich brenne darauf zu hören, wie das gelaufen ist. Und dann habe ich ein Treffen zwischen Cobol und Mac Smith arrangiert, muß Christa Wren anrufen und mich mit ihr verabreden, und –«

»Smith hat sich da tatsächlich hineinziehen lassen?«

»Ja. Ist das nicht großartig?«

»Das bist du auch.«

Während des Abendessens im Chardon d'Or in Alexandria hatte Jeff ihr Szene für Szene den Tag im Senat beschrieben. Er imitierte Zeugen und äffte unter sarkastischen Bemerkungen die Ausschußmitglieder nach, so daß sie die erste Zeit aus dem Lachen nicht mehr herauskam. Dann sagte er: »Genug von mir und meinem Tag. Erzähl mir was von deinem, Margit. Jede Sekunde.«

»Ich kann keine Leute nachmachen«, sagte sie.

»Brauchst du doch nicht.«

Also berichtete sie ihm alles, was in letzter Zeit passiert war, was natürlich bedeutete, daß sie alles über den Fall Cobol und Smiths Entscheidung erzählte, ihr als Berater zur Seite zu stehen. Zuerst hatte sie seine blitzartige Mißbilligung gespürt, die sich jedoch sofort wieder legte. Anstatt es besser zu wissen – wie sie erwartet hatte –, sagte er ihr, daß er es für eine gute Idee halte, und stellte ihr eine Menge Fragen über das, was bei dem Treffen am Sonntag herausgekommen war.

Seine unerwartete Zustimmung – die Tatsache, daß er sie den ganzen Abend über überhaupt nicht kritisierte – machten das Abendessen ungemein angenehm.

»Was ist mit Joycelen?« fragte er, als sie an jenem Donnerstag morgen in der Diele seiner Wohnung standen.

»Was soll mit ihm sein?«

»Hast du sehr tief gegraben, was sein Leben anbelangt?«

»Das habe ich Mr. Woosky aufgetragen. Er soll mir alle

Zeitungsausschnitte zusammentragen, die er nur auftreiben kann.«

»Ich habe den Eindruck, du solltest dich mehr mit Cobols Vorleben befassen.«

»Natürlich. Ich habe die Absicht, mich selbst darum zu kümmern.«

»Womöglich haltst du dir da mehr auf, als gut ist. Dazu hast du schließlich deine Gehilfen.«

Als Margit nicht antwortete und sich zu gehen anschickte, fragte er: »Gibt's was Neues über den homosexuellen Aspekt?«

»Da ist nichts dran.«

Foxboro lehnte sich gegen die Wand. »Ich habe da gestern was läuten hören, daß Joycelen es mit Männlein und Weiblein hatte.«

»Von wem hast du denn das?«

»Tratsch aus der Umkleide. Ist wahrscheinlich nichts dran.«

»Wahrscheinlich nicht.«

»Aber falls es doch wahr ist, daß Joycelen und Cobol eine persönliche Beziehung hatten, dann hätte Cobol doch wohl ein Motiv gehabt, oder nicht? Ich meine, man kann sich doch kaum vorstellen, warum ein Army-Captain einen führenden Wissenschaftler erschießen sollte – es sei denn, zwischen den beiden war etwas Persönliches.«

»Wenn da etwas war, dann wird es letztlich doch herauskommen«, sagte Margit.

Sie verließ seine Wohnung unter dem angenehmen Eindruck eines langen, leidenschaftlichen Kusses.

Als sie nach Bolling fuhr, um rasch zu duschen und sich umzuziehen, bewegten sich langsam drei Autos über die U.S.-9. Sie passierten die Fähre nach Cape May und fuhren weiter bis zu einer Abzweigung. Der erste Wagen bog nach rechts ab, die anderen folgten. Es dauerte nicht lange, und man erreichte den Cape Henlopen State Park, ein bewaldetes

Ausflugsgebiet am Meer. Ein kleines Schild wies darauf hin, daß man sich im Ausflugsgebiet Fort Miles befand, einem Naherholungsgebiet vor den Toren Fort Meades.

Man hielt vor einem Gebäude, das aussah wie einer der zahllosen kleinen Apartmentkomplexe rund um die Stadt. Die drei uniformierten Fahrer blieben hinter dem Steuer sitzen, während den Autos sechs Männer entstiegen, jedem zwei. Einige trugen Uniformen.

Man ging eine kleine Treppe hinauf zum Eingang, wo ein Schild verkündete, daß keine Zimmer frei wären. Der erste der Männer, er war in Zivil, schob die Tür auf und ging zur Anmeldung, wo zwei uniformierte Marines schlagartig Haltung annahmen. »Alles gesichert?« fragte der Zivilist.

»Ja, Sir«, antworteten die Marineinfanteristen wie aus einem Mund.

Ein Commander der Marine kam eine Treppe hinter der Rezeption heruntergesprungen und nahm Haltung an. »Guten Morgen, Mr. Massingill«, sagte er zum Staatssekretär für Politik aus dem Verteidigungsministerium. »Folgen Sie mir bitte, meine Herren.«

Sie folgten dem Marineoffizier die Treppe hinauf bis zum Ende eines Flurs. Er öffnete eine Tür und trat beiseite, um sie eintreten zu lassen. Als alle im Raum waren, schloß der Marineoffizier die Tür von außen und bezog mit dem Rücken zur Wand Posten. Vier bewaffnete Marines traten durch eine andere Tür in den Flur. Nicht ein Wort fiel.

Apartment 2-G war mit Standardmilitärmobiliar ausgestaltet. Die Männer legten ihre Überzieher ab und warfen sie auf die Couch. In der Küche stand in Thermoskannen frisch aufgebrühter Kaffee bereit. Auf der Anrichte stand ein Tablett mit Gebäck, daneben Papierservietten und Plastikbesteck.

Die sechs Männer setzten sich so, daß sie Massingill automatisch die Führungsposition einräumten. »Also, wo stehen wir?« fragte dieser.

»Schwer zu sagen.« Es war der stellvertretende Direktor der Außenpolitischen Abteilung des CIA, Joe Carter, der antwortete. »Wir sind noch bei der Auswertung der Lage.«

»Mit welchen Methoden?« fragte Massingill.

»Wir arbeiteten mit allem, was uns zur Verfügung steht«, antwortete Carter, »einschließlich der Inaugenscheinnahme vor Ort.«

Widerwillen und Zorn regten sich in Massingill, und es war ihm anzuhören. »Und wie lange genau wird diese Untersuchung, diese Inaugenscheinnahme dauern, Mr. Carter?«

Carter, ein gewissenhafter Mann mittleren Alters, dessen große Hornbrille entschieden altmodisch war, warf einen Blick in die Runde. »Binnen einer Woche sollten wir wissen, was da los ist.«

»Eine Woche«, sagte Massingill kategorisch. »Sie, Mr. Hickey und die anderen hier im Raum haben mir von Anfang an versichert, daß die Abmachungen in allen Punkten eingehalten würden – ausnahmslos.«

»Das wäre auch besser so«, sagte Colonel James Bellis. »Sie wissen alle, daß der Verteidigungsminister von Anfang an ernsthafte Vorbehalte gegen dieses Projekt hatte. Das gilt auch für mich. Ich habe allein schon wegen der juristischen Probleme abgeraten, vor die wir uns gestellt sehen, falls etwas schiefgeht, aber ich wurde überstimmt. Aufgrund der jüngsten Ereignisse würde ich sagen, daß diese juristischen Probleme von Tag zu Tag wahrscheinlicher werden. Und sie sind verdammt ernst.«

»Es wurden Sicherheitsvorkehrungen getroffen«, entgegnete Carter vom CIA. »Soweit wir wissen, hat keine davon versagt.«

»Das sehe ich anders«, sagte Massingill. »Nach dem Mord an diesem Deutschen sieht es mir nicht gerade danach aus, als würden diese Sicherheitsvorkehrungen funktionieren.«

»Die Folge eines geschäftlichen Arrangements, das in die

Binsen ging«, sagte Carter. »Sein Tod hat nichts mit unserer Abmachung mit ihm zu tun. Es handelte sich in jeder Hinsicht um eine Privatsache.«

Massingill wand sich in seinem Stuhl. »Großer Gott, ich kann einfach nicht glauben, was ich hier höre«, sagte er. »Wir gingen von der Annahme aus, daß das in allen Einzelheiten funktioniert – bis auf das letzte Tüpfelchen auf dem letzten verdammten i.« Er funkelte Carter an. »Sie und Ihre Organisation haben uns versichert, er sei der beständigste Führer in dieser Gegend. Sie und Ihre Organisation haben uns versichert, er sei hundertprozentig auf unserer Seite und daß er die Absicht habe, unsere Waffen für Stabilität und Frieden in der Gegend einzusetzen. Hat man uns das gesagt oder nicht, Mr. Carter? Haben Sie und Ihr Chef uns das gesagt?«

»Und daran hat sich auch nichts geändert«, sagte Carter. »Wir sind nach wie vor dieser Meinung, was ihn anbelangt.«

»Worauf stützen Sie sich?«

»Auf eine sorgfältige Langzeitanalyse des Mannes, seiner Motive, Absichten, Geschichte, und der Situation allgemein.«

»Die deutsche Presse fängt eben an, den Mord an Mr. Keller groß aufzumachen«, sagte ein Major der Luftwaffe aus der europäischen Sektion der analytischen Abteilung im Verteidigungsministerium. »Man ist dabei, seinem Werdegang als Waffenhändler nachzugehen und sucht nach Verbindungen zu anderen.«

»Kann man seine Geschäfte zurückverfolgen?« fragte Massingill. »Ich meine, bis hierher zu uns?«

Carter schüttelte den Kopf. »Absolut unmöglich.«

»Was, wenn doch?« fragte Massingill Bellis.

Bellis antwortete ebenso langsam wie vorsichtig. »Vom juristischen Standpunkt aus gesehen, glaube ich, läßt sich genügend Distanz zwischen den aktiven Parteien und dem Verteidigungsministerium schaffen. Der Minister ist kein unmittelbar Beteiligter, worauf ich, wie Sie sich noch erinnern werden, bestanden habe.«

»Aber sein stillschweigendes Einverständnis hatten wir«, sagte Massingill.

»Kommt ganz darauf an, wie Sie das sehen«, erwiderte Bellis.

Massingill wandte sich an einen anderen Offizier in Uniform, einen Colonel des Heeres, Arlie »Specs« Praeger, der im Pentagon die Abteilung für Waffenverkäufe ins Ausland leitete. Praeger war ein kleiner, muskulöser Mann mit einer Hakennase und ruhigen schwarzen Augen. »Treffen Sie sich in absehbarer Zeit mit Consulnet?« fragte Massingill.

»Es ist nichts geplant.«

»Ich denke, Sie täten gut daran.«

»Ich werde es arrangieren, sobald wir hier fertig sind«, versprach Praeger.

Auf dem Weg zurück zum Pentagon teilten sich Praeger und Bellis ein weiteres Mal den Wagen, in dem sie gekommen waren. Am Steuer saß Bellis' Mitarbeiter und Fahrer Lieutenant Max Lanning.

»Pfeif sie zurück«, sagte Bellis. »Bringen wir die Geschichte mit Cobol hinter uns, bevor sie uns zuvorkommen.«

»Wie steht es denn damit?« fragte Praeger.

»Alles unter Kontrolle, aber es ist noch lange nicht vorbei. Ich versuche ja, Dampf zu machen, aber ... na ja, ich werde Sie auf dem Laufenden halten.« Unausgesprochen blieb die Spannung, die er beim Aufstehen am Morgen verspürt hatte. Schon seit Jahren war er der Meinung, das größte Problem eines stark beschäftigen Mannes sei, daß er keine Zeit zum Nachdenken hätte. Heutzutage, so schien es, war alles Reaktion statt Überlegung. Man löschte einen Brand nach dem anderen. Jeder auf dem Treffen, von dem er eben kam, hätte etwas Zeit zum Nachdenken gebrauchen können. Vielleicht hätte man auf ihn gehört, wenn sie sich die Zeit dazu genommen hätten. Vielleicht. Diesmal war es nicht nur ein kleines Feuerchen, das gelöscht werden mußte; das hier hatte alle Anzeichen einer außer Kontrolle geratenden Feuersbrunst.

16

Bellis hatte ihr morgendliches Treffen gestrichen, so daß Margit ihren Tag mit einer Besprechung mit Woosky und Silbert begann. Sie sagte, sie wolle sie einen nach dem anderen sehen und nannte ihnen als Grund dafür ihr enges Büro. Irgendwie schien es ihr klüger so. Unter normalen Umständen hätte sie es vorgezogen, als Team zu arbeiten, aber sie war sich nicht sicher, überhaupt ein Team zu haben, jedenfalls noch nicht. Woosky, den sie als ersten empfing, reichte ihr einen großen braunen Aktendeckel voll Material.

Margit lachte. »So viel habe ich gar nicht erwartet.«

»Es sind eine Menge Artikel von Dr. Joycelen dabei, dazu eine Biographie und ein paar Zeitungsausschnitte.«

Margit überflog das Material. »Ich verstehe, was Sie meinen«, sagte sie. Der Aktendeckel enthielt auch von der Entwicklungsabteilung herausgegebene technische Berichte, darunter ein von Richard Joycelen unterzeichneter über die Entwicklung des Röntgenlasers, die hinter dem Projekt Safekeep stehende Technologie. Außerdem gab es das Transkript einer Aussage vor dem Unterausschuß des Senatsausschusses für Forschung und Entwicklung bei den Streitkräften. Er stammte zum größten Teil vom Direktor der Entwicklungsabteilung, aber Joycelen hatte entscheidende Passagen dazu beigetragen.

Margit schloß die Akte. »Sieht so aus, als hätte ich einiges zu lesen«, sagte sie. Der Aktendeckel war zwar dick, aber inhaltlich brachte er wenig.

Woosky antwortete nicht.

Sie sagte: »Ich möchte, daß Sie sich auf die Suche nach anwendbaren Präzedenzfällen machen.«

Als Silbert anstelle von Woosky auf dem Stuhl vor ihrem Schreibtisch Platz genommen hatte, fragte Margit: »Wie ist Ihre Unterhaltung mit Cobol gelaufen?«

»Ganz gut, würde ich sagen. Ziemlich gereizt, finden Sie nicht?«

Margit neigte den Kopf. »So würde ich das nicht nennen.«

»Na ja, bei mir jedenfalls war er's.«

Margit erzählte von ihren Treffen mit Cobol. Wie friedlich, höflich und ergeben er gewesen sei. Was hatte ihn so verändert? Sie fragte Silbert, ob etwas passiert sei, was zu diesem Umschwung geführt haben könnte.

Silbert zuckte die Achseln. »Vielleicht seine Mutter. Sie hat ihn gestern ganz überraschend besucht.«

»Hat sie? Ich frage mich, warum sie mich nicht angerufen hat.«

Ein weiteres Achselzucken von Silbert. »Cobol hat es nur nebenbei erwähnt. Ich war nur so um die zwanzig Minuten bei ihm. Ehrlich gesagt war ich froh, wieder gehen zu können. Ich wurde selbst etwas gereizt. Aber ich denke, man kann es ihm wohl nicht verdenken – wenn einem der Mord an einem Topwissenschaftler zur Last gelegt wird.«

»Nein, verdenken kann man es ihm nicht«, sagte Margit leise. »Was hat er Ihnen gesagt?«

»Nicht viel. Er sagte, am Morgen sei ein Arzt bei ihm gewesen.«

»Ein Arzt?«

»Ja, Madam.«

»Wozu?«

»Ich weiß nicht, Major. Er plapperte was davon, daß man seine Mutter nicht zu ihm gelassen hätte, bis Sie dazukamen. Ich fragte ihn nach dem Namen seines Mitbewohners, und er war zu Tode erschrocken. Immer wieder fragte er mich, was sein Mitbewohner mit der ganzen Sache zu tun hätte. Ich sagte ihm, wahrscheinlich nichts und daß Sie nur seinen Namen wollten. Schließlich nannte er ihn mir dann auch.« Silbert schob einen Zettel über den Schreibtisch. *Brian Maitland* stand darauf.

»Was sonst noch?« fragte Margit.

»Ich habe auch den Namen von diesem Major Reich, den Sie wollten.« Ein weiterer Zettel kam über den Tisch: *Major Wanne Reich*.

»Gehen Sie dem nach«, sagte Margit. »Machen Sie ihn ausfindig und sehen Sie zu, daß Sie einen Termin mit ihm arrangieren können.«

»Alles klar«, sagte Silbert forsch. »Wollen Sie, daß ich mich mit diesem Brian Maitland in Verbindung setze?«

»Noch nicht«, antwortete Margit. »Wie ging es Cobol, als Sie weggingen?«

»Genauso wie als ich kam. Er war nervös.«

»Ich danke Ihnen, Sergeant. Ich möchte, daß Sie damit beginnen, all jene zu befragen, die an dem Vormittag, als Joycelen ermordet wurde, Dienst hatten. Danach versuchen Sie herauszukriegen, wer alles auf diesem Picknick war, wer von denen Joycelen kannte und wer Zugang zum Gebäude hatte.«

Kaum war Silbert gegangen, rief Margit Mac Smith an. »Welcher Tag würde Ihnen denn für einen Besuch bei meinem Mandanten passen?« fragte sie ihn.

»Montag sieht es recht gut aus«, antwortete er.

»Vormittags, nachmittags?«

»Nachmittags, wenn's möglich ist.«

»Ich werde es möglich *machen*.«

»Wie geht es denn voran, Margit?«

»Ich weiß nicht. Mein Ermittler hat Cobol gestern besucht und fand ihn ziemlich aufgeregt. Kaum zu glauben. Wenn ich bei ihm bin, dann ist er die Ruhe selbst.«

»Ich habe mir Montag notiert«, sagte Smith. »Wie sieht Ihr Wochenende aus?«

»Nach Arbeit.«

»Na ja, falls Ihnen nach einer Pause sein sollte, rufen Sie mich an.«

»Hört sich verlockend an. Ich werd' daran denken.«

Einige Minuten später klingelte ihr Telefon. Es war Jeff. »Du fehlst mir«, sagte er.

»Das ist das Schönste, was ich heute gehört habe. Ich hatte heute morgen noch keine Gelegenheit festzustellen, ob mir etwas fehlt, aber jetzt wo du's erwähnst – du fehlst mir auch.«

»Gut. Hast du Lust auf ein Abendessen?«

»Ich glaube nicht, aber trotzdem vielen Dank. Ich habe Berge zu lesen. Und schlimmer noch – nachzudenken. Ich werd' mich wohl besser an die Arbeit machen und mich mit einem raschen Sandwich begnügen.«

»Hört sich ziemlich langweilig an«, sagte er.

»Wenn es sich für dich schon langweilig anhört, stell dir vor, wie's für mich ist. Morgen?«

»Klar. Ich ruf' dich heute abend an.

Margit schloß die Tür und las, was Woosky ihr über Joycelen zusammengetragen hatte. Das Bild, das sich ihr bot, war, wie gehabt, das eines faszinierenden, brillanten und auch etwas rätselhaften Mannes.

Zum Zeitpunkt seiner Ermordung war er achtundfünfzig Jahre alt gewesen. Hätte er noch eine Woche länger gelebt, wäre er neunundfünfzig geworden. Geboren war er in Argentinien, seine Eltern stammten aus Großbritannien; sein Vater war Ingenieur einer britischen Firma gewesen.

Joycelen war bis zum Alter von acht Jahren auf eine konfessionelle Schule gegangen. Dann schickten ihn seine Eltern nach England, wo er diverse Internate besuchte.

Nachdem er sich in England als junger Mann mit einer Zukunft in Physik etabliert hatte, fand Joycelen Aufnahme am Technologischen Institut von Massachusetts. Seine Collegejahre absolvierte er mit hervorragenden Noten, so daß er ein Stipendium für Stanford bekam, wo er sein Examen in Physik ablegte. Seine Dissertation machte er auf einem Gebiet, das damals noch in den Kinderschuhen steckte, in der Lasertechnik. Nach zwei Jobs bei privaten Forschungszentren in Kalifornien bot man ihm einen Posten bei der Technischen Entwicklungsabteilung des Verteidigungsministeriums in Washington. Diese Abteilung besaß eine Schlüsselstellung in der gesamten Forschung, hier wurde Geschichte gemacht, eine Organisation voll geballter kreativer Energie.

Und in der Tat, mit dem Auftrag, Hochleistungslaser in fortgeschrittene Waffensysteme zu integrieren – bei scheinbar unerschöpflichen Budgets, wie sie der Kongreß eine Zeitlang bewilligte – war Joycelen zum ersten Mann im fast schon esoterischen Bereich der Landesverteidigung und ihrer unersättlichen Bedürfnisse avanciert.

Die Abteilung für Fortgeschrittene Rüstungstechnologie war 1958 von Präsident Eisenhower ins Leben gerufen worden, um der Herausforderung entgegenzutreten, mit der man sich durch den Start des *Sputnik* konfrontiert sah. Als unabhängige Abteilung unter der Schirmherrschaft des Verteidigungsministers war sie dem Staatssekretär für das Beschaffungswesen im Verteidigungsministerium unterstellt und wurde rasch zu dessen zentraler Forschungs- und Entwicklungsabteilung.

Inoffiziell unter dem Spitznamen »Venture-Kapitalisten aus dem Verteidigungsministerium« bekannt, erledigte diese Abteilung ihre Forschung jedoch nicht selbst. Ihre 125 Mitarbeiter, die in dem braunen Glas- und Betonkasten des Architects Building am Wilson Boulevard in Rosslyn, Virginia, untergebracht waren, vergaben sämtliche Forschungs- und Entwicklungsprogramme an Laboratorien und Forschungszentren der Privatwirtschaft.

Einer der Zeitungsausschnitte erregte Margits besonderes Interesse, weil er am laufenden Band Jeff Foxboros Chef, Senator Hank Wishengrad, zitierte, dessen kritische Haltung gegenüber dem Verteidigungsministerium hinreichend bekannt war. Wishengrad war der erste gewesen, der darauf gedrängt hatte, daß die Forschungsabteilung einen Teil ihrer Energie und Dollars auf die Entwicklung von Technologien verwendete, die sich auch für zivile Zwecke nutzen ließen. Seiner Behauptung nach stellte es einen Betrug am amerikanischen Volk dar, wenn sich die führende militärische Denkfabrik des Landes ausschließlich auf Rüstungsaufgaben konzentrierte, wo man die erforderlichen Mittel doch auch dazu einsetzen könnte, die amerikanische Industrie auf dem Weltmarkt wieder wettbewerbsfähiger zu machen. Zu Margits Überraschung sagte Joycelen, ohne sich dabei gleich auf die Seite des Senators zu schlagen, in einigen der Zitate, er halte es im Hinblick auf die Zukunft für klug, militärische Mittel langsam, aber sicher auf zivile Projekte umzudirigieren. Er meinte, die gegenwärtige Forschung an Hochleistungslasern bilde potentiell zwar die Basis für Waffensysteme wie das Projekt Safekeep, beinhalte jedoch weit größere Möglichkeiten bei der Entwicklung irgendwelcher ziviler Projekte.

Der Artikel, der vier Monate vor der Zündung des Atomsprengsatzes im Nahen Osten geschrieben worden war, sprach auch von jüngsten Kürzungen im Budget der Forschungsabteilung, die ganz den spürbaren Einsparungen entsprächen, die der Kongreß auch allen anderen militärischen Bereichen aufgezwungen hatte. Die beißendste Kritik gegen diese Budgetkürzungen kam vom politischen Staatssekretär im Pentagon, Bruce Massingill: »Unsere Nation läßt sich von ihren Feinden in eine Position locken, in der eine Verteidigung nicht mehr möglich sein wird. Wenn die kurzsichtigen unter den Kongreßabgeordneten endlich zur Besinnung kommen, so kann der Bürger nur hoffen, daß es dann nicht bereits zu spät ist.« Margit schloß den Aktendeckel und dachte an die Unterhaltung bei Mac und Annabel, bei der Jeff unbeabsichtigt mehr Wissen über Dr. Richard Joycelen offenbart hatte, als er zugeben wollte. Selbstverständlich wußte er mehr über diesen Mann. Aus dem, was Margit da eben gelesen hatte, ging klar hervor, daß Wishengrads Mitarbeiter und Joycelen in einem ständigen Dialog gestanden hatten.

Ihre Gedanken wechselten zu Cobol und dem, was Silbert ihr erzählt hatte. Sie nahm das Telefon zur Hand, wählte die Nummer der Prozeßhilfe in McNair und wurde zu deren Chef, einem Major Jenko, durchgestellt. »Hier ist Major

Falk, Captain Cobols Anwältin. Wie ich höre, hatte mein Mandant gestern Besuch von einem Arzt.«

»Das ist korrekt.« Jenkos Ton ließ einen nicht eben angenehmen Zeitgenossen vermuten.

»Darf man nach dem Anlaß fragen?« sagte sie.

»Er fühlte sich nicht besonders.«

»Könnten Sie etwas genauer werden?«

»Nein, kann ich nicht«, sagte Jenko. »Er sagte, er fühle sich nicht gut und daß er einen Arzt sehen wolle. Wir sind seinem Wunsch nachgekommen.«

»Dürfte ich Sie um den Namen des Arztes bitten?«

Jenko stieß einen tiefen, gequälten Seufzer aus. »Ich kenne seinen Namen nicht. Die Sanis haben ihn uns geschickt.«

Margits Ton entsprach nun dem seinen. »Würden Sie bitte den Namen des Arztes feststellen lassen, der meinen Mandanten behandelt hat, und sich wieder mit mir in Verbindung setzen.« Sie gab ihm ihre Durchwahl im Pentagon und legte auf.

Jenko erwiderte ihren Anruf nicht, jedenfalls nicht an diesem Nachmittag, aber sie entschloß sich, ihm bis morgen mittag Zeit zu geben.

Während sie in ihrem Quartier in Bolling saß und die Präzedenzfälle durchsah, die Woosky zusammengetragen hatte, widmeten sich im Restaurant Tivoli in Rosslyn zwei Männer einem vorzüglichen Abendessen. Arlie Praeger, Chef des Pentagon für Waffenverkäufe nach Übersee, und der Leiter von Consulnet, Paul Potamos, saßen an einem abseits gelegenen Tisch. Sie hatten mit Melone und dünn geschnittenen Citterioschinken begonnen, waren dann zu Blattsalaten nach Art des Hauses übergegangen, und Potamos vertilgte eben den Rest seiner *Calamari alla Livornese* und eines lediglich mit Zitronenspalten garnierten Schnitzels, während Specs Praeger über einer Riesenschüssel Linguine Alfredo saß.

Auf dem Tisch stand eine leere Flasche Wein.

Das Dessert schenkten sie sich; der eine bestellte Cappuccino, der andere Kaffee.

»Wie ich schon gesagt habe, Politik tangiert mich nicht«, sagte Potamos.

Praeger lachte. »Das sollte ich wohl auch sagen, aber es wäre unrealistisch. Keiner von uns operiert in einem politischen Vakuum, einmal abgesehen von einigen, die ein Vakuum dort haben, wo der Verstand sitzen sollte.«

Potamos konnte dem Thema nichts Komisches abgewinnen. Er spielte mit einem winzigen Kaffeelöffel, den er fixierte, während er sprach. »Wir haben die versprochenen Dienstleistungen erbracht. Offen gesagt war dies schwieriger, als sich auch nur einer von uns vorgestellt hatte. Das hier war kein gewöhnliches Geschäft, Arlie. Hier ging es nicht nur darum, etwas militärische Hardware zu verhökern. Es mußten Dutzende von Quellen koordiniert werden.«

»Ich verstehe die Schwierigkeiten, die Sie hatten, Paul, aber unsere Kompensationsleistung hat Sie dafür ja wohl mehr als entschädigt.« Als Potamos nicht antwortete, fügte Praeger hinzu: »Stimmt's?«

Potamos, den Blick nach wie vor auf den kleinen Silberlöffel gerichtet, den er zwischen den Fingern drehte, schenkte ihm eines seiner raren Lächeln. »Eine Kompensation ist nie angemessen, wenn sie nicht bezahlt wird. Und man bezahlt uns nicht.«

»Das verstehe ich. Und es tut mir auch leid, aber das ist jetzt nicht der Zeitpunkt, um auf Zahlung zu drängen. Es wäre politisch unklug.«

Potamos ließ den Löffel auf den Tisch fallen. »Und, wie ich schon den ganzen Abend über sage, Arlie, Politik interesseirt mich nicht. Einer meiner Leute hat sein Leben gelassen wegen dieser Politik.«

»Ein unseliger Zwischenfall, das mit Mr. Keller«, sagte Praeger. »Aber das ist genau, was ich sagen will. Sein Tod lenkt die Aufmerksamkeit auf unser Projekt. Und wenn es zu diesem Zeitpunkt etwas nicht verträgt, dann ist das Aufmerksamkeit – egal von welcher Seite. Ich glaube fest daran – und meine, damit auch für meine Vorgesetzten zu sprechen –, daß die Dinge sich, wenn alle sich zurückhalten und etwas Gras über die Sache wachsen lassen, wieder beruhigen und jeder zufriedengestellt werden kann, womit ich auch Ihre Bezahlung meine.«

»Ich bitte Sie, Arlie, behandeln Sie mich nicht wie ein Kind. Consulnet steht nicht im Dienste der Öffentlichkeit. Wir sind im Geschäft, um Profit zu machen.« Praeger wollte etwas sagen, aber Potamos hob die Hand. »Und, lassen Sie mich das noch hinzufügen, es interessiert uns nicht, jemandem seine politische Haut zu retten.«

»Selbst wenn die Leute, deren Haut Sie angeblich nicht interessiert, Ihnen letzten Endes das Geschäft vermasseln können?«

»Selbst dann«, sagte Potamos.

Praeger, der sich während des Essens eine ausgesprochen gute Stimmung bewahrt hatte, sah sich nun zornig nach ihrem Kellner um. Er schaffte es, den Blick des Mannes auf sich zu ziehen und schrieb etwas in die Luft, um die Rechnung zu bekommen. Als diese kam, griff Potamos danach. »Ich bestehe darauf«, sagte er.

»Bevor ich mich schlagen lasse«, meinte Praeger. »Es ist schließlich nicht diese Rechnung, um die es geht. Denken Sie nach über das, was ich gesagt habe. Denken Sie an größere Schecks. Lassen Sie etwas Gras über die Sache wachsen. Und kümmern Sei sich dann um Ihr Geld. Wir haben Sie bisher in jeder Hinsicht unterstützt, und werden das auch weiterhin tun.«

»Einschließlich der Deckung unserer Verluste?«

»Falls nötig. Auch unsere Einsätze sind hoch. Sie verlieren vielleicht Geld. Wir verlieren womöglich eine Regierung.«

Und, dachte Potamos, als er in seinen Wagen stieg, nicht zuletzt die Stellung, die Karriere, den Ruf und ein Leben diesseits schwedischer Gardinen.

17

»Sieht fast so aus, als hätten Sie alle Hände voll zu tun gehabt«, sagte Bellis zu Margit bei ihrem Treff am Freitag morgen.

»Ich habe ein Weilchen gebraucht, um in die Gänge zu kommen«, antwortete sie, »aber ich denke, wir machen Fortschritte. Die beiden Leute, die man mir überstellt hat, scheinen ihre Sache zu verstehen.«

Bellis, der sich bisher in den Sessel gelehnt und mit den Händen auf dem Schreibtisch ein Zelt gebildet hatte, beugte sich vor und legte die Ellenbogen auf den Tisch. »Und wie soll es weitergehen?« fragte er.

Margit hatte ihm nicht gesagt, daß Smith sich bereit erklärt hatte, bei der Verteidigung mitzuwirken. Sie zögerte, das Thema anzusprechen, weil sie, wenn sie ehrlich mit sich selbst war, Angst vor Bellis' Reaktion hatte. Er war nicht sehr erfreut gewesen, als sie das erste Mal von einem zivilen Rechtsbeistand gesprochen hatte. Hätte Sie Smiths Engagement zuerst offiziell mit Bellis abklären sollen?

Dazu war es jetzt zu spät.

Sie sagte: »Die Cobols wünschen, daß ein ziviler Anwalt mit mir arbeitet. Ich habe mit Mackensie Smith gesprochen. Er hat sich einverstanden erklärt, in den Fall einzusteigen.«

Bellis' Reaktion: »Ich verstehe.«

»Smith trifft sich am Montag mit Cobol.«

»Halten Sie diesen Besuch für nötig?«

»Ja, Sir. Wenn er hierbei eine Rolle spielen soll, dann sollte er den Angeklagten auch kennen.«

Bellis lehnte sich wieder zurück und schloß die Augen. Als er sie wieder öffnete, sah er sie hart an. »Warum Smith? In der Stadt wimmelt es doch von Prozeßanwälten, guten Strafverteidigern, von denen schon viele Erfahrungen als Zivilanwälte bei Militärgerichtsverfahren haben. Hat Smith denn Erfahrung im Militärstrafrecht?«

»Nein, Sir, das nicht, aber wie Sie wissen, war er unter anderem einer der führenden Strafverteidiger Washingtons. Außerdem war er mein Professor. Ich fühle mich bei ihm gut aufgehoben. Die Cobols sind mit meiner Wahl zufrieden.«

»Sie hätten es besser treffen können.«

»Bei meiner Wahl eines zweiten Mannes?«

»Ja. Smith ist seit Jahren aus der Übung. Er ist Professor.«

»Und einer der brillantesten Männer, die ich je kennengelernt habe.«

»Brillant im akademischen Sinn.«

»Ich habe mir das sorgfältig überlegt, Colonel Bellis, und bin zu dem Schluß gekommen, er sei die beste Wahl. Ihre Meinung in allen Ehren, aber wenn Sie keinen konkreten Grund haben, warum ich nicht mit ihm arbeiten sollte, würde ich gern mit ihm weitermachen.«

»Womöglich habe ich ja konkrete Gründe«, sagte Bellis.

»Und die wären?«

»Nicht heute morgen.« Er sah auf die Uhr und stand auf. »Wir sprechen später darüber. Ich werde fast den ganzen Tag außer Haus sein, aber bis fünf bin ich wieder da. Wir treffen uns dann.«

Margit kehrte in ihr Büro zurück und überlegte, was sie den Rest des Tages tun sollte. Sie hatte Joycelens Verlobte, Christa Wren, angerufen, und sich zu Mittag mit ihr verabredet. Außerdem hatte sie Cobols Mitbewohner, Brian Maitland, erwischt, der nachts als Barkeeper im Sign of the Whale arbeitete, einer beliebten Bar an der M Street, in der sich alles traf, was in Washington eine große Klappe und einen kleinen ausländischen Wagen besaß. Er hatte sich einverstanden erklärt, sich um fünf mit ihr zu treffen; seine Schicht begann um sechs.

Hätte sie Bellis von diesen Verabredungen erzählt, er hätte gefragt, warum sie das nicht Sergeant Silbert erledigen ließ. Die ehrliche Antwort wäre gewesen, daß sie eine gewisse Wahlverwandtschaft mit Cobol und seiner Mutter entwickelt hatte, ganz zu schweigen von der Notwendigkeit – und das war alles, was es war, eine Notwendigkeit –, sich stärker mit den beiden zu befassen, wenn schon nicht persönlich, so doch in psychologischer Hinsicht. Sie wollte den jungen Mann kennenlernen, mit dem Cobol bis zu dem Mord zusammengelebt hatte; und unter allen Umständen mußte sie der Frau gegenübersitzen, die Joycelens dritte Gattin hätte werden sollen.

Bevor sie wegging, nahm sie noch einen Anruf von Major Jenko von der Prozeßhilfe in McNair entgegen. Er gab ihr den Namen des Militärarztes, der bei Cobol gewesen war. Als Margit ihn fragte, ob er wüßte, welche Art medizinischer Behandlung Cobol erhalten hatte, bekam sie folgendes zu hören. »Ich schlage vor, Sie rufen den Doktor an.«

Sie wollte eben zur Tür hinaus, als Silbert den Korridor entlangkam. »Ich habe Major Reich für Sie aufgetrieben«, sagte er.

»Gut. Wo ist er?«

»Das ist das Problem. Er ist im Spezialeinsatz.«

Margit sah ihn fragend an. »Na schön, ist er eben im Spezialeinsatz. Wo?«

»Er ist nicht zu erreichen. Er operiert unter irgendeiner Tarnung. Keine Information, für niemand. Alles streng geheim.«

Margits Ärger stand ihr ins Gesicht geschrieben. »Ich will einfach nur mit ihm reden, egal wie kurz. Immerhin wird hier ein Offizier des Mordes beschuldigt, und mir hat man den lausigen Job angehängt, ihn zu verteidigen. Ich muß doch den Offizier sprechen, der in einer kritischen Situation sein Chef gewesen ist. Wer hat Ihnen gesagt, daß man seinen Aufenthalt nicht preisgeben könne? Lassen Sie mir den Namen der Person da, mit der Sie gesprochen haben«, sagte Margit, »ich bin schon spät dran, aber ich gehe der Sache nach, wenn ich zurückkomme.«

»Ja, Madam.«

Die Christa Wren, die ihr die Tür öffnete, sah ganz anders aus als die verführerische Frau, mit der sie auf dem Picknick geplaudert hatte. Sie hatte dicke lila Tränensäcke unter den Augen, und die blonden Locken hingen ihr schlaff vom Kopf. Sie sah beträchtlich älter aus als damals; vielleicht war es das Licht, vielleicht das fehlende Make-up, wahrscheinlich waren es jedoch die Nachwirkungen ihres Verlustes. Es gab eine Menge Gründe, dachte Margit. Vielleicht war sie aber auch nur älter geworden – um einige Jahre in nur zwei Wochen.

Sie führte Margit ins Wohnzimmer, wo auf einem Tisch aus Glas und Chrom vor einer Dreimetercouch aus weißer Seide ein Tablett mit kleinen Sandwiches und Kaffeetassen stand. Es war noch eine zweite Frau anwesend. »Das ist meine Freundin Peg Johnson«, stellte Christa sie vor.

»Tag«, sagte Margit. Sie machte eine Geste in Richtung Tisch. »Sie hätten sich nicht so viel Mühe machen sollen.«

»Ich muß was essen, Sie müssen was essen. Also warum nicht unsere Unterhaltung mit ein paar Bissen verbinden. Was zu trinken?«

»Nein, danke«, antwortete Margit.

»Na, ich jedenfalls bin soweit«, sagte sie. »Schließlich bin ich nicht im Dienst. Was ist mit dir, Peg?«

»Nein.«

Sie kam an den Tisch zurück mit einem großen Glas randvoll mit Eis und einer weißen Flüssigkeit. Ihr taubenblauer Hosenanzug hatte einen Fleck auf der Brust. Ihre Füße steckten in abgetragenen Lederslippern. Alles in allem sah Margit eine Frau, der es nicht allzugut ging.

Margit setzte sich zu Peggy Johnson auf die Couch, während Christa Wren, ihren Drink in der Hand, auf und ab ging. Margit hatte eine Reihe von Fragen formuliert, aber Christa begann sofort einen Monolog.

»Ich hätte nicht gedacht, daß es so schlimm wäre. Ich meine, daß er mir derart fehlen würde. Es ging alles so schnell. Peng! Im einen Augenblick ist er noch da, im nächsten ist er für immer weg.« Sie ging weiterhin auf und ab, während sie sprach. »Vielleicht wäre es leichter gewesen, wenn wir verheiratet gewesen wären.« Sie blieb stehen und blickte Margit an. »Wissen Sie, was ich damit sagen will? Vielleicht hätte ich dann irgendeinen offiziellen Status, ich wäre immerhin seine Witwe. Was bin ich jetzt? Seine Freundin. Er hatte noch nicht mal einen Ring; dazu waren wir nicht mehr gekommen.« Sie begann wieder auf und ab zu gehen. »In den Zeitungen nennen sie mich seine Verlobte. Das ist nett. Schließlich wollten wir heiraten. Daran besteht kein Zweifel, aber er trug noch nicht mal einen Ring zum Beweis.« Ihre Augen füllten sich mit Tränen, und sie entschuldigte sich.

Kaum war sie aus dem Zimmer, wandte sich Peg Johnson an Margit. »Diese Geschichte hat sie völlig aus dem Gleichgewicht gebracht. Aber ehrlich gesagt, ich glaube nicht, daß sie viel verloren hat.«

Die Härte dieser Worte traf Margit. »Ich verstehe nicht, wie Sie so etwas sagen können«, erwiderte sie.

»Er war ein Dreckskerl«, sagte Peg, »ein Dreckskerl durch und durch. Er hat sie wie Dreck behandelt; bei jeder Gelegenheit hat er sie fertiggemacht. Wann immer ich die beiden zusammen sah, kam mir ein und derselbe Gedanke: daß meine Freundin, von der ich immer gedacht hatte, sie besäße Rückgrat, in bezug auf Joycelen weich wie Butter war.«

»Weiß sie, daß Sie so denken?« fragte Margit.

»Sicher, aber das spielt keine Rolle. Alle ihre Freunde haben das so gesehen, alle haben ihr gesagt, sie sei verrückt, sich mit ihm einzulassen. Er hatte so eine überlegene Art. Ständig sah er auf alles und jeden herab – besonders auf sie.

Ich mußte an Marilyn Monroe und Arthur Miller denken. Sie wissen, was ich meine, ja? Die Schauspielerin und der Dramatiker.« Margit gab ihr zu verstehen, daß sie die Anspielung verstand. »Genauso habe ich mir ihre Beziehung immer vorgestellt: das dumme Blondchen und der brillante Künstler. Gehen Sie mir bloß damit! Sie hat was Besseres verdient.«

»Ich bin mir nicht sicher, ob Marilyn Monroe dumm war. Hat Dr. Joycelen sie mißhandelt? Ich meine, körperlich?«

»Nicht daß ich wüßte, aber wenn, dann hätte sie es mir auch nicht gesagt. Das Ganze lief mehr auf einer verbalen Ebene ab. Sie konnte nichts sagen, ohne daß er irgendeine hundsgemeine Bemerkung gemacht hätte. Das ging so, daß wir beim Essen saßen und sie etwas sagte, und schon lachte er sie aus oder meinte, sie hätte keine Ahnung, wovon sie spräche.«

»Wieso«, fragte Margit, »sollte sie sich so was bieten lassen? Wieso sollte sich irgendeine Frau so was bieten lassen?« Während sie das sagte, trat Christa, die eben noch in der Tür gestanden hatte, ins Zimmer. Ihre Augen waren trocken. »Sie wollen wissen, warum ich mir Dick Joycelens Beleidigungen gefallen ließ? Ich habe sie nicht als Beleidigungen empfunden. Sicher, ich wußte, daß er nicht gerade vor Respekt für mich platzte. Schließlich war ich kein Raketenwissenschaftler. Er dagegen war einer – und noch mehr. Aber ich empfand es nicht als Beleidigung. Er war eben so, er war ein Genie, ein berühmter Mann, der mit mir am Arm auf tolle Empfänge ging. Wie lange sind Sie schon in der Stadt, Major? Frauen haben es in Washington nicht gerade leicht. Es gibt hier zu viele von uns. Was habe ich gelesen? Auf jeden Mann kommen sieben Frauen.«

Sie wandte sich an Peg. »Wenn du wirklich ehrlich wärst, Schätzchen, dann würdest du zugeben, wie neidisch du warst. Du meinst es gut, aber ich habe ein paar von den Nulpen gesehen, mit denen du abgeblieben bist – billige Verabredungen mit langweiligen Leuten in lausigen Restaurants. Dick

Joycelen war ein Hurensohn, sicher, aber jedenfalls war er nicht langweilig, und daß ich mich nicht zu langweilen brauchte, dafür hat er schon gesorgt. Gott, wissen Sie, wie sich eine Frau in dieser Stadt langweilen kann, wenn sie niemanden hat?«

Christa tat Margit leid. Gleichzeitig glaubte sie ihr aber auch nicht jedes Wort. Sie hätte nicht genau sagen können, warum. Es war nur so ein Gefühl. Vielleicht war es die eiskalte Berechnung, mit der Christa sich die Beleidigungen eines Mannes wie Joycelen hatte gefallen lassen. Aber dann wiederum: War er wirklich so ekelhaft gewesen, wie Peg Johnson behauptete?

»Hatten Sie schon feste Pläne für die Hochzeit?« fragte Margit. Christa hatte sich in einen Sessel gesetzt und nahm einen langen, langsamen Schluck aus ihrem Glas.

»Nein. Er war zu beschäftigt und stand unter großem Druck. Wir wollten einen richtigen Urlaub nehmen, gemeinsam wegfahren, vielleicht für eine Woche, auf irgendeine hübsche Insel, um über unsere Zukunft zu reden. Wir sind nur nie dazugekommen. Jetzt haben wir unsere Zukunft.«

»Aber er hatte Ihnen doch einen Antrag gemacht, oder?«

Christa sah sie herausfordernd an. »Bezweifeln Sie etwa, daß er mich heiraten wollte?«

»Nicht im geringsten. Ich versuche nur, Dr. Joycelen und das Leben, das er zum Zeitpunkt seiner Ermordung führte, zu verstehen.«

»Weil Sie den Mann zu verteidigen versuchen, der ihn umgebracht hat.«

»Ja, natürlich. Ich habe das gleich bei meinem ersten Anruf ganz offen gesagt.«

»Den hauen sie da nicht raus«, sagte sie.

»Das bleibt abzuwarten. Ich werde es jedenfalls versuchen. Ehrlich gesagt, ich glaube nicht, daß er Dr. Joycelen ermordet hat.«

Christa stieß ein halbherziges Lachen aus. »Das ist doch

absoluter Quatsch, und das wissen Sie! Genauso wie die Behauptung, Ihr Captain Cobol und Dick hätten so was wie eine homosexuelle Beziehung gehabt. Ich hasse diese Gerüchte.«

»Ich glaube diese Gerüchte genausowenig«, sagte Margit. »Sehen Sie, Ms. Wren, ich möchte Ihnen nicht noch mehr Kummer bereiten, als Sie ohnehin schon haben. Ich habe einen Job zu erledigen, und ich nehme meine Arbeit sehr ernst. Ob Captain Cobol Dr. Joycelen umgebracht hat oder nicht, wird von einem Militärgericht festgestellt werden.«

»Wenn er ihn nicht umgebracht hat, wer dann?« fragte Peg Johnson.

»Das ist auch noch was, worüber ich mir Gedanken machen muß«, sagte Margit.

Christa lachte nervös. »Wenn Sie Ihren Kerl herauspauken, dann behauptet man womöglich noch, ich wär's gewesen.«

»Wenn ich ›meinen Kerl‹ herauspauke«, erwiderte Margit, »dann gibt es da eine ganze Menge von Leuten, die in Betracht kommen. Als wir beide uns am Tag des Mordes auf dem Picknick unterhielten, da sagten Sie, er wäre im Pentagon. Wissen Sie, warum er reingegangen war?«

»Nein. Dick hat nie mit mir über seine Arbeit gesprochen.«

»Waren Sie mit ihm im Haus gewesen?« fragte Margit.

»Mit ihm im Haus? Ich habe doch gar keinen Paß fürs Pentagon.«

»Ja, das ist klar, aber Dr. Joycelen könnte Sie mit einem Besucherpaß mit hinein genommen haben.«

Christa wand sich in ihrem Sessel und blickte dabei auf das große Panoramafenster. Ohne Margit anzusehen sagte sie: »Ja, ich war eine Weile im Haus.«

»Selbstverständlich zusammen mit Dr. Joycelen.«

Sie wandte sich um. »Wie hätte ich sonst hineinkommen sollen?«

»Wie lange war es her, daß Sie drin gewesen waren, als wir uns unterhalten haben?«

»Woher soll ich das wissen? Ich kann mich noch nicht mal mehr daran erinnern, mich mit Ihnen auf dem Picknick unterhalten zu haben. Ich weiß nur noch, daß ich auf Dick wartete – als plötzlich Männer aus dem Haus kamen und sagten, es sei etwas passiert. Ich bin noch nicht mal auf den Gedanken gekommen, daß das etwas mit Dick zu tun haben könnte.«

»Aber Sie haben das Picknick unmittelbar, nachdem es aufgelöst wurde, verlassen. Ich war überrascht, weil ... nun ja, wäre ich an Ihrer Stelle gewesen, ich hätte gewartet, um zu erfahren, was da vor sich ging. Man hätte meinen können, Sie gingen, weil Sie wußten, er würde nicht mehr herauskommen.«

Christa sprang auf. »Was zum Teufel fällt Ihnen ein, mir vorzuwerfen, ich hätte gewußt, daß man ihn umgebracht hat? Vielleicht gar, daß ich es getan habe, während ich mit ihm drinnen war?«

»Ich werfe Ihnen überhaupt nichts vor. Ich stelle nur eine Frage.«

»Ich muß Sie bitten zu gehen.«

»Schön«, sagte Margit.

»Ist das die Art und Weise, wie Sie diese Schwuchtel verteidigen wollen – indem Sie jemand anderen beschuldigen?«

»Nein. Nein, aber wenn mir bei meiner Verteidigung jemand unterkommt, der Motiv und Gelegenheit gehabt haben könnte, Joycelen zu ermorden, dann werde ich dem sicher nachgehen. Danke, daß Sie mir erlaubt haben, Sie zu besuchen.« Margit streckte Peg Johnson die Hand entgegen, die sie ergriff. »Bitte«, sagte Margit, »machen Sie sich nicht die Mühe, mich an die Tür zu begleiten. Ihr Verlust tut mir leid.«

Als Margit ins Büro zurückkam, rief sie im Sanitätsbereich von McNair an und verlangte nach dem Arzt, dessen Name Jenko ihr gegeben hatte. Man sagte ihr, er sei wegen eines Notfalls nicht zu erreichen und wäre nicht vor nächsten Mittwoch zurück.

»Um was für eine Art Notfall handelt es sich denn?« fragte

Margit, ohne sich die Mühe zu machen, ihre Skepsis zu verbergen.

»Etwas Persönliches.«

Sie fragte sich, wie wohl Flo Cobols letzter Besuch bei ihrem Sohn verlaufen war. Sie wünschte, Flo hätte sie angerufen. Vielleicht war es gar keine so gute Idee gewesen, die beiden miteinander allein zu lassen. Falls Cobol wirklich so aufgebracht gewesen war, wie Silbert behauptete, und aus welchem Grund auch immer der ärztlichen Betreuung bedurft hatte, so hätte ich ihn besuchen sollen, dachte sie. Ihr nächster Treff war für Montag vereinbart, wenn sie und Mac Smith ihn gemeinsam besuchen würden. So lange konnte sie nicht warten. Im Augenblick hatte sie keine Zeit für McNair, aber am nächsten Tag, Samstag, würde sie hinfahren.

Jeff Foxboro rief an, um ihre Pläne fürs Abendessen und die Nacht bei ihm zu bestätigen. Sie fühlte sich hin und her gerissen, ja sogar schuldig, derart viel Zeit mit rein persönlichen und obendrein auch noch angenehmen Dingen zu verbringen. Aber sie hatte keineswegs die Absicht, den neuen Schwung zu bremsen, den ihre Beziehung in jüngster Zeit gewonnen hatte. Sie kamen überein, die teuren Restaurants zu meiden und zu einem Chinesen um die Ecke von Jeffs Wohnung zu gehen. Was Margit nur recht war. Alles, was sie wollte, war, sich an ihn zu kuscheln und irgendwelchen Schwachsinn im Fernsehen anzusehen, alles andere zu vergessen, vor allem alles, was mit Mord oder Militärgerichtsverfahren zu tun hatte. Aber wenn man es genau betrachtete, was gab es heutzutage schon noch im Fernsehen außer Anwälten, Prozessen und Mord. Vielleicht ein Bugs-Bunny-Festival oder eine Groucho-Retrospektive.

Bevor sie zu ihrer Verabredung mit Brian Maitland, Cobols Mitbewohner, aufbrach, schlüpfte sie in Rock und Pulli, die sie im Büro hatte. In voller Uniform in eine Bar zu kommen, wäre, so dachte sie, nicht gerade vertrauenerweckend.

Im Sign of the Whale ging es bereits rund, als Margit eintraf. Sie fragte einen Barkeeper nach Maitland; er deutete auf eine Nische ziemlich weit hinten, wo ein junger Mann ganz alleine saß. Margit schlängelte sich durch die Menge. »Brian Maitland?« fragte sie.

»Ja. Sie müssen Major Falk sein.«

»Vielen Dank, daß Sie Zeit für mich haben. Darf ich mich setzen?«

Er stand unbeholfen auf und sagte: »Oh, tut mir leid. Selbstverständlich.«

Margit sah ihn sich an. Er war schlank, hellhäutig und hatte glattes honigfarbenes Haar, das er ganz nach der Mode schlicht nach hinten geklatscht trug. Seine Augen waren unglaublich blau. »Wie geht es Bob?« fragte er.

»So gut, wie man es den Umständen entsprechend erwarten kann. Sie haben ihn nicht besucht?«

»Nein.«

»Warum nicht?«

»Ich dachte mir, es wäre nicht gerade das Klügste ... unter den gegebenen Umständen.«

Margit pflichtete ihm wortlos bei.

»Hätten Sie gern was zu trinken?« fragte er.

»Club Soda mit Limettensaft.«

Maitland winkte der Bedienung, gab ihr Margits Bestellung weiter und bat um ein alkoholfreies Bier für sich selbst.

Nachdem man sie bedient hatte, sagte Margit: »Erzählen Sie mir von Bob Cobol.«

Maitland rutschte nervös herum. »Was wollen Sie über ihn wissen?«

»Fangen wir damit an, als Sie beide sich kennengelernt haben. Er hat mir erzählt, er hätte Probleme mit seinem Vorgesetzten beim CIA gehabt, nachdem er sich mit Ihnen eingelassen hatte.«

Maitland war ganz offensichtlich nicht wohl dabei, über die intimen Aspekte seiner Beziehung zu Cobol zu sprechen, aber Margit sah keinen Grund, darum herumzureden. »Hören Sie«, sagte sie, »Bob war ganz offen zu mir. Ich weiß, daß Sie beide ein Paar sind. Mir ist das völlig egal. Alles, was mich interessiert, ist, ihm zu helfen, und um das richtig zu machen, werde ich selbst jede Menge Hilfe brauchen.«

»Das verstehe ich«, sagte Maitland mit einem Blick auf die Leute, die an der Nische vorbeikamen. »Es geht mir auch gar nicht so sehr um mich selbst«, sagte er und wandte seine Aufmerksamkeit wieder ihr zu. »Nur die Tatsache, daß Bob beim Militär und Offizier ist, macht alles so kompliziert, wenn Sie wissen, was ich meine.«

»Selbstverständlich weiß ich, was Sie meinen. Homosexualität verstößt gegen die Bestimmungen. Er hat mir erzählt, er habe mit einer strengen Bestrafung gerechnet, als sein Vorgesetzter herausfand, daß Sie und er eine Beziehung eingegangen waren; er hatte gedacht, man würde ihn aus dem Militär hinauswerfen. Aber sein Vorgesetzter hätte ihm gesagt, er wolle einen so guten Offizier nicht verlieren und die Indiskretion übersehen. Hat Bob mit Ihnen darüber gesprochen?«

Maitland nickte. »Er konnte es gar nicht glauben. Er hat tagelang über nichts anderes gesprochen als darüber, was für ein wunderbarer Mensch dieser Major Reich wäre, weil er beide Augen zugedrückt hätte. Ich war ganz seiner Meinung. Wenn es je an der Zeit war, sich wieder zu verstecken, dann damals. Immerhin stand seine ganze Karriere auf dem Spiel.«

»Ganz sicher. Ich habe versucht, diesen Major Reich ausfindig zu machen, aber er ist nicht zu – ›lokalisieren‹, glaube ich, ist das Wort dafür. Was hat Bob sonst noch über Reich gesagt?«

»Nichts, außer daß er ein guter Kerl sei. Bob nahm seinen Dienst sehr ernst. Ich meine, immerhin war er zum CIA abgestellt. Er hat nie etwas darüber erzählt, was da so vor sich ging, auch nichts über das Pentagon, wo er den größten Teil seiner Zeit zubrachte.«

»Was ist mit seiner Dienstpistole?«

»Ich habe gelesen, daß man Dr. Joycelen damit erschossen hat. Ich weiß nicht, wie das passieren konnte.«

»Bob sagte, er hätte die Waffe in der Wohnung aufbewahrt, die er mit Ihnen teilt. Haben Sie sie je von dort weggenommen?«

»Zum Teufel, nein! Es war mir noch nicht mal recht, daß sie da war, aber ich wußte natürlich, daß es nicht anders ging. Nein, ich weiß nichts über die Waffe.«

»Hat Bob Joycelen Ihnen gegenüber je erwähnt?«

»Kein einziges Mal.«

»Wußten Sie, wer er war?«

»Vielleicht. Vermutlich habe ich seinen Namen ein paarmal in der Zeitung gelesen. Jedenfalls weiß ich jetzt, wer er war.«

»Und Bob hat seinen Namen nie erwähnt und auch nie angedeutet, daß er ihn kenne.«

Maitland schüttelte den Kopf.

Der Lärm in der Bar hatte zugenomen, und Margit beugte sich über den Tisch, um verstanden zu werden, ohne die Stimme erheben zu müssen. »Hat er mit Ihnen über seinen Dienst an jenem Vormittag gesprochen, an dem Joycelen ermordet wurde?«

»Er schob eine ganze Menge Wochenenddienst.«

»Ja, aber was war mit diesem speziellen Wochenende? An diesem Samstag vormittag? Waren Sie tags zuvor mit ihm zusammen? Freitag?«

Maitland verdrehte die Augen, als könne ihm das helfen sich zu erinnern. »Ja, ich denke, wir waren zusammen. Er – lassen Sie mich nachdenken, er kam nach Hause, gerade als ich mich auf den Weg hierher machte.«

»Das wäre so gegen – wann, vier, fünf?«

»Ja, so um halb fünf vielleicht.«

»Da kam er aber für seine Verhältnisse doch früh nach Hause, oder?«

»Nein. Er hatte für gewöhnlich um vier Uhr Dienstschluß

und kam dann sofort nach Hause. Könnte sein, daß er an dem Tag ein bißchen früher dran war, weil...«

Margit beugte sich noch weiter vor. »Weil?«

»Ich weiß wirklich nicht mehr. Ich denke, er kam früher, weil man ihm den Dienst für Samstag vormittag verpaßt hatte.«

»Er hatte den Befehl also erst in letzter Minute erhalten?«

»Ja. Er war wütend darüber. Genauso war es, er war wütend, weil er für Samstag Pläne hatte, die er nun streichen mußte.«

»Was für Pläne?«

»Irgendwas mit seinem Auto. Er wollte das eine oder andere dafür kaufen, und ich glaube, das hatte er für Samstag vormittag geplant.« Maitland setzte sich auf, und es kam Leben in sein Gesicht. »Ja, so war es. Er wollte einiges für seinen Wagen kaufen und dann noch was zum Anziehen.«

»Und das konnte er nicht, weil ihm jemand ganz überraschend mit dem Dienst am nächsten Vormittag dazwischenkam.«

»Genau.«

»Irgendeine Idee, von wem dieser Befehl stammte?«

Maitland zuckte mit den Schultern. »Keine Ahnung.«

Sie unterhielten sich noch zehn Minuten. »Ich weiß, Sie müssen sich an Ihre Schicht machen«, sagte Margit. Sie trank ihre Limonade aus und schüttelte ihm die Hand. »Ich bin Ihnen wirklich sehr dankbar. Soll ich Bob etwas ausrichten?«

Maitlands heller Teint wurde purpurn. Margit wandte den Blick ab. »Sagen Sie ihm nur, daß ich an ihn denke«, murmelte Maitland, während er aus der Nische rutschte. »Nein«, verbesserte er, »sagen Sie ihm, daß ich ihn liebe.« Und schon war er im Gewühl der Gäste verschwunden.

Jeff saß bereits im Restaurant, als Margit kam. Sie küßten einander, entschlossen sich zu etwas Handfestem und machten Small talk über dampfenden Klößen, Sesamsoße und

Lauchpfannkuchen. Sie teilten sich eine Portion gebratenen Reis mit Hühnchen und Krabben, den sie mit unzähligen Schlucken Tee aus winzigen Tassen und einem Pflaumenwein auf Kosten des Hauses hinunterspülten. Anschließend gingen sie zu ihm in die Wohnung.

An diesem Abend bekam sie genau das, was sie sich erhofft hatte: Sie kuschelten sich zusammen auf die Couch und sahen sich einige alberne Komödien an. Sie gönnten sich eine halbstündige Pause, um sich ihre Gefühle füreinander zu bestätigen und kehrten dann wieder auf die Couch zurück, um sich eine Dokumentation über die Anfänge des Blues anzusehen. Beim zweiten Mal machten sie sich nicht erst die Mühe, die Couch zu verlassen, und um halb zwölf lagen sie im Bett und schliefen.

Um Mitternacht klingelte das Telefon. Jeff ging ran, bestätigte, daß Major Falk bei ihm sei und reichte ihr den Hörer. Es war der Mann, dem es in Bolling oblag, stets zu wissen, wo sich die Offiziere befanden. »Tut mir leid, Sie zu stören, Major«, sagte der Offizier, »aber Sie haben eine Nachricht aus Fort McNair.«

»Eine Nachricht?«

»Jemand aus der Gewahrsamsbaracke sagt, Ihr Mandant, Captain Cobol möchte Sie sprechen.«

»Jetzt? Er will jetzt mit mir sprechen?«

»Das hat der Anrufer jedenfalls gesagt.«

»Wer ist dieser Anrufer? Wie heißt der Mann?«

»Sergeant Davis.«

»Hat er gesagt, daß dort irgend etwas nicht in Ordnung sei?«

»Nein. Alles, was er sagte, war, daß Captain Cobol Sie sprechen wolle.«

»Vielen Dank«, sagte Margit.

Sie setzte sich im Bett auf. Jeff tat es ihr nach. Sie sagte ihm, um was es sich handelte.

»Du gehst doch nicht etwa, oder?« fragte er.

»Ich weiß nicht. Ich habe mir schon Sorgen um Cobol gemacht.« Sie erzählte ihm von Silberts Bemerkungen und daß ihn ein Arzt der Sanitätstruppe besucht hatte. »Ich hatte vor, morgen rüberzufahren.« Sie warf einen Blick auf den digitalen Radiowecker. »Und das wäre heute.«

»Dann solltest du das auch tun. Schlafen wir weiter. Ich bin sicher, nichts ist so wichtig, daß du da heute nacht noch hinüberrasen mußt.«

Sie wußte, er hatte recht, und ihre Gefühle stritten mit ihren rationelleren Gedanken. Sie war schläfrig, und damit war die Entscheidung gefallen. Sie küßte ihn. »Ich liebe dich«, sagte sie.

»Und ich liebe dich«, sagte er. »Komm, schlaf wieder ein. Der Dritte Weltkrieg kann warten.«

18

Um sechs war Margit auf den Beinen. Sie ließ Jeff schlafen, ging in die Küche, machte Kaffee und nahm eine Tasse mit hinaus auf den Balkon. Der Himmel war verhangen, die grauen Wolken fast schwarz. Sie hatte nicht gut geschlafen. Immer wieder war sie aufgewacht. Einmal – es mochte gegen drei, vielleicht auch vier gewesen sein – hatte sie daran gedacht, aufzustehen und nach McNair hinüberzufahren. Albern, hatte sie sich gesagt. Cobol würde schlafen, und die Posten an der Gewahrsamsbaracke würden einem Besucher um diese Zeit nicht gerade gewogen sein.

Sie duschte, zog frische Kleider an, die sie mitgebracht hatte, und ging ins Schlafzimmer, wo sie Jeff sachte schüttelte, bis er aufwachte. Er öffnete die Augen und sagte mürrisch: »Was ist?«

»Liebster, ich mach' mich mal auf den Heimweg und fahre dann zu Cobol.«

»Ach was, komm wieder ins Bett«, sagte er und versuchte sie neben sich zu ziehen. Sie widerstand ihm. »Nein, ich muß wirklich gehen. Bist du die meiste Zeit über hier?«

»Ich denke doch.«

»Ich ruf' dich an, wenn ich zurückkomme.«

In ihrem Quartier in Bolling schlüpfte sie in einen blauen Overall und machte sich auf den Weg nach McNair. Erst als sie in den kleinen Parkplatz gegenüber der Gewahrsamsbaracke einbog, merkte sie, daß etwas Ungewöhnliches im Gange war.

Sie blieb auf halbem Weg in dem Parkplatz stehen und spähte aus dem Fenster. Fahrzeuge der Militärpolizei mit blinkenden Lichtern flankierten einen Krankenwagen der Luftwaffe. »Nun warte mal einen Augenblick«, murmelte sie und stellte ihren Wagen auf den nächstbesten freien Platz, sprang heraus und rannte auf das Durcheinander zu. Der Vordereingang war von einem gelben Plastikband mit der Aufschrift »Tatort« abgeriegelt; die Aufforderungen, Abstand zu halten, waren luftwaffenblau. Militärpolizsiten traten ihr in den Weg.

»Ich bin Major Falk, der Anwalt von Captain Cobol. Er ist hier drin.«

»Tut uns leid, Madam«, sagte einer der Posten. »Da müssen Sie mit ihm sprechen.« Er deutete auf einen Major des Heeres, der neben dem Krankenwagen stand. Margit ging zu ihm und stellte sich vor.

»Ja, Major Falk«, sagte der Major. »Ich bin Major Jenko.«

Er sah ebenso unsympathisch aus, wie er sich am Telefon angehört hatte.

»Ich bin hier, um Captain Cobol zu sprechen. Was ist passiert?«

»Es hat einen Unfall gegeben«, sagte Jenko kalt und blickte dabei über sie hinweg.

»Ist Captain Cobol etwas passiert?«

»Er ist tot.«

Seine Worte hatten dieselbe Wirkung, als hätte er sie geschlagen.

»Er hat sich in den frühen Morgenstunden erhängt«, sagte Jenko. »Die Ermittlungen sind im Gange.«

»Wo ist er? Die Leiche.«

»Noch drin.«

»Ich möchte rein«, sagte Margit.

»Tut mir leid. Das Gebäude ist gesperrt.«

»Ich kann nicht glauben, was ich da höre. Der Mann war mein Mandant. Sie können mir den Zugang zu ihm nicht verwehren.«

Jenkos Augen wurden zu Schlitzen. »Sie wollen Zugang zu einer Leiche?«

Sie sah sich von einem so starken Zorn übermannt, daß sie sich nur umdrehen und weggehen konnte, sonst hätte sie zugeschlagen. Sie kehrte zum Vordereingang zurück und stand wie angewurzelt auf dem Gehsteig. Ihre Gedanken waren eine Reihe von Kurzschlüssen, die es ihr unmöglich machten zu verarbeiten, was sie da eben gehört hatte.

Der Anblick eines Leutnants, der gerade aus dem Gebäude kam, wischte diese Kurzschlüsse beiseite. Er war einer der Offiziere, denen die Gewahrsamsbaracke unterstand; mit ihm hatte sie schon zu tun gehabt.

»Lieutenant!« rief sie. »Lieutenant, bitte!«

Er wich von seinem ursprünglichen Weg ab und kam herüber. »Major Falk, Captain Cobols Verteidigerin. Ich habe eben gehört, was passiert ist.«

»Ja, Madam.«

»Wie konnte das geschehen?« fragte sie. »Gefangene dürfen doch gar nichts in den Zellen haben, womit sie sich erhängen könnten.«

»Wir wissen nicht, was passiert ist. Seine Mutter war gestern zu Besuch. Vielleicht ...«

Flo Cobol sollte ihrem Sohn etwas gebracht haben, womit er sich das Leben nehmen konnte? Ein absurder Gedanke.

Dennoch, war das die Antwort? Sie fragte den Lieutenant, womit Cobol sich erhängt hatte.

»Sieht aus wie der Gürtel eines Bademantels.«

Margit sah Jenko auf sie zukommen. Auch der Lieutenant sah ihn. »Tut mir leid wegen Ihres Mandanten, Major«, sagte er. »Mehr kann ich nicht sagen. Ein ziemliches Schlamassel, das Ganze.«

Jenko sah, daß sie auseinandergingen, und wandte sich ab. Margit nahm die Gelegenheit wahr, sich noch mal an den Lieutenant zu wenden. »Lieutenant, bitte, sagen Sie mir –«

»Kein Kommentar«, unterbrach er sie, ganz offensichtlich in dem Bewußtsein, daß er bereits zuviel gesagt hatte.

»Sergeant Davis? Ist Sergeant Davis im Haus?«

»Davis? Wir haben keinen Sergeant Davis.«

»Natürlich haben Sie. Er hat gestern nacht bei meinem Personaloffizier die Nachricht hinterlassen, daß Captain Cobol mich sprechen wolle. Deshalb bin ich ja hier.«

»Madam, es gibt keinen Sergeant Davis in dieser Einrichtung. Jetzt entschuldigen Sie mich.«

»Okay, machen Sie Platz, machen Sie Platz!« bellte jemand. Margit sah zu, wie zwei Soldaten mit einer Bahre durch die Tür und die Treppe herunter kamen und auf den Krankenwagen zugingen. Unter dem Laken, das wußte Margit, lag Captain Cobols Leiche. Einmal mehr packte sie die Wut, aber sie löste sich rasch auf und wurde zu einer Verzweiflung von solcher Intensität, daß sie sich fragte, ob sie sich noch länger auf den Beinen halten könne. Sie sah zu, wie die Türen des Krankenwagens geschlossen wurden und dieser wegfuhr.

Langsam ging sie zu ihrem Auto. Sie drehte sich noch einige Male um; Tränen brannten ihr in den Augen; sie biß die Zähne zusammen. Sie blieb stehen, legte die Hände auf das Dach des Autos und atmete tief durch. Es war einfach unvorstellbar, daß so etwas hatte passieren können. Es hätte einfach nicht passieren dürfen. Das Ganze ergab nicht den geringsten Sinn.

Sie fuhr Richtung Bolling los, überlegte es sich dann jedoch anders und hielt auf das Pentagon zu, wo sie in ihr Büro ging und den Safe öffnete, der das Material zum Fall Cobol enthielt. Sie nahm Cobols Personalakte heraus, legte sie auf ihren Schreibtisch, starrte eine Weile darauf und öffnete sie dann. Da hatte sie ihn auf einem Foto. Lächelnd. Lebend.

Vier Stunden später, nachdem sie alles, was sie im Safe hatte, noch einmal durchgegangen war, manches davon sogar mehrmals, nahm sie den Hörer vom Telefon, weil sie Jeff anrufen wollte. Statt dessen wählte sie die Nummer von Mackensie Smiths Privatbüro.

19

An jenem Abend saß Margit in Macs und Annabels Küche. Auf dem Tisch stand ein großer Pott Lammeintopf, vom Hausherrn selbst gekocht.

»Tut mir leid«, sagte Margit. »Der Eintopf ist köstlich, aber ich habe einfach keinen großen Appetit.«

»Das ginge mir genauso«, meinte Annabel. »Was da passiert ist, ist wirklich schrecklich.«

Margit lehnte sich zurück und trommelte mit den Fingern auf die Tischplatte. »Ich spiele das Ganze immer und immer wieder durch. Und mit jedem Mal reimt es sich weniger. Er hätte sich nicht erhängt, selbst wenn man ihm tatsächlich versehentlich die Mittel dazu in der Zelle gelassen hätte.«

»Es wird zweifelsohne eine gründliche Untersuchung geben«, sagte Smith.

»Sicher. Gründlich. Hinter verschlossenen Türen – und dort kommen sie dann zu genau dem Schluß, der ihnen genehm ist. Genauso wie damals bei meinem Vater.«

Mac und Annabel hörten zu essen auf und sahen sie an.

»Ich nehme an, ich habe Ihnen das nie erzählt.« Sie erzählte ihren Freunden von dem unerfreulichen Abschied aus dem Militärdienst, den man ihrem Vater aufgezwungen hatte. »Das Ganze war eine Farce. Und es hat ihn umgebracht.«

»Ziemlich traurige Geschichte«, sagte Smith. »Aber Sie können das, was da passiert ist, nicht so einfach auf Cobols Situation übertragen. Jede Bürokratie – ob militärisch oder zivil spielt gar keine Rolle – versucht, ihre schmutzige Wäsche nicht in der Öffentlichkeit zu waschen. Das heißt aber nicht gleich, daß die Ergebnisse in diesem Fall manipuliert sein müssen.«

»Ich weiß«, sagte Margit. Ihr wachsender Unwille ließ auch ihre Stimme höher werden. »Ich möchte nicht zynisch sein. Ich will ja glauben, daß ich Cobol nicht gekannt habe und daß er imstande war, sich das Leben zu nehmen, daß er es vielleicht sogar geplant hat. Ich kann mir das sooft sagen, wie ich will, aber mein Gefühl sagt mir etwas anderes.« Sie wurde nachdenklich; ihre Niedergeschlagenheit war ihr deutlich anzuhören. »Als man meinen Vater in den Ruhestand zwang, da haßte ich alles, was mit dem Militär zu tun hatte. Allein schon beim Anblick einer Uniform wurde mir schlecht. Aber dann wird man etwas älter, reifer, und man erkennt, daß man eine Organisation nicht nach den Handlungen eines einzelnen Menschen beurteilen kann. Dieser Colonel, der meinen Vater fertiggemacht hat, hätte der Vizepräsident einer x-beliebigen Organisation sein können, in jedem x-beliebigen Zweig der Regierung, oder einer Universität. Das wurde mir klar. Vielleicht habe ich deshalb das Militär zu meinem Beruf gemacht. Ich weiß noch, als ich mein Offizierspatent entgegennahm, da dachte ich, ich würde schon dafür sorgen, daß es bei der Luftwaffe wenigstens einen Offizier gab, der nicht lügen, der keinem was nachtragen würde, der nicht mit schmutzigen Tricks arbeiten würde.«

»Mit wem haben Sie über Cobols Tod gesprochen?« fragte Annabel.

»Mit meinem Boß, Colonel Bellis.«

»Was hatte er dazu zu sagen?« fragte Smith.

»Ach, er war ganz mitfühlend. Er meinte, er wüßte, wie mich das aufregen müßte. Aber er sagte auch, daß ich mich nicht länger mit einem Auftrag abzugeben bräuchte, den ich von Anfang an nicht gewollt hätte. Daß ich jetzt wieder das machen könnte, wozu ich ins Pentagon gekommen sei.«

»Hört sich ziemlich herzlos an«, sagte Annabel.

»Das dachte ich auch, aber ich nehme an, er versuchte mich auf das Positive daran hinzuweisen.«

»Was halten Sie denn von Bellis?« fragte Smith.

»Meine Gefühle sind gemischt. Er ist clever, und nach allem, was ich so gehört habe, ist er dem Minister ein ausgezeichneter Berater. Er ist Soldat durch und durch, aber er hat auch eine weiche Seite, die hin und wieder durchschlägt. Alles in allem? Ich mag ihn.«

»Sie haben gestern nacht eine Nachricht von ihrem Personaloffizier erhalten, die angeblich von einem Sergeant Davis kam?«

»Richtig. Nur daß der Leutnant, mit dem ich heute morgen sprach, behauptete, es gebe keinen Sergeant Davis.«

»Auch nicht sehr stimmig«, sagte Smith, »es sei denn, er hat den Namen falsch verstanden.«

»Möglich wär's, aber ich habe ihn ja extra wiederholt.« Margit stand auf und ging in die Ecke, wo sie sich gegen den großen Kühlschrank lehnte. »Ich hätte in dem Augenblick zu Cobol fahren sollen, in dem Sergeant Silbert mir sagte, daß Cobol so merkwürdig sei. Ich hätte an diesem Tag alles liegen und stehen lassen und sofort hinüberfahren sollen. Und was noch schlimmer ist, ich hätte meinem Instinkt folgen sollen, als ich den Anruf in Jeffs Wohnung bekam. Ich hätte mich anziehen und auf den Weg nach McNair machen sollen. Ich hätte, hätte, hätte.«

Es war Annabel, die das darauffolgende Schweigen brach. »Was willst du jetzt tun, Margit?« fragte sie. »Was *kannst* du tun?«

Margit hob die Arme, um ihre Hilflosigkeit anzudeuten. »Was kann ich schon tun? Ich nehme an, man wird mir Montag morgen sagen, ich soll meinen Schreibtisch räumen und mich wieder an meine Aufgabe als Verbindungsoffizier bei Projekt Safekeep machen.«

»Das hört sich nicht gerade begeistert an«, sagte Smith.

»Stimmt. Ich weiß noch nicht mal, ob ich das überhaupt kann.«

»Wieso?« fragte Annabel.

»Weil ich mich frage, ob ich mich je wieder auf irgend etwas werde konzentrieren können, bis ich Antworten auf meine Fragen bezüglich Joycelen und Cobol habe.«

»Vielleicht nimmt man Sie mit ins Ermittlungsteam«, meinte Smith.

»Das glauben Sie doch selbst nicht«, sagte Margit. »Ich sagte ja, ich will nicht zynisch sein. Jedenfalls gebe ich mir alle Mühe. Oder vielleicht würde skeptisch es auch besser treffen. Nein, zynisch ist schon richtig. Ich werde einfach dieses schmerzliche Gefühl nicht los, daß ... Cobol nur eine Figur in dieser ganzen Schweinerei mit Joycelen war. Ich glaube einfach nicht, daß er und Joycelen was miteinander hatten, und ich habe Cobol geglaubt, als er mir sagte, er hätte den Mann gar nicht gekannt. Ganz sicher glaube ich nicht, daß er ihn auf dem Gewissen hatte – genausowenig wie ich glaube, daß er sich das Leben genommen hat.«

»Wenn an Ihren Gefühlen was dran ist, Margit, dann bezichtigen Sie das Militär eines Vertuschungsversuchs«, sagte Smith.

»Wenn sich das aus meinen Gefühlen ergibt, dann kann ich nichts machen.«

Sie setzte sich wieder zu den beiden an den Tisch. »Man hat Cobols Dienstplan im letzten Augenblick geändert, so daß er ausgerechnet an jenem Samstag vormittag im Pentagon war, an dem Joycelen erschossen wurde. Warum? Wer hat das veranlaßt? Man behauptet, man habe Joycelen mit Cobols

Waffe erschossen. Das überzeugt mich auch nicht gerade. Es wäre doch ganz einfach, die Waffen in Cobols Wohnung auszutauschen. Er hat sie normalerweise nicht mit sich geführt; nur in den Schießstand hat er sie mitgenommen, und somit hat er sie sich auch nicht regelmäßig angesehen.«

Mac und Annabel warteten darauf, daß sie fortfuhr.

Sie sagte: »Ich habe heute vier Stunden lang in meinem Büro gesessen und bin jedes Fitzelchen Papier in meinem Safe durchgegangen. Nichts sah so aus wie zuvor. Können Sie das verstehen? Ich habe dieses Material ein Dutzendmal gelesen, aber mit einemmal las sich alles, als hätte man es eben geschrieben – als hätte ich es nie zuvor gesehen.«

»Haben Sie ein Beispiel?« fragte Smith.

»Cobols Personalakte. Sooft ich sie auch durchgegangen bin, ich hatte nie bemerkt, daß jemand in ganz kleinen Buchstaben ›HP-5‹ hinter seine Dienstnummer geschrieben hatte.«

»Was bedeutet das?« fragte Annabel.

»Ich weiß nicht, aber irgend jemand muß es hingeschrieben habe. Ich bin das Pentagonhandbuch durchgegangen, das auch ein Glossar für Fachausdrücke und Abkürzungen enthält. Ich konnte nichts finden. Ich habe im Telefonbuch des Pentagon nachgesehen, das auch eine Liste enthält, ich habe nichts gefunden.«

»Können Sie am Montag in der Personalabteilung nachfragen?« schlug Smith vor.

»Ich habe die Absicht, vorausgesetzt, man läßt mich.«

»Warum sollte man Sie nicht lassen?« fragte Annabel.

»Weil ich glaube, Annabel, daß bei dieser ganzen Untersuchung, angefangen bei meiner sogenannten Verteidigung Cobols, jemand auf die Bremse tritt, wenn nicht gar mauert. Ich kann es nicht beweisen, aber mein Gefühl sagt mir, daß ich recht habe.«

Smith sagte: »Sie haben diesen Major Reich erwähnt. Kommt es Ihnen merkwürdig vor, daß man nicht weiß, wo er sich aufhält?«

Margit überlegte, bevor sie antwortete. »Ich denke schon, obwohl die Wege des CIA ganz offensichtlich unergründlich sind. Eine ganze Menge Leute müssen auf Tauchstation gehen, um eine Mission auszuführen. Ich nehme an, das ist auch bei Reich der Fall. In dieser Richtung bestehen keine großen Hoffnungen, bis er wieder auftaucht.«

»Dann haben Sie was von einem Psychiater in New York gesagt. Wie hieß er doch gleich wieder? Half?«

»Ja. Marcus Half. Ich wollte mich mit ihm in Verbindung setzen, das gehörte zu meiner Verteidigung. Jetzt ist es zu spät.«

Smith nahm das Geschirr vom Tisch und machte sich daran, es abzuschaben und Wasser darüberlaufen zu lassen. Margit und Annabel machten Anstalten, ihm zu helfen, aber er sagte: »Überlaßt das mir. Macht ihr beide es euch schon mal im Wohnzimmer gemütlich. Ich bin in einer Minute bei euch.«

Als er fünfzehn Minuten später zu ihnen kam, saß Margit schweigend da und Annabel tröstete sie. Smith zögerte einen Augenblick. »Sie befinden sich da wirklich zwischen Scylla und Charybdis, Margit«, sagte er. »Nach dem zu urteilen, was Sie den ganzen Abend über gesagt haben, ist ziemlich klar, daß Sie wissen, was Sie wollen.«

»Und das wäre?«

»Sie wollen im Fall Joycelen und Cobol weiter ermitteln. Aber sollte sich Ihr Gefühl, daß es sich hier um einen Vertuschungsversuch handelt, als richtig erweisen, dann wird man Sie davon abhalten. Man wird Ihnen *befehlen,* es gut sein zu lassen.«

»Noch habe ich diesen Befehl nicht«, sagte Margit kühl. »Und ich weiß ehrlich gesagt nicht, was ich mache, wenn man mir tatsächlich befiehlt, die Geschichte fallenzulassen. Alles, woran ich im Augenblick denken kann, ist, wie mein Vater mich erzogen hat.«

Mac und Annabel warteten.

Tränen traten Margit in die Augen. »Er sagte immer, egal, was ich mit meinem Leben mache, ich solle nur immer darauf achten, daß ich mit mir leben könne. Er hat mir gesagt, mich niemals selbst zu verraten und mich nie überfahren oder kaufen zu lassen.«

Annabel reichte ihr ein Kleenex.

»Würden Sie es als Verrat an sich selbst sehen, wenn Sie den Mord an Joycelen und den Tod Cobols auf Befehl vergessen?« fragte Smith.

Margit tupfte sich die Augen. »Im Augenblick – in diesem Augenblick, hier in diesem Zimmer – würde ich das.«

»Dann hätte ich einen Vorschlag. Das Militär kann ziemlich langsam sein. Man übersieht allzuoft das Offensichtliche. Für den Fall, daß Sie sich dazu entschließen sollten, sagen Sie einfach nicht, daß Sie weiter ermitteln, und stehen Sie nicht unnötig herum und warten auf Befehle. Wie wär's mit einem Blick in die Nachrichten?« fragte Smith.

»Nur zu«, sagte Margit.

Sie sahen eben einen Bericht über die angebliche Korruptheit der Washingtoner Polizei, als das Telefon klingelte. Smith ging ran und hielt Margit den Hörer hin. »Für Sie.«

»Margit Falk«, sagte sie.

»Major Falk, hier ist Louise Harrison von der *Washington Post*. Der Mann in Bolling hat mir diese Nummer gegeben.«

»Sie rufen wegen Captain Cobol an.«

»Richtig. Ich habe einige Fragen an Sie.«

»Tut mir leid. Ich habe nichts zu sagen.«

»Nur eine oder zwei. Sie waren doch seine Verteidigerin. Was haben Sie als erstes gedacht, als Sie davon hörten?«

»Was ich zuerst gedacht habe? Sie meinen, ob ich froh war, daß er mir monatelange Arbeit und der Regierung ein langes und teures Militärgerichtsverfahren erspart hat?« Die Reporterin versuchte Ihre Frage zu präzisieren, aber Margit ließ sie nicht zu Wort kommen. »Tatsache ist, ich war gerade auf dem Weg zu Captain Cobol, weil er mich darum gebeten hatte. Als ich hörte, was passiert war, wurde mir schlecht. Mir ist noch immer schlecht.«

Smith kam um Margit herum, so daß sie ihn sehen konnte, und schüttelte den Kopf. Sie ignorierte ihn.

»Bedeutet dies, daß der Fall abgeschlossen ist?« fragte die Reporterin.

»Ich denke, das ist er damit wohl.«

»Das hört sich nicht so an, als wären Sie davon überzeugt, daß das richtig ist«, sagte Louise Harrison.

»Er ist tot, angeblich hat er sich das Leben genommen.«

»›Angeblich‹? Zweifeln Sie etwa daran?«

Margit warf einen Blick auf Smith, der seinen Rat nun mit Gesten unterstrich.

»Mehr habe ich nicht zu sagen«, sagte Margit.

»Könnten wir uns treffen?« fragte Louise Harrison. »Ich würde der Sache gern nachgehen.«

»Nein, das wäre zu diesem Zeitpunkt nicht angebracht. Danke für Ihren Anruf.« Margit legte auf.

Sie machten es sich wieder in ihren Sesseln bequem und ließen einige Werbespots über sich ergehen, dann brachte man die Geschichte von Cobols Selbstmord:

»Robert Cobol, Hauptmann des Heeres, den man beschuldigte, im August dieses Jahres im Untergeschoß des Pentagon mit Dr. Richard Joycelen einen der führenden Wissenschaftler dieses Landes erschossen zu haben, hat sich heute in den frühen Morgenstunden in seiner Zelle im Gewahrsamstrakt von Fort McNair erhängt. Cobol, der jede Schuld an Joycelens Tod ebenso bestritt wie die Gerüchte, mit dem Wissenschaftler eine homosexuelle Beziehung gehabt zu haben, benutzte dazu laut Angaben eines Militärsprechers eine Art Gürtel. Wie dieser in seine Zelle gelangen konnte, wird – wie alle anderen Aspekte dieses unglücklichen Ausgangs eines Mordfalles, der wie kaum ein zweiter die Gemüter unserer Stadt beschäftigte – durch eine umfassende Ermittlung zu klären sein.«

Margits einziger Kommentar, als man zu einer anderen Nachricht überging: »Ich hoffe nur, daß man es seiner Mutter beigebracht hat, bevor sie es im Fernsehen sehen mußte. Ich wollte sie noch anrufen, war mir aber nicht sicher, ob ich sollte.«

»Vielleicht setzt sie sich mit Ihnen in Verbindung«, sagte Annabel.

»Ich hoffe doch.« Margit verzog vor Zorn das Gesicht. »Der Gürtel eines Bademantels in der Zelle eines mutmaßligen Mörders. So ein Quatsch!«

Sie wurden vom Klingeln der Türglocke unterbrochen. Smith warf einen Blick auf die Uhr. »Ich habe ganz vergessen, daß Tony und Alicia vorbeischauen wollten«, sagte er zu Annabel. »Tony wollte ein Geschenk bringen.«

Als Smith aus dem Wohnzimmer ging, um zu öffnen, sagte Annabel zu Margit: »Tony ist Tony Buffolino. Er war beim Washingtoner Sittendezernat, bis man ihn bei einer unsauberen Sache erwischt hat. Eines seiner Kinder war krank, und er brauchte dringend Geld. Er machte einen Fehler und war geliefert. Mac hat ihn verteidigt. Er hat es geschafft, daß man die Strafanzeige fallen ließ, aber die Polizei setzte Tony den Stuhl vor die Tür. Eine Weile hatte er einen Nachtclub in der Stadt, im Augenblick ist er Privatdetektiv, und unter anderem ein ungewöhnlicher Charakter.«

Smith führte Buffolino und seine dritte Frau, Alicia, ins Zimmer und stellte die beiden Margit vor.

»Major?« fragte Tony. »Frau in Uniform, was?«

»Genauso ist es«, sagte Margit.

»Wo ich hinsehe, sehe ich Frauen in Uniform«, scherzte Buffolino mit einem breiten Grinsen auf seinem zerfurchten Boxergesicht. »Sie sind richtig zucker in Uniform.«

Zu jedem anderen Zeitpunkt hätte Margit gelächelt.

»Margit ist Hubschrauberpilotin«, sagte Annabel.

Alicia machte große Augen. »Ich wußte gar nicht, daß Frauen auch fliegen«, sagte sie.

»Viele Frauen fliegen«, sagte Margit.

»Klar doch«, sagte Buffolino zu seiner Frau. »Erinnerst du dich nicht mehr an all die Pilotinnen, als es drüben im Persischen Golf zur Sache ging?«

»Natürlich erinnere ich mich«, antwortete Alicia, verärgert über seinen Ton. »Ich habe sie nur nicht für echt gehalten. Ich meine, ich habe noch nie eine richtige Pilotin kennengelernt.«

»Trinkt ihr was mit uns – Kaffee?« fragte Smith die Neuankömmlinge.

»Nee«, sagte Buffolino. »Danke. War ein langer Tag.«

»Wir haben Windbeutel mit Grand Marnier«, sagte Annabel. »Frisch aus der Konditorei Watergate.« Buffolinos Vorliebe für Süßes war den Smiths wohlbekannt.

Buffolino sah seine Frau an. »Vielleicht bleiben wir ein paar Minuten, was meinst du?«

»Ganz wie du willst, Tony.«

Die nächste Stunde unterhielt man sich über Gott und die Welt; keines der Themen hatte auch nur das geringste mit Margits jüngsten Erlebnissen zu tun, bis Buffolino Cobols Selbstmord erwähnte. »Was haltet ihr davon?« fragte er.

»Margit war Captain Cobols Verteidigerin«, sagte Smith.

Buffolino schnellte fast aus dem Sessel. »Im Ernst? Sie sind Pilotin *und* Anwältin?«

»Ich fürchte ja«, antwortete Margit.

»Klar doch, ich habe was drüber gelesen«, sagte er. »Der Knabe muß ja wirklich schuldig gewesen sein, was, wenn er sich umbringt?«

»Nicht notwendigerweise«, meinte Smith.

»Ich glaube, nicht«, sagte Margit. »Vielleicht macht das die ganze Geschichte so schrecklich – daß jetzt alle Welt davon ausgeht, daß Cobol Joycelen umgebracht hat, und er sich nicht mehr verteidigen kann.«

»Sie glauben nicht, daß er's war?« fragte Buffolino.

»Nein, ich glaube es nicht.«

»Wobei sich wie immer eine interessante Frage erhebt«, sagte Buffolino.

»Und die wäre?«

»Wenn der Knabe den Wissenschaftler nicht umgebracht hat, dann war es jemand anders. Hab' ich recht?« fragte er in die Runde.

»Es ist jedenfalls ein vernünftiger Schluß«, sagte Smith.

»Solche Leute«, fügte Alicia Buffolino hinzu, »können manchmal wirklich bösartig werden und alles mögliche anstellen, wenn sie wütend werden.«

»Wie meinen Sie das?« fragte Margit.

»Na ja, Sie wissen schon, solche Männer kriegen sich mit ihresgleichen in die Haare, und manchmal artet so was eben in Gewalttätigkeiten aus. Na, jedenfalls hört man das. Ich kenne ja eigentlich keinen. In San Francisco schon, da –«

»Die häusliche Gewalt bei homosexuellen Beziehungen unterscheidet sich nicht von der anderer«, sagte Smith.

»Das stimmt«, warf Buffolino ein. »Da gibt es Gute und Schlechte, wie woanders auch.«

»Da war aber nichts«, sagte Margit.

»Was war nicht?« fragte Buffolino.

»Captain Cobol hatte keine Beziehung mit Richard Joycelen. Und Joycelen war nicht homosexuell.«

»Er war zweimal verheiratet, richtig?« fragte Buffolino.

»Richtig«, sagte Smith und stand auf. »Tja, jetzt, wo die Windbeutel alle sind, nehme ich an, hat Tony das Interesse an uns verloren, und ihr beide werdet nach Hause wollen.« Annabel wandte sich von ihrem Gatten ab, damit er ihr Lächeln nicht sah.

Die Buffolinos standen auf und streckten Margit die Hände entgegen. »Wirklich nett, Sie kennenzulernen«, sagte Margit.

»Fand ich auch«, sagte Alicia. »Die Freude ist ganz auf meiner Seite.«

»Viel Glück noch, Major«, sagte Buffolino. »Danke für den Snack, Mac. Wir sprechen uns ja demnächst.« Als sie schon an der Haustür waren, hörten Margit und Annabel Buffolino noch sagen: »Ach, hätt' ich fast vergessen. Hier. Das Geschenk, das ich dir besorgt habe, Alicia und ich waren am Meer, um mal so richtig auszuspannen, stimmt's? Da kommen wir doch glatt an einem Flohmarkt vorbei, und was finde ich? Ich dachte sofort, das ist das passende Geschenk für Mac Smith. Hab' ich das nicht gesagt, Alicia?« Sie pflichtete ihm bei. »Also hab' ich's dir gekauft.« Smith dankte ihm, dann öffnete sich die Haustür und wurde wieder geschlossen.

»Smith kam mit einem Päckchen ins Wohnzimmer zurück. »Was ist es?« fragte Annabel. Smith wickelte es aus und hielt einen gerahmten Druck aus einer Zeitschrift um die Jahrhundertwende vor sich hin. Ein Elefant in der weißen Perücke und der schwarzen Robe eines britischen Richters saß hinter dem Richtertisch. Vor ihm befanden sich kleinere Tiere: Kaninchen, Vögel, Hunde und Katzen. Die Bildunterschrift lautete: »Schuldig, weil ich es sage! Irgendwelche Einwände?«

»Will er damit was Bestimmtes sagen?« fragte Annabel lachend.

»Nein«, sagte Smith. »Ausgesprochen aufmerksam von ihm. Wir werden's übers Bett hängen.«

»Über das von Rufus«, sagte Annabel.

»Sag ich doch: über unsres«, verbesserte Smith.

»Wir müssen ihm ein ausziehbares Sofa kaufen«, erklärte Annabel.

Rufus, der auf dem Boden geschlafen hatte, hob den Kopf, als er seinen Namen hörte, gähnte und ließ seinen riesigen Kopf wieder auf den Boden plumpsen. Er hatte geschlafen, seit klar war, daß der Lammeintopf nicht auf *seiner* Speisenkarte stand.

»Interessantes Paar«, sagte Margit.

»Gelinde gesagt«, meinte Smith. »Tony hat Alicia in San Francisco kennengelernt, nachdem ich den Fehler gemacht hatte, mich in den Mord an dieser jungen Frau im Kennedy

Center hineinziehen zu lassen. Erinnern Sie sich noch an den Fall?«

»Klar doch«, sagte Margit. »Stand ja in allen Zeitungen.«

»Alicia arbeitete als Bedienung im Top of the Mark. Tony verknallte sich schon am ersten Abend, als wir dort was tranken, ganz furchtbar, und schon war's passiert. Als er wieder nach Washington kam, eröffnete er einen Nachtclub ganz im Stil von Las Vegas – wie er meinte. Es wurde eine Pleite. Glücksspiel hätte womöglich geholfen. Seither arbeitet er als Privatdetektiv. Er wirkt auf den ersten Blick etwas schmuddelig und dumm, aber er ist nicht auf den Kopf gefallen. Er hat den besten Instinkt, den ich je bei einem Ermittler gesehen habe.«

»Ich nehme an, er entwaffnet die Leute mit seinem Stil.«

»Nicht selten.«

Margit gab bekannt, daß sie aufbrechen wolle.

»Wo ist Jeff?« fragte Smith.

»Ich habe ihn vom Büro aus angerufen, nachdem ich mit Ihnen gesprochen hatte«, sagte sie. »Ich denke, ich hätte wohl zu ihm gehen sollen, aber ich mußte einfach mit Ihnen reden, Mac. Jeff hat das verstanden. Sie sind mir beide sehr liebe Freunde. Ich kann Ihnen gar nicht genug dafür danken, daß Sie mir Gelegenheit gegeben haben, meine Gefühle und meine schlechte Laune abzureagieren.«

»Wann immer Sie wollen«, sagte Smith. Er legte die Stirn in Falten und sah Margit offen in die Augen. »Tun Sie nichts Unüberlegtes«, sagte er. »Wenn wieder ein Reporter anruft, bleiben Sie bei ›Kein Kommentar‹. Sie haben zu der Reporterin von der *Post* einiges gesagt, was Sie womöglich noch bedauern werden. Und falls Sie sich entschließen sollten, diese Geschichte weiterzuverfolgen, rufen Sie mich an und sagen Sie's keinem«

»Ich weiß, Mac. ich verspreche, erst zu denken und dann zu schießen. Noch mal vielen Dank.«

20

»Morgen, Major«, begrüßte sie Colonel Bellis, als Margit am Montagmorgen in sein Büro trat. »Machen Sie die Tür zu.« Als sie saß, musterte er sie ganz unverhohlen. »Sie sehen ziemlich mitgenommen aus«, sagte er.

»Ich bin dieses Wochenende kaum zum Schlafen gekommen. Was Captain Cobol passiert ist, macht mir ziemlich zu schaffen.«

»Wer sollte es Ihnen verdenken? Ihnen steht noch Urlaub zu. Nehmen Sie sich was davon, und vergessen Sie das Ganze.«

Bellis schlug ihr etwas vor, woran sie selbst schon gedacht hatte. Tags zuvor beim Kaffee mit Jeff hatte sie überlegt, ob sie nicht ein paar Tage Urlaub nehmen sollte. Jeff hatte sie überrascht.

Sie hatte ihm erzählt, wie sehr sie das mit Cobol aus der Fassung gebracht hätte; daß sie Schwierigkeiten hätte, diese Geschichte zu schlucken; daß sie einfach nicht anders könne, als nach Antworten auf die Fragen zu suchen, die ihr zu schaffen machten. Sie hatte angenommen, Jeff wäre wie gewöhnlich ganz der Pragmatiker und würde ihr raten, die ganze Sache einfach zu vergessen und sich wieder ihrem Leben und ihrem Beruf zu widmen. Statt dessen hatte er sich ausgesprochen mitfühlend und verständnisvoll gezeigt. Er hatte ihr tatsächlich geraten, ihren Instinkten nachzugeben und sich selbst treu zu bleiben.

Foxboro war dann zu einer nachmittäglichen Besprechung mit Senator Wishengrad gegangen, so daß Margit nichts anderes blieb, als in ihrem Quartier in Bolling herumzusitzen und über ihren nächsten Schritt nachzudenken. Der Gedanke an Urlaub hatte seinen Reiz; sie könnte sich einen Flug auf einer Militärmaschine schnappen – irgendwohin, wo es schön war, wo sie an einem einsamen Strand liegen und Sonne und Meer sich um ihren Verdruß kümmern lassen könnte. Sie wünschte, sie hätte Verwandte, die sie besuchen könnte. Es wäre genau der richtige Zeitpunkt gewesen, nach Hause zu fahren. Aber sie hatte kein Zuhause mehr, jedenfalls keines, wo sie die Familie mit offenen, tröstenden Armen empfing. Die Luftwaffe war ihr Zuhause, Luftwaffenbasis Bolling in Washington, D.C., ihr Habitat – wenigstens für den Augenblick.

»Das werd' ich vielleicht, Sir«, sagte sie zu Bellis. »Ein paar Tage Urlaub. Sie haben davon gesprochen, daß ich wieder auf meinen alten Posten beim Projekt Safekeep zurück soll.«

»Wenn Sie das wollen. Ich kann Ihnen aber auch einen anderen Posten zuweisen.«

»Hier im Pentagon?«

»Oder woanders. Ein Schock, wie Sie ihn eben hinter sich haben, kann einen Offizier verderben. Ich bin mir dessen sehr wohl bewußt, und es war mir ernst damit, als ich Ihnen sagte, ich sei dabei, eine gewisse väterliche Zuneigung zu Ihnen zu entwickeln. Sie sind die Sorte Offizier, die das Militär der Vereinigten Staaten zum besten der Welt macht. Ich sähe es nicht gern, wenn Sie Ihre Zukunft aufs Spiel setzten.«

Seine Worte waren nett; das Beunruhigende war, was dahintersteckte. Sie sagte ihm, sie wäre für den Augenblick mit ihrem Posten vollauf zufrieden, und dankte ihm für seine Sorge.

Bellis sagte: »Ich bin heute morgen in der festen Absicht hierher gekommen, einen Schlußstrich unter Joycelen und Cobol zu ziehen. So unselig der ganze Zwischenfall auch war, er scheint sich ja nun von selbst gelöst zu haben, vielleicht nicht ganz so, wie wir das alle gern gesehen hätten, aber er ist gelöst. Colonel Detienne und General Paley haben für morgen eine Pressekonferenz geplant. Die wird der

Geschichte hoffentlich auch bei Presse und Öffentlichkeit ein Ende machen. Ich kann es nur hoffen.«

»Erwartet man von mir, daß ich an dieser Pressekonferenz teilnehme?« fragte Margit.

Bellis lachte. »Nein, es ist nicht notwendig, daß Sie dabei sind. Ihre Rolle in der Sache hat sich erledigt.« Er nahm die Ausgabe des *Early Bird* von diesem Morgen in die Hand. »Haben Sie schon gelesen?« fragte er.

»Nein, Sir.«

Er schob sie ihr über den Schreibtisch hinweg zu. »Haben Sie schon einen Blick in die heutige *Post* geworfen?«

»Nein, Sir.« Sie wußte, was jetzt kam; dazu brauchte sie erst gar nicht zu lesen. Ihre unklugen Kommentare Louise Harrison von der *Post* gegenüber... Sie nahm den *Early Bird* zur Hand und blätterte die lieblos zusammengeworfenen Seiten durch, bis sie auf den Artikel von Harrison stieß. Sie las ihn, sah, daß die Journalistin sie richtig zitiert hatte und legte das Nachrichtenblatt wieder auf Bellis' Schreibtisch.

»Ich war überrascht, als ich das gelesen habe«, sagte er.

»Das kann ich mir denken«, antwortete Margit mit einem Seufzer. »Die Reporterin hat mich überrumpelt. Sie hat mich bei Mackensie Smith aufgestöbert. Ich war nicht gerade diskret. Ich habe den Mund aufgemacht, ohne nachzudenken.«

Bellis wischte ihre Worte beiseite. »Egal. Ich kann Ihre Gefühle verstehen. Ich schlage dennoch vor, daß Sie sich alle Mühe geben, diese Geschichte zu vergessen. Unser Geschäft ist die Landesverteidigung. Dafür werden wir bezahlt.« Er nahm eine der offiziellen Broschüren zur Hand, die man an die Besucher verteilte, die Woche für Woche zu Tausenden die Führung durch das Pentagon mitmachten. Er schlug die erste Seite auf und legte sie ihr vor. Es handelte sich um den Abschnitt, in dem die offizielle Aufgabe des Pentagon erklärt wurde:

Den Frieden bewahren in Freiheit für uns und unsere

Nachkommen. Durch eine allzeit bereite, schlagkräftige Truppe andere vom bewaffneten Konflikt abschrecken.

Es paßte Margit ganz und gar nicht, diese vertrauten Worte in der Gegenwart eines Vorgesetzten lesen zu müssen – wie ein Schulmädchen, das man an die Grundprinzipien verantwortungsvollen Verhaltens erinnert.

Bellis fuhr fort. »Es gibt da eine Zeile bei Emerson, die ich nie vergessen werde. ›Nicht Gold, sondern der Mensch allein macht ein Volk groß und stark.‹ Ich zitiere vielleicht nicht ganz korrekt, aber es genügt.«

»Sir, warum sagen Sie mir das alles? Ich bin mir meiner Pflichten und Verantwortung als Offizier durchaus bewußt.« Sie wünschte, es hätte sich nicht so zornig angehört.

»Schnappen Sie mir nicht gleich ein, Major. Hin und wieder brauchen wir alle eine kleine Erinnerung – oder müssen uns selbst daran erinnern, was wichtig ist und was nicht. Joycelens Mord und Cobols Freitod haben einer unseligen Episode ein Ende gemacht, die jedoch nun keinen großen Stellenwert in der Liste unserer Prioritäten als Berufssoldaten einnehmen sollte. Es ist erledigt. Genauso sollten Sie das sehen.«

Margits Zorn drohte überzukochen. Sie zwang sich, ihn anzusehen.

Bellis kam um den Tisch herum. »Nehmen Sie sich ein paar Tage frei, Major. Machen Sie sich keine Sorgen um Ihr Büro. Ich werde den Umzug veranlassen. Entspannen Sie sich, sehen Sie sich einen guten Film an, gehen Sie mit Ihrem Freund essen.«

Sie ging zur Tür und sagte: »Danke, Sir. Vielleicht nehme ich Ihren Rat an. Ach übrigens, ich habe mich gefragt, ob Sie wohl über eine Einstufung mit der Bezeichnung HP-5 Bescheid wissen. Man benutzt sie auf den Personalbögen.«

Sie hätte es nicht beschwören können, aber ihre Frage schien ihn aufhorchen zu lassen. Er sagte: »Nein. Nie davon gehört. Weshalb fragen Sie?«

»Ein Vermerk auf Cobols Akte. Handschriftlich.«

»Sagt mir nichts. Ich danke Ihnen für die hervorragende Arbeit bei der Vorbereitung von Captain Cobols Verteidigung. Sie haben meine Erwartungen voll und ganz erfüllt.«

Sie überquerte den Flur, wo Silbert und Woosky sich eben anschickten zu gehen. »Vielen Dank für die Hilfe, Leute«, sagte sie ihnen.

»Das Vergnügen war ganz auf unserer Seite«, sagte Silbert, der einen ganzen Stapel Aktendeckel unter dem Arm hatte.

»Das sind doch Akten über den Fall Cobol«, sagte Margit.

»Ja, Madam. Colonel Bellis will alles in einem zentralen Archiv bei der Prozeßhilfe untergebracht sehen.«

Margit warf einen Blick auf den offenen Safe. Er war leer. Alles war verschwunden, einschließlich Cobols Personalakte. Sie wollte schon protestieren, wußte aber, daß es zwecklos wäre. Sie dankte den beiden noch mal, und schritt dann forsch den Korridor entlang, die Treppe hinunter und dem Ausgang zu. Dann blieb sie jedoch stehen, orientierte sich und schlug eine andere Richtung ein, die sie in den Korridor brachte, in dem man die Frauen in Uniform ehrte, die in der Geschichte Amerikas Außergewöhnliches geleistet hatten.

Sie blieb vor dem Foto der Bürgerkriegsheldin Dr. Mary Edwards Walker stehen, der einzigen Frau, die je ein Ehrenabzeichen erhalten hatte. Dr. Walker hätte gar nicht bei der Armee sein dürfen; sie hatte sich als Mann verkleidet, um an die Front zu gelangen, wo sie sich unter schwerem Feindbeschuß um die Verwundeten kümmerte. 1917 hatte man ihr das Abzeichen aberkannt, aber Jimmy Carter hatte dafür gesorgt, daß sie die Auszeichnung zurückbekam.

Margit ging weiter, blieb vor dem Foto von Oberstleutnant Jacqueline Chochran stehen, der ersten Fliegerin, die die Schallmauer durchbrochen hatte, Inhaberin von mehr Flugrekorden als jeder andere Mensch, Mann oder Frau.

Bevor sie den Korridor wieder verließ, las sie noch die Plakette zu Ehren von Konteradmiralin Grace Hopper, die bis ins hohe Alter von neunundsiebzig Jahren aktiven Dienst geleistet hatte.

Ich bin stolz auf euch, dachte sie. Ich wünschte, ich wäre nur halb so gut.

Sie verbrachte den Rest des Tages in ihrem Quartier in Bolling, wo sie Kaffee trinkend die *Washington Post* las, von der ersten bis zur letzten Seite. Der Artikel über Cobols Selbstmord befand sich gleich auf der Titelseite in einem Kästchen ganz unten rechts. Es gab natürlich auf Seite eins auch noch andere Nachrichten. Der israelische Abgesandte bei den Vereinten Nationen hatte eine Krisensitzung im Sicherheitsrat verlangt, um über die unmittelbare atomare Bedrohung zu sprechen, der sich sein Land durch die arabische Nation mit der Bombe ausgesetzt sah; er betonte dabei, daß die Bombe, die man gezündet habe, nicht die einzige im Arsenal des arabischen Führers gewesen sei. Er sagte dies mit der ganzen Autorität israelischer Tüchtigkeit auf dem Gebiet der Spionage, was freilich unerwähnt blieb.

Präsident Beardsleys Sicherheitsberater hatte bekanntgegeben, die Regierung erwäge, Truppen in den Nahen Osten abzustellen, so wie das schon eine frühere Regierung gemacht hatte, als Saddam Hussein 1990 in Kuwait einmarschiert war und angriffsbereit an der Grenze zu Saudi-Arabien gestanden hatte.

Auf den inneren Seiten las sie Neuigkeiten von weniger Gewicht, Artikel aus den Stadtvierteln, über lokalpolitisches Gerangel, Kochrezepte, Mode, Klatsch, »Modernes Leben«, alles, woraus eine Zeitung so bestand, zwang sich jedoch dazu, diese Dinge nur zu überfliegen. Den Wirtschaftsteil las sie dann wieder sorgfältiger.

Der Wehrausschuß im Senat, dem der Senator aus Wisconsin, Henry Wishengrad, vorsaß, hatte eine »Untersuchung gesetzeswidriger Vorgänge bei der Entwicklung des Projekts Safekeep und der damit betrauten kalifornischen Firma, Starpath, Inc.« angekündigt. Es wurden keine Namen genannt, aber Margit mußte sofort an den Lobbyisten von Starpath, Sam Caldwell, denken, und dann an Joe Maize, den das Pentagon zum Chefrevisor des umstrittenen Waffensystems ernannt hatte. Gehörten die beiden zu den ungenannten Personen, denen Wishengrads Ausschuß in die Karten sehen wollte? Jeff hatte nichts von einem derartigen Hearing gesagt, aber das leuchtete ihr durchaus ein. Im Idealfall hielt jeder, der an einer geplanten Anhörung beteiligt war, bis zur offiziellen Bekanntgabe den Mund. Selbstverständlich funktionierte Washington selten auf eine so ideale Weise. Margit bewunderte Jeffs Diskretion. Gleichzeitig fühlte sie sich irgendwie betrogen, weil er sein Wissen nicht mit ihr geteilt hatte. Schließlich gab es dieser Tage nichts, was sie nicht mit ihm geteilt hatte. Tja, dann war er wohl ein besserer Mensch als sie. »Erst denken, dann schießen« hatte sie Mac Smith versprochen. Sie täte gut daran, sich endlich an ihr Versprechen zu halten.

Nach einigen falschen Anläufen rief sie Cobols Mutter auf Long Island an. Sie ließ das Telefon ein Dutzendmal klingeln. Als sie eben wieder auflegen wollte, nahm Flo Cobol ab. »Hier ist Margit Falk. Das mit Robert tut mir leid.«

Flo begann zu weinen. Margit wartete und sagte dann: »Mrs. Cobol, kann ich irgend etwas für Sie tun?«

»Er wird morgen beerdigt«, sagte Flo.

»In New York?«

»Ja, in einem Familiengrab zusammen mit seinem Vater und meiner Mutter.«

»Um wieviel Uhr?«

»Elf. Hier in unserer Gemeinde.«

»Ich wäre gern dabei.«

Flo bekam sich wieder in den Griff. »Das wäre wirklich nett«, sagte sie. »Ich meine, es wäre mir eine Ehre, Sie dabei zu haben.«

Margit ließ sich sagen, wie sie zur Kirche gelangte. »Durch wen haben Sie von seinem Tod erfahren?«

»Ich bekam einen Anruf von seinem unmittelbaren Vorgesetzten bei der CIA. Einem Colonel. Er hieß Kale. Ich glaube, er schreibt sich mit K. Vielleicht aber auch mit C.«

Margit tröstete sie, indem sie ihr sagte, sie glaube an Robert, und verabschiedete sich dann. Sie machte sich auf zu einem mittäglichen Dauerlauf. Es war ein wunderschöner Tag, sonnig, aber nicht drückend, perfektes Joggingwetter. Sie lief länger und weiter als gewöhnlich, ihrer Schätzung nach mehr als zehn Meilen. Sie folgte einem Pfad zum Anacostia Freeway, dann den Fluß entlang zum Anacostia Park, diesen ganz hinauf und schließlich durch die Straßen des südöstlichen Washingtons und den Fort Stenton Park wieder zurück.

Zunächst bemerkte sie den Umschlag gar nicht, den man ihr unter der Tür durchgeschoben hatte. Sie war einfach drübergelaufen. Erst nachdem sie ihren Durst mit Wasser gelöscht und sich in einen Sessel im Wohnzimmer gesetzt hatte, um ihre Joggingschuhe auszuziehen, sah sie ihn. Ein kleiner weißer Umschlag. MAJ. FALK stand mit schwarzer Tinte und in Blockschrift darauf.

Margit hob ihn auf, kehrte zu ihrem Sessel zurück und öffnete ihn. Innen fand sie ein Blatt Papier mit blauen Zeilen. Das erste, was ihr auffiel, war, daß die Schrift auf dem Zettel nicht der auf dem Umschlag entsprach. Sie begann zu lesen:

Freitag nacht.

Maj. Falk – Ich hoffe, das hier erreicht Sie. Mein Freund sagte mir, daß Sie es bekommen würden. Er rief an und hinterließ eine Nachricht, aber ich nehme an, Sie haben sie wohl nicht bekommen. Er sagte mir, er würde diese Nachricht selbst überbringen. Ich weiß, Sie versuchen mir zu helfen, aber es hat keinen Sinn. Ich ließ meinen Freund deshalb anrufen, weil ich einfach mit jemandem sprechen mußte. Ich wollte, ich könnte mit meiner Mutter reden, aber sie würde sich nur aufregen. Sie hat sich schon so aufgeregt, als sie mich besuchte, und ich möchte ihr das nicht antun. Man hat mir heute einen Arzt geschickt. Er hat mir eine

Spritze gegeben, und ich nehme an, ich habe bis heute nacht (es ist Freitag nacht) geschlafen. Ich weiß, man will verhindern, daß ich erzählen kann, was sie getan haben. Ich habe Angst. Ich schäme mich nicht, es zuzugeben.

Sollte mir irgend etwas passieren, dann sagen Sie bitte meiner Mutter, wie sehr ich sie immer geliebt habe und wie dankbar ich ihr für ihre Unterstützung bin.

Man hat mich aufs Kreuz gelegt. Ich hätte nie gedacht, daß sie das tun würden, aber sie haben es getan. Ich dachte, ich würde ein paar Tage warten, bis sie mir helfen, aber jetzt sehe ich, daß sie das nicht tun werden. Deshalb mußte ich mit Ihnen sprechen. Es wird ihnen nicht gefallen, was ich zu sagen habe, aber es schmeckt auch mir nicht, was mir zugestoßen ist. Vielleicht wäre es einfacher, wenn wir Zivilisten wären.

Unterzeichnet hatte er mit *Robert D. Cobol, Capt., United States Army.*

Margit ließ den Zettel in ihren Schoß fallen und sah sich um, als suche sie nach einer Antwort, die sie nur aufzuheben brauchte, einer Tafel, die von der Decke hing und auf der alle Wahrheit und Weisheit in Stein gemeißelt wäre. Selbstverständlich gab es dergleichen nicht, und so stand sie auf, ohne die geringste Ahnung zu haben, wie ihre Reaktion auf diese Nachricht nun ausgefallen war.

Sie duschte und setzte sich dann ins Auto; ihre Fahrt hatte weder Zweck noch Ziel, sie erfüllte einfach ihr Bedürfnis nach Bewegung. Sie wußte nicht, wie lange sie gefahren war, aber schließlich hielt sie vor dem Sign of the Whale. Es war halb sechs.

21

Es hatte einiger Überredung bedurft, Maitland dazu zu bekommen, sie auf Cobols Beerdigung zu begleiten. Sie sah, daß sie nicht weiterkam, bis sie merkte, daß es ihm unangenehm wäre, Cobols Mutter gegenüberzustehen. »Brian«, hatte sie gestern abend gesagt, »Robert Cobols Mutter ist weitaus offener und verständnisvoller, als Sie vielleicht denken. Sie ist ein netter Mensch, und sie weiß seit Jahren von Roberts Homosexualität. Was Flo Cobol anbelangt, so brauchen Sie sich wirklich keine Sorgen zu machen. Vertrauen Sie mir.«

Was er denn auch tat; zum Beweis dafür befanden sie sich nun beide auf dem Long Island Expressway zur Kirche und dem Friedhof, wo Cobol seine letzte Ruhestätte finden sollte.

Margit trug eine blaue Ausgehuniform; Maitland, den die Leser des *Washingtonian* sicher nie zum bestgekleideten Mann der Stadt wählen würden, steckte in einem blau-weißkarierten Hemd mit kleinem Kragen, einer grünen Krawatte, nicht breiter als Spaghetti, und einem übergroßen Sportsakko.

Sie hatten sich am National Airport verabredet, und er war ausgesprochen nervös gewesen, hatte sich aber während des kurzen Flugs sichtlich entspannt. Als sie die Autobahn schließlich verließen und den Hinweisschildern zur Kirche folgten, hatte er sich zu einem angenehmen, ja sogar geistreichen Reisegefährten entwickelt.

St. James lag in Franklin Square, einer Gemeinde der unteren oder mittleren Mittelschicht – Margit hatte den Unterschied nie kapiert. Kompakte kleine Häuschen saßen auf kaum größeren Grundstücken. Die Häuser sahen aus, als stammten sie aus den dreißiger Jahren, obwohl ungezählte Anbauten und Änderungen sie jedem festen architektonischen Lager entzogen hatten, falls sie überhaupt je einem angehört hatten. Ein nettes, ruhiges Viertel.

Nachdem Margit und Maitland ihren Mietwagen verlassen hatten und sich auf dem Weg zur Kirche befanden, parkten zwei Autos neben dem ihren. Jedem entstiegen vier Männer in Uniform und fielen in eine lockere Formation, wie Soldaten das so an sich haben. Sie kamen in Margits Richtung. Sieben der acht Männer schienen ihr unbekannt, aber der letzte des Kontingents war Monroneys Mitarbeiter Major Anthony Mucci.

Sie und Maitland warteten, bis die Gruppe sie erreicht hatte. »Guten Morgen, Major Mucci«, sagte Margit.

Mucci, dessen ewige Leichenbittermiene für Beerdigungen wie geschaffen schien, nickte und murmelte, ohne stehenzubleiben, einen Gruß. Zusammen mit den anderen stieg er die Treppe hinauf und verschwand durch das Portal der Kirche.

»Wer sind die denn?« fragte Maitland.

»Einige von Roberts Kollegen, nehme ich an«, sagte Margit. »Ist doch nett, daß das Militär eine Abordnung schickt, um ihm die letzte Ehre zu erweisen. Kommen Sie, gehen wir. Die Messe wird jeden Moment anfangen.«

Margit und Maitland standen direkt hinter den acht uniformierten Trauergästen. Flo Cobol befand sich auf der anderen Seite des Mittelgangs, zusammen mit Leuten, in denen Margit Angehörige vermutete. Der Geistliche, ein pausbäckiger junger Mann mit Pferdeschwanz, zelebrierte die Messe mit einem Minimum an religiöser Rhetorik, dafür mit um so mehr Enthusiasmus. Er entlarvte die tröstende Ansicht, der Tod bringe sein Opfer näher zu Gott. »Tatsache ist«, so sagte er, »daß der Tod eine Riesengemeinheit ist, und egal, wie viele nette Dinge wir sagen, wir ändern nichts daran. Gott ist jedoch trotzdem mit uns.«

Der einzige Laie, der das Wort ergriff, war Roberts Cousine Susan, eine schlanke, hübsche junge Frau, deren Stimme ebenso zitterte wie ihr Körper, als sie der schönen Zeiten gedachte,die sie mit ihrem »Lieblingsvetter« verbracht hatte. Als sie sich dem Ende ihrer kleinen Ansprache näherte, wurde ihr Zittern schlimmer, ihre Stimme dafür um so kräftiger, als sie über die Versammelten hinwegblickte. »Mein Vetter Robert war einer der nettesten Menschen auf der Welt. Es ist schlimm genug, daß er nicht mehr bei uns ist, und er wird mir sehr fehlen. Ich weiß auch, daß Gott weiß, daß Robert nie auch nur einer Fliege etwas zuleide getan hat, und wenn er sich das Leben genommen hat, dann nur, weil ihm die Lügen über ihn so weh taten, daß er sie einfach nicht länger ertragen konnte.«

Der Geistliche, dessen Namen Margit nicht mitbekam, schloß die kurze, schlichte Zeremonie mit einem Dankeschön an alle, die gekommen waren, um dem Toten die letzte Ehre zu erweisen, auch an die Offizierskollegen, die eigens aus Washington angereist waren, um die Streitkräfte zu vertreten. Seine letzten Worte galten Flo Cobol: »Sie haben einen großartigen jungen Mann großgezogen«, sagte er zu ihr, »einen liebenden Sohn, einen stolzen Offizier und einen Bürger, der seinen Beitrag zur Gemeinschaft leistete, anstatt nur zu nehmen.« Flo, die schon die ganze Zeremonie hindurch leise vor sich hingeweint hatte, brach darauf vollends zusammen.

Der Friedhof, eine zehnminütige Autofahrt von der Kirche entfernt, war der Größe der Gemeinde entsprechend nur klein. Der Geistliche warf die traditionelle Handvoll Erde auf den Sarg und intonierte dabei: »Dem Mensch, geboren aus der Frau, ist nur eine kurze Spanne auf dieser Erde beschieden, und er ist voll Leid. Er wächst und wird geknickt wie eine Blume; er flieht wie ein Schatten und findet keine Ruhe... Von der Erde bist du gekommen, und zur Erde kehrst du zurück...«

Flo Cobol, die man während der Zeremonie am Grab hatte stützen müssen, lehnte sich gegen die Limousine, in der sie und ihre nächsten Verwandten gekommen waren. Margit und Maitland gingen zu ihr hinüber. »Es tut mir so leid, Mrs. Cobol«, sagte Margit. »Das hier ist Brian Maitland. Er war ein guter Freund von Robert.«

»Ich danke Ihnen beiden fürs Kommen«, sagte Flo. Sie schien sich jetzt besser im Griff zu haben, da alles oder wenigstens der offizielle Teil vorüber war. »Ich hoffe, Sie kommen noch mit nach Hause. Es gibt nichts Großartiges, nur ein kaltes Büfett und Salat. Ich weiß, Robert hätte Sie dabeihaben wollen.«

Margit antwortete für sie und Maitland. »Selbstverständlich. Wir fahren Ihnen nach.«

Fünfzehn Minuten später stand Margit in dem kleinen, altmodisch, aber geschmackvoll möblierten Haus, in dem Cobol aufgewachsen war. Nur einige wenige hatten sich nach der Beerdigung auch zum Leichenschmaus eingefunden. Flo Cobol war in der Küche beschäftigt, eine Tätigkeit, bei der sie sich wirklich wohlzufühlen schien; Margit und Maitland standen verlegen in einer Ecke des Wohnzimmers.

Susan, die Cousine, die in der Kirche gesprochen hatte, kam zu ihnen herüber.

»Ihre Worte waren rührend«, sagte Margit.

»Ich danke Ihnen. Sie kamen von Herzen. Robert und ich standen uns sehr nahe.«

Margit hob die Schultern. »Was soll man jetzt noch sagen?«

»Flo sagt, Sie hätten sich bei der Vorbereitung auf seine Verteidigung große Mühe gegeben.«

»Das ist sehr freundlich von ihr, obwohl ich nicht sagen könnte, inwiefern es wahr ist. Ich weiß nur, daß ich entschlossen war, mein Bestes zu geben. Aber ich habe nicht alles getan, was ich hätte tun können.«

»Es ist schon schlimm genug, einen Sohn auf diese Art und Weise zu verlieren, aber daß es nach alledem auch noch dazu kommen mußte, ist einfach unbegreiflich. Zu wissen, daß der eigene Sohn gestorben ist, weil man ihn eines Mordes beschuldigte ... ich weiß nicht, ich könnte das an ihrer Stelle nicht durchstehen.«

Maitland, der bisher nicht viel gesagt hatte, wiederholte

die Worte des Geistlichen. »Es ist eine Gemeinheit. Eine echte Gemeinheit.«

Diejenigen, die noch mit nach Hause gekommen waren, gingen, kurz nachdem die bescheidene Mahlzeit serviert worden war, die Flo Cobol aus dem Lebensmittelladen hatte kommen lassen, in dem sie auch sonst einzukaufen pflegte. Bald waren Margit, Maitland, Roberts Cousine und Flo Cobol allein. Sie saßen im Wohnzimmer und sprachen über alles mögliche, nur nicht über Beerdigungen oder den Tod. Margit fragte Flo Cobol, warum sie Robert am Tag vor seinem Tod besucht hätte, ohne sie anzurufen. »Ich wollte Sie nicht behelligen«, erwiderte Mrs. Cobol, »ich weiß ja, wie beschäftigt Sie sind, und –«

»So beschäftigt nun auch wieder nicht«, sagte Margit. »Schien er Ihnen bei diesem Besuch aufgeregter als sonst?«

»Ja. Er war sehr nervös. Ich blieb auch nicht lange, weil ich sah, daß er lieber allein war.«

Margit hatte sich lange den Kopf darüber zerbrochen, was sie wegen der Nachricht unternehmen sollte, die man ihr unter der Tür hindurchgeschoben hatte. Sie hatte sie niemandem gezeigt, aber sie wußte, es würde ihr nichts anderes übrig bleiben, wenigstens Flo Cobol zu sagen, was ihr Sohn über sie geschrieben hatte. Sie kam zu dem Schluß, daß es besser wäre, ihr den Zettel einfach zu zeigen, als die Nachricht in eigene Worte zu fassen. Außerdem sollten Maitland und Susan daran teilhaben. Offensichtlich hatten diese Menschen Cobol ebensoviel bedeutet wie er ihnen.

Sie holte den Brief aus ihrer Handtasche, ging zu Flo hinüber, die auf der Couch saß, und reichte ihn ihr.

»Was ist das?« fragte Flo Cobol.

»Eine Nachricht von Robert. Ich weiß nicht, wer sie mir überbracht hat, aber sie stammt ganz offensichtlich von Robert.«

Margit setzte sich wieder in ihren Sessel und beobachtete, wie Flo langsam den Zettel aus dem Kuvert nahm. Sie wußte, sie würde Roberts Bemerkung über seine Nachricht an sie erklären müssen, aber das spielte jetzt auch keine Rolle mehr. Es war passiert, und sie war bereit, es zu akzeptieren, falls man ihr eine Mitschuld an seinem tragischen Tod gab.

Es herrschte Schweigen im Raum, während Flo Cobol las, was ihr Sohn geschrieben hatte. Sie kniff die Augen zusammen, als sie ein zweites Mal las.

»Was schreibt er?« fragte Susan.

Flo Cobol sah sie alle der Reihe nach an und sagte dann leise und heiser: »Mein Sohn hat niemanden umgebracht. Man hat ihm das angehängt.«

Susan nahm Flo Cobol den Zettel aus der Hand und las. Sie blickte Margit an, ob sie ihn auch Brian Maitland geben könne; Margit nickte. Nachdem Maitland ihn ebenfalls gelesen hatte, stand Flo Cobol auf und sah Margit mit einem Ausdruck an, den diese als Zorn deutete. Sie verließ das Zimmer und kam gleich darauf mit einer Ausgabe des lokalen Wochenblatts zurück. Auf der Titelseite prangte Cobols Foto, dasselbe, das Margit in seiner Personalakte gesehen hatte. Die Überschrift lautete: ANGEKLAGTER MÖRDER NIMMT SICH DAS LEBEN.

»Ich habe Ihnen das Bild gegeben, weil man mich darum gebeten hat. Ich dachte, man würde ihm einen netten Nachruf schreiben. Statt dessen sagen sie allen Leuten hier in der Gemeinde, er sei ein Mörder, daß er jemanden umgebracht hätte.«

»Nicht nur dieser Gemeinde, Flo«, sagte Susan. »Dem ganzen Land, der ganzen Welt, nehme ich an, hat man dasselbe gesagt.«

Falls Flo Cobols Miene vorher ihren Zorn zum Ausdruck gebracht hatte, so war es jetzt maßlose Wut. Sie warf die Zeitung auf den Boden und trat ans Fenster. »Wir waren in unserer Gemeinde immer gut angesehen«, sagte sie zur Fensterscheibe gewandt. »Meine Nachbarn respektierten Robert. Die Leute, die hier Geschäfte haben, haben sich immer nach ihm erkundigt, seit er sein Offizierspatent bekommen hatte. Alle waren sie stolz auf ihn. Und jetzt, was denken sie jetzt?« sie drehte sich um und sah auf die Zeitung, die noch auf dem Teppich lag. »Sie bringen ein Gerücht auf, daß Robert etwas mit diesem Dr. Joycelen gehabt haben soll. Er hat den Mann noch nicht mal gekannt.«

Maitland, in Gedanken versunken, die Stirn in Falten, die Beine übereinander geschlagen, spürte, daß sich die Blicke aller auf ihn richteten. »Was können wir tun?« fragte er.

»Tun?« sagte Margit.

»Ja. Es ist einfach nicht richtig, daß jemand so stirbt – daß ihn jeder als eine Art Jack the Ripper in Erinnerung hat.«

Flo Cobol kehrte auf die Couch zurück und wandte sich an Margit. »Können wir irgend etwas tun, um ihm seinen guten Namen zurückzugeben.«

Margit wich Flos Blick aus. Sie hätte ihr gern gesagt, daß man eine ganze Menge tun könne, um Robert Cobol seinen guten Namen zurückzugeben, daß man sich gewisser Kanäle bedienen, daß man Leute kontaktieren könne, die alle mithelfen würden. Aber sie wußte – und die Erkenntnis gab ihr das Gefühl, wie ein Stein auf den Grund eines schlammigen Weihers zu sinken –, sie wußte, daß es keine Kanäle gab, keine Personen, an die man sich wenden konnte – wenigstens nicht unter denen, die beim Militär das Sagen hatten. Wem sollte sie diesen Zettel geben? Würde es überhaupt zu etwas führen, wenn sie ihn jemand zeigte? Robert Cobol erhob darin die vage Anschuldigung, ein Unbekannter hätte ihn aufs Kreuz gelegt. Man würde darin nur den letzten Strohhalm sehen, an den ein Schuldiger sich zu klammern versuchte.

»Kannten Sie meinen Sohn gut?« fragte Flo Maitland.

»Ja. Wir haben zusammengelebt.«

Flo lächelte. »Robert hat mir nie etwas über sein Privatleben erzählt, nur daß er einen netten jungen Mann kennengelernt hätte und sie beide zusammenlebten. Ich nehme an ...«

»Robert hat mir sehr viel bedeutet«, sagte Maitland. »Ich

wollte nicht herkommen, weil es mir peinlich war, aber jetzt bin ich froh. Er kam aus einer sehr netten Familie. Das ist leicht zu sehen.«

Während Flo und Maitland sich unterhielten, trat Margit auf den Treppenabsatz vor dem Haus. In dem winzigen Garten des Hauses gegenüber spielten kleine Kinder. Genauso geht das in solchen Vierteln, dachte sie. Eine Generation geht, und eine neue, jüngere kommt. Das Kichern der Kinder war schrill und angenehm. Margit blickte über sie hinweg und sah den Kopf eines Hundes am Fenster, der offensichtlich zu gern herausgekommen wäre, um mitzuspielen.

Sie erinnerte sich kaum noch an ihre Kindheit, aber es gab doch Eindrücke, die ihr geblieben waren. Einer stammte aus der Zeit, als sie in etwa so alt gewesen war wie diese Kinder auf der anderen Straßenseite.

Sie und ihr Vater waren eben an einen neuen Standort umgezogen, was dazu führte, daß sie sich einen neuen Freundeskreis suchen mußte. Glücklicherweise wohnte nebenan ein Geschwisterpaar in ihrem Alter, mit dem sie sich bald anfreundete. Für die Erwachsenen mußten sie sich genauso angehört haben wie diese Kinder hier in Franklin Square: alberne kleine Kreaturen, die kicherten und wie am Spieß schrien, während sie miteinander rangen, hintereinanderher jagten und die Phantasien spielten, auf die sie alles Recht der Welt hatten. In diesem Augenblick konnte sie sich tatsächlich im Hof jenes Standorts beim Spielen mit jenem Geschwisterpaar sehen. Dann hob sie den Kopf und sah ihren Vater an der Tür. Er trug eine Schürze, weil er das Essen für sie beide gemacht hatte; er lächelte übers ganze Gesicht. Wann immer er ihr den vertrauten Rat gegeben hatte, war er weitaus ernster gewesen: »Sieh zu, daß du mit dir im reinen bist, Margit. Bleib dir treu. Laß niemals zu, daß man dich kauft.«

Jetzt fiel ihr ein, daß er nach diesem Credo immer gelächelt hatte. »Ich weiß, das wirst du auch nicht«, hatte er dann immer gesagt. »Du brauchst den Rat deines alten Herrn gar nicht.«

Tränen traten ihr in die Augen. Sie wischte sie fort, ging zurück ins Wohnzimmer und sagte: »Vielleicht gibt es doch etwas, was wir tun können, um Robert seinen guten Namen zurückzugeben. Ich kenne da ein paar Leute, die uns vielleicht helfen können – und helfen wollen. Vielleicht können sie etwas tun, wozu ich nicht in der Lage bin.«

An Maitland gewandt sagte sie: »Kommen Sie. Wir müssen unsere Maschine erreichen.«

22

Sam Caldwell hatte keinen Sinn fürs Unbequeme. Wenn er von Küste zu Küste mußte, dann mied er die anstrengenden Nachtflüge und flog ausschließlich erster Klasse. Und dennoch saß er jetzt, um drei Uhr morgens Washingtoner Zeit, auf einem der billigen Plätze, völlig erledigt von einem Tag endloser Besprechungen bei Starpath; der Magen brannte ihm, weil er am Flughafen zuviel getrunken hatte, und auch der anbrechende Tag war mit Terminen so vollgepackt, daß keine Aussicht auf Schlaf bestand. Die Reise zu seinem kalifornischen Kunden und seine hastige Rückkehr nach Washington waren in letzter Minute arrangiert, ein Timing, das für seine unbequeme Umgebung verantwortlich war. Die erste Klasse des Fluges war ausgebucht gewesen, was nicht zuletzt auch daran lag, daß der Flug davor ausgefallen war. Normalerweise hätte er auf einen Flug am nächsten Vormittag gewartet, aber er mußte bereits um neun Uhr wieder in Washington sein.

Wenigstens erwartete ihn in Dulles eine Limousine, die Starpath ihm bezahlte. Er hatte sie sich vertraglich zusichern lassen. Caldwell wußte ebensogut wie sein Kunde, daß er sie wert war. Die alte Washingtoner Binsenweisheit, nach der für gewöhnlich selbst bei minderwertigen Produkten nicht der beste Mann, sondern der beste Lobbyist gewann, hatte man sich auch im Aufsichtsrat von Starpath zu Herzen genommen. Und Caldwell war der beste Lobbyist. Die »Fotowand« in seinem Büro, die ihn mit allem zeigte, was in Washington Rang und Namen hatte, war die beeindruckendste der ganzen Hauptstadt.

Das Produkt, Starpaths Waffensystem, war – nun, es befand sich noch im Entwicklungsstadium.

Caldwells erster Termin des Tages fand im Jockey Club des Ritz-Carlton an der Massachusetts Avenue statt, Washingtons ehrwürdigstem Restaurant, wo die Macht sozusagen ein und aus ging. Hier feierten die Richter des Obersten Gerichtshofes ihre Ernennung, die Reagans ihren Jahrestag, und die von Machthunger und Ehrgeiz Getriebenen aller Sparten ließen hier ihre Überredungskünste spielen. Käufer und Verkäufer, die mit allem nur Erdenklichen handelten.

Der Mann, mit dem Caldwell zum Frühstück verabredet war, hatte sich erst geweigert, in den Jockey Club zu kommen, weil er ihm für ein so vertrauliches Gespräch zu öffentlich schien. Aber Caldwell hatte darauf bestanden. »Besser, wir machen das in der Öffentlichkeit«, sagte er. »Was mir noch gefehlt hätte, wären Reporter mit Telelinsen und Parabolmikros, die sich ihren Teil denken, wenn wir uns in irgendeinem verdammten malerischen Landgasthaus mitten im Wald treffen.«

Obwohl Caldwell früh dran war, saß Joe Maize, Chefrevisor des Pentagon für das Projekt Safekeep, bereits am Tisch. Er stand auf, als Caldwell sich näherte. Caldwell ignorierte die Hand, die Maize ihm entgegenstreckte, und zwängte seine Fülle mit einigen Schwierigkeiten auf die weinrote Bank.

»Guten Flug gehabt?« fragte Maize.

Caldwell sah ihn an, als habe er es mit einem Schwachsinnigen zu tun. »Sehe ich so aus, als hätte ich einen guten Flug gehabt?« Er fuhr sich mit den Fingern über die Stoppeln auf Wangen und Kinn und rieb sich die blutunterlaufenen Augen.

»War nur eine Frage«, sagte Maize.

»Ich hatte einen lausigen Flug. Und eine lausige Nacht nach einem lausigen Tag.« Caldwell öffnete die Speisekarte, schloß sie rasch wieder und fragte: »Was gibt es hier Neues?«

»Sie waren doch nur einen Tag weg.«

»Ein Tag in dieser Stadt entspricht einer Ewigkeit«, sagte Caldwell, seine Stimme heiser von zu wenig Schlaf und zu vielen Zigarren. »Wir könnten an einem einzigen Tag zur Bananenrepublik werden.«

Caldwell sah zu, wie Maize sein Glas Wasser an den Mund hob. Seine Hand zitterte, und Caldwell hatte seine Freude daran. Nervöse Menschen neigen dazu, sich einen guten Rat zu Herzen zu nehmen.

Ein Kellner nahm ihre Bestellungen entgegen. Caldwell lehnte sich zurück und schloß die Augen. Maize fragte sich, ob er wohl ein Nickerchen zu machen gedachte. Caldwell beantwortete ihm die Frage, indem er die Augen öffnete und mit einem Blick den Raum übersah. Als Lobbyist lernte man so einige Leute kennen, dachte er. Ein hohes Tier einer Aufsichtsbehörde saß mit einer Prostituierten zusammen, die auch Caldwell gelegentlich schon gebucht hatte. An einem anderen Tisch saß ein Kongreßabgeordneter mit Ambitionen für den Senat mit dem Präsidenten einer führenden PR-Firma für Politiker beisammen. Der Lobbyist eines großen Flugzeugherstellers konferierte mit einem Beschaffungsoffizier der Luftwaffe aus dem Pentagon, mit dem Caldwell schon unzählige Male zu tun gehabt hatte.

Die Tatsache, daß Caldwell schon jetzt zornig war, zerrte an Maizes Nerven. »Wann treffen Sie sich mit Betterton?« fragte er.

Caldwells Kopf fuhr herum. »Was?«

»Ihr Treffen mit dem Anwalt?«

»Um elf.«

»Wieviel weiß er?« fragte Maize und tupfte sich mit einer roten Serviette den Schweiß von der Stirn.

»Noch verdammt wenig. Nach unserem Treffen wird er mehr wissen.«

Maize starrte auf das rot-weiß-karierte Tischtuch. Er hatte die Finger verschränkt und spielte nervös mit den Daumen. »Es besteht kein Grund, ihm... ich meine, daß er mehr weiß, als nötig ist, um sie bei der Anhörung zu vertreten.«

Caldwell drehte sich langsam um und funkelte Maize an. »Wollen Sie mir vorschreiben, was ich meinem Anwalt sagen soll?«

Maize zeigte ein versöhnliches Lächeln. »Zum Teufel, nein, Sam. Es ist nur einfach so, daß diese Anwälte allzuoft viel zu viel erfahren. Das ist alles, was ich damit sagen wollte.«

Caldwells Stimme glich einem leisen Knurren. »Und Sie, haben Sie vom Ausschuß nichts gekriegt?«

»Nein. Warum sollte ich?«

Caldwells Blick aus dem Augenwinkel sprach Bände, vor allem aber sagte er, daß Maizes Bemerkung dumm gewesen war. »Sie haben von Ihren eigenen Chefs nicht gehört?«

Maize schüttelte den Kopf. Er nahm ein Glas frischgepreßten Orangensaft und trank den ersten Schluck, als Caldwell fragte: »Haben *Sie* einen Anwalt?«

Maize verschluckte sich, hob rasch die Serviette an die Lippen und hustete. Schließlich sagte er durch das Leinen hindurch: »Nein, natürlich nicht. Ich brauche keinen Anwalt.«

Caldwell betonte jedes seiner Worte. »Vielleicht doch, Joe. Denken Sie mal drüber nach.«

Sie aßen Eier und Wurst, größtenteils schweigend. Über dem Kaffee sagte Caldwell: »Kein Grund zur Panik, Joe. Wishengrad und sein Ausschuß fischen nach Informationen, mehr nicht. Bei einem Hurensohn wie Wishengrad ist das ein Reflex, der sieht doch in jedem Rüstungsunternehmer einen Schurken.«

»Aber er würde diese Anhörung nicht abhalten«, erwiderte Maize, »wenn er nicht irgendwas Konkretes hätte. Ich meine, er muß doch einige Fakten haben, die sie rechtfertigen.«

»Vielleicht. Das hängt davon ab, wieviel Joycelen ihm gesteckt hat, bevor er abschnappte.«

»Vielleicht gab's da auch noch andere.«

»Vielleicht. Gab's welche?«

Es dauerte einen Augenblick, bis Maize klar wurde, daß Caldwell darauf anspielte, er selbst könne Wishengrad und seinen Stab mit Informationen versorgt haben. Was ihn aus der Fassung brachte. Mehr als irgend etwas brauchte er das Vertrauen und die Freundschaft Sam Caldwells, falls dem Ausschuß eine Überprüfung der Aktivitäten des Starpath-Lobbyisten allein nicht genügen sollte. Sollte man sich auch mit Caldwells Verbindungen im Pentagon befassen, vor allem mit denen in der Revisionsabteilung, so würde er jeden Freund brauchen, der sich auftreiben ließ. »Sie wollen doch nicht etwa andeuten, daß ich etwas gesagt haben könnte«, sagte er.

Caldwell gelang das erste Lächeln dieses Morgens. »Natürlich nicht, Joe. Ich kann mir nicht vorstellen, daß Sie Ihr eigenes Nest beschmutzen würden. Das wäre doch ziemlich dumm, meinen Sie nicht?«

Maize ließ ein unsicheres Lachen vernehmen. »Das können Sie laut sagen.« Er richtete sich auf und zwang etwas Zuversicht in seine Stimme. »Unser Herr Senator macht aus einer Mücke einen Elefanten. Manchmal zweifle ich wirklich an seiner Vaterlandsliebe.«

Caldwell sah ihn verblüfft an. »Warum?« fragte er.

Maize zuckte die Achseln, als ihm klar wurde, daß er seine Bemerkung nicht untermauern konnte. »Bei seinem Haß auf das Militär – auf alles, was mit der Landesverteidigung zu tun hat. Man könnte glatt meinen –«

»Wishengrad ist als Amerikaner so loyal wie Sie und ich, Joe. Er sieht die Dinge nur anders, weil die Leute, die ihn auf diesen Posten gebracht haben, das so wollen. Machen Sie ihn zum Abgeordneten des Orange County, und Sie haben einen leidenschaftlichen Falken. Der Mann ist Politiker. Weiter nichts.«

Caldwell übernahm die Rechnung. Als er sich zum Gehen anschickte, sagte er zu Maize: »Falls Sie was hören, rufen Sie zuallererst mich an.«

»Natürlich, Sam. Aber ich wüßte nicht, was ich hören sollte.«

»Vielleicht hören Sie auch nichts, aber falls ja, dann bin ich der erste, den Sie anrufen.« Er gab diesen letzten Befehl in einem Ton, der keinen Zweifel daran ließ, daß es ihm ernst war. Er ließ Maize grau, alt und besorgt in der Halle des Jockey Club zurück. Gut, dachte Caldwell. Wenn es wirklich hart auf hart gehen sollte, dann war ein Beamter, der plötzlich den Helden spielte, das letzte, was er brauchen konnte.

Am selben Morgen kam Margit zur gewohnten Zeit an ihren Arbeitsplatz im Pentagon. Man hatte ihre Siebensachen wieder in ihr altes Büro zurückgebracht. Sie trat ein und sah sich um. Jay Kraft hob den Kopf, lächelte und blätterte die Seite um, die er eben gelesen hatte.

Man könnte fast meinen, es wäre nichts passiert, dachte sie. Cobol, Joycelen, die täglichen Treffs mit Bellis – sie hatte es schlicht und ergreifend geträumt. Wäre da nicht Krafts Lächeln gewesen.

Aber es war passiert, und ihre Erinnerung daran war mit jeder Stunde, die seit der Beerdigung vergangen war, bitterer geworden. Sie war von Long Island zurückgekehrt, hatte Maitland am Sign of the Whale abgesetzt und war direkt zu ihrem Quartier in Bolling gefahren, wo sie eine, wie sich herausstellte, schlaflose Nacht verbrachte.

Kaum hatte sie sich an ihren Schreibtisch gesetzt, klingelte auch schon das Telefon.

»Major Falk, hier ist Louise Harrison von der *Post*.«

»Hallo«, sagte Margit und warf einen nervösen Blick hinüber zu Kraft, der ganz mit seiner Lektüre beschäftigt schien.

»Major Falk, ich wäre Ihnen wirklich sehr dankbar, wenn Sie mir Gelegenheit gäben, mich mal mit Ihnen zusammenzusetzen.«

»Ich glaube nicht, daß das möglich ist«, sagte Margit.

»Ich mache, was immer Sie wollen. Ganz unverbindlich, nur Hintergrundinformationen. Ich treffe mich mit Ihnen, wann immer Sie wollen, egal unter welchen Bedingungen.«

»Ich danke Ihnen für Ihren Anruf, aber ...«

Kraft war aufgestanden und aus dem Büro gegangen. Margit sagte: »Hören Sie, Ms. Harrison, ich habe mit dem Fall Cobol nichts mehr zu tun. Der Mann ist tot. Das bedeutet für alle Beteiligten, daß auch der Mörder von Dr. Joycelen tot ist. Der Fall ist abgeschlossen.«

»Das glaube ich nicht«, sagte Harrison. »Um es genauer zu sagen: Ich glaube nicht, daß *Sie* das glauben. Habe ich recht?«

Margit senkte die Stimme. »Ms. Harrison, Sie verfügen über einen gesunden Instinkt. Andererseits bin ich aber auch Offizier der Luftwaffe der Vereinigten Staaten. Es gehört nicht zu meinen Gepflogenheiten, mich den Befehlen meiner Kommandanten zu widersetzen.«

»Ich kann Ihnen versichern, Major Falk, daß niemand je erfahren wird, daß wir miteinander gesprochen haben. Ich bin nicht darauf aus, Sie zu zitieren. Man hat mich – zusammen mit einem Kollegen – auf diesen sogenannten Selbstmord Captain Cobols angesetzt. Alles, worum es mir geht, ist ein besseres Verständnis dessen, was passiert ist. Und vielleicht kann ich Ihnen sogar helfen. Bitte. Nur eine halbe Stunde. Sie bestimmen den Wald, in dem wir uns treffen.«

»Könnten Sie mir Ihre Nummer geben, damit ich Sie zu einem passenderen Zeitpunkt zurückrufen kann?«

»Sicher«, sagte die Journalistin. Margit notierte sie sich. Als sie eben auflegen wollte, wandte sie sich auf ihrem Stuhl um, weil sie jemanden hinter sich spürte. Ihre Ahnung hatte sie nicht getäuscht; Max Lanning stand in der Tür, sein typisches Jungengrinsen im Gesicht. Sie legte auf und drehte ihren Stuhl ganz in seine Richtung. »Guten Morgen«, sagte sie.

»Guten Morgen, Major. Ich wußte nicht, ob ich Sie die nächste Zeit über zu sehen kriege. Ich habe gehört, Sie hätten Urlaub genommen.«

»Nur ein paar Tage.«

»Junge, Junge, ist das nicht unglaublich, was mit Captain Cobol passiert ist!«

»Nicht nur das.«

Er trat ins Büro. »Wo ist denn Major Kraft?«

»Der ist vor ein paar Minuten raus. Wollen Sie zu ihm?«

»Nein. Eigentlich bin ich hier, um Sie um was zu bitten.«

Margits hochgezogene Augenbrauen forderten ihn auf weiterzusprechen.

»Ich habe mich gefragt, ob Sie wohl mit mir zu Mittag essen würden. Abendessen wäre natürlich noch besser, aber ich bin auch mit Mittag zufrieden.«

Wollte er etwas mit ihr besprechen, oder wollte er sich nur mit ihr verabreden?

»Ich hoffe, Sie halten das nicht für vermessen. Ich meine, mir ist klar, ich bin nur Leutnant und Sie Majorin, aber ich dachte mir, es wäre schließlich nichts Schlimmes daran, mittags oder abends mal miteinander essen zu gehen.«

Vom Altersunterschied ganz zu schweigen, dachte Margit. »Ich habe nichts dagegen«, sagte sie. »Belassen wir es doch beim Mittagessen. Heute?«

»Klar. Ich meinte heute. Ich kenne da einen tollen Laden an der Metro, Anna's Gateway. Sind nur ein paar Haltestellen.«

»Wann?«

»Zwölf?«

»Holen Sie mich hier ab.«

»Froh, mich wieder hier zu haben?« fragte Margit Kraft, als dieser zurückkam.

»Ich fand es ganz angenehm, das Büro für mich allein zu haben«, erwiderte er.

»Ich auch«, sagte Margit. »Sieht jedoch ganz so aus, als wären wir wieder ein Paar. Wir sollten das Beste draus machen.«

»Sind Sie wieder auf Ihrem Posten als Verbindungsoffizier zu Test und Auswertung?«

»Sieht ganz so aus. An was arbeiten Sie denn gerade?«

»An der Schließung einiger Stützpunkte. Aber es sieht eher so aus, als würde man sie wieder aufmachen. Einige der voriges Jahr bekanntgegebenen Stillegungspläne wurden wegen der Geschichte im Nahen Osten erst mal auf Eis gelegt.«

»Kürzungen des Wehrhaushalts sind dieser Tage nicht besonders populär«, sagte Margit.

»Gut für uns.«

»Ich nehme an, ja«, sagte Margit.

»Muß ziemlich langweilig sein, nach der Sache mit Cobol wieder mit T & A zu tun zu haben.«

»Ich nehme an, Sie hielten die ›Sache mit Cobol‹ für aufregend. War sie aber nicht. Beunruhigend trifft es eher.«

»Läuft wohl auf dasselbe hinaus«, sagte Kraft.

»Wie meinen Sie das?«

Er warf einen Blick auf den leeren Türrahmen, dann sagte er: »Die haben Sie den Wölfen vorgeworfen?«

»Haben sie?«

»Sicher«, sagte Kraft, ein zufriedenes Lächeln auf dem Gesicht. »Die hatten von Anfang an nicht vor, Ihnen ein ehrliches Blatt zu geben, und Sie wissen das. In Anbetracht der Umstände, so nehme ich an, schien es denen eine gute Idee, eine Frau dafür zu nehmen.«

Margits Temperament stieg an. Sie wollte nicht glauben, was Kraft da sagte – und nahm es ihm übel, daß er es gesagt hatte. Gleichzeitig war sie wütend darüber, selbst sehr gut zu wissen, daß er durchaus recht haben könnte. »Entschuldigen Sie mich«, sagte sie.

Sie ging hinunter in den Innenhof. Die ersten Anzeichen des Herbstes lagen in der Luft; zusammen mit der anhaltenden Sonne sorgten sie für einen herrlichen Tag, wenigstens was das Wetter anbelangte. Sie blieb eine halbe Stunde lang draußen, bevor sie ins Büro zurückkehrte, wo sie sich auch geistig wieder auf das Projekt Safekeep einzustellen versuchte.

Punkt zwölf war Lanning zur Stelle. »Ich bin so gegen zwei wieder zurück«, sagte Margit zu Kraft, dessen Miene ihr sagte, daß er ihr Mittagessen mit Lanning ungemein interessant fand.

Sie gingen in die Halle und fuhren mit einer langen Rolltreppe hinunter in die Eingeweide des Gebäudes, bis sie an die U-Bahn-Haltestelle Pentagon kamen, wo sie in einen überfüllten blauen Wagen stiegen. Die meisten der Männer und Frauen trugen Uniformen mit allen erdenklichen Rangabzeichen, nur ein Gemeiner war nicht dabei. Nach einem Halt in Pentagon City mit seiner phantastischen neuen Einkaufsstadt stiegen sie in Crystal City aus. Sie gingen durch ein unterirdisches Labyrinth aus Geschäften und Fast-food-Restaurants, in denen sich Leute drängten, die Einkäufe erledigten oder zu Mittag aßen, bis sie ein großes, hell erleuchtetes Schaufenster erreichten, das ihnen einen Blick in Anna's Gateway bot. Drinnen warteten sie darauf, von Anna persönlich einen Tisch angewiesen zu bekommen. Als sie Lanning erspähte, begrüßte sie ihn überschwenglich.

»Sie müssen ja oft herkommen«, sagte Margit.

»Tu ich auch«, sagte Lanning. »Anna ist weit und breit bekannt in D.C. Ihr hat jahrelang Anna Maria's an der Connecticut gehört, eine Institution. Sie hat es verkauft, aber der Laden trägt noch immer ihren Namen. Da drüben ist Ihr Mann, Manny.« Er deutete auf ein gutaussehendes Schwergewicht hinter der Kasse.

Margit lächelte. »Sie erstaunen mich, Max. Woher wissen Sie das alles?«

»Ich höre den Leuten zu«, antwortete er. »Ich nehme an, Sie vertrauen mir und erzählen mir deshalb Dinge, die sie anderen nicht erzählen.«

»So wird's wohl sein«, sagte Margit.

Über Sandwiches mit Hühnchensalat und Eiskaffee bestritt Lanning, von Margit dazu ermuntert, den größten Teil der Unterhaltung. Sie fragte ihn, wie man im Pentagon auf Cobols Schicksal reagiert hatte. Er sagte, er hätte nicht viel gehört, nur daß Bellis sie irgend jemand gegenüber als großartige junge Frau und Offizier bezeichnet hätte.

»Hat er das?«

»Ja, doch. Ich nehme an, Sie sind ziemlich gefrustet, so wie diese Geschichte ausgegangen ist.«

»›Gefrustet‹ trifft es wohl ganz gut. Was sagt Colonel Bellis denn sonst noch so über mich?«

»Ich habe sonst nichts gehört.«

»Ich war völlig aus der Fassung über Captain Cobols Selbstmord.«

»Glauben Sie, er hat wirklich Selbstmord begangen?« fragte Lanning.

Sie zögerte. »Nein«, sagte sie.

»Ich auch nicht.«

»Und worauf stützen Sie sich?« fragte sie.

»Auf nichts Genaues. Es reimt sich einfach nicht.«

»Das ist doch schon ein guter Grund. Ach, übrigens, wer stellt eigentlich den Dienstplan für die Leute von der Sicherheit zusammen?«

»Die Sicherheitsleute.«

»Ich meine abgesehen von der Sicherheitsabteilung. Die speziellen Sicherungsaufgaben, die, die der Kontrolle der einzelnen Abteilungen unterliegen.«

»Oh, für unsere Abteilung macht das Major Kraft.«

»Ach.«

»Doch.«

»Ich habe aber noch keinen Wachdienst geschoben, seit ich hier bin.«

»Das liegt daran, daß Colonel Bellis Major Kraft gesagt hat, Sie nicht aufzustellen, solange Sie mit Captain Cobols Verteidigung beschäftigt sind.«

»Oh. Was ist mit den anderen Abteilungen? Wissen Sie, wer sonst noch so für die Wachpläne verantwortlich ist?«

»Nein.«

Sie hatte die letzten Minuten über versucht, die passende Person zu einer Bemerkung zu finden, die sie vor kurzem gehört hatte. Dann fiel es ihr wieder ein. Als Major Mucci nach dem Abendessen mit ihr und Bill Monroney das Offizierskasino verlassen hatte, da hatte er den Schlummertrunk mit der Begründung abgelehnt, er müsse noch »den Dienstplan aufstellen«. War das derselbe Plan gewesen, der Cobol an jenem Samstagvormittag an den Schauplatz des Verbrechens versetzt hatte?

»Wären Sie bereit, mir einen Gefallen zu tun?« fragte sie Lanning.

»Klar.«

»Könnten Sie ... Ich meine, haben Sie Kontakt zu jemand, der Zugang zu den Dienstplänen des vergangenen Monats hat?«

»Major Kraft kann –«

»Nicht die für unsere Abteilung, Max. Für eine andere. T&A zum Beispiel.«

»Ich nehme an, ich könnte es herausfinden.«

»Würden Sie das für mich tun?«

»Klar. Wenigstens kann ich es versuchen.«

»Mich interessiert vor allem das Wochenende, an dem Dr. Joycelen umgebracht wurde.«

»Okay, aber wieso? Ich dachte, es wäre vorbei.«

»Ist es auch«, sagte sie unbeschwert, »aber ich habe da noch einige lose Enden. Sie wissen schon, für den Schlußbericht.«

»Klar.«

»Ich würde ja meine Assistenten fragen, aber die sind wieder bei ihren Dienststellen. Ehrlich gesagt, bin ich mit meiner Rückkehr zum Projekt Safekeep ziemlich überlastet und könnte jemanden brauchen, der mir zur Hand geht. Wenn es Ihnen nicht zuviel Mühe macht, versteht sich.«

»Nein, nein, es macht mir keine Mühe. Ich sitze ohnehin die meiste Zeit herum und warte darauf, daß der Elefant sich bewegt.« Es handelte sich hier nicht etwa um eine besonders despektierliche Bemerkung über Bellis. Es war im Pentagon an der Tagesordnung, die hohen Tiere als »Elefanten« zu bezeichnen.

»Prima«, sagte Margit. »Lassen Sie sich ruhig Zeit, Max, und machen Sie kein großes Tamtam darum. Mir wäre es lieber, wenn es unter uns bleibt. Die Kommandantur will den Fall Cobol so still und leise wie nur möglich abschließen, und es sollen nur die Bescheid wissen, bei denen es unbedingt nötig ist. Ich schließe Sie hiermit in die Liste mit ein.«

»Ich erledige das schon«, sagte er begeistert.

»Ach übrigens«, sagte sie, »kennen Sie im weitverzweigten Netz der Kontakte, das Sie zu haben scheinen, auch jemand bei der Personalabteilung?«

»Klar doch. Welche Sparte?«

»Heer.«

»O Gott, nein, ich – vielleicht. Wieso?«

»Ist nicht wichtig. Ich habe neulich mit einer Freundin zu Abend gegessen, und die erwähnte irgendeine Abkürzung, die man dort benutzt. Ich hatte sie noch nie gehört.«

»Wie heißt sie denn?«

»HP-5.«

»HP-5?«

»Ja. HP-5. Schon mal gehört?«

»Nein.«

»Meinen Sie, Sie könnten Ihren Freund danach fragen?«

»Klar. HP-5. Ich werd' mal sehen, was ich herausfinden kann.«

»Prima. Nur eine alberne Wette.« Er sah sie verblüfft an. »Meine Freundin hält es für eine Einsatzbezeichnung. Ich denke, es bezeichnet einen bestimmten Spezialisten.«

»Wieviel springt denn raus, wenn ich Ihnen sage, daß Sie recht haben?«

Margit lachte. »Die Hälfte.«

»Abgemacht.«

Sie warf einen Blick durch das große, einnehmende Restaurant. Es war noch immer proppenvoll; die Schlange an der Tür war noch länger als die, in der sie gewartet hatten. Ihre Bedienung legte die Rechung auf den Tisch, und Margit übernahm sie. »Der Major gibt einen aus«, sagte sie.

Margit reichte Lanning die Rechnung mit dem Geld und sagte ihm, er solle schon mal an die Kasse gehen. »Ich muß rasch noch telefonieren«, sagte sie.

Sie ging in eine Zelle, warf einige Münzen ein und tippte die Nummer, die sie von einem Zettel in ihrer Handtasche las. »Louise Harrison«, sagte die Frau, die abnahm.

22

Sie verließ das Pentagon um fünf, nahm die Arlington Memorial Bridge und fuhr Richtung Capitol. Sie fand einen Parkplatz an der Sechsten Straße und ging zu Fuß Richtung Mall, die sich vom Washington Monument am westlichen bis zum Capitol am östlichen Ende zog. Auf der Mall herrschte wie immer Hochbetrieb: Frisbees flogen durch die Gegend, Räder rollten, Scharen von Touristen und Einheimischen (oder besser »Ortsansässigen«) erfreuten sich an den offenen Räumen und den unzähligen Museen des Smithsonian.

Sie schlenderte die ganze Mall hinauf. Nach den Museen

für amerikanische Geschichte und Naturgeschichte zu ihrer Linken blieb sie an der Rollschuhbahn stehen und blickte über den Rasen hinüber zur Freer Gallery, die für ihre Sammlung orientalischer Kunst bekannt war, dann zum Hirshhorn Museum und dem Sculpture Garden; und schließlich zum ursprünglichen Smithsonian, dem »Schloß«, das der Institution nun als »Pentagon« diente.

Sie setzte ihren Spaziergang fort, bis sie die Nationalgalerie erreicht hatte, deren zwei Gebäude direkt gegenüber vom Luft- und Raumfahrtmuseum lagen. Abgesehen von dem wunderschönen Tag freute sie sich an der Vielfalt der Architektur, die sich ihren Augen hier bot. Das Westgebäude der Galerie, das John Russel Pope in den dreißiger Jahren entworfen hatte, war, wie Architekturkritiker bemerkten, das letzte große Gebäude, das in Washington im klassizistischen Stil gebaut worden war. Daneben stand, in scharfem Kontrast dazu, das 1978 fertiggestellte Ostgebäude, eine Vision von I. M. Pei: ein in zwei Dreiecke aus rosa Marmor unterteiltes Trapez. Daß die Architektur der beiden Gebäude den darin untergebrachten Sammlungen entsprach, verstand sich von selbst: Da Vinci, Dégas, Renoir und Monet im Westgebäude, Henry Moore, die Noguchi-Skulpturen, die Wandteppiche von Miró und die Mobiles von Alexander Caldwell im Osten. Schön, dachte Margit, wenn alles in Washington so geordnet und wohldurchdacht wäre.

Ein mit Kopfsteinpflaster ausgelegter Innenhof verband die beiden Gebäude. Die meisten Besucher benutzten den unterirdischen Durchgang, Margit jedoch ging über den Hof, weil sie dort Louise Harrison treffen sollte; sie hatte gesagt, sie würde sie am Brunnen in der Mitte erwarten. Margit bewunderte den Brunnen, aus dem einfach Fontänen in die Luft schossen; das Wasser ergoß sich in Ermangelung eines Beckens über das Kopfsteinpflaster und lief in einer terrassenartigen Anlage bis zu einer Glaswand, die eine »Mauer« des unterirdischen Verbindungsganges bildete.

»Major Falk?« sagte eine Frauenstimme hinter ihr. Margit wandte sich um. Die Frau lächelte und streckte ihr die Hand entgegen. »Louise Harrison.«

»Ja.« Margit schüttelte der Reporterin die Hand.

Louise Harrison sah überhaupt nicht so aus, wie Margit sie sich vorgestellt hatte. Schon komisch, wie einen Stimmen in die Irre führen konnten. Da hat man über Jahre hinweg einen Lieblingsdiscjockey im Radio und macht sich aufgrund seiner Stimme ein Bild von ihm, dann lernt man den Besitzer dieser sonoren Stimme kennen, und er entpuppt sich als kleines, schmächtiges Kerlchen. Margit hatte sich Ms. Harrison groß und schlaksig vorgestellt – irgendwie britisch (wegen des Namens? Eine weibliche Ausgabe von Rex Harrison?) – und nicht weniger königlich in bezug auf die Haltung. Statt dessen stand sie einer Frau gegenüber, nicht größer als einssiebenundfünfzig, mit einer Stupsnase, fleischigen roten Wangen und wuchtigen schwarzen Brauen. Ihr Haar war braun und glatt, die Frisur streng.

»Ich habe den Brunnen schon immer gemocht«, sagte Louise Harrison. »Ich kann hier stundenlang sitzen und zusehen, wie das Wasser spritzt und dann davonfließt.«

»Er ist schön«, pflichtete Margit ihr bei.

»Ich bin Ihnen ausgesprochen dankbar, daß Sie sich mit mir treffen«, sagte Louise Harrison.

»Ich bin mir nicht sicher, ob es richtig ist«, sagte Margit. »Fast hätte ich es mir anders überlegt.«

»Ich bin froh, daß Sie's nicht getan haben.« Sie schob die Hände tief in die Taschen ihres braunen Regenmantels und sah sich um. Die Gebäude nahmen dem Innenhof die Sonne, und im Schatten des sich neigenden Tages war es bereits etwas kühl. Nur wenige Leute befanden sich auf dem Hof, die meisten auf dem Weg von einem Gebäude zum anderen. Einige blieben stehen, so auch ein junger Mann mit einem Kinderwagen. Er stand auf der gegenüberliegenden Seite des Brunnens und schien den Weg des Wassers über das Kopfsteinpflaster zu bewundern. Er hielt sich wie ein hochgewachsener Brite, aber seine Kleidung war die eines typischen amerikanischen Studenten: Jeans, weiße Turnschuhe, schwarze Windjacke. Margits flüchtiger Gedanke war, es handle sich um einen jungen Vater, der seine Tochter oder seinen Sohn spazierenfuhr, vielleicht um der Mutter Zeit für einige Besorgungen oder einen Plausch mit Freundinnen zu geben. Modern und nett.

Auch der Journalistin fiel der junge Mann auf. Es war jedoch unwahrscheinlich, daß er von ihrer Unterhaltung etwas mitbekommen konnte. Er war zehn Meter von ihnen entfernt, und zwischen ihnen lag das Gurgeln des Brunnens.

»Hören Sie, Major, ich weiß, Ihnen ist nicht ganz wohl dabei, sich mit einer Reporterin zu treffen, und ich kann Sie verstehen.« Margit antwortete nicht. Also sprach Louise Harrison weiter. »Und dann wiederum verstehen Sie vielleicht gar nicht, um was es geht. Die halbe Stadt spricht mit der Presse, wenn es um Hintergrundinformationen geht, keine Zitate, keine Namen. Es scheint mir jetzt, wo Captain Cobol tot ist, einfach keinen offziellen Grund dafür dazu geben, Ihnen einen Maulkorb anzulegen.« Wieder erhielt sie keine Antwort. »Oder gibt es einen? Ich meine, gibt es einen offiziellen Grund, mit mir nicht darüber zu sprechen?«

Margit hob die Brauen. »Gesunder Menschenverstand, das ist alles. Ich bin Offizier der Luftwaffe.Auch wenn das mein Grundrecht auf Redefreiheit nicht einschränkt, so haben wir doch unser Protokoll, wenn es um die Veröffentlichung von Informationen geht.«

»Lassen Sie mich Ihnen eine Frage stellen«, sagte Louise Harrison. »Sie haben mir gegenüber, als ich sie bei Mackensie Smith erreichte, angedeutet, Sie hätten Ihre Zweifel daran, daß Ihr Mandant – nennt man sie beim Militär auch so? Mandanten? – sich selbst erhängt hätte, wie die offizielle Version uns glauben machen will. Warum?«

Margit, die eben noch ganz entspannt gewesen war, verspürte eine gewisse Unruhe. Sie sagte: »Das ist nicht, was ich Ihnen am Telefon gesagt habe.«

»Nein«, sagte die Harrison, »nicht wörtlich, aber Ihr Ton und die Art und Weise, wie Sie ›angeblich‹ betonten, sagten weit mehr als Ihre Worte. Haben Sie etwas mit der Ermittlung von Cobols Tod zu tun?«

»Man hat mir den Fall entzogen.«

»Und Sie haben keinerlei Interesse mehr daran? Offiziell, meine ich.«

»Das ist richtig.«

»Haben Sie Ihre Meinung geändert?«

»Worüber?«

»In bezug auf Ihre Zweifel an Cobols Freitod.«

Margit wandte den Blick von der Reporterin ab und konzentrierte sich auf das Wasser. Es gab gewisse Charaktereigenschaften, die sie ärgerten. Einer davon war die Neigung, Spielchen zu spielen, wie Frauen, die sich Obszönitäten bedienen und dann die Fingerspitzen an die Lippen legen, um sich zu entschuldigen. Oder Männer, die – egal ob beruflich oder privat – nie etwas zum Abschluß bringen, die lieber alles laufen lassen, als sich wirklich festzulegen. Und jetzt stand sie selbst da, Margit Falk, die sich bereit erklärt hatte, sich mit einer Reporterin zu treffen, um über das zu sprechen, was sie seit Tagen so sehr beschäftigte, und jetzt zierte sie sich. Verabschiede dich, Margit, oder sag ihr, was du wirklich denkst!

»Ich glaube weder, daß Captain Cobol Dr. Joycelen erschossen, noch daß er sich das Leben genommen hat«, sagte sie mit einem offenen Blick in Louise Harrisons Mandelaugen. Cobols Brief lag wie ein schweres Gewicht in ihrer Handtasche.

»Da geht es mir genauso.«

»Vielleicht wissen Sie mehr als ich.«

»Wie war denn Cobol so?«

»Ausgesprochen nett.«

»Ein guter Offizier?«

»Ich denke schon.«

»War er schwul?«

Margit zögerte. Der Mann war auf weit schlimmere Art und Weise durch den Dreck gezogen worden als durch Enthüllungen über sein Privatleben. Okay, keine Spielchen. »Ja«, sagte sie.

»Joycelen auch?«

»Man hat es so hingestellt. Ich glaube das nicht.«

»Cobol war beim CIA«, sagte Harrison.

»Richtig«, bestätigte Margit. »Er war einer der Verbindungsoffiziere zum Pentagon. Es sind eine Menge Leute von der Firma im Pentagon.«

»Ich dachte, Sie hätten beim Militär Bestimmungen gegen Homosexuelle.«

»Die haben wir auch.« Margit gefiel die Richtung nicht, in die Louise Harrison sich bewegte. Sie würde weder Major Reich noch andere da mit hineinziehen, die dafür gesorgt hatten, daß Cobol in der Armee hatte bleiben können, obwohl sein Privatleben so eklatant gegen die Bestimmungen verstieß; sie wollte es auch nicht. Sie sagte: »Ich vermute, daß der Prozentsatz an Homosexuellen beim Militär in etwa dem unter der Zivilbevölkerung entspricht.«

»Hat Cobol es für sich behalten?« fragte die Harrison.

Wußte sie etwas? Wußte sie, daß man Cobol entlarvt hatte? Reporter hatten wie Anwälte die Angewohnheit, Fragen zu stellen, auf die sie bereits die Antwort wußten. »Ich muß davon ausgehen, daß er das tat«, antwortete sie.

Sie blickte durch das Wasser hindurch zu dem jungen Vater hinüber, der den Kinderwagen nun mit gesenktem Kopf auf die Glaswand zuschob, durch die man einen Blick auf den unterirdischen Durchgang hatte.

»Ich sollte wirklich gehen«, sagte Margit. Sie hatte für halb acht eine Verabredung mit Jeff.

»Sicher. Haben Sie etwas läuten hören, daß Joycelen vielleicht ein Verräter war?«

»Nein«, sagte Margit, und im gleichen Augenblick wurde ihr klar, daß sie selbst drauf und dran war, einer zu werden.

»Sie wissen von Wishengrads Anhörung«, sagte Harrison. Es war eine Feststellung, keine Frage.

»Ich habe davon gelesen«, meinte Margit.

»Einer unserer Korrespondenten in der politischen Abteilung hat eine vertrauliche Quelle, laut der Joycelen aus dem Nähkästchen plauderte.«

»Über die Forschungs- und Entwicklungsabteilung?« fragte Margit.

»Über das Projekt Safekeep.«

»Das ist mir neu«, sagte Margit. Sie dachte an Foxboro.

»Da tun sich einige interessante Möglichkeiten auf, finden Sie nicht?« fragte Louise Harrison.

Margit zog es vor, darauf nicht zu antworten. Statt dessen sagte sie: »Hören Sie, Ms. Harrison, jetzt muß ich aber los.«

»Nennen Sie mich Louise.«

»Okay. Ich wollte, ich könnte Ihnen mehr bieten. Sie haben wirklich Ihre Zeit verschwendet.« Wie leicht wäre es gewesen, Cobols Nachricht aus der Tasche zu holen und sie der Reporterin zu geben. Sie konnte nicht.

»Ganz und gar nicht«, sagte Louise. »Allein schon zu wissen, daß jemand aus der nähere Umgebung des Falls meine Skepsis teilt, ist etwas wert.«

»Lesen Sie nicht zuviel hinein in das, was ich gesagt habe.«

»Ich werde mir Mühe geben. Könnten wir uns wieder treffen?«

»Wozu?«

»Nur um zu plaudern. Sie nennen den Ort, die Zeit. Ich bin da, wann immer Sie wollen.«

»Belassen wir es dabei, Louise. Falls ich was zu haben glaube, ruf' ich Sie an.«

»Ist mir recht.«

Sie schüttelten einander die Hände. »Warum gehen Sie nicht als erste«, sagte Margit.

»Sie machen sich Sorgen, man könnte Sie mit mir sehen.«

»Ich denke schon.«

»Ich glaube nicht, daß Sie sich Sorgen zu machen brauchen, Major. Immerhin geben Sie mir keine operativen Geheimsachen über Star Wars.«

»Trotzdem...«

»Womöglich tun wir jemand was Gutes damit. Cobols Gedenken. Joycelens. Der Nation? Rufen Sie mich an«, sagte Louise. Dann ging sie.

Margit blieb noch ein Weilchen. Sie war allein auf dem Hof. Sie zog die Schultern hoch gegen die Kälte und eilte dann zu ihrem Wagen in der Sechsten Straße zurück. Als sie sich diesem näherte, sah sie den jungen Vater mit dem Kinderwagen neben seinem eigenen Auto stehen, das auf der anderen Straßenseite stand.

Margit stieg in ihren Honda, saß einige Augenblicke da und ließ sich das Gespräch durch den Kopf gehen, das sie eben mit Louise Harrison geführt hatte; dann startete sie den Motor und fuhr langsam los. Der junge Mann mit dem Kinderwagen sah zu, wie sie vor der roten Ampel hielt. Als die Ampel auf Grün schaltete und Margit um die Ecke bog, folgte ihr ein Wagen, der hinter ihr auf derselben Straßenseite geparkt hatte.

Der Mann griff in den Kinderwagen, zog eine rosa Decke weg, nahm eine täuschend echte Puppe heraus und warf beides in den Kofferraum. Er faltete den Kinderwagen zusammen und warf ihn hinterher auf sein Plastikbaby.

24

Foxboro hatte Spaghetti gemacht und dazu grünen Salat. Sie aßen an dem kleinen Küchentisch in seinem Apartment in Crystal City. Die ganze schlichte Mahlzeit über hatte er ein brennendes Interesse für alles gezeigt, was sie an diesem Tag gemacht hatte. Sie hatte ihr Mittagessen mit Max Lanning erwähnt, und Foxboro hatte wiederholt danach gefragt, worüber sie sich unterhalten hatten. Einmal hatte sich Margit ein Lachen nicht verkneifen können. »Ich kann mich doch unmöglich an alles erinnern, worüber wir gesprochen haben«, hatte sie gesagt. »Wir haben ... wir haben uns eben unterhalten. Er ist ein netter junger Mann, und er arbeitet für Bellis, meist als Fahrer, und er scheint sich für alles und jedes zu interessieren.«

»Wieso hat Bellis einen Leutnant als Fahrer? Ich dachte, dafür tun es auch Gefreite.«

Wieder mußte Margit lachen. »Nicht im Pentagon, Jeff. Vielleicht ist das überall sonst im System der Fall, aber im Pentagon ist ein Leutnant nicht mehr als anderswo Schütze Arsch.«

Jetzt, als sie so am Tisch saßen, Kaffee tranken und dabei ihre Grapefruithälften auslöffelten, wechselte Margit das Thema. »Ich habe von der Anhörung über das Projekt Safekeep und Starpath gelesen. Hast du gewußt, daß da was im Gange ist?«

Foxboro nahm ihre leeren Spaghettiteller vom Tisch, trug sie hinüber zur Spüle und ließ Wasser darüberlaufen. Durch das Plätschern des Wassers sagte er: »Ich habe gewußt, daß sich da irgendwas zusammenbraut.«

»Erzähl mir davon«, sagte sie. »Du mußt das schon früher gewußt haben.«

Er stellte das Wasser ab, drehte sich um und lehnte sich gegen die Spüle. »Was gibt's da zu erzählen? Wir glauben, daß bei diesem Waffensystem kräftig gemauschelt wurde, und jetzt wollen wir den Tatsachen auf den Grund gehen.«

»Ihr müßt doch schon Tatsachen haben, um so ein Hearing durchzubekommen«, sagte Margit.

»Das stimmt. Reich mir doch mal die Salatteller.«

Sie nahm an, er würde sich wieder zu ihr setzen, aber er

verließ die Küche und kam nicht wieder. Sie räumte fertig ab und fand ihn in einem Zimmer, das als zweites kleines Schlafzimmer hätte dienen können, wenn er eines gebraucht hätte. Statt dessen hatte der Junggeselle es in ein kleines Büro verwandelt. Eine Lampe warf gedämpftes Licht auf den Schreibtisch. Durch die offenen Jalousien funkelten die Lichter der Stadt jenseits des Potomac herein. Foxboro saß in seinem Bürostuhl, die Füße auf den Schreibtisch gelegt.

»Jeff«, sagte Margit hinter ihm, »stimmt irgendwas nicht?«

Er antwortete ihr, ohne sich umzudrehen. »Vielleicht.«

»Willst du es mir nicht sagen?«

»Vielleicht sind wir beide es, mit denen etwas nicht stimmt«, sagte er.

»Ach. Vielleicht möchtest du mir wenigstens was darüber sagen.«

Er ließ die Füße auf den Boden plumpsen und wandte sich um. »Hör mal, Margit, ich habe den Kopf wirklich voll. Ich habe derart viel um die Ohren, daß ich nicht mehr weiß, wo mir der Kopf steht.«

Sie trat neben ihn und setzte sich in einen gelben Regisseurstuhl neben dem Schreibtisch. »Das verstehe ich doch«, sagte sie. »Willst du damit andeuten, daß ich dich zusätzlich unter Druck setze?«

Er zuckte mit den Achseln. »Ich weiß nur, daß ich mich gefangen fühle.«

»Gefangen? Von mir?«

»Nein, es ist nur so, daß ... Hör zu, ich will nicht darüber reden. Vielleicht ist es das, was mir zu schaffen macht, daß wir uns über unseren Beruf unterhalten, wenn wir uns sehen. Das bißchen Zeit, das ich nicht auf dem Hügel zubringe, will ich ihn nicht auch noch diskutieren.«

»Na schön. Ich respektiere das.«

»Warum fragst du mich dann immer wieder danach? Über die Anhörung zum Beispiel?«

»Jeff, du hast mich das ganze Abendessen über ausgequetscht: was ich da gemacht habe, wen ich gesehen habe, worüber ich gesprochen habe. Dein Interesse schmeichelt mir ja, aber ich würde gern davon ausgehen, daß das in beide Richtungen funktioniert.« Als er nicht antwortete, fügte sie hinzu: »Tut es das?«

Er antwortete damit, daß er das Zimmer verließ. Er trat an den Schrank im Flur und nahm eine braune Golfjacke heraus. Sie stand da und sah ihm zu. »Gehst du weg?«

»Ja. Ich brauche etwas Bewegung. Ich muß allein sein.«

»Dann sollte ich wohl besser gehen«, sagte Margit.

Sie wollte, daß er protestierte. Er tat es nicht. Er sah aus, als wolle er etwas sagen, aber es kam nichts. Er öffnete die Tür und ging.

Margit kehrte in sein Büro zurück und setzte sich in den Sessel, in dem eben noch er gesessen hatte; sie blickte über den Fluß hinaus auf dieselben Lichter, die er beobachtet hatte. Hatten diese Lichter für ihn dieselbe Bedeutung, die sie in diesem Augenblick für sie hatten? Washingtons Lichterglanz hatte in ihren Augen wie in denen Millionen anderer, die hier wohnten oder zu Besuch kamen, immer für Schönheit gestanden, für eine Art freundliche Erhabenheit. Aber jetzt, wo sie sie von diesem kleinen, im Halbdunkel liegenden Raum aus anstarrte, standen sie mit einemmal für etwas Gefährliches und Ungutes; jedes Licht war ein zynisches Zwinkern, das sie zu verhöhnen schien. Du warst dort, wo du vorher warst, besser dran, sagten sie. Das hier ist kein Ort für Leute mit Idealen, kein Ort, um naiven Vorstellungen wie Fairneß und Anständigkeit nachzuhängen. Du gehörst hier nicht her, Margit; sie konnte die Stimme fast hören. Diese Stadt, dieses System, sie werden dich ersticken – genauso wie sie deine Beziehung mit Jeff ersticken. Du wirst das nicht überleben. Entweder sei ein guter Soldat oder steige aus. Geh zu Bellis und sage ihm, du würdest dich gerne anderswohin versetzen lassen. Er hat es dir angeboten. Nutze deine Chance, bevor es zu spät ist.

Sie legte die Ellenbogen auf den Schreibtisch und versuchte Ordnung in ihre Gedanken zu zwingen. Sicher war dieser Situation mit Vernunft beizukommen wie jeder anderen auch. Probleme lassen sich erst lösen, wenn man den emotionalen Faktor durch hartnäckiges kognitives Denken ersetzt. Sie hatte sich diese Fähigkeit immer zugute gehalten. Die Juristerei verlangte das. Ebenso wie das Fliegen eines Hubschraubers. Sie hatte ihre Einsätze in Panama nicht überstanden, indem sie die Maschine ihren Emotionen überlassen hatte.

Sie wollte, sie wäre offen gewesen und hätte Jeff ohne Umschweife nach dem Gerücht gefragt, wonach Joycelen Wishengrads Ausschuß mit Informationen versorgt hatte. Sie dachte daran, wie er sie während des Abendessens über ihren Tag ausgehorcht hatte. Er mußte einen Grund dafür gehabt haben; auch er war nicht offen gewesen. Sie beide, die sich doch angeblich liebten (taten sie das wirklich?), spielten Spielchen miteinander. All die Spiegelfechterei – wie zwei Jurastudenten im vierten Semester bei einem Scheinprozeß.

Sie entschloß sich zu gehen. Jeff hatte klar zum Ausdruck gebracht, daß er allein sein wollte. Sie öffnete seine Schreibtischschublade und kramte in seinen Sachen nach einem unbeschriebenen Blatt Papier, um ihm eine Nachricht zu hinterlassen. Er könne ihr ja Bescheid geben, falls er es sich irgendwann mal anders überlegen sollte. Als sie ein Blatt weißes Briefpapier herauszog, kamen mehrere kleine Zettelchen mit zum Vorschein, darunter einer mit einer Adresse, einer Telefonnummer, und einer Reihe von Ziffern, 2, 2, 5, 5, 10, 2.

Margit starrte die Ziffern an. Sie sagten ihr nichts. Und dennoch hatte sie das Gefühl, sie schon mal gesehen zu haben und daß sie wenigstens darauf hätte kommen sollen, wo. Ohne weiter darüber nachzudenken, schob sie den Zettel in ihre Tasche und schloß die Lade; sie wollte weg sein, bevor er zurückkam.

Lieber Jeff,
ich weiß, Du mußt im Augenblick allein sein, und ich respektiere das. Auf der anderen Seite, Jeff, halte ich es nicht für richtig, ganz zu schweigen davon, daß es einfach nicht fair ist, wenn Du mich mit den Problemen in einen Topf wirfst, wegen deren Du die Abgeschiedenheit suchst.
Vielleicht habe ich in unserer Beziehung zu aufdringlich nach etwas gesucht, was gar nicht da war und vielleicht auch nie da sein wird. Ich wollte nicht stören, und sicher wollte ich nicht, daß wir uns trennen. Ganz im Gegenteil, ich habe mir in letzter Zeit alle Mühe gegeben, unsere Beziehung zu schützen, und so etwas ist, wie wir beide wissen, immer das Ende einer vergeblichen Liebesmüh. Oder vielmehr einer rein akademischen, da es das ja vermutlich von Anfang an gewesen ist, schon als wir uns auf der Uni kennenlernten.
Ich sitze hier in Deinem Büro und tue mir leid. Ich bin ganz und gar nicht glücklich über diese Situation. Ich hatte gedacht, meine Rückkehr nach Washington würde einen Meilenstein in meinem Leben darstellen. Ein Posten im Pentagon, bei dem ich mein Jurastudium einsetzen könnte. Eine Chance, die Beziehung zu Dir zu verbessern, die mir immer sehr viel bedeutet hat. Eine Gelegenheit, Freundschaften zu erneuern und mein Leben auf eine neue Ebene zu bringen. Es hat nicht sollen sein. Es hat den Anschein, als ginge mir in letzter Zeit alles schief, was ich anfasse – oder es stirbt. Aber jetzt schwimme ich schon wieder in Selbstmitleid.
Ich weiß, ich habe Dich wahrscheinlich gelangweilt mit den Sprüchen, die mir mein Vater mit auf den Weg gegeben hat, aber ich füge trotzdem einen hinzu. Er hat immer gesagt, alles sei besser, als überhaupt nichts zu tun. Das stammt nicht von ihm. Die meisten Psychologen geben denselben Rat. Aber er kam nun mal nicht von einem

Psychologen. Er kam von ihm und hat aus diesem Grund eine besondere Bedeutung für mich.

Col. Bellis hat mir vorgeschlagen, Urlaub zu nehmen, wegzufahren, Washington, das Pentagon, Cobol, Joycelen und den ganzen Kram hinter mir zu lassen. Vielleicht mache ich das tatsächlich, obwohl ich nicht weiß, ob wegzulaufen jemals das Richtige ist. Meiner Erfahrung nach schleppt man das, was einem zu schaffen macht, einfach mit. Trotzdem, jetzt, wo ich so in Deiner Wohnung sitze, erscheint es mir verlockend und machbar.

Ich hatte einmal eine Freundin aus einer Kleinstadt, die einen Posten in New York annahm. Sie stellte sich am ersten Abend ans Fenster ihrer Pension und erklärte laut: »Gotham, ich werde dich erobern.« Wir lachten, als sie mir das erzählte, aber als ich sie das letzte Mal sprach, da hatte sie New York tatsächlich erobert, wenigstens zu ihrer vollen Zufriedenheit. Ich hatte die Absicht, Washington zu »erobern«, aber es erwies sich als ungleiche Schlacht. Ich fühle mich im Augenblick ausgesprochen besiegt und werde mich wohl, wie alle Tiere, irgendwo verkriechen und meine Wunden lecken.

Aber genug gejammert. Solltest Du irgendwann mal Lust verspüren, mich wiederzusehen, dann ruf an. Wenn schon sonst nichts, so wirst Du mir immer ein guter und geschätzter Freund sein. Und falls Dir danach ist, unsere Pläne für diesen Samstag zu realisieren, ich bin bereit.

Sie unterschrieb mit *Alles Liebe, Margit.*

»Ich habe wirklich das Gefühl, mich euch aufgedrängt zu haben«, sagte Margit zu Mac und Annabel, als sie mit den beiden in Smiths Arbeitszimmer saß.

»Seien Sie nicht albern«, sagte Annabel. »Sie haben nichts weiter unterbrochen als einen potentiellen Streit darüber, wo wir unseren nächsten Urlaub verbringen sollen. Mac will nach London, aber mir ist nach einer Wildwasser-Floßfahrt.«

»Eine richtige Amazone«, sagte Smith lachend. »Eine verrückte Wilde, diese Frau.«

Margit lächelte. Sie hatte sich den beiden nicht aufdrängen wollen, nachdem sie Jeff Foxboros Wohnung verlassen hatte, aber es war, als hätte eine Hand sie in die nächste Telefonzelle geführt und ihre Nummer wählen lassen. »Sie hören sich ja ganz verdreht an«, hatte Annabel gesagt. »Kommen Sie doch rüber. Ich setze schon mal Kaffee auf.«

»Jeff und ich haben heute abend Schluß gemacht«, erzählte Margit den beiden, nachdem Annabel ihr eine dampfende Tasse in die Hand gedrückt hatte.

»Oh, das tut mir leid«, sagte Annabel.

»Mir auch«, sagte Margit. »Aber es war schon lange fällig.«

»Darf man fragen, was dazu geführt hat?« warf Smith ein.

»Nichts Besonderes, Mac. Wir haben uns auseinandergelebt. Jeff regte sich furchtbar auf. Er hat gesagt, ein Teil seines Problems sei seine Beziehung zu mir und daß er mal allein sein müßte.«

»Das hört sich nicht notwendigerweise nach Schlußmachen an«, sagte Smith. »Wir brauchen alle mal hin und wieder etwas Zeit für uns selbst. Zu viel Zweisamkeit kann eine Beziehung ersticken.«

Margit lächelte. »Zuviel Zweisamkeit war wohl kaum unser Problem«, sagte sie. »Vielleicht wäre alles glatter gleuafen, wenn wir mehr Zeit zusammen verbracht hätten.«

Smith lehnte sich zurück und musterte sie eingehend, wie ein Galeriebesucher ein Gemälde. »Dieser Schlamassel mit Joycelen und Cobol hat eine Menge damit zu tun, nicht wahr?«

Margit biß sich auf die Lippe. »Ja.«

»Und Jeff war nicht sehr glücklich über Ihre mangelnde Bereitschaft, das Ende dieser Geschichte zu akzeptieren?«

Margit überlegte einen Augenblick, bevor sie antwortete. »Ja und nein. Anfänglich stand er meinem Engagement in dem Fall überhaupt kritisch gegenüber. Aber jetzt, wo alles vorbei ist, da ermutigt er mich dazu weiterzumachen.«

»Und woher diese Kehrtwendung?«

»Ich habe keine Ahnung.«

»Es nagt noch immer an Ihnen«, sagte Annabel.

Margit stieß einen Pfiff aus. »Das, Annabel, ist sehr gelinde ausgedrückt. Ich habe mich in punkto Zwanghaftigkeit immer für ziemlich normal gehalten. Ich habe meine Laster wie jeder andere auch. Aber was diese Sache anbelangt, bin ich wie besessen, ganz abgesehen davon, daß sie mich auffrißt. Ich muß einfach eine Antwort finden.«

Smith ließ die beiden allein, um Rufus auszuführen. Als er den Riesenköter zu seinem Lieblingsfleckchen, einem Stückchen braunen Rasen an der Ecke, führte, rief ihn ein Nachbar von den Stufen seines Hauses herab an. »Abend, Ross«, sagte Smith. »Sieht ganz so aus, als kriegen wir etwas Regen.«

Ross Jepsen, ein Witwer, der seinen Ruhestand damit verbrachte, Touristen durch die National Cathedral zu führen und daneben unentgeltlich im Souvenirladen des Kennedy Centers arbeitete. Er war ein nervöser Zeitgenosse, vor allem was die steigende Kriminalitätsrate in der Stadt anbelangte. Und er hatte allen Grund dazu. Man hatte ihn vor zwei Jahren überfallen. Der Strauchdieb hatte sich nicht damit zufrieden gegeben, Jepsen die Brieftasche abzunehmen, er hatte sein Opfer auch noch so übel zusammengeschlagen, daß Jepsen eine kleine Sprachstörung und ein deutliches Hinken geblieben war. Er winkte Smith näherzukommen.

»Ich mache mir Gedanken über das Auto da«, sagte Jepsen und nickte in Richtung eines grünen – oder grauen – Personenwagens, das vier oder fünf Parkplätze weiter schräg gegenüber von Smiths Haus stand.

Smith blickte hinüber. »Ist jemand drin?«

»Ja. Er steht schon eine ganze Stunde da«, sagte Jepsen.

Smith brummte. »Wartet wahrscheinlich auf jemand.«

»Der wartet aber ganz schön lange.«

»Tja, Ross, behalten Sie ihn mal im Auge – geben Sie ihm

noch eine Stunde. Wenn er dann noch immer da ist... Ist es ein Mann?« Jepsen nickte. »Dann rufen wir die Polizei.«

»Ich meine, das sollten wir gleich.«

»Wenn Sie das beruhigt«, sagte Smith.

»Ich denke schon.«

»Lassen Sie mich wissen, wie's ausgegangen ist«, sagte Smith, der auf Rufus' Ziehen an der Leine reagierte.

Smith kehrte ins Haus zurück, stellte sich auf die Schwelle seines Arbeitszimmer und fragte: »Was wollen Sie nun unternehmen wegen Ihres sogenannten obsessiv-zwanghaften Bedürfnisses herauszufinden, was Cobol zugestoßen ist?«

Margit seufzte. »Weitergraben, nehme ich an. Ich habe Cobols Mutter auf der Beerdigung gesagt, daß ich Leute kenne, die mir vielleicht dabei helfen würden, ihm seinen guten Namen zurückzugeben. Ich habe dabei an Sie gedacht.«

»Wie schmeichelhaft«, sagte Smith, hörte sich dabei jedoch nicht so an, als sei es ihm ganz ernst.

»Ich muß es einfach tun«, erklärte Margit. »Ich bin in meinem Leben nicht oft für etwas eingetreten, und wenn, dann hat es mich nicht viel gekostet. Ich engagiere mich bei einer Organisation für Frauen in Uniform. Ich habe an mehreren Standorten bei Tierschutzorganisationen mitgearbeitet. Ich habe starke Ansichten über so manches, aber das hier ist was anderes. Ein Mann, der zufällig Offizierskollege war, ist gestorben, und man hat seinen Namen in den Schmutz gezogen. Er hatte noch nicht mal die Möglichkeit, sich zu verteidigen. Ich habe getan, wovor Colonel Bellis mich gewarnt hatte. Ich habe mich emotionell auf ihn eingelassen, und nicht nur mit ihm, sondern auch mit seiner Familie und seinen Freunden. Ich möchte ihm seinen guten Namen zurückgeben, Mac. Ich *muß* ihm seinen guten Namen zurückgeben.«

»Das ist nur recht und billig«, sagte Smith und kehrte in seinen Liegestuhl zurück. »Wie wollen Sie das anstellen?«

»Ich hatte gehofft, Sie könnten mir da den einen oder anderen Rat geben.«

»Haben Sie innerhalb des Militärs noch irgendwelche unausgeschöpften Möglichkeiten?« fragte Smith.

»Nein. Vielleicht ist es gerade das, was mich so aufregt. Es ist eine so furchtbare Geschichte – erst der Mord an einem Wissenschaftler, dann bezichtigt man einen Captain der Army des Mordes, man wirft mit Anspielungen auf irgendwelche homosexuellen Affären um sich, der Captain wird erhängt in seiner Zelle aufgefunden, angeblich ein Selbstmord –, und keiner der Beteiligten hat auch nur die Braue gehoben.« Sie dachte an Louise Harrison und überlegte, ob sie Mac und Annabel von ihrem Treffen mit der Reporterin erzählen sollte. Smith würde sie kritisieren, weil sie mit der Presse gesprochen hatte, und sie war nicht sonderlich scharf auf Kritik. Aber dann erzählte sie ihnen doch davon und daß Harrison die Frage aufs Tapet gebracht hätte, ob Joycelen wohl Informationen an Wishengrads Ausschuß weitergegeben hatte.

»Interessant«, murmelte Smith. »Besser: sachdienlich.«

»Jeff muß etwas darüber wissen«, warf Annabel ein.

»Ich gehe davon aus, daß er was weiß, aber er macht den Mund nicht auf«, sagte Margit.

»Joycelen ist ganz offensichtlich der Schlüssel zu dieser Geschichte«, bemerkte Smith. »Er und Wishengrad.«

Margit pflichtete ihm bei.

»Was soll ich Ihrer Meinung nach tun?« fragte Smith. Er warf Annabel einen Blick zu, sie lächelte. Freundlich? Tadelnd? In einem Sturm ist einem jedes Lächeln recht.

»Ihr Freund, der neulich hier war«, sagte Margit. »Der Privatdetektiv.«

»Tony Buffolino«, sagte Smith. »Mit einem O. Da ist er sehr eigen. Was soll er Ihrer Ansicht nach tun?«

Margit hob die Hände in einer Geste der Hilflosigkeit. »Ich habe keine Ahnung. Ich habe noch nie mit einem Privatdetektiv zu tun gehabt.«

»Daran ist nichts Mysteriöses, Margit«, sagte Smith. »Wollen Sie, daß Buffolino ein bißchen in Joycelens Leben herumstochert?«

»Glauben Sie, das würde er?«

Smith lachte. »Für Geld würde Tony alles tun.«

»Fast alles«, sagte Annabel schnell.

»Richtig«, sagte Smith. »Fast alles. Ich habe Ihnen ja schon gesagt, daß er ein guter Ermittler ist. Ist die Familie Cobol daran interessiert, Cobol wieder zu einem guten Namen zu verhelfen?«

»Ausgesprochen«, antwortete Margit.

»Tony arbeitet natürlich nicht umsonst«, meinte Smith.

»Selbstverständlich«, pflichtete Margit ihm bei. Sie beugte sich vor und legte die Hände auf die Knie. »Ich denke, Flo Cobol, Roberts Mutter, würde Haus und Hof verkaufen, um seinen Namen reinzuwaschen.«

»Ich werde mit Tony reden«, sagte Smith.

»Falls Flo Cobol nicht dazu bereit ist, dann bezahle ich ihn aus der Hinterlassenschaft meines Vaters.«

Smith seufzte tief, bevor er sprach. »Sind Sie absolut sicher, Margit, daß Sie dieser Geschichte nicht nur aus einem momentanen emotionellen Bedürfnis heraus nachgehen wollen, das sich mit der Zeit von selbst geben wird?«

»Ich sitze schon die ganze Zeit hier und frage mich dasselbe«, antwortete Margit. »Ist es ein schwacher Versuch, das Unrecht an meinem Vater wiedergutzumachen? Vielleicht. Einige Schichten tiefer? Vielleicht. Was, wenn? Ich hoffe doch, noch einige Jahre mit mir leben zu dürfen. Ich bin Cobol nicht besuchen gegangen, als er mich rief, und ich möchte nicht den Rest meines Lebens damit zubringen, mich nachts von einer Seite auf die andere zu werfen, weil ich nicht getan habe, was richtig gewesen wäre.«

Smith stand auf und stellte sich mitten ins Zimmer. »Ich rufe Tony gleich morgen früh an und arrangiere ein Treffen. Können Sie morgen abend wiederkommen?«

»Morgen ist Donnerstag«, sagte Margit. »Ja, nach der Arbeit.«

»Es bleibt dabei, falls Sie nichts von mir hören oder ich von Ihnen. Ich werde zusehen, daß Tony um sieben hier ist.«

Sie standen noch vor dem winzigen Garten, der für die Häuser der ganzen Straße typisch war. Es war eine milde Nacht; Hitze und Feuchtigkeit waren zu spüren. Ein letztes Aufbäumen des Sommers. Über sie zogen lautlos, tief und schnell Wolken über den Himmel. »Haben Sie schon daran gedacht, Urlaub zu nehmen, Margit?« fragte Smith.

»Ja, aber ich halte es für besser, weiterzuarbeiten. Womöglich erfahre ich mehr, wenn ich im Pentagon bin.«

»Es ist Ihnen doch klar«, sagte Smith, »daß diese Geschichte auch nach hinten losgehen kann?«

»Daran habe ich auch schon gedacht. Ich bin schon ein Meister im Rationalisieren geworden. Ich sage mir, daß ich schließlich nicht gegen Befehle handle, da ich keine eindeutigen Befehle bekommen habe. Ich denke, es ist wohl die gleiche Rechtfertigung, mit der ich mich auf Cobols Verteidigung eingelassen habe. Die Familie wollte einen zivilen Rechtsbeistand. Jetzt will diese Familie eben, daß ihr jemand hilft, dem toten Sohn den guten Namen wiederzugeben. Geht das durch?«

Smith legte ihr die Hand auf die Schulter. »Nicht ganz«, sagte er, »aber es ist auch nicht gerade ein Skandal. Gehen wir Schrittchen für Schrittchen vor. Keine großen Sprünge, die dazu angetan sind, Ihnen Ärger einzubringen. Tony wird ganz diskret vorgehen.«

Margit dankte den beiden und ging dann das Stückchen zu dem nahezu legalen Parkplatz, den sie gefunden hatte. Mac und Annabel sahen zu, wie sie einstieg, den Motor anließ, Licht machte und dann losfuhr. Als sie das tat, verließ auch der Wagen, auf den Ross Jepsen ihn hingewiesen hatte, den Straßenrand und folgte ihr. Smith trat auf den Gehsteig und kniff die Augen zusammen, um das Nummernschild des verschwindenden Autos zu entziffern.

»Was ist denn?« fragte Annabel.

»Der Fahrer von dem Wagen da hat auf Margit gewartet. Ich glaube, sie wird verfolgt.« Ross Jepsen kam auf sie zu.

»Haben Sie die Polizei gerufen?« fragte ihn Smith.

»Ja. Die waren da.«

»Und?«

»Ich habe sie vom Fenster aus beobachtet. Ein Streifenwagen hielt neben dem Auto, und sie redeten mit dem Fahrer.«

»Und?«

»Wie alle Polizisten«, sagte Jespen angewidert. »Sie sind wieder gefahren.«

»Ich nehme an, dann war wohl alles in Ordnung«, sagte Smith. »Gute Nacht, Ross.«

»Gute Nacht.«

Als sie wieder im Haus waren, notierte Smith sich die Autonommer. »Ich werde Tony gleich morgen früh nachsehen lassen, wem der Wagen gehört.«

»Dann ist sie also in Gefahr?« fragte Annabel.

»Ich weiß nur, daß einen Leute nicht verfolgen, um einem einen Lotteriegewinn auszuzahlen. Lust auf eine kleine Fahrt?«

»Wohin?«

»Bolling. Ich hol' den Wagen. Du rufst Margit an. Du wirst Ihren Anrufbeantworter erreichen. Sag ihr, daß ihr jemand von hieraus gefolgt ist, und daß sie die Augen offenhalten soll. Sag ihr auch, daß wir unterwegs sind.«

»Du machst mir Angst, Mac.«

»Das will ich nicht. Aber wir sollten uns doch Sorgen machen.« Annabel wartete am Straßenrand, als Mac, der den Wagen aus der Mietgarage ein Stück die Straße hinauf geholt hatte, vor ihr hielt. Sie sprachen kein Wort auf dem Weg zur Basis, wo sie vor einem geschlossenen Tor ein auf Hochglanz polierter junger Luftwaffensoldat stoppte.

»Kann ich Ihnen helfen, Sir?« fragte der Soldat.

»Ja«, sagte Smith. »Wir wollen Major Margit Falk besuchen.«

»Erwartet sie Sie, Sir?«

»Nein. Aber sie wird sich freuen, uns zu sehen.«

»Entschuldigen Sie, Sir.« Er kehrte in sein Häuschen zurück, zog ein Standorttelefonbuch zu Rate und wählte eine Nummer. Nach einer kurzen Unterhaltung, kam er zurück zu Macs Wagen. »Major Falk wohnt im Offiziersquartier 1300«, sagte er. Er wies Smith den Weg, trat dann zurück und drückte auf einen Knopf, der das Tor öffnete. Als der Wagen passierte, nahm der Mann Haltung an.

Mac und Annabel bogen um die Ecke. Das Gebäude 1300 lag direkt vor ihnen. Annabel erspähte Margit, die auf der Treppe vor dem Haupteingang stand. Mac dagegen sah den grünen – oder grauen – Personenwagen, der noch eine Stunde zuvor in seiner Straße geparkt hatte. Er war in Wirklichkeit metallicblau und stand Margits Gebäude genau gegenüber.

Smith fuhr direkt darauf zu.

»Da ist Margit«, sagte Annabel.

»Und da ist der Wagen«, sagte er schroff.

Er blieb neben dem Wagen stehen und starrte die Insassen unverhohlen an. Diese starrten zurück.

»Mac, bitte«, sagte Annabel.

»Wie sind die hier reingekommen?« fragte ihr Gatte. Er beantwortete sich seine Frage selbst. »Die gehören hierher.« Er wendete und hielt neben Margit. Der andere Wagen fuhr langsam davon.

»Mac, Annabel«, sagte Margit durch Smiths offenes Fenster. »Was machen Sie denn hier?«

»Der Wagen«, sagte Smith.

Margit sah dem metallicblauen Auto nach, dessen rote Hecklichter eben um die Ecke verschwanden. »Was ist damit?« fragte sie.

»Sie sind Ihnen gefolgt.«

»Mir gefolgt?«

»Ja. Sie haben vor unserem Haus gewartet, bis Sie losgefahren sind. Dann sind sie hinter Ihnen hergefahren.«

»Ich ... Sind Sie sicher?«

»Ja. Ich lasse Tony morgen früh das Nummernschild überprüfen.«

Margit lachte nervös, so als könne sie es kaum glauben.

»Sind Sie in Ordnung?« fragte Smith.

»Ja. Alles klar.«

»Haben Sie Annabels Nachricht nicht gekriegt?«

»Welche Nachricht?«

»Ich habe sie auf Ihrem Anrufbeantworter hinterlassen«, sagte Annabel, die sich über ihren Gatten hinwegbeugte.

»Ich habe ihn nicht abgehört.«

»Margit, warum werden Sie verfolgt?« fragte Smith.

»Werde ich das? Ich weiß nicht, wieso man mir folgen sollte.«

»Wir machen uns Sorgen um Sie.«

»Das weiß ich zu schätzen, aber ... wollen Sie mit raufkommen? Ich mache Kaffee.«

»Nein, danke«, sagte Smith. »Wir wollen nur sichergehen, daß Sie in Ordnung sind.«

»Mir geht's gut. Ich finde das wirklich toll, daß Sie hergekommen sind. Danke. Aber mir geht's gut.«

»Halten Sie die Augen offen«, sagte Smith.

»Mach' ich. Ihr seid wirklich ganz toll, Ihr beiden.« Sie drückte Smith einen Kuß auf die Wange und griff nach Annabels Hand. »Gehen Sie zu Bett. Es ist ja fast schon morgen.«

Auf dem Heimweg sagte Mac zu Annabel: »Tut mir leid, daß ich dich aus dem Haus geschleift habe.«

»Du hast mich nirgendwo hingeschleift. Dieser Wagen. War es auch wirklich derselbe?«

»Ja.«

»Aber wieso?«

»Ich weiß nicht, obwohl ich vor Spekulationen fast überlaufe. Eines aber weiß ich gewiß.«

»Und das wäre?«

»Daß sich Margit mit der mächtigsten Bürokratie der Welt anlegt – dem Militär der Vereinigten Staaten von Amerika.«

»Und du auch.«

Er antwortete nicht.

25

»Margit? Jeff.«

»Guten Morgen«, sagte sie.

»Ich habe mich wie ein totaler Idiot benommen. Verzeihst du mir?«

Sie warf einen Blick hinüber zu Jay Kraft, der im neuesten *Early Bird* las. »Wir müssen miteinander reden«, sagte sie.

»Ich weiß. Ich lese immer wieder deine Nachricht. Du sagst, du wärst bereit, an unserer Verabredung für Samstag festzuhalten.«

»Ja«, sagte sie.

»Wie wär's mit Essen heute abend? Irgendwo, wo es lauschig genug ist, um sich in aller Ruhe zu unterhalten.«

»Ich kann nicht. Ich habe was vor.«

»So rasch schon?« Sein Ton hatte seine versöhnliche Note verloren.

»Wie soll ich das verstehen?« fragte sie.

»Hast du schon einen anderen?«

»Ich muß gehen. Ich habe zu arbeiten.«

»Okay, okay, tut mir leid. War nicht so gemeint. Wie wär's mit Freitag abend?«

»Ich ruf' dich an. Bist du heute abend zu Hause?«

»Ja. Wann?«

»Gegen elf.«

»Ich werde warten.«

Zu ihren Plänen für Samstag gehörte ein Abendessen mit Tanz im Offizierskasino des Luftwaffenstützpunkts Andrews, eine Veranstaltung für Angehörige aller Waffengattungen unter der Ägide des Direktoriums für Forschung und Entwicklung im Verteidigungsministerium. Im Pentagon lief die Veranstaltung unter dem Motto »Hebt die Moral der Truppe«.

Margit hatte sich schon darauf gefreut, vor allem als Jeff eigens dafür seinen Terminkalender umgestellt hatte. Jetzt hatte der Abend seinen Reiz verloren, obwohl sie entschlossen war, dennoch hinzugehen. Man sah sich derlei gesellschaftliche Ereignisse innerhalb des Militärs sehr genau an, bevor man sich drückte. Auf der Einladung hatte man zwar die Möglichkeit der schriftlichen Absage eingeräumt, aber das Ganze sah doch sehr nach einem Befehl aus.

»Guten Morgen, Majors«, sagte Max Lanning von der Tür her.

Kraft gab sein vorhersehbares Grunzen von sich. Margit ging zusammen mit Lanning auf den Flur und schloß die Tür hinter sich. »Haben Sie was über den Dienstplan herausfinden können?« fragte sie.

»Hab' ich!«

»Und? Wer hat Captain Cobol an besagtem Samstag vormittag eingeteilt?«

»War ganz schön schwer, das herauszufinden, weil es ausgerechnet von diesem Dienstplan keine Kopie gibt.«

»Warum das?«

»Ich weiß nicht. Die werden normalerweise abgeheftet, aber dieser fehlt eben.«

»Sie haben also nichts herausbekommen«, sagte sie.

»Falsch« antwortete Lanning. Er lächelte. »Ich habe mich umgehört. Ich habe ein paar Freunde da drüben, Zivilisten, und ...«

Ihre Miene forderte ihn auf weiterzusprechen.

»Es war ein Major aus T & A.«

»Wie heißt der Mann?«

»Ein Major Mucci. Major Anthony Mucci.«

Monroneys rechte Hand.

»Ich danke Ihnen«, sagte Margit. »Das wird mir bei meinem Schlußbericht sehr gelegen kommen.«

»Freut mich, daß ich helfen konnte. Wenn ich sonst noch was rausfinden soll, lassen Sie's mich einfach wissen.«

»Was ist mit meiner Wette?« fragte sie ihn.

»Wette?«

»HP-5.«

»Ach das.« Er flüsterte jetzt. »Die verlieren Sie beide«, sagte er.

»Ach?«

»Doch. Es handelt sich um einen streng geheimen Code. CIA.«

»Sind Sie sicher?«

»Absolut.«

»Aber was er bedeutet, wissen Sie nicht.«

»Nein, und ich will es auch gar nicht wissen. Tut mir leid.«

»Das braucht Ihnen doch nicht leid zu tun, Max. Ich hatte nicht die Absicht, Sie in Verschlußsachen stöbern zu lassen.«

»Ich weiß. Ich denke, damit ist wohl meine Hälfte des Gewinns flöten.«

»Sieht ganz so aus. Noch mal vielen Dank dafür, daß Sie wegen des Dienstplans nachgefragt haben. Sie haben was gut bei mir.«

Als sie wieder an ihrem Schreibtisch saß, fragte Kraft: »Was ist mit dem Jungen? Ist wohl in Sie verschossen, was?«

Margit funkelte ihn an. »Wir sind befreundet, wenn's recht ist.«

»Sie sollten sich das zweimal überlegen, bevor Sie sich Ihre Freunde unter den Lieutenants suchen, und bei diesem schon gar.«

»Warum gerade bei diesem?«

»Weil sein Verstand auf Urlaub ist und seine Klappe Überstunden macht.«

Die Sicherheitsvorkehrungen im Dirksenhaus, einem der Bürogebäude des Senats, waren verstärkt worden, da man am Nachmittag Ari Ben Elaha, den israelischen Botschafter in den Vereinigten Staaten, erwartete. Er sollte sich mit Senator Hank Wishengrad treffen. Zusätzlich zu seiner eigenen bewaffneten Eskorte begleitete eine Abteilung amerikanischer Soldaten Elaha.

Sie trafen sich in Wishengrads privatem Konferenzraum, einem großen, karg ausgestatteten Zimmer mit einem gediegenen alten ovalen Eßzimmertisch genau in der Mitte. Auf jeder Seite standen sechs Stühle. Wishengrad, zwei Kollegen aus seinem Ausschuß, Jeff Foxboro und noch ein zweiter Mitarbeiter aus seinem Stab setzten sich auf die eine Seite. Elaha, ein offizieller Dolmetscher – der kaum gebraucht wurde, da Elaha perfekt Englisch sprach – und ein Mitarbeiter setzten sich ihnen gegenüber.

Elaha hatte sich während der vergangenen beiden Wochen um Schlüsselmitglieder aus Regierung und Kongreß bemüht. Dieses Treffen, das wußte er, war für seine Mission von entscheidender Bedeutung. Wishengrads Vorsitz im Senatsausschuß war eine Position, die unbestreitbar mit großer Macht verbunden war, vor allem, wenn man sich um Geld für Waffen bemühte.

Nach den üblichen einleitenden Artigkeiten sagte Elaha: »Wie Sie wissen, Senator, habe ich mich mit wichtigen Mitgliedern aus Präsident Beardsleys Stab, dem Sicherheitsrat und Vertretern der CIA getroffen.«

Wishengrad lächelte. »Ich habe durchaus Kenntnis von diesen Treffen, Herr Botschafter. Wie ich höre, verliefen sie sehr gut.«

Kein Lächeln vertiefte die Falten in Elahas sonnengebräuntem und etwas onkelhaftem Gesicht. »Sie verliefen in der Tat ziemlich gut«, sagte er. »Ich hege selbstverständlich die Hoffnung, daß dieses Treffen nicht weniger Früchte trägt.«

Wishengrad bezog mit einem Blick erst seine Kollegen mit

ein, bevor er antwortete: »Wir haben die Erklärungen Ihres Botschafters bei den Vereinten Nationen sowie die von Ihnen schriftlich eingereichten Bitten geprüft. Sie sind sich natürlich darüber im klaren, daß ich mich jahrelang bemüht habe, den Verkauf von Waffen an andere Staaten, einschließlich Israel, zurückzuschrauben.«

»Und Sie hatten Erfolg damit«, sagte Elaha, »sehr zu unserem Kummer. Aber ungeachtet Ihrer Haltung in der Vergangenheit bin ich zuversichtlich, daß sich aus den jüngsten Ereignissen in unserer Region neue und zwingende Gründe für ein Überdenken Ihrer Ansichten ergeben.«

Wishengrad lehnte sich zurück und schob sich die Brille auf den Kopf. »Überdenken, vielleicht. Völlig ändern? Daran ist nicht zu denken, Herr Botschafter. Verstehen Sie mich nicht falsch. Es ist meine Ansicht – wie auch die der meisten meiner Kollegen im Ausschuß, daß wir Israel besondere Verteidigungsmöglichkeiten an die Hand geben sollten. Dagegen ist schwer anzukommen, jetzt, wo Ihr Nachbar bewiesen hat, daß er in der Lage ist, einen atomaren Präventivschlag zu führen. Wie er diese Fähigkeit hat entwickeln können – oder wichtiger noch, wer sie ihm gegeben hat –, das ist die Frage, die wir gern beantwortet hätten.«

Elaha wollte ihm eben antworten, als Wishengrad sich vorbeugte. »Ich weiß, was Sie sagen wollen. Dasselbe, was uns auch unsere eigenen Militärs sagen. Herauszufinden, wie es dazu kommen konnte, ist eine rein akademische Angelegenheit angesichts der potentiellen Zerstörung. Ich bin mir überdies sehr wohl darüber im klaren, daß Israel immer ein zuverlässiger Verbündeter der Vereinigten Staaten gewesen ist.«

Elaha nickte.

»Was mir zu schaffen macht, Mr. Elaha, ist nicht das Aufstocken der finanziellen Mittel, die es Israel ermöglichen, sich selbst zu verteidigen. Was sich bei mir querstellt, ist die Tatsache, daß Sie und die Lobbyisten Ihres Landes sich alle Mühe geben, *uns* dazu zu überreden, *unseren* Verteidigungshaushalt zu erhöhen. Sicher, so etwas geht Hand in Hand, aber der Prozentsatz unseres Verteidigungshaushalts, der Israel selbst erreicht, ist gering. Wie wir den Rest davon verteilen, um *uns selbst* zu verteidigen, scheint mir doch außerhalb Ihres Zuständigkeitsbereichs zu liegen. Oder wenigstens sollte es das.«

»Warum sollte Ihnen das zu schaffen machen, Senator?« fragte Elaha. »Israel befindet sich in einer prekären Situation, woran sich übrigens seit seiner Gründung nichts geändert hat. Der überschwengliche Optimismus, der Ihrem militärischen Sieg über Saddam Hussein folgte, war unangebracht. Die wackeren Bemühungen Ihres damaligen Außenministers Baker und anderer jener Regierung, Ihren Sieg zu nutzen, waren vergeblich. Um es ganz unumwunden zu sagen, Israels Situation hat sich in gewisser Hinsicht eher verschlechtert als verbessert. Unsere Nähe zu einer arabischen Nation, die sich unsere Vernichtung auf die Fahnen geschrieben und jetzt auch noch bewiesen hat, dieses Ziel mit atomaren Mitteln erreichen zu können, hat aus einer ohnehin schon angespannten Lage eine verzweifelte gemacht.«

»Zugegeben«, sagte Wishengrad. »Und wie ich Ihnen gegenüber bereits eingeräumt habe, haben sich meine Ansichten bezüglich der Militärhilfe für Israel geändert. Aber die Vereinigten Staaten zu drängen, ihren eigenen Verteidigungshaushalt zu erhöhen, das steht auf einem ganz anderen Blatt.«

»Nicht, wenn Sie sich ein weiteres Mal gezwungen sehen, Truppen und Ausrüstung in den Nahen Osten zu schicken.«

»Was ich mit allen Mitteln zu verhindern versuchen werde«, sagte Wishengrad. »Sie haben es selbst gesagt. Desert Storm hat nicht gerade viel gebracht, außer unser Defizit um einige Milliarden in die Höhe zu treiben. Der Golfkrieg hat Israel keine Sicherheit gebracht. Er hat uns Saddam Hussein nicht vom Hals geschafft, der Hunderttausende abgeschlachtet und den Kurden und Schiiten im Iran das Chaos gebracht hat – ganz zu schweigen davon, daß er unseren Planeten über unsere kühnsten Vorstellungen hinaus verschmutzt hat. Das einzig Gute, das ich daran zu sehen vermag, ist, daß unser Präsident als Oberkommandierender seine Muskeln spielen lassen durfte. Was von den Problemen im eigenen Land abgelenkt hat. Außerdem gab er den Militärs ein Alibi dafür, ihre teuren Spielsachen auszuprobieren und hier auf den Hügel gelaufen zu kommen, um nach weiteren Milliarden zu schreien. Ganz offen gesagt, dieses Geld ist bei der Lösung unserer innenpolitischen Probleme weit besser aufgehoben.«

Elaha kaute an seiner Backe, bevor er antwortete. »Ich möchte nicht unverschämt sein, Senator Wishengrad, aber ich möchte doch mit allem Respekt darauf hinweisen, daß Sie die Haltung einer Minderheit vertreten, selbst bei der derzeitigen liberaleren Regierung im Weißen Haus.«

»Dessen bin ich mir bewußt«, sagte Wishengrad. »Der Rüstungskomplex hat nach der Detonation dieser Bombe Oberwasser bekommen. Schmiedet das Eisen, solange es heiß ist. Mehr Verbrechen auf den Straßen? Vergrößern wir eben die Polizei. Mehr Flugzeugunfälle? Vergrößern wir eben das Luftfahrtministerium. Ist ja nichts abwegig daran. So geht das nun mal.«

»Ich wünschte, ich könnte Ihre Ansicht teilen«, sagte Elaha, »aber ich bin ein Anhänger der Realitäten. Die einzige Hoffnung auf Frieden und Sicherheit für kleinere Nationen, einschließlich Israel, ist ein militärisch starkes Amerika. Selbst wenn ich Ihre These, wir sollten uns aus der Meinungsbildung um den amerikanischen Rüstungshaushalt heraushalten, gern akzeptieren würde, so haben doch Israel und andere kleine Nationen allen Grund, sich für eine Aufstockung des amerikanischen Militärhaushalts stark zu machen. Viele der Waffensysteme, die sie am liebsten vergessen würden, könnten für Israels Arsenal von entscheidender Bedeutung sein. Nicht nur würden sie unsere Möglichkeiten der Selbstverteidigung erhöhen, ihr Verkauf könnte auch dazu beitragen, Ihr erschreckend hohes Handelsdefizit abzubauen. Offen gesagt, mir scheint das Ganze ein gutes Geschäft. Ein gut Teil Ihrer aufgestockten Militärhilfe an uns würde darauf verwendet, bei Ihnen Waffensysteme zu kaufen. Man nennt so etwas bei Ihnen ein ›Scheingeschäft‹, glaube ich.«

Einer von Wishengrads Kollegen meldete sich zu Wort. »Ich möchte keinesfalls an Ihrer geschäftlichen Logik zweifeln, Herr Botschafter, beeile mich aber, darauf hinzuweisen, daß diese Waffensysteme in dem Augenblick, in dem sie freigegeben sind, für fast jeden zu haben sein werden, der das Geld dafür hinblättert. Sie können in dieser Situation ein Gleichgewicht der Kräfte sehen, ein Abschreckungsmittel, ich tue das nicht. Wenn der Hinauswurf Saddam Husseins aus Kuwait wirklich eine Bedeutung für den künftigen Frieden haben soll, dann muß er von einer Abrüstung auf allen Seiten begleitet sein. Dazu ist es bisher nicht gekommen. Sämtliche großen Mitspieler im Waffengeschäft kommen uns mit der fadenscheinigen Logik, daß wir unsere Waffen genausogut verkaufen können, da es andere tun werden, wenn wir es nicht tun. Ich sehe das anders.«

Wishengrad, der sich seine Halbbrille wieder auf die Nase gesetzt hatte, nahm ein Blatt Papier aus einem Aktendeckel. »Das hier ist eine Liste der Waffensysteme, die uns das Pentagon zu finanzieren drängt«, sagte er. »Ich nenne Ihnen eines davon als Beispiel, Herr Botschafter. Projekt Safekeep.« Er lugte über den Rand seiner Brille. »Israel hat ein beträchtliches Interesse daran gezeigt.«

»Aus gutem Grund«, sagte Elaha.

»Es wird nicht funktionieren«, konterte Wishengrad.

»Das widerspricht allerdings den Berichten, die mir darüber vorliegen.«

»Sie haben Ihre Berichte aus denselben Quellen wie das Pentagon, mit anderen Worten von denen, die dabei groß absahnen dürften. Wissen Sie, daß dieser Ausschuß dieses spezielle Projekt bereits seit über einem Jahr untersucht und demnächst eine Anhörung dazu angesetzt ist?«

»Gerüchte. Ich habe Gerüchte gehört.«

»Warum sollte Israel daran interessiert sein, etwas zu kaufen, was nicht funktioniert?«

»Ob es funktioniert oder nicht, ist selbstverständlich keine Ansichtssache. Die Auswertung solcher Systeme wird unglücklicherweise immer wieder eher von politischen Notwendigkeiten als von wissenschaftlichen und militärischen Erwägungen beeinflußt. Als Mr. Reagan noch Präsident war, standen die Republikaner hinter Star Wars. Sie behaupteten, es würde funktionieren. Die Demokraten konnten über das Konzept nur müde lächeln. Politik. Wohl kaum die Basis, auf der hochentwickelte Gerätschaften beurteilt werden sollten, die womöglich eines Tages eine Nation retten.«

Sie diskutierten das Thema noch eine weitere halbe Stunde. Als das Treffen sich ganz offensichtlich festgefahren hatte, ohne daß man zu einem Schluß gekommen wäre, und alle am Tisch aufstanden, um sich die Hände zu schütteln, sagte Wishengrad zu Elaha: »Ich verspreche Ihnen eines. Ich mag mir ja den Ruf eingehandelt haben, gegen die Landesverteidigung zu sein, aber das habe ich nicht verdient. Ich sehe das anders. Ich entscheide mich in Fragen der Verteidigungsausgaben gern danach, ob ich eine wirkliche Notwendigkeit sehe. Und daran besteht kein Zweifel, Herr Botschafter. Die traurige Tatsache, daß einer Ihrer Nachbarn über atomare Möglichkeiten verfügt, die Israel vom Angesicht der Erde fegen können, ist mir nicht entgangen. Ich weiß es zu schätzen, daß Sie vorbeigekommen sind. Und auch Ihre Offenheit bezüglich Ihrer Position. Seien Sie versichert, daß ich nach bestem Wissen und Gewissen urteilen werde, wenn es daran geht, unseren Freunden vom Pentagon ein paar zusätzliche Milliarden vorzuwerfen.«

Um zwei verließ Starpaths Lobbyist, Sam Caldwell, das Büro seines Anwalts, Thomas Betterton. Er hatte nicht erwartet, sich so lange dort aufzuhalten. Aber nachdem er sich erst einmal mit dem hervorragendsten Anwalt Washingtons zusammengesetzt hatte, dessen Klientenliste sich wie ein Who's Who all jener las, die aus Washingtons Prominenz je vor einen Untersuchungsausschuß des Kongresses geladen waren, war klar, daß es kein kurzes Treffen werden würde. Und auch kein billiges.

Als Caldwell Bettertons Büro verließ, war er sich zweierlei bewußt: seiner Müdigkeit und der nüchternen Erkenntnis, das ihm weit mehr bevorstand, als er geahnt hatte.

Sein Fahrer fuhr ihn zum Four Seasons in der M Street am Rande von Georgetown. Caldwell ging hinein und rief Joe Maize im Pentagon an.

»Wie ging's denn?« fragte Maize mit einem heiseren Flüstern.

»Beschissen«, sagte Caldwell. »Wir sollten miteinander reden.«

Die Angst in Maizes Stimme war greifbar. »Haben Sie über mich gesprochen?« fragte er.

»Darauf können Sie Gift nehmen. Ich bin hier im Four Seasons. Ich setze mich in die Lobby und genehmige mir einen. Sehen Sie zu, daß Sie hier sind, bevor ich damit fertig bin.«

Er hatte sich eben an sein zweites Glas gemacht, als Maize, der sich, nervös nach links und rechts blickend, mit dem Taschentuch den Schweiß aus dem geröteten Mondgesicht wischte, durch die Lobby kam. Er trug einen braunen Anzug, den der Schweiß unter den Achselhöhlen nachgedunkelt hatte. Er setzte sich neben Caldwell auf das Zweiersofa. »Tut mir leid, daß ich spät dran bin, Sam. Ich konnte nicht so einfach weg. Ich mußte mir eine Entschuldigung einfallen lassen. Und dann der zähe Verkehr.«

Caldwell sah ihn verächtlich an. »Was soll Ihnen schon groß passieren, Joe, wenn sie mitten am Nachmittag aus dem Büro gehen? Glauben Sie, Sie verlieren Ihren Job?«

»Nein, ich wollte nur nicht, daß die Leute sich fragen,

warum ich gehe. Ich habe gesagt, ich müßte was Persönliches erledigen.«

»Da liegen Sie gar nicht mal so daneben«, sagte Caldwell. Seine Augen waren schwer; der Stoppelbart auf Wangen und Kinn trug zu seinem müden Aussehen bei. Eine hübsche junge Bedienung in einem langen Kleid mit Blumenmuster fragte Maize nach seiner Bestellung. »Nur ein Club Soda. Geben Sie einen Schuß Limettensaft rein.«

»Machen Sie daraus lieber einen ordentlichen Schuß Scotch«, sagte Caldwell zur Bedienung. Sie sah Maize an, und der nickte. »Scotch und Soda. Das wäre genau das Richtige.«

Caldwell hatte sich eine Ecke ausgesucht, die wegen einiger Topfpflanzen von der Lobby aus nicht sofort einzusehen war. Beide hatten sie nun Gläser auf dem Tisch. Caldwell rückte seine massige Gestalt auf dem Zweiersofa zurecht und funkelte Maize böse an. »Wishengrad hat mehr, als ich dachte. Ich glaubte, er fischt im Trüben, so eine Art Show für die Leute daheim in Wisconsin. Aber er hat mehr Ausrüstung dabei als für einen bloßen Angelausflug. Er hat sich einen Fall aufgebaut, für den ein Staatsanwalt seine Mutter umbringen würde.«

»Großer Gott«, sagte Maize, der sich vornüberbeugte und sein Glas zwischen beide Hände nahm. Ohne aufzublicken, fragte er: »Hat Betterton Ihnen das erzählt?«

»Hat er. Er hat sich gestern mit dem Sonderankläger des Ausschusses getroffen, diesem scharfen ehemaligen Staatsanwalt aus Wisconsin, Wishengrads altem Kumpan Harry Love. Love hat Betterton in die Karten sehen lassen: Dokumente, aufgezeichnete Telefonate, Niederschriften, und dazu noch alles, was Joycelen, dieser Hurensohn, ihnen vor seinem Abgang geliefert hat.«

Maize hob den Kopf. »Hatte er auch was über mich? Bänder, Dokumente?«

»Worauf du dich verlassen kannst, Joe.«

Maize leerte seinen Drink. »Hat Betterton Ihnen gesagt, wann die Anhörung anfängt?«

»Nein. Das weiß er nicht. Love behauptet, das hänge noch in der Luft – falls man ihm glauben kann. Aber eines weiß ich.«

»Ach ja?«

»Daß ich mir und meinem Kunden den besten Anwalt der Stadt besorgt habe. Ich schlage Ihnen vor, sich den zweitbesten zu suchen.«

26

»Tolles Timing, was?« sagte Tony Buffolino zu Margit, als er sich ihr vor Smiths Haus anschloß.

Er hatte sie erschreckt. Sie fuhr herum und sah, wer es war; ihre Besorgnis machte Erleichterung Platz. »Pünktlich wie die Maurer«, sagte sie.

Sie setzten sich mit Smith in dessen Arbeitszimmer zusammen. »Wo ist Cobol?« fragte Margit.

»In der Galerie.« Mac Smith, der hinter seinem Schreibtisch saß, nahm einen Schluck Kaffee, leckte sich die Lippen und sah sie offen an.»Wollen Sie das immer noch durchziehen?« fragte er sie.

Sie zögerte nicht einen Augenblick. »Ja.«

»Okay. Aber bevor wir zur Sache kommen, beschäftigt uns zuerst einmal, warum sich jemand derart für Margit Falk interessiert, daß er sie beschattet oder beschatten läßt.«

Margit schüttelte den Kopf. »Ich habe noch immer Schwierigkeiten, das zu akzeptieren, Mac. Wer? Und wieso?«

»Tony kann uns mit dem ›wer‹ weiterhelfen.« Smith sah Buffolino an.

»Es muß sich um eine Behörde handeln, Major.«

»Warum das?«

»Ich habe die Nummer überprüft, die Mac mir gegeben hat. Der Wagen ist auf niemanden registriert. Das bedeutet Regierung. FBI. CIA. Drogenbehörde. Militärische Abwehr. Das Veteranenheim.« Er lachte über seinen Scherz. »Die Behörden müssen Hunderte, vielleicht Tausende dieser Wagen haben. Vorschriftsmäßige Nummernschilder, aber auf niemanden zugelassen.«

Margit atmete tief und lang aus.

»Können Sie feststellen, welche Behörde dahintersteckt?« fragte Smith.

»Ich wüßte nicht, wo ich da anfangen sollte«, erwiderte Margit.

Mac Smith ging es ebenso. »Wir können dem etwas später nachgehen. Widmen wir uns unserem Geschäft. Margit möchte dich anheuern, Tony. Um bei den Leuten herumzustochern, die mit dem Fall Cobol zu tun hatten. Das wird nicht leicht sein. Ein Großteil davon sitzt im Pentagon, oder jedenfalls scheint es so. Ich habe dir vorgeschlagen, dich vor unserem Treffen hier sachkundig zu machen. Ich nehme an, das hast du.«

Buffolino hatte dafür sogar seinen besten Anzug angezogen. »Ich habe meine Hausaufgaben gemacht, Mac«, sagte er. »Ich nehme nicht an, daß ich alles weiß, aber unser Major hier kann ja die Lücken füllen.«

»Da bin ich sicher«, sagte Smith. »Margit, was genau wollen Sie von Tony, wo soll er anfangen?«

»Joycelen«, antwortete sie, »ist der Schlüssel zu dieser ganzen Geschichte.« Sie blickte Buffolino an. »Was ich zu tun versuche, T- kann ich Sie Tony nennen?«

»Sie können mich nennen, wie Sie wollen«, sagte er.

Sie lächelte. »Ich bin davon überzeugt, daß Cobol Joycelen nicht ermordet hat, genausowenig wie ich glaube, daß Cobol sich erhängt hat. Aber dieser Pseudoselbstmord ist nicht das, was mich im Augenblick vorrangig interessiert. Cobols Familie, vor allem seine Mutter, die in New York lebt, will ihm unbedingt seinen guten Namen zurückgeben. Ich hoffe, Sie können mir dabei helfen.«

»Ich werde tun, was ich kann.«

»Mac und ich sind der Meinung, wir fangen am besten damit an, mehr über Joycelens Leben herauszubekommen, über die Leute um ihn herum, vor allem jene, die ein besseres Motiv hatten, ihn umzubringen als Cobol. Cobol hatte nämlich überhaupt kein Motiv, soweit ich das beurteilen kann.«

Buffolino zupfte die Manschette zurecht, die ihm zu weit aus dem mitternachtsblauen Ärmel stand. »Es sei denn, er hatte einen Geheimauftrag. CIA,FBI – irgend etwas von diesen Vereinen. Vielleicht ist Joycelen gar nicht der Mann, bei dem wir anfangen sollten.«

»Hast du einen besseren Vorschlag?« fragte ihn Smith.

»Ich hab' mir nur gedacht, es wäre sinnvoller, mit Cobol anzufangen, ein bißchen in seiner Vergangenheit herumzustöbern.«

»Ich glaube nicht«, sagte Margit. »Ich versuche da selbst schon einiges innerhalb des Militärs, was Sie nicht tun könnten. So wie ich das sehe, haben wir eine bessere Chance, etwas auszugraben, wenn Sie draußen und ich drinnen arbeite.«

»Was immer Sie sagen«, meinte Buffolino. Er sah Smith an. »Einverstanden, Mac?«

»Ich denke schon, obwohl es mich etwas nervös macht, so wie Sie das sagen, Margit. Ich glaube nicht, daß Sie ganz offen daran ›arbeiten‹ sollten. Sie lehnen sich auch so schon weit genug aus dem Fenster.«

»Sagen wir eben, ich habe die Absicht, Augen und Ohren offenzuhalten.«

Smith stieß ein unverbindliches Grunzen aus, aber Margit wußte, daß sich dahinter seine Unzufriedenheit verbarg. Vielleicht auch Sorge. Was ihr lieber war.

Buffolino sagte: »Erzählen Sie mir, was Sie über Joycelen schon wissen.«

Sie informierte ihn, so gut sie konnte, über den Inhalt der

Zeitungsausschnitte und erzählte ihm von ihrer ebenso kurzen wie unangenehmen Unterredung mit Christa Wren. Soweit sie sagen konnte, hatte Caldwell Joycelen einmal bei einer Lagebesprechung des CIA die Hand geschüttelt, weiter nichts.

»Meinen Sie, diese Christa Wren hatte einen Grund, Joycelen umzubringen?« fragte Buffolino.

»Möglich wär's«, sagte Margit. »Nachdem was ihre Freundin sagt, hat Joycelen sie wie den letzten Dreck behandelt. Sie war auf dem Picknick, und sie hat zugegeben, mit ihm im Haus gewesen zu sein.«

Buffolino fügte seinen bisherigen Notizen noch einige hinzu. »Was ist mit seinen Exfrauen?«

»Ich hatte keine Gelegenheit, mit ihnen zu sprechen«, antwortete Margit. »Ich hatte es natürlich vor, aber Cobols plötzlicher Tod hat das geändert. Und nicht nur das.«

»Lassen wir die mal außen vor«, sagte Buffolino. »Fürs erste. Sonst noch was?«

»Ich weiß nicht, wie weit Sie damit kommen«, sagte Margit, »aber Cobol war mal bei einem Psychiater in New York. Seine Mutter sagte, daß er sich nach diesen Besuchen immer so merkwürdig benahm.«

»Wenn ich und Alicia vom Seelenklempner kamen, waren wir auch immer ziemlich merkwürdig«, erzählte Buffolino. »Das machen die mit allen Leuten.«

»Ja«, sagte Margit mit einem Blick auf Smith. »Die guten sorgen aber auch manchmal dafür, daß die Leute hinterher weniger merkwürdig sind. Vielleicht können Sie ja was über ihn herausfinden. Er heißt Marcus Half.«

»Komischer Name«, kommentierte Buffolino, als er ihn notierte. »Wenn Sie wollen, kann ich jemand bei ihm einsteigen lassen, vielleicht besorgt er mir Cobols Akte. Ich kenne da in New York einen Schränker, der –«

»Einen Schränker?« fragte Margit.

»Ja. Einen Einbrecher. Einen Safeknacker. Den besten.«

»Ich glaube nicht, daß das sehr klug wäre, Tony«, mischte Smith sich ein. »Der Skandal um die Pentagonpapiere hat doch wohl gereicht. Vielleicht beschränkst du dich auf einige legale Nachforschungen über Dr. Halfs Hintergrund.«

»Was immer du willst.« Buffolino stand auf. »Ich fang' so bald wie möglich an.«

»Wann?« fragte Mac.

»Heute abend«, antwortete Tony, der nun vor dem Schreibtisch stand.

Margit zuckte zusammen. Bis zu diesem Augenblick war alles nur ein Plan gewesen, etwas, worüber man sich Gedanken machen konnte. Jetzt war es mit einem Mal harte Realität. Alles, was sie zu tun bräuchte, wäre, es sich anders zu überlegen, Joycelen und Cobol und alles, was ihr wegen den beiden passiert war, abzuschreiben. Sie bräuchte nur eine simple Entscheidung treffen – wieder Rechtsanwältin und Hubschrauberpilotin der Luftwaffe der Vereinigten Staaten zu sein, die Zeit zurückzudrehen vor jenen schicksalhaften Tag des Picknicks im Hof des Pentagon. Die Episode mit Cobol und Joycelen war schließlich kurz genug gewesen. Wenn sie sich Mühe gäbe, könnte sie sie aus ihrem Leben streichen.

Verrate dich nie selbst.

»Schön«, sagte sie zu Buffolino. »Wir haben noch nicht über Ihr Honorar gesprochen.«

»Normalerweise kriege ich dreihundert pro Tag, aber weil Mac damit zu tun hat – und weil Sie es sind –, machen wir doch einfach zwei Scheine draus. Okay?«

Smith lächelte. »Wie großzügig, Tony. Ich werde das nächste Mal dran denken, wenn du vierhundert verlangst.«

Buffolino schenkte Margit ein rauhes, herzliches Lächeln und legte ihr eine Hand auf die Schulter. »He, ich weiß doch, wie wichtig Ihnen das ist. Ehrlich gesagt, wenn ich Sie wäre, ich würde die Sache abschreiben, aber vielleicht sehen Sie's ja als eine Art Schlacht. Sie wissen schon, wie ein Krieger. Ich respektiere das. Ich werd' mein Bestes tun. Wir bleiben in Verbindung. Über dich, Mac?«

»Richtig«, sagte Smith. »Du solltest außerhalb dieses Hauses keinen Kontakt zu Margit haben.« Und an Margit gewandt: »Einverstanden?«

»Ausgesprochen sinnvoll«, antwortete sie.

»Ich rufe Sie nicht im Pentagon an«, sagte Smith zu ihr. »Sie rufen mich an. Ihr Vierteldollar. Und knausern Sie nicht damit.«

»Wir sehen uns«, grüßte Tony.

»Wieso hast du's so eilig?« fragte Smith.

»Ich hab's nicht eilig. Wieso?«

»Ich hätte da auch noch einen Auftrag für dich.«

»Schieß los.«

»Ich möchte, daß du dafür sorgst, daß ihr nichts passiert.«

»Mac, bitte, ich glaube nicht –«

»Hören Sie, Margit«, sagte Smith.»Ich kann es nicht, Tony kann es nicht – keiner kann ein Auge auf Sie haben, während Sie zu Hause oder bei der Arbeit sind. Aber solange Sie in meinem Haus sind, will ich sichergehen, daß Sie unversehrt nach Hause, mit anderen Worten zum Standort, zurückkommen. Das ist nur eine Frage der Etikette.«

Margit konnte sich ein Lächeln nicht verkneifen. »Eine Art Ritterlichkeit«, sagte sie.

»Und ich bin Ihr Ritter«, ergänzte Buffolino und lächelte ebenfalls.

»So was in der Art«, sagte Smith. Eine Vision von Tony in Ritterrüstung schoß ihm durch den Kopf. »Macht es dir was aus, mich und Margit ein paar Minuten allein zu lassen?« fragte Smith den Detektiv.

»Nein. Natürlich nicht. Ich warte draußen.«

»Danke, Tony. Dauert nur ein paar Minuten.«

Als Buffolino weg war, sagte Margit zu Smith: »Der Drink, den Sie mir vorhin angeboten haben, ist der noch zu haben?«

Er schenkte zwei Weinbrand ein, und sie saßen schweigend

in seinem Arbeitszimmer. »Ich wollte Ihnen nur sagen, daß ich großen Respekt für das habe, was Sie da tun.«

Sie lachte leise. »Respekt ja – aber der Herr Professor zweifelt an meiner Intelligenz, nicht wahr?«

»Falsch. Ich will nur nicht, daß Ihnen was passiert. Ich will nicht, daß Ihre großartige Karriere beim Militär wegen dieser Geschichte ins Stocken kommt.«

»Colonel Bellis, mein Chef, hat mir gesagt, er hege väterliche Gefühle mir gegenüber.«

»Ich werde nichts dergleichen sagen«, sagte Smith. »Es würde mich um einige Jahre älter machen, als ich eingestehen möchte.« Er hielt inne. »Aber es liegt mir dennoch viel an Ihnen. Auch Annabel. Höchstwahrscheinlich zieht Tony das durch, ohne daß auch nur einer Ihrer Vorgesetzten was davon erfährt. Ich habe inzwischen selbst so ein bißchen gegraben. Es gibt da gewisse juristische Wege, den Mordprozeß wieder aufzunehmen, die man sich mal ansehen könnte. Selbstverständlich handelt es sich dabei um zivile Mittel. Ob die auch vor der Militärstrafprozeßordnung bestehen können, steht auf einem anderen Blatt. Aber ich denke, es wäre die Sache wert, das weiterzuverfolgen.«

»Das kann ich nicht von Ihnen erwarten, Mac. Ihre moralische Unterstützung und Freundschaft genügen mir völlig. Ich hoffe nur, Sie wissen, wie dankbar ich Ihnen dafür bin. Sie hätten jeden Grund gehabt, mir zu sagen, daß ich verschwinden soll.«

Smith lachte. »Was ich auch ernsthaft in Betracht gezogen habe, Margit. Annabel hat mich überredet.«

»Annabel? Ich dachte, sie sei dagegen, daß Sie sich mit etwas anderem als akademischen Problemen befassen.«

»Oh, das ist sie. Aber aus dem einen oder anderen Grund haben Sie und das, wofür Sie sich einsetzen, wohl eine verwandte Saite in ihr anklingen lassen. Ich habe ihr gesagt, daß ich mich da heraushalten würde. Sie hat mir gesagt, wenn ich Ihnen nicht helfe, dann könne ich mit Rufus ins Bett gehen.

Dagegen ist nicht anzukommen. Und da wir gerade von unserem Untier sprechen, dem werfe ich mal besser die Leine über, dann kann ich Sie und Tony zum Auto begleiten. Sie können auch aufsitzen, wenn Sie wollen.«

»Nicht bei Tony, hoffe ich.«

»Ich werde ihm sagen, er soll Ihnen bis zurück nach Bolling folgen. Wenn Sie durchs Tor sind, halten Sie Augen und Ohren offen. Mißtrauen Sie jedem, Margit. Eine Uniform macht einen Menschen nicht notwendigerweise netter und freundlicher.«

»Ich akzeptiere das zwar nicht gern, aber ich tu's. Also dann. Danke.« Sie drückte ihm einen Kuß auf die Backe, dann gingen sie zusammen die Treppe vor dem Haus hinunter, auf der Tony saß und eine Zigarette rauchte. Rufus fuhr ihm mit schlabbriger Zunge übers Gesicht, was ihn hochschnellen ließ. »Der küßt ja wie meine erste Frau!«

Smith erklärte Tony, was er von ihm erwarte.

»Haben Sie weit weg geparkt?« fragte Buffolino.

»Einige Blocks, in der Nähe des Kennedy Center.«

Als sie in die Straße kamen, in der ihr Auto stand, zog Smith an Rufus' Leine und blieb stehen. »Sehen Sie nicht hin, aber da vorne steht ein Wagen mit einem Mann am Steuer. Einige Buchten hinter ihrem.«

Margit warf aus dem Augenwinkel einen Blick in die angegebene Richtung. »Der wartet auf mich«, sagte sie leise.

»Das möchte ich meinen.«

»Ich ... ich muß zugeben, das ist ein ganz schöner Schlag.«

»Verständlich ... Versuchen Sie den Wagen zu ignorieren. Fahren Sie einfach geradewegs nach Hause. Lassen Sie sich nicht anmerken, daß Sie ihn gesehen haben. Tony, holen Sie Ihren Wagen und kommen Sie wieder her. Wenn er sich an Margit hängt, dann hängen Sie sich an ihn. Okay?«

»Alles klar.«

Buffolino ging sein Auto holen, das er um die Ecke geparkt hatte. Smith wandte sich an Margit: »Es ist noch nicht zu spät, die Sache abzublasen. Ich kann Tony sagen, er soll die ganze Geschichte vergessen.«

»Jemand von der Regierung ist hinter mir her«, sagte sie leise.

»Sieht so aus.«

»Meine eigenen Leute.«

»Vielleicht nicht ganz. Aber wer immer es ist, sein Gehalt kriegt er vom Steuerzahler.«

Sie griff in ihre Handtasche und gab Smith einen Zettel.

»Was ist das?« fragte er.

»Eine Nachricht von Cobol, die ich nach seinem Tod bekommen habe. Bitte, bewahren Sie sie für mich auf. Womöglich ist sie die Erklärung dafür, warum ich das hier tun muß und die Geschichte nicht einfach zu einer Fußnote in meinem Leben werden lassen kann.«

Smith schob den Zettel in die Hosentasche.

»Ich ruf' Sie morgen an, Mac. Vielleicht können wir uns wieder treffen und Tony kann berichten, was er herausgefunden hat.«

»Schön.«

»Mac.«

»Ja?«

»Tony würde nicht einfach ohne meine Einwilligung hingehen und diesen ... diesen Schränker engagieren, oder?«

»Nein. Der macht, was man ihm sagt.«

»Gute Nacht, Mac.«

Lieutenant Max Lanning musterte den Glanz seiner Schuhe, um Colonel Bellis nicht in die Augen sehen zu müssen. Der Stimme freilich konnte er nicht ausweichen. Sie befanden sich in Bellis' Büro. Lanning hatte ihn eben nach einer Reihe von Besprechungen auf der anderen Seite des Flusses zum Pentagon zurückgefahren.

Bellis, der das Gespräch bisher allein bestritten, oder besser gesagt, Lanning mit verhaltener Wut die Leviten gelesen hatte, schwieg einen Augenblick, um nach Luft zu schnappen. Lanning hob den Kopf. »Sir«, sagte er, »ich habe mir nichts dabei gedacht. Ich habe doch nur –«

»Sie haben nur Ihre Nase in Dinge gesteckt, die Sie verdammt noch mal nichts angehen. Die Tatsache, daß Falk es Ihnen angeschafft hat, bedeutet überhaupt nichts.«

»Ja, Sir.«

»Hat sie Ihnen gesagt, warum sie was über den Dienstplan und diesen HP-Quatsch wissen wollte?«

»Nein, Sir. Ich meine, ja, Sir. Das mit dem Dienstplan brauchte sie für ihren Abschlußbericht über Captain Cobol. Wegen diesem HP-5 hatte sie mit einer Freundin gewettet.«

»Gewettet?«

»Hat sie gesagt.«

Bellis stand auf, was seine bedrohliche Wirkung gleich vervierfachte. Dem jungen Leutnant schien er vierzig Stockwerke groß. »Hat Ihnen nie jemand gesagt, daß es gefährlich ist, mit übergeordneten Offizieren zu fraternisieren?«

»Doch, Sir.«

»Wie man hört, verbringen Sie eine ganze Menge Zeit mit Major Falk.«

»Das stimmt nicht, Sir. Wir unterhalten uns nur hin und wieder.«

»Stellen Sie das ein!«

»Sie meinen mit –«

»Mit Major Falk!«

»Sir, würde das nicht etwas merkwürdig aussehen?«

Bellis kam um den Schreibtisch herum und setzte sich auf die Ecke. Er schwebte damit einen halben Meter vor Lannings Gesicht. »Ich werde mit Major Falk darüber sprechen. Ich werde ihr sagen, daß sie im Fall Cobol nicht weiter herumfragen soll. Er ist abgeschlossen. Haben Sie mich verstanden?«

»Ja, Sir. Sir?«

»Was?«

»Sie werden Ihr doch nicht sagen, daß ich Ihnen gesagt

habe, worum sie mich gebeten hat – oder? Ich meine, Sir, Sie haben mich kommen lassen und mich danach gefragt. Ich habe die Wahrheit gesagt. Aber ich möchte nicht, daß sie denkt, ich –«

»Machen Sie, daß Sie rauskommen, Lieutenant. Legen Sie Major Falk gegenüber denselben Respekt an den Tag wie jedem anderen Offizier gegenüber auch. Aber belassen Sie's dabei. Ist das klar?«

»Ja, Sir.«

Lanning ging zur Tür. Er konnte spüren, wie Bellis' Blick sich in seinen Rücken bohrte. Er wandte sich langsam um. »Tut mir leid, Sir«, sagte er.

»Mir auch«, sagte Bellis. »Sehen Sie bloß zu, daß Sie keinen Grund mehr haben, mir zu sagen, es tue Ihnen was leid – sonst wird es Ihnen wirklich leid tun.«

27

Nachdem Buffolino Margit sicher durch das Tor der Basis und den anderen Wagen problemlos hinterdrein hatte fahren sehen, fuhr er nach Hause. Alicia hatte sich beschwert, weil er so viele Nächte an seinen Fällen arbeitete; er hielt es für einen guten innenpolitischen Schachzug, diese Nacht mit ihr zu verbringen.

Aber während er so in Richtung seines bescheidenen Zuhauses fuhr, das sie sich kürzlich gekauft hatten, überlegte er es sich plötzlich anders, fuhr vom Highway ab und wandte sich in Richtung der Adresse des jüngst verschiedenen Dr. Richard Joycelen.

Joycelens Adresse erwies sich als nichtssagender Wohnblock an der New Hampshire, einige Straßen vom Dupont Circle. Buffolino parkte an einem Hydranten direkt vor dem Haus und spazierte einmal um den Block. Er kehrte wieder auf die Vorderseite zurück und wandte sich an den Portier, der zeitunglesend im Foyer saß. Auf seinem Namensschildchen stand WILLIE.

»'n Abend«, grüßte Buffolino liebenswürdig.

Willie hob den Kopf.

Buffolino zückte seine Brieftasche und zeigte ihm seine Lizenz als Privatdetektiv. Willie griff nach seiner Brille. Als er sie endlich aufhatte, verstaute Buffolino seine Brieftasche bereits wieder. »Ich ermittle mit Spezialauftrag im Mordfall Joycelen«, sagte er.

Willie stand auf. Er war ein ganzes Stück größer, als er im Sitzen gewirkt hatte. Er sprach mit rauher, hoher Stimme und sehr schnell: »Das ist doch längst gegessen.«

»Genau das soll die Öffentlichkeit auch denken, Willie. Aber wir ermitteln noch. Es gibt da eine Menge loser Enden.«

»Ich dachte, es wär der Kerl von der Army gewesen, der sich aufgehängt hat.«

»Wahrscheinlich«, sagte Buffolino und trat von einem Bein aufs andere. »Der Doktor war ein richtiges großes Tier.« Buffolino blickte nach links und rechts und neigte sich dann Willie zu. »Eine Menge streng geheimes Zeug. Ich weiß nicht, warum ausgerechnet ich mir den Auftrag eingefangen habe, da hinterherzuwischen, aber ich habe nun mal meine Befehle. Ich soll mich noch ein letztes Mal in seiner Wohnung umsehen, nachschauen, ob man nichts übersehen hat.« Buffolino warf Willie mit einemmal einen Blick zu, als wäre ihm ein unangenehmer Gedanke gekommen. »Die haben Sie doch nicht etwa schon wieder vermietet, oder?«

Willie schüttelte den Kopf. »Die steht noch leer. Es hat sie sich noch nicht mal einer angesehen. Es sind zu viele leere Wohnungen auf dem Markt.«

»Ja, ich verstehe. Ich geh' nur mal rauf, seh' mich um und geh' dann wieder. Meine Frau macht mich kalt, wenn ich heute wieder spät nach Hause komme. Geben Sie mir den Schlüssel, ja?«

»Polizei, sagten Sie?« fragte Willie, der die Augen zusammenkniff und sich zu Buffolinos Gesicht beugte, als wollte er etwas nachsehen. »Lassen Sie mich doch noch mal Ihre Marke sehen«, sagte er.

»Es ist keine Marke«, sagte Buffolino. »Wie ich schon gesagt habe, ich arbeite privat.« Er zeigte Willi die Lizenz. Mit derselben Bewegung brachten Daumen und Zeigefinger eine Fünfzigdollarnote zum Vorschein. Die Inflation. Was hätte er für die guten alten Tage gegeben, in denen Portiers noch mit Zehnern zu kaufen waren.

»So lange Sie nur echt sind«, sagte Willie. »Und das sieht ja wohl so aus.« Er nahm einen Schlüssel vom Haken und reichte ihn Buffolino.

»Wird nicht lang dauern«, meinte der.

Joycelens Apartment lag in der obersten Etage des zehnstöckigen Gebäudes, eines von vier Penthäusern. Buffolino sperrte auf und schloß die Tür hinter sich; dann machte er Licht. Die Wohnung war leer. Man hatte sie vollständig ausgeräumt. Er öffnete eine der Schiebetüren und trat hinaus auf einen Balkon mit Blick auf die Stadt. Es hatte zu nieseln begonnen. Am Horizont sah er Nebel. Buffolino mochte diese Art Wetter; Alicia war nur glücklich, wenn die Sonne wie verrückt herunterknallte. Dieser Abend jedoch entsprach Tonys Naturell, das nicht besonders beeindruckt war vom derzeitigen Zustand der Welt.

Er ging wieder hinein, schob die Tür zu und ging von Raum zu Raum, wobei er sich vorzustellen versuchte, wie es hier ausgesehen hatte, als es noch Möbel, Bilder, Teppiche gegeben hatte, als hier noch jemand gewohnt hatte. Nach dem zu urteilen, was er gelesen hatte, war Joycelen ein ziemlich komischer Kauz gewesen. Aber waren das nicht alle Wissenschaftler? Man hatte behauptet, er sei schwul gewesen. Aber andererseits war er zweimal verheiratet gewesen und hatte eine Freundin, diese Wren. Was war er für ein Typ gewesen? Pervers? Stand er auf Pornos? Rituale? War er nett zu kuscheligen kleinen Tieren, oder träumte er davon, noch einmal auf die Schule zu gehen und Fröschen die Beine auszureißen? Man konnte nie wissen, dachte Buffolino. Das war es ja, was die Polizeiarbeit so interessant machte. Man wußte einfach nie, was kommen würde. In dem Augenblick, in dem man sich das einbildete, war man auch schon in Schwulitäten.

Er wollte, man hätte wenigstens einen Stuhl dagelassen, so daß er sich hätte setzen können. Ihm war danach, ein bißchen zu bleiben. Hin und wieder bildete er sich ein, übersinnliche Kräfte zu haben. Daß er sich in einem leeren Raum befinden konnte und nur die Augen zu schließen brauchte, und schon würde dieser für ihn lebendig, inklusive der Leute darin. Aber es gab keinen Stuhl, und dann dachte er an die schmollende Alicia. »Pack lieber wieder ein«, ermahnte er sich.

Er öffnete die Tür. Von der anderen Seite des Flurs starrte ihn ein halbes Gesicht an, dessen andere Hälfte hinter einer halbgeschlossenen Tür steckte.

»Abend«, sagte Buffolino, ohne die Augen von denen seines Gegenübers zu nehmen.

»Wer sind Sie?« Die Stimme gehörte einer älteren Frau.

»Besuch«, sagte Buffolino. »Und Sie?«

»Hat Willie Sie raufgelassen?«

»Ja, Madam, das hat er. Polizei.«

Die Frau öffnete die Tür etwas weiter, und Tony erblickte ein Mosaik aus hängenden Falten und Tränensäcken. Ihr Haar, das lose zu beiden Seiten des Gesichts herabhing, hätte eine ordentliche Wäsche vertragen. Sie trug einen Hausmantel mit rosaroten Blumen und taubengraue Frotteeschlappen.

»Tut mir leid, das mit Ihrem Nachbarn, Dr. Joycelen«, sagte Buffolino.

Die Frau sagte nichts.

»Muß ein schöner Schock für Sie gewesen sein, das mit ihm, was?«

»Bei dem hat keinen mehr was schockiert«, erwiderte sie.

Buffolino zögerte, entschloß sich dann doch dazu, die Unterhaltung in Gang zu bringen. Er trat auf sie zu, was dazu führte, daß sich die Tür wieder ein wenig schloß. »Ich heiße Buffolino. Anthony Buffolino.« Er streckte ihr eine Hand entgegen. Sie sah sie an, nahm sie aber nicht.

»Er muß wohl eine Menge Besuch gehabt haben, was?« fragte er. »Ich meine, ein so berühmter Wissenschaftler.«

»Eigentlich nicht«, sagte die Frau. »Wer hätte mit dem schon zusammensein wollen?«

»Wieso sagen Sie das?«

»Ja, wissen Sie das denn nicht?«

»Ich weiß nur, daß er tot ist.«

»Er war ein elender, schlechter, durch und durch verdorbener, böser Mensch.«

»Ich habe schon gehört, daß er nicht gerade ein Musterknabe war«, sagte Buffolino. »Sie können mich übrigens Tony nennen. Wie heißen Sie denn?«

Ein peinigender Augenblick der Unentschlossenheit. »Margie.«

»Tja, Margie, nett, Sie kennenzulernen.«

»Sind Sie von der Polizei?« fragte sie.

»Ja.«

»Lassen Sie mal Ihren Ausweis sehen.«

Buffolino lächelte und zeigte ihr seine Lizenz.

»Ein Privatdetektiv.«

»Ja, Madam.«

»Wie in Büchern? Ich lese nämlich viel über Verbrechen.«

»Über mich gibt's noch kein Buch«, sagte Buffolino. »Aber vielleicht landen wir ja beide in einem. He, Margie, lassen Sie mich Ihnen eine Frage stellen. Sie sagen, Dr. Joycelen hätte nicht viel Besuch gehabt. Gab es da jemand Besonderen, der immer wieder kam, einen Mann, eine Frau?«

»Ein paar. Da gab's eine Frau – eine Blondine. Sah ganz gut aus, aber billig. Die kam oft. Und dann noch der Mann.«

»Der kam wie ein Uhrwerk, jeden Dienstagabend um Mitternacht.«

»Das ist ja interessant«, sagte Buffolino. »Um Mitternacht? Jeden Dienstag.«

»Genau das hab' ich gesagt.«

»Ist er die Nacht über geblieben?«

»Das weiß ich nicht«, antwortete sie. »Ich spioniere meinen Nachbarn doch nicht nach.«

»Ein schöner Zug von Ihnen.«

»Er ist nicht über Nacht geblieben.«

»Wie lang war er denn da?«

»Eine Stunde. Eine halbe.«

»Kennen Sie seinen Namen?«

»Ich hab' Ihnen doch gesagt, daß ich nicht hinter meinen Nachbarn herschnüffle.«

Buffolino lächelte herzlich. »Schon nach den paar Minuten mit Ihnen weiß ich, daß Sie nicht diese Art Frau sind, und ich bewundere so was. Aber ich habe mir gedacht, daß er sich Ihnen vielleicht mal vorgestellt hat, so wie ich heute abend.«

»Es gehört nicht zu meinen Gewohnheiten, um Mitternacht auf dem Flur rumzustehen«, sagte sie.

»Wie sah er denn aus?« fragte Buffolino.

»Ziemlich jung, aber nach dem, was ich über Joycelen gelesen habe, nehme ich an, daß er wohl junge Männer mochte. So richtig junge.«

Buffolino bat sie um eine Beschreibung von Joycelens mitternächtlichem Besucher. Sie schickte sich eben dazu an, als er sie unterbrach. »Ich sag' Ihnen was, Margie. Ich habe da einen guten Freund, der Zeichnungen für die Stadtpolizei macht. Den könnte ich mal rüberbitten, freiberuflich sozusagen. Der verdient sich immer gern noch was dazu. Er ist ein guter Maler. Macht hübsche Bilder, aber die Brötchen verdient er sich mit Polizeiarbeit. Sie wissen ja, wie das mit Künstlern ist. Ständig pleite. Wie auch immer, wenn Sie ihm den Mann beschreiben würden, der könnte Ihnen den glatt zeichnen.«

Sie zögerte, aber Buffolino wußte, die Versuchung, einem Polizeizeichner eine Beschreibung liefern zu dürfen, war einfach zu groß, um zu widerstehen. »Ich denke, das könnte ich schon«, meinte sie.

»Großartig. Wenn ich morgen vormittag rüberkommen kann, wäre Ihnen das recht?«

»Um wieviel Uhr?«

»Wann immer Sie wollen.«

»Ich schlafe lange. Ich schlafe nicht sehr gut. Ich bin fast die ganze Nacht wach, also schlafe ich lange.«

»Wäre Ihnen Mittag recht?«

»Mittag könnte ich ihn empfangen. Werden Sie dabeisein?«

»Selbstverständlich, Margie. Ich möchte schließlich nicht, daß hier ein Fremder an Ihre Tür klopft.«

Nachdem Buffolino nach Hause gekommen war und Alicia erklärt hatte, daß er zwar früher hatte bei ihr sein wollen, dann aber im letzten Augenblick noch was zu erledigen gehabt hatte, rief er seinen Freund, den Maler Maurice Woodson an.

»Wieviel?« fragte Woodson.

»Sie ist eine nette Dame, Maury. Vielleicht macht sie uns ein paar Sandwiches.«

»Sandwiches kriege ich überall. Wieviel?«

»Hundert.«

»Hundertfuffzig.«

»Wenn du meinst.«

28

Charene Maize tat, was sie jeden Tag nach dem Aufstehen um sechs Uhr morgens tat. Im Morgenmantel und Hausschuhen ging sie in ihre große Küche mit Blick auf einen kleinen japanischen Garten, machte Kaffee, preßte Orangensaft und schnitt zwei englische Muffins auf, so daß man sie toasten konnte. Sie schaltete einen kleinen Fernseher ein, nicht etwa weil sie die Finanznachrichten interessierten, die jeden Morgen zu dieser Stunde ausgestrahlt wurden, sondern weil ihr die Stimmen Gesellschaft leisteten.

Alles Routine, dachte sie. Sie warf einen Blick auf die Uhr: sechs Uhr fünfzehn. Eine Viertelstunde bevor ihren Mann, Joe, das Summen des Weckers wecken würde. Dann könnte sie ihn schwerfällig vom Schlafzimmer ins Bad schlurfen hören, ihr Signal, die Muffins in den Toaster zu geben.

Diese Routine wurde nur selten unterbrochen, selbst dann nicht wenn er spät nach Hause kam oder betrunken, wie die Nacht zuvor; zu müde, sich den betäubenden Alkoholgeruch aus dem Mund zu spülen, stolperte er dann aus der Hose und versuchte, so leise wie nur möglich, ins Bett zu schlüpfen, um sie nicht zu wecken. Was ihm freilich nie gelang.

Sie hörte das zweite Summen, das sie automatisch nach den Muffins greifen und auf seine Schritte lauschen ließ. Es war nichts zu hören. Sie gab die Muffins in den Toaster, lauschte weiter und ging dann vor die Tür, um die Zeitung von der Einfahrt zu holen.

Wieder im Haus war noch immer nichts zu hören, was darauf hingedeutet hätte, daß er inzwischen aufgestanden war; sie bekam es mit der Angst. Der Hausarzt hatte ihrem Mann vor zwei Jahren gesagt, sein Gesundheitsprofil entspräche dem des typischen Koronarthrombose-Opfers. Er müsse unbedingt abnehmen und das Rauchen und Trinken einschränken. Er dürfe nicht mehr soviel arbeiten und müsse lernen, sich zu entspannen. Joe Maize hatte nichts dergleichen getan, und Charene war es müde geworden, ihm deswegen in den Ohren zu liegen.

Sie ging die Treppe hinauf und warf einen Blick ins Schlafzimmer. Er lag rücklings auf dem Bett. Er hatte die Augen offen und die Hände über der Brust gefaltet. Die Pose eines Menschen in einem Sarg.

»Joe, die Muffins sind in Arbeit«, sagte sie.

»Später vielleicht«, antwortete er, ohne sich zu bewegen.

Sie trat ans Bett und blickte auf das Gesicht hinab, neben dem sie all die Jahre aufgewacht war. Er konnte sie in Rage bringen und tat es auch oft genug, aber er war ein guter Ehemann gewesen und ihren beiden schon erwachsenen Kindern ein guter Vater. Sie konnte sich über ihn ärgern, weil er so viele Nächte nicht nach Hause kam und zuviel trank, aber sie wußte auch, daß das zu seinem Beruf gehörte. Die Trinkerei. Die Kumpanei. Käufer, Verkäufer. Kontakte. Die Überbleibsel eines Lebensstils, der im Zeitalter von Mineralwasser und Hähnchen ohne Haut nicht mehr gefragt war. Sie liebte ihn.

»Joe, bist du in Ordnung?«

Er hatte an die Decke gestarrt. Jetzt wandte er den Kopf, um sie anzusehen. »Ich dachte, ich nehme mir mal einen Tag frei«, sagte er.

Sie hatte diese Worte seit Jahren nicht mehr gehört. »Warum?« fragte sie, und gleichzeitig wurde ihr bewußt, daß diese Frage nicht das geringste mit dem zu tun hatte, was sie dachte. Wie wunderbar. Vielleicht konnten sie einen Ausflug machen, ein bißchen im Garten arbeiten. Nötig hatte er es ja.

Er lehnte seinen massigen Oberkörper gegen das Kopfende und rieb sich den Schlaf aus den Augen; dann fuhr er sich mit den Fingern durch das zerzauste Haar. »Ich bin nur müde, das ist alles. Die Muffins sind in Arbeit? Ich bin sofort unten.«

Sie setzte sich auf die Bettkante und legte ihm die Finger auf die gefalteten Hände. »Schlaf, solange du willst. Kein Grund zur Eile, wenn du nicht zur Arbeit gehst.«

»Ich kann nicht schlafen«, entgegnete er. »Laß die Muffins nicht anbrennen.«

Sie saßen in der sonnigen Eßnische ihrer Küche.

»Willst du was von der Zeitung?« fragte Charene.

»Nein. Die schreiben dieser Tage ja sowieso nur noch hoffnungsloses, trostloses Zeug.«

Sie versuchte, seine Stimmung zu beurteilen. Er war ruhig,

trübsinnig, aber nicht zornig. »Was hast du denn gestern abend gemacht?« fragte sie. »Mit wem warst du unterwegs?«

Er nannte ihr die Namen einiger Kollegen aus dem Pentagon. »Ich bin zu lange geblieben«, sagte er. »Ich hatte einen zuviel.«

Wohl eher drei oder vier, dachte Charene. Aber sie beließ es dabei, beim Gedanken.

Waren Frauen dabeigewesen? Wahrscheinlich nicht mehr. In den ersten Jahren ihrer Ehe hatte es welche gegeben, kleine Affären, wenn er mit den Jungs unterwegs war, nichts Ernstes. Anfangs war es deswegen zu bitteren Wortwechseln gekommen, aber dann hatte sich bei ihr ein gesunder Pragmatismus durchgesetzt. Was soll's, hatte sie sich gedacht. Man konnte sie verspotten, diese Einstellung ins Zeitalter des Feminismus hinübergerettet zu haben, aber andererseits, was sollte es wirklich? Charene Maize hatte mit der Frauenbewegung nie etwas am Hut gehabt. Ihr ging es ums Überleben.

»Was willst du denn heute machen?« fragte sie.

»Nichts Bestimmtes. Ich dachte, ich sehe mal zu, ob ich das Modell wieder hinkriege.«

Er hatte vor Jahren angefangen, sich für ferngesteuerte Modellflugzeuge zu interessieren. Er war sehr gut darin geworden und hatte viele Wochenenden auf den Modellflugplätzen der Gegend damit zugebracht, seinen ganzen Stolz, eine rot-weiße Cessna 172, mit anmutigen Luftmanövern zu steuern. Manchmal, wenn Charene mitging, überließ er ihr den Sender. Sie wußte, sie würde nie so gut werden wie er, vor allem nicht dabei, das Ding heil auf die Erde zurückzubringen, aber diese Tage mit ihm hatten ihr viel bedeutet. Er war immer so entspannt gewesen. Und begeistert. Ein richtiger kleiner Junge.

Deshalb war sie auch so enttäuscht gewesen, als er vor einigen Jahren das Interesse verloren und das Modell in seine Werkstatt verbannt hatte, die die halbe Garage in Anspruch nahm.

»Eine tolle Idee«, sagte sie. »Was hältst du davon, wenn wir zu einem frühen Abendessen ausgehen? Nichts Großartiges.«

»Klar. In Ordnung.«

Er zog sich die alten Klamotten über, die er getragen hatte, als das Haus zu streichen war; große Farbflecken bezeugten seinen Amateurstatus. »Du hast ja mehr an dir als auf der Mauer«, hatte Charene ihn aufgezogen. Seither hatte er keinen Pinsel mehr angefaßt.

Er ging in die Werkstatt, und Charene räumte die Küche auf, duschte und zog sich an. Sie hatte nichts Besonderes vor, nur eine Einladung zum Mittagessen bei einer Freundin. Nur ein Tratsch unter Frauen – »Du ahnst es nicht, was mein Mann gestern gemacht hat!« Und dabei wurde ordentlich gekichert. Sie würde die Verabredung in letzter Sekunde absagen, falls er Interesse zeigte, selbst mit ihr zu essen.

Um elf entschloß sie sich zu einem Besuch in der Garage. Sie machte frischen Saft, sein Lieblingsgetränk nach Scotch und Bourbon, und belud einen Teller mit Plätzchen, die sie am Abend zuvor auf einer Wohltätigkeitsveranstaltung der Kirche gekauft hatte. Auf dem Weg blieb sie stehen, um die Pflanzen im Garten zu bewundern, und blickte dann zur Werkstatt hinüber; die Tür war geschlossen. Es war ein schöner Freitag, und sie wohnten in Washington; warum hatte er die Tür nicht offengelassen, damit die frische Luft zirkulieren konnte? Als sie näherkam, das Tablett mit dem Saft und den Plätzchen in einer Hand, bemerkte sie, daß die Tür doch ein paar Zentimeter offenstand. Hätte sie Schuhe getragen, so hätte man drinnen das Klappern ihrer Absätze auf den Steinplatten gehört. Aber sie trug nach wie vor ihre Hausschuhe, so daß ihre Schritte lautlos waren.

An der Tür blieb sie stehen. Normalerweise hätte sie sie aufgestoßen und wäre hineingegangen, aber sie sah sich von dem gleichen Gefühl gepackt wie schon am Morgen, nach dem Aufstehen. Also legte sie die Fingerspitzen an die Tür und drückte langsam dagegen. Ihr Gatte saß, mit dem Rücken zu ihr, auf einem Hocker an der Werkbank. Neben dem rotweißen Modellflugzeug lag eine Flinte, deren Lauf er auf einige Bücher gelegt hatte, so daß er genau in seine Gesicht zeigte. Mit einer Hand hielt er die Waffe fest auf die Bücher gedrückt, mit der anderen hielt er ein Stück Holz gegen den Abzug.

»Joe!« entfuhr es Charene. Saft und Plätzchen landeten auf dem Beton. Ihr plötzliches Auftauchen ließ ihn zusammenfahren. Das Gewehr fiel von den Büchern, und er kippte fast vom Hocker.

»Joe. Was machst du denn?« Eine rein rhetorische Frage. Er war dabei, sich das Leben zu nehmen.

Sie schlang die Arme um seine massige Gestalt, und legte ihre Lippen an seinen Hals. Ungehemmt liefen ihr die Tränen über die Backen. »Schatz, Schatz, was ist nur los? Was kann denn so schlimm sein, daß du dich...«

Sie spürte, wie sich sein Körper hob, und drückte ihn noch fester an sich, als wollte sie ihn in die schützende Schale ziehen, als die sie sich fühlte. »Joe, Joe, Joe«, wiederholte sie. »Sag doch. Bitte, bei Gott, sag es mir!«

Er atmete schwer. »Es ist aus, Charene«, sagte er. »Es ist alles aus.«

»Was ist aus?«

Er ging zur gegenüberliegenden Ecke der Werkstatt und legte seine fleischigen Hände gegen die Wand. Sie machte keinen Versuch, die Distanz zwischen ihnen zu überbrücken. Schließlich drehte er sich um und sah sie mit dem Blick eines kleinen Jungen an, der seine Eltern um Verzeihung bittet. »Sie wissen alles«, sagte er.

»Wer weiß was?«

»Sie wissen, daß... daß ich mich von Sam Caldwell dafür habe bestechen lassen, die Revisionsberichte über Safekeep zu frisieren.«

»Von was redest du da?« fragte sie. Sie hatte keine Ahnung, wovon er sprach.

»Charene«, sagte er und streckte ihr die Hände entgegen. »Ich habe von Caldwell Geld genommen, weil... weil ich wollte, daß wir mehr haben.« Er trat hinaus in den Garten und machte eine Geste, als wollte er ihn mit beiden Armen umschließen. Sie folgte ihm. »Ich wollte, daß du und die Kinder es gut haben«, sagte er. »Es ist alles so teuer. Sie aufs College zu schicken. Autos. Urlaub. Das Haus. Ich wollte immer was Besseres.« Er wandte sich ihr zu. »Ich bin ein Lügner. Nicht nur dir und den Kindern gegenüber. Ich bin mein ganzes Leben lang ein Schwindler gewesen. Ich wollte, daß *ich* es besser habe. Ich bin Beamter, verdammt noch mal! Bei diesen Rüstungsgeschäften wird derart viel Geld verdient, Charene. Derart viel Geld, Charene – und es verschwindet in den Taschen irgendwelcher Leute, anstatt bessere Waffen dafür zu bauen. Jede Minute, Tag für Tag, Jahr für gottverdammtes Jahr, wird hier bestochen und geschmiert, und irgendwann einmal wollte ich auch etwas abhaben. Das ist alles. Nur ein bißchen. Nicht viel. Ein winziges Stückchen für dich, für mich. Und jetzt wissen sie's. Es ist vorbei.«

Charene legte ihm einen Arm um die Schulter und führte ihn ins Haus. Der große Mann, der so viele Jahre ihr Gatte gewesen war, schien geschrumpft, als wäre er irgendwo leck geschlagen. Mit hängenden Schultern setzte er sich an den Küchentisch.

»Ich bin gleich wieder da«, sagte Charene und ging rasch zur Bar in seinem Arbeitszimmer, wo sie ein Glas Bourbon einschenkte. Sie brachte es ihm. Er hob den Kopf und brachte sogar ein kleines Lächeln zusammen. »Ich brauche das nicht.«

»Nimm einen Schluck. Es wird dich beruhigen.« Er tat, was sie sagte.

Sie saßen schweigend nebeneinander; außer den Vögeln, die vor dem Fenster zwitscherten, war nichts zu hören. Schließlich sagte sie: »Für uns hättest du das nicht zu tun brauchen, Joe. Aber was wichtiger ist, du brauchst dir deswegen noch lange nicht das Leben zu nehmen.«

»Ich weiß nicht, was ich sonst tun soll. Ich will dir und der Familie keine Schande bereiten. Joycelen hat Wishengrads Ausschuß seit langem mit Informationen über das Projekt versorgt. Sie wissen ... alles.«

»Na und?«

Er konnte nicht anders, er mußte lachen, aber es war ein freudloses Lachen. »Na und? Siehst du denn nicht, was das bedeutet? Ich muß ins Gefängnis.«

»Wir werden uns wehren. Die Leute in dieser verdorbenen Stadt brechen Tag für Tag das Gesetz, ohne daß dafür einer ins Gefängnis muß. Präsidenten. Kabinettsmitglieder. Die Berater der Großen und Mächtigen. Wir werden uns wehren mit allem, was wir haben, Joe. Wir werden uns wehren, und wir werden gewinnen. Und dann verkaufen wir das Haus, den japanischen Garten und die Autos und gehen woanders hin – in einen schlichten, einfachen Ort, von dem diese falschen Fuffziger hier noch nicht mal eine Ahnung haben. Du kannst mit deinen Modellfliegern spielen, und ich ziehe im Garten Gemüse. Wir können es auch so essen, anstatt es uns von einem piekfeinen Koch in einem piekfeinen Restaurant kochen zu lassen.« Sie nahm seine Hände in die ihren. »Dir das Leben zu nehmen, ist keine Antwort, Joe. Wenn du deinem Leben ein Ende machst, ist damit nämlich auch das meine zu Ende. Ich brauche dich.«

Am Abend gingen sie zusammen in ein Steakhaus im Viertel. »Bestell dir das größte Steak auf der Karte«, empfahl Charene. »Morgen fangen wir ein neues Leben an. Wir essen gesund, machen lange Spaziergänge und genießen das Leben. Hörst du, Joe, das Leben!«

Später am Abend saßen sie dann nebeneinander im Bett. Maize sagte: »Ich habe Angst.«

»Das brauchst du nicht«, erwiderte sie.

»Nicht, weil man mich wegen eines Verbrechens unter Anklage stellen wird. Ich glaube, daß man Joycelen wegen dieser Geschichte umgebracht hat.«

»Wer?« fragte sie..

»Caldwell.«

»Dann bleib weg von ihm. Schlag dich auf die andere Seite. An wen kannst du dich wenden, wenn du denen für Straffreiheit und Schutz Beweise anbieten würdest?«

»Ich habe keine Ahnung. Ich sollte mir einen Anwalt nehmen.«

»Dann nimm dir einen. Einen guten. Und der soll sich an denjenigen wenden, der die Ermittlungen leitet. Sag denen alles. Tu, was nötig ist.«

Smith hatte Margit angerufen und ihr vorgeschlagen, um sieben zu ihm nach Hause zu kommen. Sie hatte ohnehin nichts vorgehabt. Sie hatte am Abend mit Jeff Foxboro gesprochen und ihm gesagt, daß sie den Freitag für sich bräuchte. Sollten sie Samstagabend auf die Veranstaltung in Andrews gehen? Sie kamen überein, gemeinsam hinzugehen, obwohl sie an der Klugheit dieser Entscheidung zweifelte. Hätte sie mehr Zeit zum Nachdenken gehabt, sie hätte wahrscheinlich abgesagt, aber ihr Treffen mit Smith und Buffolino, die Erkenntnis, daß sie verfolgt wurde und die Dringlichkeit in Smiths Stimme, als er sie aufgefordert hatte, zu ihm zu kommen, drängten alles andere in den Hintergrund.

Sie war spät dran. Buffolino und Smith saßen bereits am Küchentisch. Vor Tony lag ein großes Kuvert.

»Was zu trinken?« fragte Smith.

»Ein Glas Wasser, bitte, Mac.« Sie sah Buffolino an. »Haben Sie schon was rausgekriegt?«

Er tat sein Bestes, eine geheimnisvolle Miene aufzusetzen. »Ich hatte Glück«, sagte er.

Sie setzte sich neben ihn. »Was heißt das, Sie hatten Glück?«

»Zuerst mal habe ich diese Geschichte mit Dr. Marcus Half in New York ins Rollen gebracht. Ich habe da einen Freund, der –«

»Nicht den Schränker«, sagte Margit.

»Nee. Ein Typ, der selber mal als Seelenklempner gearbeitet hat. Der Ärzteverband hat ihn vor die Tür gesetzt, weil er seinen Patientinnen an die Wäsche ging. Wie auch immer, er arbeitet für Anwälte, die sich auf Kunstfehler spezialisiert haben, und kennt sich im Gesundheitsgeschäft glänzend aus. Ich spritz' morgen schnell zu ihm rauf, mal sehen, was er aufgetan hat.«

»Schön«, meinte Smith.

»Wird nicht viel kosten. Den Flug, ein Mittagessen. Morgen abend bin ich wieder da.«

»Okay«, sagte Margit. Sie tippte auf den Umschlag. »Was ist das hier?«

»Tja, ich weiß nicht, ob uns das weiterhilft oder nicht, aber vielleicht doch. Ich dachte, ich zeige es Ihnen einfach mal und überlasse die Entscheidung Ihnen.«

»Klären Sie mich auf«, sagte sie zu Smith, als er ihr das Glas Wasser vorsetzte. »Was geht hier vor?«

Smith setzte sich auf die andere Seite des Tisches. »Tony war gestern abend, nachdem er Sie nach Bolling begleitet hatte, in Joycelens Wohnung. Er hat mit einer Nachbarin geplaudert, die ihm sagte, daß Joycelen mit überraschender Regelmäßigkeit Besuch von einem jungen Mann hatte. Immer dienstags um Mitternacht. Und findig, wie Tony nun mal ist, ist er heute noch mal mit einem Zeichner von der Polizei hingegangen. Die Nachbarin lieferte ihnen Haar für Haar und Pore für Pore – wie Tony meint – eine Beschreibung des nächtlichen Besuchers, und der Zeichner machte eine Skizze. Wir dachten, Sie sollten sie sich ansehen.«

Margit stand auf und begann in der Küche auf und ab zu gehen. Wäre sie ehrlich gewesen, sie hätte zugegeben, daß sie sie gar nicht sehen wollte. Die Wahrheit war, daß sie Angst hatte, die Zeichnung könnte Robert Cobol zeigen, und das verursachte ihr Bauchschmerzen. Die Idee, Cobol könnte sie angelogen und doch eine homosexuelle Beziehung zu Joycelen gehabt haben, war ihr selbst bereits gekommen. Und das wäre ein Schlag, den sie womöglich nicht verkraften würde, nicht nach alledem, worauf sie sich eingelassen hatte, um ihm seinen guten Namen zurückzugeben. An Smith gewandt, sagte sie: »Ich vertrage heute keine Überraschungen, Mac.«

»Vielleicht ist es ja gar keine«, entgegnete er.

Sie setzte sich wieder zu ihnen an den Tisch. »Dann machen Sie mal«, sagte sie. »Machen Sie schon auf. Sehen wir uns den geheimnisvollen mitternächtlichen Besucher des berühmten Dr. Joycelen doch an.«

Buffolino öffnete die Klammer am Umschlag, griff hinein und holte langsam ein Blatt Papier heraus, das er Margit vorlegte.

»Es ist Jeff«, sagte sie tonlos.

»Sieht ganz so aus«, meinte Smith.

Buffolino sagte: »Mac hat mir erzählt, es sei jemand, den Sie kennen, jemand Besonderes in Ihrem Leben. Tut mir leid.«

Margit sah Smith an. »Sie haben doch schon damals, beim Essen vor einem Monat, gespürt, daß Jeff Joycelen besser kannte, als er zugeben wollte.«

»Richtig. Aber er bestritt es. Womöglich bedeutet das ja überhaupt nichts, Margit. Sie haben doch die Gerüchte erwähnt, laut denen Joycelen Wishengrad und seinen Ausschuß mit Informationen versorgte. Wenn dem so ist, dann wäre es doch ganz natürlich, daß Jeff als Mittler fungiert hat.«

Margit legte die Hände übereinander auf den Tisch und sah die beiden an. »Ich weiß, Mac, aber ich wünschte, er wäre ehrlicher zu mir gewesen.« Sie lehnte sich zurück. »Ist das etwa zuviel verlangt, ehrlich zu jemand zu sein, neben dem man morgens aufwacht, jemand, der einem sagt, daß er einen liebt?«

»In Washington? Leider allzuoft«, erwiderte Smith barsch.

Margit warf einen Blick auf den Umschlag. Buffolino hatte

sich eine Menge Notizen darauf gemacht, darunter auch Adressen. »Das ist doch Joycelens Adresse, nicht wahr?«

»Richtig«, sagte Buffolino. »Hören Sie, ich muß los. Alicia ist seit einiger Zeit auf dem Kriegspfad. Frauen! Man heiratet sie, und schon stellen sie einem eine Stechuhr an die Tür.« Dann wurde ihm klar, daß er sich verpflichtet hatte, Margit sicher nach Bolling zurückzugeleiten und sprach es aus.

»Ist nicht nötig«, meinte Smith. »Ich hätte selbst nichts gegen eine kleine Spazierfahrt. Geh du mal nach Hause stempeln, Tony. Sonst kürzt man dir noch das Gehalt.«

»Danke, Tony«, sagte Margit.

»War mir ein Vergnügen. Ich werd' mich bei Mac melden, wenn ich aus New York zurück bin.«

Als Smith Buffolino an die Tür brachte, zog Margit den Zettel aus der Handtasche, den sie in Foxboros Schreibtisch gefunden hatte. »Ich wußte doch, daß mir die Adresse bekannt vorkommt«, sagte sie, als Smith wieder zurückkam, und reichte ihm den Zettel.

»Noch eine Nachricht«, murmelte er. »Die von Cobol war ein ziemlicher Schlag. Glauben Sie, was da drinsteht? Demnach hat man ihn aufs Kreuz gelegt.«

»Ja.«

Er musterte den Zettel aus Foxboros Schreibtisch. »Was bedeuten die Zahlen?«

»Ich weiß nicht«, antwortete Margit.

»Wo haben Sie das her?«

»Aus Jeffs Schreibtisch.«

»Weiß er, daß Sie das haben?«

»Ich glaube nicht, es sei denn, er hat danach gesucht und festgestellt, daß es fehlt.«

Smith legte die Stirn in Falten.

»Stimmt was nicht?« fragte Margit.

»Nichts. Es sei denn ...«

»Es sei denn, Jeff hat mit dem Mord an Joycelen etwas zu tun.« Die Wörter kamen ihr leicht über die Lippen. Sie waren nicht improvisiert. Als hätte sie den Satz schon früher geschrieben. »Ich ziehe es im Augenblick vor, dieser Möglichkeit nicht nachgehen zu müssen«, fuhr sie fort. »Ist der Smithsche Begleitschutz noch verfügbar? Ich habe zwar noch keine Kopfschmerzen, aber ich garantiere Ihnen, sie werden sich jeden Augenblick einstellen.«

29

Eine vierzehn Mann starke Big Band aus den Reihen der Bollinger Standortkapelle spielte bei der »Moralstütze« im Offizierskasino von Andrews auf. Könnte man den Erfolg der wiederbelebten Swingära an der Zahl der Besucher dort messen, so muß es ein wahrer Triumph gewesen sein. Ob die beabsichtigte Hebung der Moral sich über das Wochenende würde halten können, würde sich am Montag zeigen.

Es war elf. Die Tanzfläche war den ganzen Abend über voll, vor allem bei den Balladen. Margit und Jeff wollten eben aufhören, nachdem sie sich im Rhythmus zu »Polka Dots and Moonbeams« gewiegt hatten, als der Bandleader für Glenn Millers »In the Mood« ein flotteres Tempo vorgab.

»Noch Lust?« fragte Margit.

»Klar«, sagte Jeff.

Margits Vater war ein Meister im Jitterbug und seiner Tochter ein guter Lehrer gewesen. Foxboro war ganz offensichtlich nicht sehr wohl in seiner Haut, so daß Margit ihm sein gutmütiges Mitmachen den ganzen Abend über um so höher anrechnete. Seine Bewegungen waren hölzern, aber er machte mit, schon zufrieden, sich ein bißchen im Rhythmus zu wiegen, und ihr, wenn schon sonst nichts, immerhin ein Anhaltspunkt zu sein. Und ihr Partner. Bei allem, was heutzutage so als Tanzen durchging, war es doch ganz nett, auf dem Tanzparkett nicht allein zu sein.

Margits gekonnte Beinarbeit war die große Attraktion, bis Major Anthony Mucci und seine Begleiterin auf den Plan traten. Sie war eine hübsche Blondine, die auf den ersten Blick wie ein Teenager anmutete, bei genauerem Hinsehen aber doch älter war. Die anderen Tänzer hörten auf und bildeten einen losen Kreis um die beiden. Der Major war ein glänzender Tänzer, und die junge Frau bewegte sich auch nicht gerade wie ein Roboter. Alles klatschte im Rhythmus mit. Als das Stück zu Ende war, gab es Applaus.

»Hat richtig Spaß gemacht«, sagte Margit, als sie und Jeff zum letzten Tisch gingen, an dem sie gesessen hatten. Auf dem Weg durch das Gedränge, sah Margit, daß sich auch Bill Monroney an diesen großen Tisch gesetzt hatte, während Mucci und seine Begleiterin eben Anstalten machten, dasselbe zu tun. Monroney, der allein gekommen zu sein schien, hatte sie schon früher am Abend begrüßt, und sie hatte ihm Jeff vorgestellt. Als er nach einer kurzen Unterhaltung gegangen war, hatte Foxboro sich nach ihm erkundigt.

»Nur ein alter Freund«, antwortete Margit ihm. »Wir waren zusammen in Panama stationiert.« Sie wußte, was ihn zu seiner Frage veranlaßt hatte. Monroney hatte so eine intensive Art, Frauen anzusehen. Foxboro hatte es zwar gemerkt, aber nicht weiter nachgehakt.

»Wie wär's mit etwas frischer Luft?« fragte sie, nachdem sie sich entschlossen hatte, den Tisch zu meiden.

»Mir ist eher nach einem Sitzplatz nach diesem Training – oder besser nach deinem Training.« Er nahm sie bei der Hand und führte sie an den Tisch.

Nachdem sie saßen, wandte Margit sich an Mucci: »Sie sind ja ein fabelhafter Tänzer.«

»Danke«, sagte er. Seine Begleiterin, sie hieß Jill, lächelte und tat, als wäre sie erschöpft. »Er bringt mich ganz schön ins Schwitzen«, scherzte sie.

Monroney brachte eine Runde Getränke an den Tisch. An Margit gewandt, meinte er: »Hübsches Kleid.«

»Danke«, antwortete sie. »Ein Überbleibsel vom letzten Schulball.« Sie trug ein fast knielanges, tief ausgeschnittenes pinkfarbenes Pikeekleid. Ihre Schuhe waren eigens passend eingefärbt. Foxboro, dessen Garderobe fast ausschließlich aus Sportsakkos und legeren Hosen bestand, hatte den Tiefen seines Schrankes einen faltigen grauen Anzug entrissen. Er mochte ja in den Korridoren der Macht verkehren, seiner Kleidung hätte man das nicht angesehen.

Die Unterhaltung am Tisch war lebhaft und führte sie vom Hundertsten ins Tausendste. Einmal fragte ein Captain der Marines: »Haben Sie Ihre Wüstenstiefel schon alle ausgepackt und poliert?«

»Meinen Sie wirklich, daß Beardsley den Befehl gibt?« fragte Monroney.

»Warum nicht?« konterte der Ledernacken. »Bush hat doch auch nicht gezögert – und er war dafür König für einen Tag.«

»Ja, aber die Kritik an Desert Storm und die ganze Sauerei danach hat Beardsley den Weg ins Weiße Haus geebnet«, warf Monroney ein.

»Beardsley hat doch gar keine andere Wahl«, sagte Mucci. »Er weiß, daß es besser ist einzumarschieren, bevor die zweite Bombe hochgeht. Denn diesmal wird es kein Test sein. Und eine Warnung wird es auch nicht geben.«

»Was hältst du davon, Margit?« fragte Monroney.

Sie zuckte die Achseln. »Wenn er den Befehl gibt, gehen wir«, sagte sie.

Seit Wochen schon zirkulierte das Gerücht, daß die Vereinigten Staaten wieder Truppen in den Nahen Osten schicken würden. Tags zuvor erst hatte der Sicherheitsrat der Vereinten Nationen eine Resolution verabschiedet, die die Zündung des Atomsprengkörpers verurteilte. Außerdem forderte sie, daß weitere Atomwaffen einer Sonderkommission der UN anzuzeigen und unwiderruflich unter deren Kontrolle zu stellen wären.

»Sie laufen Gefahr, Ihre Freundin zu verlieren«, sagte Mucci zu Foxboro und warf dabei einen Blick auf Margit.

»Im Nahen Osten werden sie keine Anwälte brauchen«, antwortete Foxboro.

»Anwälte vielleicht nicht«, sagte Monroney, »aber Hubschrauberpiloten.«

»Und Totengräber«, ergänzte Foxboro.

»Oh«, staunte der Marine. »Entdecke ich hier etwa einen Ungläubigen unter uns?«

»Jeff arbeitet im Stab von Senator Wishengrad«, erklärte Monroney.

»Die Geißel unserer Existenz«, stöhnte der Ledernacken.

»Die Stimme der Vernunft«, meinte Foxboro.

»Ihr Jungs auf dem Hügel kommt mir wirklich gerade recht«, sagte der Marine und reckte sein Kinn in Foxboros Richtung. »Haben Sie auch nur ein einziges Mal Kopf und Kragen riskiert für Ihr Land?«

»Das ist doch albern«, beschwichtigte Margit.

»Nein, ist es nicht«, sagte Foxboro. »Ob ich gedient habe? Nein, habe ich nicht. Aber man braucht sich nicht im Schlamm zu suhlen, um zu wissen, ob ein Schweinezüchter eine Entscheidung trifft, die seinem Bestand schadet.«

»Ihr Leute seid doch zum Kotzen«, ereiferte sich der Marine.

»Das tun Sie dann aber lieber woanders«, sagte Foxboro und reckte ihm nun seinerseits das Kinn entgegen.

Margit war erleichtert, als ein anderer Offizier am Tisch das Wort an sie richtete: »Sind Sie nicht die Majorin, die Dr. Joycelens Mörder verteidigt hat?«

»Genau die bin ich.«

»Cobol war ein Fall für die Klapsmühle, der keinem abgehen wird«, sagte der Mann.

Margit sah an ihm vorbei, hinüber zu ihrem Chef, Jim Bellis, der sich mit seiner Frau ein zweites Mal am Nachtischbuffet bediente. Ein paar Schritte von den beiden entfernt stand ein Knäuel lediger Offiziere ohne Begleitung, unter denen sie auch Max Lanning erspähte.

Lanning hatte Margit ganz vergessen. Bei ihrer Ankunft mit Jeff war er das erste bekannte Gesicht gewesen. Sie hatte ihn herzlich begrüßt und hinzugefügt: »Max, das hier ist Jeff Foxboro.«

Foxboro hatte ihm die Hand hingestreckt. Lanning nahm sie, entschuldigte sich und verschwand. Margit hatte sich ihr Kleid angesehen, ob sie womöglich irgendwelche Anzeichen einer ansteckenden Krankheit aufwies.

Sie widmete ihre Aufmerksamkeit wieder dem Tisch. Mucci starrte sie an.

Foxboro stand auf, legte Margit eine Hand auf die Schulter und sagte: »Bin gleich wieder da.« Er verschwand in Richtung der Toiletten.

Monroney wandte sich an sie. »Netter junger Mann, den du da hast.« Noch bevor sie antworten konnte, fügte er hinzu: »Eine Schande nur, daß er für Hank Wishengrad arbeitet. Das ist doch, als fraternisiere man mit dem Feind.«

Sie wandte sich ihm zu. »Ich sehe das anders. Wir sind alle Teil eines großen Landes und haben alle dieselben Ziele. Wir sind Amerikaner.«

»Einige mehr als andere. Du und ich, wir sollten uns mal unterhalten.«

»Wozu?«

»Weil ich der Ansicht bin, daß dir ein guter Rat nicht schaden könnte. Ach übrigens, Celia und ich, wir werden uns scheiden lassen.«

»Tut mir leid für dich.«

»War nicht zu vermeiden. Und schon lange abzusehen. Es ist auch nicht so, daß wir uns schlagen, die Beziehung ist einfach sauer geworden. Nicht gerade gut für die Karriere, aber andererseits bin ich auch nicht mehr hinter Sternen für meine Schulter her.«

»Warum meinst du, daß ich Rat brauchen könnte?«

»Weil du laut Gerüchten im Palast einigen ganz, ganz großen Tieren auf die Hühneraugen trittst.«

»Das ist doch lächerlich«, sagte sie und drehte sich weg. Als er nichts erwiderte, wandte sie sich ihm wieder zu. »Welche Gerüchte?«

»Darüber will ich ja mit dir reden. Ich will dir nicht auf den Wecker fallen, Margit. Ruf mich an, wenn du Zeit hast – und bereit bist zuzuhören. Warte aber nicht zu lange.« Er lächelte. »Ich muß los«, sagte er und stand auf. »Gute Nacht, alle zusammen.« Seine Fingerspitzen blieben dabei auf Margits Schulter. Er drückte sie und ging dann, als Foxboro an den Tisch zurückkam.

Die Kapelle begann gerade eine neue Nummer. »Tanzen wir?« fragte Foxboro. »Ich bin ein Meister.«

Sie schüttelte den Kopf. »Ich bin geschafft. Hast du genug?«

Foxboro warf einen Blick hinüber auf den Ledernacken, der ihn seit ihrem Wortwechsel angefunkelt hatte. »Mir langt's völlig. Ich bin bereit, wenn du bereit bist.«

»Aschenputtel muß nach Hause«, verkündete Margit der Runde. »Ich muß morgen um zwei wieder zum Fliegen hier sein. Gute Nacht.«

Sie arrangierte es, sich auf dem Weg hinaus noch bei Bellis und seiner Frau zu verabschieden, denen sie Foxboro früher am Abend vorgestellt hatte. Der Colonel lächelte und schüttelte Jeff noch mal die Hand. »Sagen Sie Ihrem Boß auf dem Hügel, daß wir alle dasselbe Spiel spielen«, meinte er liebenswürdig.

Foxboro antwortete: »Ich denke, das weiß er, Colonel. Er meint nur, es müßte nach anderen Regeln gewonnen werden.«

»Passen Sie gut auf unsere besondere Dame hier auf«, sagte Bellis mit einem Lächeln für Margit. »Ich weiß, sie ist eine gute Anwältin, und habe gehört, daß sie auch fliegt wie der Teufel. Und jetzt sehe ich, daß sie auch noch eine Weltklassetänzerin ist.«

»Heute abend bin ich Tänzerin«, sagte Margit. »Morgen bin ich Hubschrauberpilotin. Und Montag? Da ruft wieder das Gesetz. Schönes Leben. Gute Nacht, Mrs. Bellis, Colonel Bellis.«

»Was hältst du von einem Schlummertrunk? Noch ein Kaffee?« fragte Foxboro, als sie aus dem Parkplatz fuhren.

»Ein Kaffee wäre prima«, sagte sie. Sie hatte sich vorhin dazu entschlossen, nicht länger damit hinterm Berg zu halten, was sie über Foxboros nächtliche Besuche bei Joycelen erfahren hatte. Außerdem hatte sie sich entschieden, ihm den Zettel zurückzugeben, den sie aus seinem Schreibtisch genommen hatte. Genug der Schatten. Es war an der Zeit, alles ans Tageslicht zu bringen.

Sie hatte angenommen, er würde irgendwo an einem Restaurant anhalten, das so spät noch geöffnet hatte, aber er fuhr Richtung Crystal City; offensichtlich hatte er die Absicht, den Kaffee bei sich zu Hause zu servieren. Ihr sollte es recht sein. Solange die Umgebung sich für eine offene Aussprache eignete.

»Normal oder Cappuccino?« fragte er, nachdem sie angekommen waren.

»Nobel, nobel«, sagte sie. »Seit wann hast du denn eine Cappuccinomaschine?«

»Seit heute morgen. Ich habe ein paar Stunden gebraucht, um damit klarzukommen, aber ich glaube, jetzt hab' ich's.«

»Dann unbedingt Cappuccino.«

Als er sich in der Küche zu schaffen machte, trat sie auf den kleinen Balkon hinaus. Die Wolken, die den ganzen Tag über der Stadt gehangen hatten, standen jetzt weit draußen über dem Meer. Der Himmel war tiefschwarz, die Sterne waren klar und deutlich zu sehen. Sie stand am Geländer und identifizierte, um der Erde zu entgehen, die Sternbilder, als er hinter sie trat. Sie hatte ihn nicht kommen hören und in den Himmel gestarrt, als er ihr die Hände auf die Schultern legte und sich an sie drückte.

»Du hast mich erschreckt!«

»Du bist ziemlich nervös, meinst du nicht?«

Er trat zurück. Sie wandte sich um und lehnte sich gegen das Geländer. »Ich denke schon. Und ich habe auch allen Grund dazu.«

»Willst du darüber reden?«

»Das würde ich sehr gern.«

»Bin gleich wieder da«, sagte er. »Hoffentlich mit etwas, das einem Cappuccino gleichsieht.«

Sie setzte sich auf einen der beiden Stühle und öffnete ihre Handtasche, in der ihre Finger den Zettel fanden, den sie aus seinem Schreibtisch genommen hatte. Sollte sie damit anfangen oder zuerst die Skizze erwähnen, die Buffolino aufgetan hatte? Sie sah sich der Entscheidung enthoben, als Foxboro die beiden Tassen auf den Tisch stellte und sagte: »Hier. Immerhin ist es braun und flüssig. Bevor du mir erklärst, wieso du so hektisch bist, muß ich dich erst noch was fragen. Hast du einen Zettel aus meinem Schreibtisch genommen, als du das letzte Mal hier warst?«

Er wußte es also – das hatte sie nicht erwartet. »Ja«, sagte sie und zog den Zettel aus der Tasche. Sie gab ihn ihm.

»Warum?«

»Ich weiß nicht... Du warst gegangen, ich war unglücklich. Ich habe nach Papier gesucht, um dir meine Nachricht zu tippen, und dabei kam das hier zum Vorschein. Die Adresse kam mir bekannt vor, aber ich wußte nicht, warum. Also habe ich den Zettel mitgenommen. Ich hätt's nicht tun sollen.«

»Ist schon in Ordnung.«

»Du hast Joycelen ziemlich gut gekannt, nicht wahr?«

»Ich habe den Mann überhaupt nicht gekannt.«

»Warum dann der Zettel mit seiner Adresse?«

»Einfach so.«

»Jeff, das ist doch Quatsch.« Er sagte nichts. Sie fuhr fort. »Joycelen versorgte Wishengrad und den Ausschuß mit Informationen. Stimmt's?«

»Wo hast du denn das gehört?«

»Ist doch egal. Es kommt so und so heraus. Eine Reporterin –«

Foxboro beugte sich vor. »Was für eine Reporterin?« Seine Miene war todernst.

Keine Schatten mehr. Von jetzt an nur noch Sonnenschein. »Sie heißt Louise Harrison. Sie ist bei der *Washington Post*. Sie gehört zu einem Reporterteam, das den Auftrag hat, Cobols sogenannten Selbstmord und Joycelens Rolle als Informant unter die Lupe zu nehmen.«

»Du hast mit der Presse gesprochen?«

»Nur einmal, und ich habe kaum was gesagt.«

»Was hast du sonst noch erfahren?«

»Daß du . . . daß du dich regelmäßig mit Joycelen getroffen hast. Dienstags um Mitternacht.«

Er neigte den Kopf und nickte dann. »Ich bin beeindruckt«, sagte er. »Entschuldige mich.« Er ging hinein. Sollte sie ihm folgen? Sie hatte keine Zeit dazu, da er schon wieder auftauchte. »Wie hast du das herausgefunden? Über diese Reporterin?«

»Nein. Die weiß nichts davon. Aber ich, und es regt mich ziemlich auf. Warst du nun Senator Wishengrads Kontaktmann zu Joycelen? Hat Joycelen dir Material für den Ausschuß ausgehändigt?«

»Wieder ein Volltreffer.« Er holte tief Luft. »Dein Cappuccino wird kalt.«

Sie stand auf. »Jeff, was auch immer zwischen dir, Senator Wishengrad und Joycelen lief, interessiert mich nicht. Wenigstens würde es mich nicht interessieren, wenn man Joycelen nicht erschossen und mich nicht damit beauftragt hätte, seinen angeblichen Mörder zu verteidigen. Cobol hat Joycelen nicht umgebracht. Das weiß ich so sicher wie meinen Namen. Aber irgend jemand war's.«

»Willst du damit andeuten, daß ich es gewesen sein könnte?«

Sie schüttelte den Kopf. »Natürlich nicht. Aber falls Joycelens Tod etwas mit der Tatsache zu tun hat, daß er an deinen Boß und den Ausschuß Verschlußsachen weitergegeben hat, dann könnte das wohl der Grund dafür gewesen sein – und dafür, daß man Cobol angeklagt hat. Ich möchte Cobols Namen reinwaschen. Ich habe das nicht nur seiner Mutter geschworen, sondern auch mir selbst. Ich schwöre mir nicht viel, aber wenn ich's mal tue, dann halte ich meinen Schwur, auch wenn ich dabei Ärger kriege.«

»Den du auch kriegen wirst.«

»Daran zweifle ich nicht«, sagte sie. »Was bedeuten die Ziffern auf dem Zettel?«

»Da du hier schon alle Rekorde schlägst, sag's du mir doch.«

»Ich habe keine Ahnung. Eine Art Code. Daten. Dollars? Hunderter? Tausender?«

»Tausender«, sagte er.

Margit machte große Augen.

»Joycelen hat uns die Informationen verkauft. Jedesmal Dienstagnacht, wenn ich ihn bezahlte – tausend, dreitausend, was auch immer –, habe ich mir das hier notiert, um den Überblick nicht zu verlieren.« »Befriedigt das deine Neugierde auf die Foxboro-Joycelen-Connection?«

»Ist noch mehr dran?«

»Sicher. Joycelen hat uns genug gesteckt, um eine handfeste Anklage gegen das Projekt Safekeep und die damit betraute kalifornische Firma Starpath aufzubauen. Bei diesem Projekt sind so viele Schmiergelder gezahlt worden, daß man damit die Staatsverschuldung halbieren könnte. Diese Leute werden ihr Fett abkriegen, und es ist uns ein Fest, es ihnen zu geben. Aber Joycelen starb zu früh. Er hatte noch mehr zu geben – Korrektur: zu *verkaufen* –, größere Fische, handfeste Informationen über die saubere Organisation, für die du da arbeitest. Wir werden sie in die Luft jagen – oder wenigstens wieder unter die Kontrolle von Zivilisten bringen.«

»Welche Organisation? Das Militär? Das Pentagon? Was für Informationen?«

»Über den Ausverkauf dieses Landes.« Seine Augen hatten Feuer gefangen. Sie sah das zum ersten Mal bei ihm. Die Augen eines Eiferers. Ein Evangelist, der über etwas predigte, das nicht weniger stark war als Religion: Patriotismus. Oder das, was er dafür hielt.

»Ich gehe jetzt besser«, sagte Margit.

»Ich denke, du bleibst besser hier«, erwiderte er.

»Warum?«

»Weil wir noch nicht fertig sind.«

»Du meinst, du willst noch ein wenig über das Militär herziehen. Davon habe ich heute abend an unserem Tisch schon genug gehört.«

»Wie du meinst. Hast du Lust auf ein Video?«

»Nein.«

»Komm.« Er nahm sie bei der Hand, führte sie ins Wohnzimmer und deutete ihr an, sich auf die Couch vor dem Fernseher zu setzen. »Nur ein kleines Stück«, bat er und steckte eine Kassette in den Recorder. Er setzte sich neben sie und drückte auf den Startknopf der Fernbedienung. Auf dem Bildschirm erschien eine Art Testbild, dann weißes Rauschen, und schließlich brach unter der Wucht der im August gezündeten Atombombe die Wüste auf, Erde flog in den Himmel, dann der allzu vertraute Pilz. Der Bildschirm wurde wieder schwarz.

»Warum hast du mir das gezeigt?« fragte sie.

»Um dich daran zu erinnern.«

»Woran? Daß man eine Bombe getestet hat? Das ist schwer zu vergessen.«

»Für gewisse Leute nicht. Hast du gesehen, was seit dieser Vorführung passiert ist?«

»Man macht sich große Sorgen. Die Vereinten Nationen –«

»Das Militär läßt die Muskeln spielen. Milliarden mehr für Waffen für den Fall, daß die nächste Bombe schon auf jemanden gerichtet ist. Waffensysteme, die dieses Land in den Bankrott treiben werden. Der Präsident ist drauf und dran, noch einmal Truppen hinüberzuschicken. Ist das nicht prima? Als hätten sich die Nutznießer die Politik auf den Leib geschneidert.«

»Das Militär?«

»Volltreffer, Major.«

Sie sahen einander an, bevor Margit das Schweigen brach. »Willst du damit andeuten, daß die Vereinigten Staaten – oder wenigstens ihr militärischer Arm – das *geplant* haben?«

Er lachte. »Du könntest dir dein Geld als Wahrsagerin verdienen.«

»Nein.«

Sie trat an die Schiebetüren zum Balkon und blickte hinaus.

»Ja«, sagte er von der Couch her. »Deine Leutchen haben das angezettelt. Sie haben unserem netten arabischen Diktator die Waffen verkauft.«

Sie wirbelte herum. »Das ist doch Wahnsinn.«

»Aber zufällig ist es wahr.«

»Hast du das von Joycelen?«

»Er hatte eben angefangen, uns darüber zu erzählen.«

Margit setzte sich wieder auf die Couch. »Warum hat Joycelen sich entschlossen, mit euch zusammenzuarbeiten? Mit Wishengrad und dem Ausschuß?«

»Die Ziffern auf dem Zettel. Er war käuflich. Es war das Geld.«

»Er war billig.«

»Bei Informationen über Safekeep ja. Was die Bombe anbelangte, so lag sein Preis bedeutend höher. Im Grunde war er ja gar nicht in der Lage, groß was zu verlangen. Nachdem er über Safekeep und Starpath geredet hatte, hatten wir ihn ja am Wickel.«

»Am Wickel?«

»Ja. Am Wickel. Wir hätten doch nur etwas davon an die Entwicklungsabteilung oder das Pentagon durchsickern zu lassen brauchen, und der Mann wäre erledigt gewesen. Was wir ihm auch klargemacht haben, und er hat es eingesehen.«

»Ich... ich finde das alles unglaublich geschmacklos«, sagte Margit.

»Wieso?«

»Du arbeitest für einen Senator der Vereinigten Staaten, nicht für den Staatsanwalt. Und du hörst dich an, als wolltest du einen Mafioso hinter Gitter bringen.«

»Wo ist der Unterschied! Die Militärs, die es arrangiert haben, die Bombe – Bomben! – in den Nahen Osten zu verkaufen, unterscheidet sich doch nicht im geringsten von den Taten irgendeiner Verbrecherorganisation. Die Lieferung von Atomwaffen an ein anderes Land ist bei uns nun mal ein Verbrechen, Margit. Die Militärmafia. Gauner. Verräter. Nur die Uniformen unterscheiden sie von den anderen.«

»Einige davon vielleicht. Aber nur verdammt wenige. Hast du überhaupt einen Beweis?« fragte sie, nicht länger in der Lage, die anschwellenden Emotionen aus ihrer Stimme herauszuhalten.

»Noch nicht. Wirst du uns helfen?«

»Ich? Ich soll euch helfen, die Vereinigten Staaten zu verraten?«

»Falsch, Margit. Uns helfen, die Vereinigten Staaten zu *retten*.«

Die nächste Frage zu stellen fiel ihr nicht leicht, aber sie tat es dennoch. »Oder der Karriere eines ehrgeizigen jungen Mannes namens Jeff Foxboro auf die Sprünge zu helfen?«

Er ignorierte ihre Frage. »Hast du schon mal was von einer Organisation namens Consulnet gehört?«

Sie antwortete nicht.

»Waffenhändler. Ein Konsortium. Eins der zwielichtigsten, größten und mächtigsten der Welt.«

»Und?«

»Und? Sie haben ihren zwielichtigen Geschäften die Krone aufgesetzt. Sie haben Atomwaffen in den Nahen Osten geliefert, damit man bei uns in Panik gerät und Milliarden ins Pentagon pumpt.«

»Beweise?«

»Hilf du uns, sie zu finden.«

»Indem ich wie Joycelen werde?«

»Ja. Du bist mittendrin. Du sitzt an der Quelle dessen, was das Pentagon ist und ausmacht. Außerdem hast du mit Cobol bewiesen, daß du als Detektiv nicht weniger eifrig bist als Columbo. Oder vielleicht wäre Miss Marple passender.«

Sie sprang auf, griff sich ihr Kopftuch, das sie über einen Stuhl geworfen hatte und ging zur Tür.

»Reagierst du nicht ein bißchen übertrieben?« fragte er.

»Du solltest Miss Marple mal sehen, wenn sie wirklich übertrieben reagiert. Gute Nacht.«

»Schlaf drüber«, sagte er. »Wir unterhalten uns morgen.«

»Falsch. Ich brauche den Tag für mich. Um zwei fliege ich. Weil ich nämlich zufällig Offizier der Luftwaffe der Vereinigten Staaten von Amerika bin – und verdammt stolz darauf.«

»Warte. Ich fahre dich nach Hause.«

»Ich denke, ich sehe besser selber zu, wie ich nach Hause komme.«

»Margit, bitte, so hör doch. Wir könnten zusammenarbeiten. Joycelen ist tot. Du lebst.«

»Warum sagst du nicht ›noch‹?«

»Laß mich dich wenigstens fahren.«

»Nein«, sagte sie. »Ich weiß jetzt, wo ich hin muß. Und ich denke, ich weiß, wie ich dorthin komme.«

30

Fünf Uhr. Sonntagmorgen.

Der Hubschrauberlandeplatz in Langley, Virginia, Hauptquartier der CIA, hatte im Dunkeln gelegen. Jetzt, als ein

Heerescolonel in Fliegermontur, ein Stabsfeldwebel im Overall und ein Heeresmajor in kurzärmeliger brauner Sommeruniform auf einen wartenden Helikopter zustrebten, tauchten Scheinwerfer den Landeplatz in ein grelles weißes Licht.

Die Männer kletterten in den Hubschrauber, erhielten ihre Starterlaubnis, hoben ab und nahmen Kurs auf die Luftwaffenbasis Andrews.

Ihre plötzliche und unangekündigte Ankunft in der Flugleitstelle von Andrews überraschte den diensthabenden Offizier. Er hatte es sich auf einem Stuhl hinter der Anmeldung bequem gemacht und las Ronald Reagans Autobiographie in Taschenbuchausgabe, obwohl es eher so aussah, als schlafe er. Als der Major sich näherte, nahm er schusselig Haltung an.

»Guten Morgen, Lieutenant«, sagte der Major. Er holte einige Befehle aus seiner schmalen Aktenmappe und legte sie auf den Tisch. Aufmerksam ging der Lieutenant sie durch. »Zwei Maschinen für heute abend?« fragte er.

»Richtig. Über Nacht.«

»Ja, Sir.« Die Befehle stammten vom Direktor für geheime Operationen beim CIA und waren vom Direktor des CIA, Thomas Hickey, persönlich unterzeichnet. Das kommt ja von ganz oben, dachte der Offizier von der Flugleitstelle.

»Zeigen Sie mir doch mal den Flugplan von heute«, befahl der Major.

»Jawohl, Sir.« Der Lieutenant schob ein Klemmbrett über den Tisch. Der Major studierte den Plan. »Macht's Ihnen was aus, wenn wir uns was aussuchen?« fragte er.

Der Lieutenant lachte. »Nein, Sir.« Was für eine dumme Frage.

Der Major notierte die Nummern zweier Maschinen – 617 und 439. »Wir nehmen die hier«, sagte er. »Wir wollen Ihnen ja Ihren Flugplan nicht durcheinanderbringen. Ist ja ziemlich was los. So wie es aussieht, sind beide Maschinen bis sechzehn Uhr wieder zurück. Sind sie voll einsatzfähig?«

»Jawohl, Sir.«

Der Major nickte dem Sergeant zu, der ihn von Langley her begleitet hatte. »Das hier ist Sergeant Chilton«, sagte er. »Er wird sich die beiden Maschinen gleich mal ansehen und dann noch mal, nachdem sie heute nachmittag geflogen wurden.« Chilton war ein stämmiger Mann mit großen haarigen Händen, einem rasierten Schädel und einem Bierbauch, den einzuziehen er sich alle Mühe gab.

»Jawohl, Sir – Major Reich«, sagte der Offizier von der Flugleitstelle, nachdem er den Namen vom Schildchen auf der Brust des Majors abgelesen hatte.

Margit wachte am Sonntagmorgen um sieben mit pochenden Kopfschmerzen auf. Das Taxi, das sie sich von einem Münztelefon in Jeffs Lobby bestellt hatte, war nicht gleich gekommen. Nachdem sie dem ägyptischen Fahrer klargemacht hatte, wo sie hinwollte, fuhren sie Richtung Bolling. Ein großer grauer Personenwagen hatte sich an sie gehängt.

»Fahren Sie mal ran«, sagte sie dem Fahrer. Der kümmerte sich nicht darum. »Anhalten!« schrie sie.

Diesen einfachen Befehl verstand er und fuhr an den Straßenrand. Der Wagen hinter ihnen wurde langsamer und schickte sich dann an, sie zu überholen. Margit, die ihre rosaroten Schuhe abgestreift hatte, öffnete die Tür und sprang hinaus. In Strümpfen stand sie da und zeigte dem Fahrer des anderen Wagens die geballte Faust. Der Mann wandte sich ab und fuhr weiter.

Das Taxi setzte sie in Bolling am Haupttor ab; müde legte sie den Rest des Wegs zu Fuß zurück. Sie konnte erst nicht einschlafen. Als es ihr dann endlich gelang, rissen sie eine Menge Träume aus dem Schlaf, von denen keiner besonders angenehm war.

Am Morgen kam sie nicht aus dem Bett, aber schließlich wurde sie es leid, eine Stellung zu finden, die die rasenden Schmerzen vertrieben hätte, die ihr vom Nacken aus in den

Kopf schossen. Sie machte Tee und tat so, als würde sie ihr Quartier aufräumen, aber ihre Gedanken waren einfach nicht bei der Sache. Was Foxboro da behauptet hatte – daß die Vereinigten Staaten einem arabischen Diktator Atomwaffen geliefert haben sollten, um in der allgemeinen Hysterie eine Aufstockung des Verteidigungshaushalts zu erreichen! Es war einfach absurd. Oder etwa nicht? Allein der Gedanke, daß ihr eine solche Frage überhaupt in den Sinn kommen sollte, war ihr zuwider. Foxboros Anschuldigungen waren nichts als Phantastereien, die nur dem Zweck dienten, seine Existenz zu rechtfertigen. Und die Wishengrads. Amerika führte – wie gewöhnlich – wieder einmal Krieg gegen sich selbst: der Kongreß gegen das Pentagon, die Falken gegen die Tauben, und jeder platzte fast vor Selbstgerechtigkeit. Es war einfach nicht richtig. Es war nicht, wie es sein sollte. Es war nicht das Amerika, das zu verteidigen sie geschworen hatte.

Das Telefon klingelte dreimal an diesem Vormittag, aber sie überließ es dem Anrufbeantworter, darauf zu reagieren und hörte nur zu.

Der erste:

»Ich muß dich unbedingt sehen, Margit. Es gibt da Dinge, die du einfach nicht verstehst, weil du sie nicht verstehen willst. Ich weiß, daß du da bist, verdammt noch mal! Heb' endlich ab!«

Dann knallte Foxboro den Hörer auf den Apparat.

Der zweite kam von Mac Smith:

»Guten Morgen, Margit. Hier ist Mac. Ich hoffe doch, Sie sind unterwegs und unternehmen was Angenehmes. Ich rufe nur an, um Ihnen zu sagen, daß Tony wieder im Land ist und einige interessante, wenn auch vielleicht nicht besonders nützliche Informationen über unseren Freund, den New Yorker Psychiater, herausgefunden hat. Rufen Sie mich an,

ja, dann erzähle ich Ihnen alles, und wir vereinbaren einen weiteren Treff mit Tony bei mir zu Hause. Schönen Tag noch.«

Auch der dritte Anrufer hatte eine vertraute Stimme:

»Man kann sich wohl doch nicht auf mich verlassen«, sagte Bill Monroney. *»Ich habe nicht auf deinen Anruf gewartet, weil ich es für zu wichtig halte, daß wir miteinander reden, und das schnell. Jetzt, wo ich Junggeselle bin, ruf mich bitte im Junggesellenquartier von Andrews an.«*

Er hinterließ ihr seine Nummer.

Selbstverständlich war sie versucht, die Anrufe zu beantworten, aber sie widerstand. Die Unterhaltung mit Jeff hatte sie, gelinde gesagt, ziemlich beunruhigt. Ihr war nicht klar geworden, wie aufgeregt sie eigentlich war, bis sie sich das Ganze im Licht des Morgens durch den Kopf hatte gehen lassen. So ungern sie sich das eingestand, Foxboro schien in der Hauptsache nur deshalb an ihr interessiert, weil sie seinem Boß und dem Ausschuß, dem er vorsaß, Informationen liefern konnte. Durfte ein Mensch in seiner Besessenheit derart skrupellos sein, daß er für seine Karriere alle Grundregeln menschlichen Anstands über Bord warf? Anders vermochte sie das Geschehene nicht zu interpretieren. Die persönlichen Aspekte ihrer Beziehung bedeuteten ihm offensichtlich herzlich wenig, und das war eine bittere Pille, nicht so sehr, weil es passiert war, sondern, weil sie sich in ihm so völlig getäuscht hatte.

Sie verbrachte einige Zeit im Gebäude P-15, wo sie Ärger und Frustration ausschwitzte. Sie duschte, schlüpfte in ihren Overall und fühlte sich schon besser. So schwierig ein Hubschrauber zu fliegen sein mochte, er war eine Maschine und somit verläßlicher als die Menschen, mit denen sie in jüngster Zeit zu tun gehabt hatte. In einem Hubschrauber drückte man auf einen Knopf, und falls nichts kaputt war, erfolgte die vertraute Reaktion. Bei Menschen war das nicht so einfach, dachte sie, während sie ein letztes Mal ihre Pilotentasche durchging, in ihren Wagen stieg und sich auf den Weg zu einer Stunde mit dem Hubschrauber machte, für den sie eingetragen war.

»Schönen Tag, Major«, begrüßte sie der diensthabende Offizier in der Flugleitung, als Margit auf die Anmeldung zukam.

»Hallo. Haben Sie diesen Tag bestellt?«

Er grinste und sah aus dem Fenster. »Könnte nicht schöner sein«, sagte er. »Perfektes Flugwetter. Fliegen Sie Manöver? Sie haben Huey vier-drei-neun.«

Sie schüttelte den Kopf. »Nein, nur eine kleine Spritztour. Ich dachte, ich mach' mal auf Tourist und fliege rüber nach Turkey Island.« Sie deutete auf der Karte auf eine Gruppe von sechs Inseln im Potomac nordwestlich von Andrews.

»Schön da draußen«, sagte er.

»Habe ich eine Chance, eine Überflugserlaubnis für Sperrzone 56-Alpha zu bekommen?« Das Washingtoner Stadtzentrum, vor allem das Weiße Haus und die umliegenden Gebäude und Denkmäler, war für Flieger gesperrt. Auf den Karten hieß diese Zone P-56 A.

»Dürfte kein Problem sein, Major. Ich kläre das mit dem Chef.«

Nachdem die nötigen Formulare ausgefüllt waren, ging sie hinüber zu Huey 439, der am Ende einer Reihe von Maschinen stand. Es war ganz schön was los; sämtliche Hubschrauber schienen gebucht, und die Piloten waren dabei, ihre Maschinen zu checken.

Ein Wartungschef, einer von zweien, auf dessen Namenschild CHILTON stand, plauderte mit zwei Piloten, die aus Styroporbechern Kaffee tranken. Margit freute sich, einen anderen Wartungschef zu haben als den jungen Mann, der das letzte Mal so sorglos gewesen war. Sie stellte sich der Gruppe vor.

Einige Piloten hatten sich zu einer Stunde Formationsflug eingetragen, woran auch Margit schon gedacht hatte. Sie war seit Panama keine engen Formationen mehr geflogen. Aber es war zu spät, um noch einzusteigen. So etwas mußte lange im voraus geplant und klargemacht werden. Außerdem war sie spät ins Bett gekommen. Nach mehr als einer kleinen Spritztour war ihr nicht zumute.

»Alles tipptopp?« fragte sie Chilton.

»Ja, Madam«, sagte er. »Sie sind alle startklar.«

»Viel Spaß«, meinte einer der anderen Piloten.

»Darauf können Sie wetten«, rief Margit ihm zu.

Sorgfältig checkte sie anhand ihrer Liste die Maschine durch. Es schien alles in Ordnung, aber gerade als sie einsteigen wollte, zögerte sie, kehrte noch einmal auf das Dach der Maschine zurück und besah sich die Lamination an der Wurzel der Drehflügel. Ihr Vater wäre stolz auf sie gewesen. Jeder Pilot checkte Haupt- und Nebenblattbolzen, aber zu viele übersahen die Möglichkeit von Haarrissen in den Rotorblättern selbst. »Die Bolzen mögen ja in Ordnung sein«, hatte ihr ihr Vater gesagt, »aber es ist nicht gerade lustig für den Piloten, wenn ihm die Blätter wegbrechen.«

Die Blätter sahen aus, als wären sie in Ordnung. »Danke«, sagte sie leise zu dem Mann, der einen so großen und guten Einfluß auf ihr Leben gehabt hatte. Sie wünschte, er wäre noch am Leben, um ihr von seiner Weisheit und seiner Liebe zu geben. Weiß Gott, nötig hätte sie beides gehabt.

Sie stöpselte ihr Mikrokabel in die Funkanlage, setzte den Helm auf, zog die Schultergurte stramm und sicherte sie; dann machte sie sich an die Führerraumkontrolle.

Margit hörte die Start- und Lande-Infos ab und schaltete dann auf die Frequenz des Towers. »Air Force vier-drei-neun startbereit«, sprach sie forsch ins Mikrofon. »Bitte um Hubschrauberroute zwei.« Route zwei war eine der vielen vorgeschriebenen Hubschrauberrouten über die Stadt.

»Roger, vier-drei-neun«, antwortete der Lotse im Tower.

»Sie haben Durchflugserlaubnis für Sperrzone 56-Alpha. Hubschrauberroute zwei geht klar. Melden Sie sich beim Washington Tower in Marlow Heights. Frequenz fünf-zwo-sieben-fünf.«

»Roger.«

»Air Force vier-drei-neun klar zum Start.«

»Roger.«

Sie hielt sich auf einem Nordwestkurs über Morningside, den Suitland Parkway entlang und ging dann auf Nordkurs über den Washingtoner Nationalfriedhof.

Als sie den Fort Dupont Park erreichte, drosselte sie die Geschwindigkeit und gab mehr Saft, so daß sie praktisch über dem Park schwebte. Dann legte sie langsam wieder zu und folgte der ursprünglich geplanten Route. Direkt vor ihr, auf der anderen Seite des Anacostia, hatte sie nun die Hauptstadt der Vereinigten Staaten vor sich. Die herrliche Sonne ließ die imposanten Regierungsgebäude und Denkmäler noch weißer erscheinen, als sie ohnehin schon waren. Unter ihr, im Park, bildeten Familien Punkte in der grünen Landschaft. Es war der perfekte Tag für ein Picknick – und zum Fliegen. Mit einem Mal überkam sie die Erinnerung an den Abend zuvor bei Jeff, und ihr wurde klar, daß sie seit dem Betreten der Flugleitstelle nicht mehr daran gedacht hatte. »Vergiß es«, sagte sie laut zu sich selbst und regelte die Kraftstoffzufuhr so, daß die Hauptstadt mit einem Mal auf sie zuschoß.

Sie überquerte den Anacostia und nahm eine Route, die sie das Allgemeine Krankenhaus zu ihrer Linken und zu ihrer Rechten das RFK-Memorial-Stadion passieren ließ. Nach diesen vertrauten Orientierungspunkten wandte sie sich geradewegs nach Westen, sie befand sich jetzt auf der Nordseite des Capitols; als sie über die Mall kam drosselte sie die Geschwindigkeit, um das Treiben dort unten zu beobachten. Offensichtlich war halb Washington auf den Gedanken gekommen, der Tag eigne sich für ein Picknick, zum Joggen, für einen Radausflug, einen Besuch in einem der Museen des

Smithsonian oder einfach nur dafür, sich faul auf eine Decke zu legen und die letzten Sonnenstrahlen dieses Sommers zu tanken.

Was für ein wunderbares Gerät so ein Hubschrauber doch war, dachte sie, so einfach in der Luft hängen zu können wie an einer unsichtbaren, irgendwo hoch über ihr verzurrten Leine. Sie schwebte in einer Höhe von fünfzehnhundert Fuß über den Menschen auf der Erde. Sie wußte, daß wahrscheinlich einige von ihnen heraufschauten und sich fragten, was dieser Militärhubschrauber da oben wohl vorhätte. Wahrscheinlich dachten sie, es müsse sich um etwas Offizielles handeln. Überwachung in Erwartung eines Würdenträgers? Teil eines Manövers? Sie lächelte. Nichts dergleichen. Ich tue nichts anderes als ihr, dachte sie, ich genieße den herrlichen Sonntag.

Behutsam bewegte sie den Huey vorwärts auf den weißen Obelisken zu, das Washington Monument – den Eiffelturm der amerikanischen Hauptstadt, das höchste, je von Menschenhand errichtete Bauwerk, als man 1884 den Schlußstein setzte, jetzt nur noch das höchste Bauwerk der Hauptstadt und das stolzeste Stück soliden Mauerwerks.

Direkt unter ihr lag die längliche spiegelnde Fläche des Reflecting Pool, der vor dem erhabenen Lincoln Memorial endete.

Sie entschloß sich, das Lincoln Memorial nördlich zu passieren und dann über Theodore Roosevelt Island in nordwestlicher Richtung dem Fluß bis über die kleine Inselgruppe zu folgen, zu der sie wollte.

In ihren Kopfhörern meldete sich knisternd eine Stimme. »Helikopter vier-drei-neun, hier Flugkontrolle Washington. Haben Sie Zone P-56 Alpha passiert?«

»Nein, aber ich bin eben dabei«, antwortete sie.

»Roger. Geben Sie bitte Bescheid.«

»Mach' ich.«

Sie gab dem Huey die Sporen und umflog das Washington Monument. Sie änderte den Kurs, so daß sie wieder über den

Reflecting Pool kam und hielt dann direkt auf das Lincoln Memorial zu.

Mit einem Mal brach die Maschine nach links aus. Margit versuchte mit den Pedalen gegenzusteuern, aber ihre Bemühungen hatten nicht den geringsten Einfluß auf das sonderbare Verhalten der Maschine. Sie zog weiterhin wie ein wildgewordener Korkenzieher nach links. Keine ihre Maßnahmen brachte ihr die Kontrolle über den Hubschrauber zurück. Der Heckrotor spielte verrückt; er drehte sich mit Höchstgeschwindigkeit und brachte die Maschine in eine gefährliche Lage. Da der Schwanz sozusagen mit dem Hund wedelte, neigte sich die Maschine zur Seite. »Verdammt!« entfuhr es Margit, die mit Händen und Füßen gegen die vibrierenden Pedale und Steuerknüppel ankämpfte.

»Mayday! Mayday!« bellte sie ins Mikrofon.

Sie warf einen Blick durch die Tür. Unter ihr, rund um den Reflecting Pool, hielten sich Hunderte, wahrscheinlich Tausende von Menschen auf. Sie hatte nicht viel Zeit, Sekunden nur, um zu verhindern, daß der Hubschrauber mitten in diese Menge knallte.

Sie roch Feuer. Ein Kabelbrand. Die Kabel der Hydraulik. Beißender Rauch stieg ihr in die Nase.

Der Höhenmesser stand auf tausend Fuß. Sie änderte den Anstellwinkel der sich im Leerlauf bewegenden Hauptrotorblätter und brachte den Huey in den Autorotationsmodus. Sie verlor schnell an Höhe –, schneller, als ihr lieb war, aber sie wußte, sie würde sicher landen. Wichtiger noch, sie würde keinen der Menschen unter ihr verletzen, da sie sich schnurstracks auf die Mitte des Reflecting Pool zubewegte.

Sie stellte den Motor ab. Und da der Heckrotor jetzt keinen Eigenantrieb mehr hatte, war auch mit dem wilden Gieren Schluß, so daß die Maschine wieder dem Kommando ihrer Hände gehorchte.

Sie konnte nur hoffen, daß nicht gerade jemand gegen das Badeverbot im Reflecting Pool verstieß.

Der Huey 439 krachte auf das Wasser und schlug eine riesige Welle. Margit wurde ordentlich gebeutelt, aber da der Pool nur einige Fuß tief war, brauchte sie wenigstens keine Angst vor dem Ertrinken zu haben. Als die Maschine stand, öffnete sie den Schlag und saß einfach da. Hunderte von Leuten säumten den Pool und applaudierten. Sie hatte nicht gerade das Gefühl, etwas geleistet zu haben. Sie genierte sich. Und sie war wütend. Was für einen unglaublichen Mist mußte man bei der Wartung bauen, um den Heckrotor außer Kontrolle geraten zu lassen?

»Air Force vier-drei-neun«, sagte die vertraute Stimme der Flugkontrolle.

Margit aktivierte ihr Mikro über dem Bodenschalter. »Ich höre«, antwortete sie.

»Wir haben hier eine Meldung von einem Hubschrauberabsturz auf der Mall. Sind Sie das?«

»Ja, Sir«, sagte sie.

»Sind Sie in Ordnung?«

»Ich bin okay.«

»Zustand der Maschine?«

»Die ist dabei, Rost anzusetzen.«

»Wir haben ein Rettungsteam losgeschickt. Ich schlage vor, Sie bleiben bei der Maschine, es sei denn, es besteht Gefahr.«

»Keine Gefahr. Jedenfalls nicht im Augenblick. Gefährlich wird's erst, wenn ich hier aussteige und rauskriege, wer diesen Vogel versaut hat. Aus und Ende!«

31

Als schließlich die Rettungsmannschaften vom National Airport und den Luftwaffenstützpunkten Bolling und Andrews auftauchten, konnte sich die Menschenmenge um Margits abgestürzte Maschine mit jener messen, die sich am Vierten

Juli auf der Mall zusammenfand. Auch die Presse war in Scharen gekommen; Fotografen schossen das Bild aus allen nur erdenklichen Winkeln, Sendewagen der Fernsehanstalten mit ausgefahrenen Antennen übertrugen die tragikomische Szene in die Studios, von wo aus sie später gesendet werden würde.

Ein Militärjeep fuhr Margit zurück nach Andrews, wo man sie zwei Stunden lang über den Vorfall befragte. Sie berichtete detailliert über jede Einzelheit des Notfalls und die Schritte, die sie unternommen hatte, um sich, die Menschen unter ihr und die Maschine zu retten.

Sie kam aus dem kleinen Besprechungszimmer hinter der Anmeldung der Flugleitstelle und trat zu den anderen Piloten, die natürlich alle mehr über ihr Abenteuer erfahren wollten. Sie fragten sie, was ihrer Meinung nach den Unfall verursacht hatte. Sie sagte ihnen, sie habe keine Ahnung, meinte jedoch, daß der Ausreißer des Heckrotors Folge einer unglaublichen Schlamperei bei der Wartung sein müsse.

Oder ... man hatte daran gedreht?

Sie konnte nicht umhin, sich diese Frage zu stellen.

Sie hatte diesen beunruhigenden Gedanken eben verbannt und war dabei, sich von ihren Offizierskollegen zu verabschieden, als sie den Offizier von der Flugleitstelle fragen hörte, ob jemand Major Reich über den Ausfall der Maschine informiert habe. Sein Kollege antwortete: »Nicht nötig. Reich hat den Einsatz vor ein paar Stunden gestrichen.«

Sie ging hinüber zur Anmeldung. »Entschuldigen Sie«, sagte sie. »Sie haben eben was von Major Reich gesagt. Hat er seinen Flug wegen des Unfalls gestrichen?«

»Nein«, antwortete der Offizier, der Bescheid zu wissen schien. »Wegen einer Änderung seiner Befehle. Oder wenigstens hat er das gesagt, als er anrief.«

Margit lachte. »Da bin ich aber froh. Wayne wäre ganz schön sauer auf mich, wenn ich ihm seine Maschine zu Schrott geflogen hätte.«

»So was kommt ständig vor«, sagte der Offizier von der Flugleitstelle. »Sie kenne die Firma ja. Die streichen ständig was.«

»Mir soll's recht sein«, erwiderte Margit. »Jedenfalls habe ich die Maschine heil heruntergebracht. Womöglich hätten die das ja nicht geschafft.«

»Da muß irgendwas kaputtgegangen sein, was beim Sichtcheck nicht zu sehen war«, sagte der Offizier. »Unser Wartungschef hat nämlich abgezeichnet – und dann noch mal der von Reich.«

»Ach. Na, da werde ich Wayne mal danach fragen. Wer ist denn sein Wartungschef?«

Die beiden Offiziere sahen einander an. »Wie heißt der gleich wieder? Wilton? Chilton? Oder so ähnlich.«

Margit erinnerte sich an den stämmigen Wartungschef, mit dem sie vor dem Flug gesprochen hatte. CHILTON hat auf seinem Namensschild gestanden.

»Tja, tut mir leid, euch die Flotte versaut zu haben«, sagte Margit. »Jedenfalls brenne ich darauf zu erfahren, woran es gelegen hat.«

Ihre Gedanken waren so sehr mit dem beschäftigt, was sie da über Reich und seinen »Mechaniker« gehört hatte, daß sie Mühe hatte, sich auf die Straße zu konzentrieren und wie in Trance nach Bolling zurückfuhr.

Gerade als sie ihr Quartier betrat, klingelte das Telefon. Sie warf einen Blick auf die Ziffer auf dem Anrufbeantworter, die die Zahl der Anrufe anzeigte. Es waren neun, inklusive der drei vom Vormittag. Sie wartete, bis es viermal geklingelt hatte und das Gerät die Nachricht abzuspielen begann. Dann kam der Anrufer zu Wort; es war eine Männerstimme.

»Ich versuche Major Falk zu erreichen. Hier ist Sergeant Davis. Es ist unbedingt nötig, daß ich –«

Sie riß den Hörer von der Gabel. »Hier Major Falk. Sie sind derjenige, der unseren Personaloffizier angerufen hat, um mir auszurichten, daß Captain Cobol mich sprechen wolle.«

»Ja, Madam.«

»Aber es gibt keinen Sergeant Davis im Gefängnis von McNair.«

»Ja, Madam, ich weiß. Davis ist nicht mein richtiger Name.«

»Wie zum Teufel heißen Sie denn dann richtig?« fuhr sie an ihn.

»Hören Sie, Madam, ich bin nicht scharf darauf, Ärger zu kriegen. Deshalb der falsche Name. Ich war ein Freund von Bob. Wir ... wir haben uns mal sehr nahe gestanden.«

»Hören Sie«, sagte Margit, nicht länger in der Lage, ihre steigende Frustration und ihren Zorn zu zügeln. »Hören wir auf, um den heißen Breit herumzureden. Sie sagen, Sie standen sich nahe. Heißt das, daß Sie eine homosexuelle Beziehung zu ihm hatten?«

»Ja.«

»Und Sie haben mir seine Nachricht hier ins Quartier gebracht?«

»Richtig.«

Margit setzte sich auf einen Stuhl und wünschte, sie hätte eine Zigarette bei der Hand. Sie hatte seit der High School nicht mehr geraucht, aber in diesem Augenblick verstand sie den Reiz des Rauchens. »Okay, ich habe diese Spielchen nun langsam satt. Wieso rufen Sie an? Was haben Sie mir zu sagen?«

»Daß man Bob – Captain Cobol – in eine Falle gelockt hat, um ihm den Mord an Joycelen in die Schuhe zu schieben.«

»Woher wissen Sie das?«

»Er hat es mir gesagt.«

»Wer hat ihm diese Falle gestellt?« fragte sie.

»Der CIA. Oder gewisse Elemente beim CIA, wie er sagte.«

»Konnte er das beweisen?«

»Nein. Aber er sagte, man hätte ihm an jenem Samstag

vormittag nur deshalb in letzter Minute Dienst im Pentagon gegeben, um ihn an den Tatort zu bekommen.«

»Wer hat ihm den Dienst gegeben? Den Namen!«

»Er sagte, Major Mucci hätte den Dienstplan geändert.«

»Wollte er damit andeuten, daß Mucci Joycelen umgebracht hat?«

»Ich weiß nicht.«

»Also, Sergeant Davis, oder wer immer Sie sind, ich habe es langsam dicke, ständig ›er hat gesagt‹ oder ›er hat mir erzählt‹ zu hören, ohne zu wissen, wer Sie sind. Arbeiten Sie in der Gewahrsamsbaracke?«

Es entstand eine Pause.

»Haben Sie mich gehört?« fragte sie.

»Ich habe dort gearbeitet. Ich quittiere den Dienst.«

»Warum?«

»Paragraph dreizehn-zweiunddreißig. Man sieht es nicht gern, daß unsereins die Uniform entehrt.« Trauer und Zorn hielten sich in seiner Stimme die Waage.

»Können wir uns treffen? Nachdem Sie Ihre Entlassung haben? Wann ist das?«

»Morgen. Man hat mich vor die Wahl gestellt. Entweder ich gehe still und leise, oder man stellt mich vor ein Militärgericht. Und wer will das schon?«

»Sagen Sie mir, wo ich Sie erreichen kann.«

»Ich rufe wieder an.«

»Versprochen?«

»Ja, Madam. Bob hat mir gesagt, Sie wären in Ordnung und daß Sie Courage hätten. Er hat gesagt, er hätte Ihnen vertraut.«

Sie spürte, wie sich in ihrem Hals ein kleiner Kloß bildete, sprach aber trotzdem. »Waren Sie dabei, als er sich erhängt hat?«

»Major Falk, er hat sich nicht erhängt! Die haben ihn umgebracht!«

»Sind Sie sicher?« fragte sie.

»Ob ich es gesehen habe? Nein. Sie haben ihm am Tag davor einen Arzt geschickt, der ihn mit irgendwas vollgepumpt hat. Er hat fast vierundzwanzig Stunden geschlafen. Und dann haben sie ihn mit diesem Gürtel um den Hals gefunden. Völlig unmöglich!«

»Danke, daß Sie angerufen haben«, sagte sie. »Rufen Sie wieder an.«

Sie hörte die anderen Nachrichten ab. Sie stammten alle von Reportern, die dem Unfall nachgehen wollten. Ihre fünfzehn Minuten im Rampenlicht. Sie konnte darauf verzichten.

Sie stellte die Dusche so heiß, wie sie es auszuhalten vermochte, und begab sich unter die scharfen Wassernadeln in der schwachen Hoffnung, sie würden alles wegwaschen, was ihr in jüngster Zeit widerfahren war.

Sie schafften es nicht.

In ihren Bademantel gehüllt setzte sie sich an den Schreibtisch, nahm einen gelben Block und einen Stift aus der Schublade und begann zu schreiben:

Foxboro – Sagt, wir hätten einem arabischen Diktator Atomwaffen verkauft, um den Verteidigungshaushalt erhöhen zu können. Der Mann, der Joycelen Wishengrads Geld brachte. Will, daß ich für ihn im Pentagon spioniere. Nein, danke.

Reich – Bestellt einen Helikopter, den ich fliegen soll. Läßt vor meinem Flug einen Mechaniker der Firma daran herumfummeln. Schaden an der Maschine. Reich war Cobols Chef beim CIA. Hat ihn laufen lassen, als er herausfand, daß er schwul war. Taucht ab. Taucht ausgerechnet dann wieder auf, als ich fliegen will. Nun hört aber auf!

Monroney – Sagt, er müsse unbedingt mit mir reden. Sagt, es sei wichtig. Sagt mir, ich trete wichtigen Leuten auf die Hühneraugen. Wo hat er das her? Was hat er mir zu sagen? Beste Möglichkeit, das herauszufinden, ist, es ihn sagen zu lassen.

Mucci – Ändert den Dienstplan, um sicherzustellen, daß Cobol am Vormittag des Mordes im Pentagon ist. Ein Sauertopf. Würde alles tun, was man ihm sagt. Guter Tänzer. Widerling!

Alle – außer Foxboro, wenn er auch nicht völlig wegfällt – haben mit dem Militär zu tun. Wie steht es mit Zivilisten? Christa Wren? Nein. Die hat nicht die Mittel, mich beschatten zu lassen. Tony sagt, der Wagen ist von einer Behörde. Trotzdem, das beste Motiv für einen Mord ist immer noch ein persönliches. Leidenschaft. Eifersucht. Hatte sie die Nase voll von der schlechten Behandlung? Kann es ihr nicht verdenken.

Was ist mit Joycelen? – Verkauft Wishengrads Ausschuß Verschlußsachen. Verkauft, wenn ich Jeff glauben kann – was ich nicht tue –, noch größere Geheimnisse über Atomwaffen. Joycelen. Eine brillante Hure? Oder ein engagierter Amerikaner? Hatte er die Nase voll von Verschwendung und Rüstungsexzessen? Haben wir dem Araber die Bombe gegeben? Hatte das Joycelen zu seiner Kehrtwendung veranlaßt? Wenn ja, dann spricht doch einiges für den Mann.

Sie starrte auf das, was sie da geschrieben hatte, nahm dann den Telefonhörer zur Hand. Mac Smith reagierte schon beim ersten Klingeln.

»Ich hab's eben gehört«, sagte er, und die Aufregung war ihm anzuhören. »Man hat im Fernsehen was gebracht, daß ein Hubschrauber in den Reflection Pool gefallen ist, und dann sehe ich Sie. Sind Sie in Ordnung?«

»Physisch geht es mir gut«, sagte sie. »Es war etwas haarig, aber der einzige wirkliche Schaden entstand an der Maschine – und an meinem Ego. Ich habe Ihre Nachricht heute morgen bekommen. Tut mir leid, daß ich nicht zurückgerufen habe. Ich war hier, aber mir war einfach nicht danach, mit jemand zu reden. Noch nicht mal mit Ihnen.«

»Das ist das Schöne an Anrufbeantwortern«, sagte er, »ich bin auch nicht beleidigt. Ich hab' das selber auch schon gemacht. Mehr als einmal.«

»Ich muß mit Ihnen reden.«

»Wegen des Unfalls?«

»Weil ich mit jemandem darüber reden muß, was während der letzten paar Tage passiert ist. Ich kann mir niemand denken, der mir besser dabei helfen könnte, diese Geschichte auseinanderzuklauben, als Sie.«

»Schmeicheleien wirken bei mir immer.«

»Keine Schmeicheleien. Haben Sie nicht gehört, daß man damit nicht weit kommt? Besteht irgendeine Möglichkeit, daß wir heute abend miteinander essen gehen. Ich gebe einen aus.«

»Annabel und ich haben eben darüber gesprochen. Wie immer sind wir geteilter Meinung darüber, wo's hingehen soll. Sie können den Schiedsrichter spielen.«

»Irgendwohin, wo's ruhig ist, intim und die Wände keine Ohren haben. Einige der schlampigeren Restaurants haben leider Wanzenprobleme. In Washington verlangen schon die Bauvorschriften Wanzen in jeder Lampenfassung.«

»Das habe ich auch gedacht, als ich noch Anwalt war. Ständig schienen die falschen Leute über alles Bescheid zu wissen, noch bevor es die richtigen erfuhren. Sie haben die Frage nach dem Ort für unser Abendessen damit bereits beantwortet. Gleich hier bei Chez Smith. Keine Mikrofone in den Lampen, obwohl ich nicht für Rufus garantieren kann. Bei seinen Riesenlöffeln. Können Sie gleich rüberkommen?«

»Bin schon unterwegs.«

Der Botenjunge vom American Café, der das Abendessen brachte, kam eben bei Smith an, als Margit die Straße heraufkam. »Geben Sie's gleich mir«, sagte sie, griff in ihre Handtasche und bezahlte ihn. »Der Rest ist für Sie.«

Annabel öffnete, sah die Tüten mit der Aufschrift AMERICAN CAFE auf Margits Arm und meinte: »Kleiner Nebenverdienst?«

»So wie das mit mir im Augenblick aussieht, sollte ich vielleicht daran denken, hauptberuflich einzusteigen.«

Sie breiteten das Essen auf dem Küchentisch aus. Smith fragte: »Ist Ihnen danach, über den Unfall zu sprechen?«

»Klar.« Sie erzählte ihnen alles, auch das, was sie über Major Reich gehört hatte, wobei sie die beiden daran erinnerte, daß er beim CIA Cobols Chef gewesen sei – der Mann, der bei Cobol noch mal Gnade vor Recht hatte ergehen lassen, als man ihn als Homosexuellen entlarvt hatte.

»Was schließen Sie daraus?« fragte Smith.

»Reich hat seinen eigenen Mechaniker mitgebracht, der den Angaben der Leute von der Flugleitung zufolge die Maschine durchgecheckt hat, die ich geflogen bin.«

»Glauben Sie, dieser Mechaniker hat absichtlich daran herumgemacht?« fragte Annabel. In ihren großen Augen spiegelte sich die Sorge um Margit.

»Darüber weiß ich mehr, wenn sie die Maschine auseinandergenommen haben, um zu sehen, warum der Heckrotor sich selbständig machen konnte. Aber dann wiederum rücken die ja womöglich gar nicht mit der Wahrheit heraus, wenigstens nicht mir gegenüber.«

Smith fragte: »Gibt es noch andere Gründe für die Annahme, daß der Unfall auf eine bewußte Manipulation zurückzuführen ist?«

»Nein. Oder vielleicht doch.« Sie erzählte den beiden von ihrem Abend mit Foxboro und seiner Behauptung, das Pentagon – oder wenigstens eine Abteilung davon – habe den Wahnsinnigen im Nahen Osten mit der Bombe versorgt.

Sie kam auf Monroney zu sprechen. »Er ist Oberst im Pentagon. Wir waren zusammen in Panama stationiert und ... wir standen uns eine Weile ziemlich nahe. Wie auch immer, er hat mir gestern abend auf dem Tanz gesagt, er müsse mit mir reden, da ich jemand von ganz oben auf die Hühneraugen träte. So jedenfalls hat er sich ausgedrückt.«

»Und?« fragte Smith.

Margit fuhr fort. »Ein junger Lieutenant namens Lanning, der immer sehr freundlich zu mir gewesen ist – der Mann, der für mich herausgefunden hat, wer den Dienstplan änderte, um Cobol an jenem Vormittag an den Tatort zu bekommen, und mir außerdem gesagt hat, die Bezeichnung ›HP-5‹ in Cobols Personalakte sei streng geheim –, also dieser Lanning zeigte mir gestern auf dem Tanz plötzlich die kalte Schulter. Ich kann mir nur denken, daß man ihm geraten hat, sich von mir fernzuhalten.«

»Schon möglich«, sagte Smith. »Sie sind da heute verdammt knapp dem Tod entronnen. Sonst noch ein Argument für unsere Sorge, es könnte jemand ganz bewußt dafür gesorgt haben?«

»Vielleicht«, überlegte sie. »Ich hatte einen Anruf, bevor ich herkam. Von einem Sergeant Davis. Das ist nicht sein richtiger Name, aber er ist derjenige, der mich in der Nacht, in der Cobol sich angeblich erhängt hat, angerufen und mir dann auch die Nachricht unter der Tür durchgeschoben hat.« Sie schilderte den beiden ihre Unterhaltung.

Annabel, die hinausgegangen war, setzte sich wieder zu ihnen. »Hast du Margit schon erzählt, was Tony über diesen Dr. Half in New York herausgefunden hat?«

»Dazu komme ich gleich.« An Margit gewandt, sagte er: »Tony konnte heute abend nicht kommen, aber ich habe ihm gesagt, wir würden ihn anrufen, so daß er Ihnen Bericht erstatten kann.« Er wählte Buffolinos Nummer. Der ehemalige Polizist meldete sich sofort. Smith gab den Hörer an Margit weiter.

»Viel habe ich nicht rausgefunden«, sagte Buffolino. »Allerdings genug, um sagen zu können, daß dieser Marcus Half ziemlich umstritten ist.« Er lachte. »Aber was soll's? Wenn man für den CIA arbeitet, muß man das wohl sein.«

»Warten Sie mal«, sagte Margit. »Half ist also Psychiater beim CIA?«

»Nicht direkt. Nach dem, was mein Freund sagt, hat der CIA alle möglichen zivilen Ärzte mit Unbedenklichkeitszeugnissen, zu denen sie ihre Agenten schickt. Mein Freund hat mir erzählt, daß ein Geheimnisträger nur von jemandem am Blinddarm operiert werden darf, der so ein Unbedenklichkeitszeugnis hat. Und außerdem stellen sie noch einen Spion in den OP, der sich anhört, was Sie so von sich geben, während Sie hinüber sind.«

Margit wußte, daß der CIA Cobol zu Marcus Half geschickt hatte, wenigstens hatte Cobols Mutter das behauptet. Flo Cobols Vermutung nach war es nötig gewesen, seine psychische Stabilität zu überprüfen, bevor man ihrem Sohn einen Posten geben konnte, bei dem er mit Geheimsachen zu tun hätte.

»Sonst noch was?« fragte sie.

»Na ja, dieser Dr. Half ist ein großes Tier auf dem Gebiet der Hypnose. Lassen Sie mich mal sehen. Ich habe mir da einiges notiert. Ach ja. Also Half hat das Ding, das er dazu benutzt, zwar nicht erfunden – das war ein anderer Dachdekker, ein gewisser Spiegel, sagt mein Freund –, aber er ist einer der Gurus auf dem Gebiet, wenigstens in den Augen des CIA.«

»Und was ist das für ein ›Ding‹?« fragte Margit.

»Lassen Sie mich sehen. Richtig. Er erarbeitet ein sogenanntes Hypnotisierbarkeitsprofil. So wie ich das sehe, prüft man dabei die Leute darauf, wie leicht sie auf Hypnose ansprechen. Das sieht dann aus wie eine Tabelle. Wenn Sie eine ›Fünf‹ kriegen, dann sind Sie ein gefundenes Fressen für den, der Sie hypnotisiert. Wenn Sie eine ›Eins‹ oder ›Zwei‹ sind, dann bringt kein Mensch auf der Welt Sie dazu, sich für ihn auszuziehen.«

»Ich verstehe«, sagte Margit.

HP-5, dachte sie. Könnte es das sein, was die handgeschriebene Notiz auf Cobols Personalakte bedeutete? Cobols Hypnotisierbarkeitsprofil – und Dr. Half hatte es bei Cobols Besuchen in New York ermittelt? War Cobol eine »Fünf« auf der Skala?

»Das ist interessanter, als Sie sich vorstellen können, Tony. Sonst noch was?«

»Eigentlich nicht, Major, außer daß Half vor ein paar Jahren in die Schlagzeilen geraten ist. Vielleicht erinnern Sie sich noch. Ein CIA-Agent, der kurz vor dem Zusammenbruch stand, kam zu ihm nach New York und ist schließlich aus dem Fenster seines Hotels gesprungen.«

»Ich erinnere mich«, sagte Margit.

»Mein Informant hat mir einige Artikel über Half gebracht. Man hat ihm mal vorgeworfen, zu einer Gruppe von Ärzten zu gehören, die sich daran versuchte, Leute mit Drogen und Hypnose und diesem Scheiß zu kontrollieren. Ich glaube nicht, daß ihm je einer was nachgewiesen hat, aber jedenfalls steht es so in den Artikeln.«

Margit nickte Mac und Annabel zu. Zu Buffolino sagte sie: »Gute Arbeit, Tony. Ich bin beeindruckt.«

»Freut mich.« Er lachte. »Ich wollte, meine Frau wäre das auch. Ach, übrigens. Ich habe Joycelens zwei Exfrauen überprüft. Die haben ihn gehaßt wie die Pest, haben aber beide solide Alibis. Tja, ich muß jetzt los. Grüßen Sie mir den Professor und das Prachtstück, das dumm genug war, ihn zu heiraten.«

Margit mußte zum erstenmal, seit sie gekommen war, lächeln. »Ich bin nicht sicher, ob ich letzteres ausrichte«, sagte sie. »Nochmals vielen Dank. Schöne Grüße an Ihre Frau.«

Sie richtete Smith und Annabel aus, was Buffolino gesagt hatte, ließ seine letzte Bemerkung jedoch weg.

»Was halten Sie davon?« fragte Smith. »Wenn Ihre These korrekt ist – daß dieses ›HP-5‹ auf seiner Personalakte bedeutet, daß Cobol hochgradig beeinflußbar war –, glauben Sie, es spielte eine Rolle dabei, daß man ihn des Mordes bezichtigte?«

»Es wäre doch möglich, oder?« sagte Margit. »Cobol hat seinem Freund, diesem Sergeant Davis, der nicht Sergeant Davis ist, gegenüber behauptet, man hätte ihn aufs Kreuz gelegt. Dasselbe behauptete er mir gegenüber in seiner Nachricht. Ich weiß nichts über Hypnose. Wäre es wohl möglich, ihn darauf zu programmieren, die Schuld auf sich zu nehmen?«

»Ich dachte, er hätte Ihnen gegenüber behauptet, er sei unschuldig«, sagte Annabel.

»Hat er auch. Wie perfekt wohl so eine Programmierung unter Hypnose funktioniert? Vielleicht kann man jemand dazu bekommen, gegen sein Naturell und gegen seine moralischen Prinzipien zu handeln, aber wenn es dann daran geht, sich vor ein Erschießungskommando zu stellen, vielleicht läßt die Wirkung dann nach. Ich weiß nicht. Ich erinnere mich an etwas, das uns mal ein Professor in Psychologie gesagt hat. Er meinte, man gibt einem Hypnotisierten nie den Befehl, etwas Falsches zu tun. Man ändert seine Sichtweise, wie er es nannte. Man sagt einem liebenden Gatten nicht, er soll seine Frau erschießen. Aber wenn der Gatte hochgradig hypnotisierbar ist, dann können Sie ihn davon überzeugen, daß seine Frau, die eben zur Tür hereinkommt, ein wildgewordener Grizzly ist. Genauso ist es mit dem alten Schuljungengerücht, man könnte ein Mädchen unter Hypnose dazu kriegen, sich auszuziehen. Sie wird es nicht tun – es sei denn, man redet ihr unter Hypnose ein, sie sei allein im Zimmer und es sei unerträglich heiß.«

Margit schlug sich klatschend auf die Schenkel und machte ihrem Unwillen Luft. »Das ist das Problem mit dieser ganzen Geschichte. Verlockende Informationen wo man hinsieht, aber nichts ist handfest genug, um sicher sein zu können.«

»Was machen wir als nächstes?« fragte Smith.

Margit stand auf und stemmte herausfordernd die Hände in

die Hüften. »Ich möchte das den richtigen Leuten auf den Tisch legen.«

»Wer sind die richtigen Leute?«

»Ich kann bei meinem Boß, Colonell Bellis, anfangen.«

»Margit, halten Sie das für klug?« fragte Smith. »Vielleicht sollten wir warten, bis Sie und Tony etwas Handfesteres ausgraben.«

»Ich will nicht warten. Ich *kann* nicht warten. Jemand sagt mir, man hätte mich mit dem Auftrag, Cobol zu verteidigen, den Wölfen vorgeworfen. Heute wäre ich fast umgekommen, weil jemand an diesem Hubschrauber herumgespielt hat – auch wenn ich es nicht beweisen kann –, jemand der wußte, daß ich fliegen würde. Und dann habe ich einen Freund – nein, streichen Sie das, einen ehemaligen Freund! –, der will, daß ich für ihn und seinen Senator spioniere, damit sie meinen eigenen Leuten nachweisen können, sie hätten ihr Land verkauft. Einige dieser Leute sind Tag und Nacht hinter mir her. Ein Lieutenant, der sich bisher beide Beine ausgerissen hat, nur um in meiner Nähe zu sein, läßt mich mit einem Mal abblitzen. Ich wäre fast ein Fleck auf dem Pflaster unserer Hauptstadt geworden. Man läßt mich durch die Blume wissen, daß ich jemandem auf die Hühneraugen trete. Nein, ich glaube, irgend jemand schuldet mir eine Erklärung, und ich habe die Absicht, sie zu verlangen. Ich werde nicht zulassen...«

Mit geballten Fäusten kämpfte sie gegen die Gefühle an, die sie zu übermannen drohten. »Mit mir werden die nicht tun, was sie mit meinem Vater gemacht haben.«

32

Helen Matthei, Bellis' Verwaltungsassistentin, hob den Kopf, als Margit am nächsten Morgen um acht Uhr dreißig den Vorraum zum Büro des Colonels betrat. »Guten Morgen, Major Falk«, sagte sie gut gelaunt wie immer.

»Guten Morgen, Helen. Ist der Colonel da?«

»Nein.« Sie hob die Brauen. »Man hat ganz unerwartet einige Besprechungen einberufen, da mußte er hin. Was mir Gelegenheit gibt, all das zu erledigen, wozu ich nicht komme, wenn er da ist.«

»Wann erwarten Sie ihn denn zurück?« fragte Margit.

»Nicht vor fünf.« Helen sah die Enttäuschung auf Margits Gesicht. »Kann ich was für Sie tun?« fragte sie.

»Ich muß ihn dringend sprechen. Es ist wichtig. Könnten Sie mich gegen Feierabend noch irgendwo unterbringen?«

»Ich weiß nicht, wie seine Pläne aussehen, wenn er zurückkommt, aber ich lege ihm einen großen Zettel auf den Schreibtisch.«

»Danke, Helen. Das ist sehr nett von Ihnen.«

»Ich bin froh, Sie heute morgen heil wiederzusehen«, sagte Helen. »Das war ziemlich knapp gestern.«

»Aber doch nicht knapp genug. Es hätte schlimmer sein können. Nochmals vielen Dank. Ich bin den Tag über in meinem Büro.«

Wäre sie noch einige Minuten geblieben, dann hätte sie Bellis' Anruf noch mitbekommen. Helen richtete ihrem Chef aus, daß Major Falk ihn dringend sprechen wollte und daß sie ihr gesagt hätte, er wäre gegen fünf wieder zurück. »Ich würde sie selber verdammt gern sprechen«, sagte er. »Sagen Sie ihr, um sechs.«

Nachdem sie Helens Anruf wegen des Termins um sechs erhalten hatte, kniete Margit sich ordentlich in die Arbeit, um wieder zu Projekt Safekeep zurückzufinden. Was sich als gar nicht so leicht erwies, nicht nur weil sie in Gedanken ganz woanders war, sondern auch wegen der bevorstehenden Untersuchung. Würde man auch sie befragen? Höchst unwahrscheinlich. Sie war nicht lange genug mit von der Partie gewesen, um irgend etwas zu wissen, wenigstens offiziell.

Jedesmal, wenn das Telefon klingelte, dachte sie, Jeff wäre dran. Ihre Gefühle ihm gegenüber waren zwiespältig. Auf der einen Seite hätte sie ihn gern angerufen und sich entschuldigt, und es wäre ihr durchaus ernst gewesen damit. Auf der anderen Seite, der pragmatischeren und mit Sicherheit klügeren, sagte sie sich, daß es vorbei war und sie damit weitaus besser fuhr.

Eine Reihe von Anrufen an jenem Vormittag kamen von Reportern, die der Geschichte mit dem Unfall nachgingen. HUBSCHRAUBER DER LUFTWAFFE MACHT BAUCHLANDUNG AUF DER MALL. PILOTIN FÄLLT INS WASSER. Sie verwies sie an die Pressestelle. Um elf hatte sie ihre Gedanken soweit unter Kontrolle, daß sie sich auf das Material vor ihr konzentrieren konnte.

Bis zum nächsten Anruf. Dieser kam von Bill Monroney.

»Ich habe dir gestern eine Nachricht auf deinem Anrufbeantworter hinterlassen«, sagte er.

»Ich weiß. Tut mir leid, aber ich war nicht in Stimmung, Anrufe zu beantworten.«

»Ich bin froh, daß du noch lebst«, sagte er. »Hast dir ja einen interessanten Platz für deine Landung ausgesucht.«

Sie konnte sich ein Lächeln nicht verkneifen. Nachdem sie den Schock über den Zwischenfall, der so leicht auch hätte tödlich verlaufen können, erst einmal überwunden hatte, war sie nun in der Lage, auch seine weniger ernsten Aspekte zu goutieren. Rückblickend entbehrte das Ganze nicht einer gewissen Komik. Sicher nicht jedermanns Vorstellung von einem Sonntagsausflug.

»Es war mir ernst mit dem, was ich am Samstag abend gesagt habe. Ich muß mit dir reden.«

»Worüber? Die großen Hühneraugen, auf die ich angeblich getreten bin?«

»Unter anderem. Ich bin nicht dein Feind – ich wünschte, du würdest mich nicht wie einen behandeln.« Das Fräulein vom Amt bat um weitere Münzen. Warum rief er von einer Telefonzelle aus an?

»Iß mit mir zu Mittag. Wir verschwinden von hier und fahren raus aufs Land. Wenn schon nicht aus persönlichen Gründen, so solltest du es wenigstens aus beruflichen Gründen tun. Ich mache keine Scherze, Margit. Wir müssen miteinander reden.«

»Na gut«, sagte sie.

»Nimm die Metro bis Pentagon City. Ich hole dich vor dem neuen Ritz ab.«

Sie war versucht, nach dem Grund dieser Heimlichtuerei zu fragen, ließ es aber sein. Immerhin verlieh sie seiner Einladung eine gewisse Dringlichkeit.

Sie kamen überein, sich um Viertel nach zwölf zu treffen; Pentagon City war nur eine Station vom Pentagon selbst entfernt. Sie verließ ihr Büro um zwölf und tauchte in der geschäftigen Einkaufsstadt wieder auf. Sie betrat das elegante Hotel durch einen Hintereingang, durchquerte die Lobby und ging durch den Vordereingang wieder hinaus. Monroney, der in Zivil gekommen war, wartete in einem blauen Chrysler-Cabrio. Das Verdeck war offen.

Margit rutschte auf den Beifahrersitz. Monroney lächelte und sagte: »Bist du zu einer Spazierfahrt aufgelegt?«

»Aber nicht zu weit«, antwortete sie. »Ich habe noch zu arbeiten.«

»Ich dachte, wir fahren nach Occoquan. Dreißig, vierzig Minuten.«

»Okay«, sagte sie. »Da wollte ich ohnehin schon lange mal hin. Es soll sehr schön sein.«

»Schön, malerisch und ganz auf Tourismus getrimmt, und weit genug weg von hier, um mich besser zu fühlen.«

Er nahm die Route 395, den wegen seiner Staus zu den Stoßzeiten berüchtigten Shirley Highway, und fuhr dann nach Süden Richtung Richmond. Der Mittagsverkehr war nicht allzu dicht; zehn Minuten später hatten sie Alexandria schon hinter sich gelassen und bogen ab auf die 95. Weitere zehn Minuten, und sie hatten den Occoquan überquert und befanden sich im Prince William County. Er nahm eine Landstraße Richtung Norden und kam so wieder zum Fluß zurück. Eine Viertelstunde später fuhren sie einen Hügel hinunter nach Occoquan, das sich im 18. Jahrhundert um eine Mühle herum entwickelt hatte. Eine Handwerksausstellung war im Gange; die enge Hauptstraße, die parallel zum Fluß verlief, war von Autos und Fußgängern verstopft. Sie hatten Glück. Eben räumte ein Wagen einen legalen Parkplatz, und Monroney schnappte ihn sich. Er schloß das Verdeck, und die beiden gingen zu Fuß eine Straße weiter bis zu einem Restaurant am Fluß. Es hieß Sea and Sea. Monroney hatte sich den Tag frei genommen, Margit beneidete ihn um seine Zivilkleidung.

Ihr Glück hielt an. Eben war ein Platz am Fenster mit Blick auf den Fluß frei geworden.

»Schön, dich wiederzusehen«, meinte er, nachdem man ihnen ihre Limonade serviert hatte.

»Wir haben uns doch erst vorgestern abend gesehen«, sagte Margit.

»Aber da war ich nicht allein mit dir. Ich hasse Menschenmassen.«

»Hattest du eine schöne Zeit ohne Celia?« fragte Margit.

»Nein, aber das hatte nichts mit Celia zu tun. Und du? Hattest du eine schöne Zeit mit deinem Beau?«

Margit lächelte. Was für ein schöner, altmodischer Ausdruck. »Ja, das hatte ich.«

»Du bist eine großartige Tänzerin«, sagte Monroney. »Das habe ich gar nicht gewußt, als wir in Panama waren.«

»Wir hatten ja auch nicht viel Gelegenheit zum Tanzen«,

erwiderte sie. »Es sei denn, man rechnet darunter unseren Tanz im Kugelhagel.«

»Ich liebe dich«, sagte er.

Sie lehnte sich zurück und sah sich im Restaurant um, weniger weil sie etwas suchte, als um ihm nicht in die Augen sehen zu müssen. Schließlich richtete sie sich wieder auf. »Hast du mich deshalb zum Mittagessen eingeladen?« fragte sie. »Wenn ja, dann hast du mich unter falschem Vorwand hierhergeschleppt. Deine Bemerkung am Samstag abend, ich würde jemandem auf die Hühneraugen treten, und dein Ton heute am Telefon hatten nichts mit dem zu tun, was hier passiert.«

»Ich nehme an, es sieht wohl so aus, aber du irrst dich. Und um die Wahrheit zu sagen, was ich dir zu sagen habe, hört sich noch viel unglaubwürdiger an. Daß es zufällig meinen Gefühlen für dich in die Hände spielt, dafür kann ich nichts.«

Sie sah ihn an.

»Die haben dich auf dem Kieker, Margit. Du stehst auf der Abschußliste.«

»Von wem sprichst du?«

»Vom Oberkommando.«

Sie wollte eben antworten, als eine Kellnerin sie nach ihrer Bestellung fragte. Sie öffneten die Karten und entschieden sich rasch – einen Salat mit Meeresfrüchten für sie, ein Club Sandwich für ihn.

»Was wolltest du sagen?« fragte Margit.

»Ich wollte dir sagen, daß Margit Falk gefährlich lebt.«

»Weil man mich beschatten läßt?«

»Beschatten? Tut man das?«

»Du weißt nichts davon?«

»Nein. Wie sollte ich?«

»Weil du so viel darüber zu wissen scheinst, was mir passiert – oder passieren *könnte*.«

»Daß man dich beschattet, wußte ich nicht. Ich weiß allerdings, daß einige große Kaliber mit einer gewissen Margit Falk nicht allzu glücklich sind.«

»Dich eingeschlossen?«

»Ich bin kein großes Kaliber, und das weißt du. He, ich habe dir schon zu Anfang gesagt, ich bin nicht dein Feind. Und das stimmt. Ich möchte dir helfen.«

»Wer hat dich geschickt, mir diese Nachricht zu überbringen?«

Er lachte, aber verärgert. »Hör mal, ich kann es dir nicht verübeln, daß du mißtrauisch bist, aber mach bei mir einen Punkt, ja. Keiner hat mich geschickt, dir was auszurichten. Und wenn sie's versucht hätten, dann hätte ich sie zum Teufel geschickt. Ich bin wie jeder andere im Pentagon. Wenn man nicht gerade blind und taub ist, dann läßt es sich einfach nicht vermeiden, daß man das eine oder andere Gerücht aufschnappt. Abgesehen davon, daß hier das Hauptquartier der Landesverteidigung sitzt, ist es auch die produktivste Klatschfabrik der ganzen Welt.«

Monroney kam wieder darauf zurück, warum er sie zum Essen gebeten hatte. »Nichts versetzt das Soldatengehirn mehr in Angst und Schrecken, als wenn es seinesgleichen mit den falschen Leuten verkehren sieht.« Er wartete auf ihre Reaktion. Sie reagierte jedoch nicht, da sie keine Ahnung hatte, worauf er hinauswollte. »Ich weiß ja nichts über deinen Freund, diesen Foxboro«, sagte er, »abgesehen davon, daß er ein wichtiges Mitglied von Wishengrads Stab ist. Ich habe dir ja am Samstag gesagt, deine Beziehung zu ihm käme einer Verbrüderung mit dem Feind gleich. Das war kein Scherz.«

Könnte tatsächlich alles so einfach sein? Derart banal? Es stieß ihren Vorgesetzten im Pentagon unangenehm auf, daß sie mit dem Mitarbeiter eines liberalen Senators befreundet war, der den Großteil seiner Zeit als Volksvertreter damit zubrachte, am Verteidigungshaushalt zu knabbern? Sie sagte ihm das.

Monroney nippte an seinem schwarzen Kaffee und meinte

dann: »Wie ich schon gesagt habe, spielt mir das, was ich dir zu sagen hatte, in die Hände. Ich würde es zu gern sehen, wenn du mit Foxboro Schluß machst, weil ich es, ehrlich gesagt, selbst gern noch mal mit dir versuchen würde. Aber das ist nicht mein Motiv. Das kannst du mir glauben.«

»Ich versuch's.«

»Tu das. Ich weiß nicht, wieviel du über das Projekt Safekeep weißt. Du hast sicher schon gehört, daß Wishengrad eine großangelegte Untersuchung plant. Was für mich von großer Bedeutung ist. T & A befindet sich in einer schwierigen Lage. Wir haben Leute in unserer Abteilung, die die ganze Zeit über Testergebnisse geprüft haben. Jetzt stellt sich die Frage, ob sie die ganze Zeit über geschmiert wurden.«

»Wie Joycelen«, sagte sie.

Seiner Miene nach zu urteilen, wußte er darüber nichts.

»Wishengrads Ausschuß hat Joycelen dafür bezahlt, daß er ihm Informationen über Safekeep liefert.«

»Das wußte ich nicht«, sagte Monroney. »Und er hatte keine altruistischen Motive?«

»Nicht die Bohne.«

Monroney lachte. »Sieht ganz so aus, als wären die Gerüchte in deiner Ecke des Hauses heißer als in meiner. Was für Perlen hast du mir denn sonst noch zu bieten?«

»Ich denke, ich habe dir schon zuviel gesagt. Jetzt bist du an der Reihe.«

»Ich sage nur eines: Laß gut sein.«

»Laß was gut sein?«

»Diesen Kreuzzug, den du wegen Joycelen und Cobol führst. Das ist gegessen. Die beiden sind unter der Erde.«

Sie fragte sich, ob er wohl die Worte und Gedanken eines Dritten nachplapperte. Sie fragte ihn. Er versicherte ihr, daß dem nicht so sei.

»Ich mache mir nur einfach Sorgen um das wunderbare Wesen, das mir im Augenblick gegenübersitzt«, sagte er. »Du und ich und jeder andere auf unserer Ebene, wir dürfen nun mal nicht mehr wissen, als nötig ist, um unsere Arbeit zu tun. Leute, die mehr wissen wollen, machen gewisse andere Leute nervös. Vertrau mir, Margit. Ich bin wirklich ehrlich zu dir. Ich riskiere Kopf und Kragen damit, hier zu sitzen und dir das zu sagen.«

Er hatte recht. Und trotzdem, sie traute ihm nicht über den Weg. War das normal bei Leuten, die durchmachten, was sie in den letzten Wochen durchgemacht hatte? Daß sie niemand mehr vertrauen konnte? Daß man bei jedem, mit dem man Kontakt hatte, Hintergedanken vermutete? Wenn ja, wenn es mit ihrem Leben tatsächlich so weit gekommen war, gefiel ihr das ganz und gar nicht. Sie war erzogen worden, in ihren Mitmenschen immer nur das Beste zu vermuten, ihnen solange zu glauben, bis sie sich ihres Vertrauens unwürdig erwiesen. Das hier war das genaue Gegenteil. Sie konnte und wollte nicht so arbeiten oder gar leben. Sie mußte an die glauben, mit denen sie gemeinsame Ziele verfolgte, egal ob persönlicher oder beruflicher Natur.

Sie wollte Monroney glauben. Sie brauchte einen Freund. Er war jemand, mit dem sie vor Jahren sehr intime Augenblicke geteilt hatte – und der jetzt ganz erpicht darauf schien, wieder in ihr Leben zu treten. Aber er war Oberst. Er arbeitete im Pentagon. Diese Kombination repräsentierte für sie heute, so unwahrscheinlich ihr das noch vor wenigen Monaten erschienen wäre, etwas Unheilvolles.

»Laß mich dich mal was fragen, Bill. Willst du etwa sagen, daß meine Vorgesetzten mich nur deshalb aufs Korn genommen haben, weil Jeff und ich zusammen waren?«

Er hob die Augenbrauen. »Du sagst ›waren‹?«

»Kein Kommentar. Aber falls dem so ist, dann nicht wegen eines Befehls von oben.«

Er ließ sich ihre Worte durch den Kopf gehen. »Es ist nicht nur Foxboro«, sagte er. »Es ist die Geschichte mit Cobol.«

»Was ist mit der ›Geschichte mit Cobol‹? Man hat mich doch von der ›Geschichte mit Cobol‹ abgezogen.«

»Gehen wir spazieren.«

Sie verließen das Restaurant und spazierten am Ufer des Flusses entlang. Als sie an einem schlecht einzusehenden Winkel angelangt waren, sagte Monroney: »Glaub mir, wenn ich sage, daß ich keine Ahnung habe, wieso genau Cobol für Safekeep so wichtig war. Ich weiß nur, daß dem so war. Jetzt ist er tot, und jedermann ist es recht so. Du versuchst, ihn am Leben zu halten. Das verstößt gegen die Linie.«

»Linie? Welche Linie?«

»Welche Linie die Elefanten auch immer ausgeheckt haben, das Problem ist, daß man nie weiß, woher derartige Direktiven wirklich kommen. Es gibt keine Memoranden. Es gibt Pentagons innerhalb des Pentagon. Und dann scheint dieser Tage die Firma mehr Fäden zu ziehen denn je. Sie hat ihre Maulwürfe in jedem Büro, auch in meinem.«

»Ach?«

»Tony Mucci. Ich habe eben herausgefunden, daß er beim CIA ist. Natürlich nicht offiziell, aber alles, was bei T & A passiert, findet dank Major Mucci sofort seinen Weg zur Firma.«

»Woher weißt du das?«

»Ist doch egal. Was ich sagen will, Margit, ist, daß du verdammt gut aufpassen solltest, mit wem du redest. Achte darauf, daß du die Leute wirklich *kennst*.« Er legte die Stirn in Falten. »Vielleicht kannst du mir helfen, etwas zu verstehen. Warum bist du im Fall Cobol derart hartnäckig?«

»Weil ein unschuldig des Mordes Bezichtigter ums Leben kam. Er hat niemanden umgebracht. Ich halte es nur für recht und billig, daß das jemand richtigstellt. Niemand sollte so ins Grab müssen.«

»Dein Vater?« fragte er leise.

»Ja.« Sie hatte ihm damals in Panama von ihrem Vater erzählt.

»Ist das so wichtig für dich?«

»Was meinem Vater passiert ist? Natürlich ist es wichtig für mich, aber daran ist nicht mehr zu rütteln. Aber hier ist ein junger, engagierter Offizier, den man mit einer Mordanklage beerdigt hat. Seiner Familie den Ruf zu hinterlassen, einer der ihren hätte einen Topwissenschaftler umgebracht, das ist etwas, womit sie nicht für den Rest ihrer Tage zu leben haben sollte.«

»Aber ist es wichtig genug, um dafür deine Karriere – vielleicht sogar dein Leben – aufs Spiel zu setzen?«

Keiner hatte ihr diese Frage je so deutlich gestellt, aber sie hatte darüber nachgedacht. Sie hatte keinerlei Mühe, es auszusprechen: »Ja.«

Sie gingen weiter und blieben dann unter einem Baum stehen, dessen lange, anmutige Äste in den Fluß hineinragten. »Du wirst also nicht klein beigeben«, sagte Monroney.

»Auf keinen Fall.«

»Ich respektiere das«, sagte er.

»Danke.«

Er blickte über den Fluß. Langsam und braun wälzte er sich dahin, nicht besonders schön, aber angenehm beruhigend. »Wie kann ich dir helfen?« fragte er.

»Bill, ich bitte niemand in Uniform um Hilfe, und schon gar nicht jemand, der etwas zu verlieren hat.«

Er wandte sich ihr zu. »Ich habe dir ja gesagt, ich bin nicht mehr auf Sterne auf der Schulter aus. Und Wellen schlagen? Verdammt, nein. Ich habe noch zwei Jahre bis zur Pension und habe große Pläne mit dem Geld. Ein klassischer Fall. Man geht mit dem Gehalt eines Oberst in Pension und ist noch jung genug, eine zweite Karriere zu starten. Verlockend, und ich werde nichts tun, um mir das zu vermasseln. Gleichzeitig aber gilt, was ich dir vorhin gesagt habe. Ich liebe dich, und zwar seit Panama. Du hast mich gehaßt – nein, das entspricht dir nicht. Aber du hattest keinen Respekt mehr für mich, als du herausgefunden hast, daß ich Frau und Kinder habe. Was ich dir nicht verdenken kann; aber ich habe dich nicht benutzt. Es war mir ernst. Wenn du dich nicht so schnell aus dem Staub gemacht hättest, dann wäre womöglich alles anders gekommen. Ich denke, nein, ich weiß, ich hätte mich von Celia scheiden lassen und dich geheiratet. Zwischen uns stand es schon damals nicht so toll. Ich möchte dein Freund sein – und mehr noch. Ob sich daraus etwas entwickelt, liegt allein bei dir. Ich bitte dich nur um eine Chance. Und was deine Probleme anbelangt, so bin ich hier, damit du jemand hast, auf den du dich stützen, mit dem du reden kannst, jemand, der vielleicht sogar den einen oder anderen Rat für dich hat, die eine oder andere Perspektive, die du noch nicht in Betracht gezogen hast. Wirst du dir das merken?«

Seine Worte rührten sie. Das Mißtrauen gegenüber allem und jedem von vorhin hatte sich gelegt. Wenn auch nicht völlig. »Ja«, sagte sie. »Ich werd's mir merken.«

33

»Da wären wir also«, brummte Bellis. »Sie wollten ein Treffen. Sie haben es. Sie haben das Wort.« Er hatte seine Uniformjacke ausgezogen und die Krawatte gelockert.

Draufgängertum ist immer um so vieles leichter in der Phantasie. Margit hatte alle Möglichkeiten durchgespielt, wie sie ihren Vortrag beginnen könnte, ohne dabei allzu aggressiv zu wirken. Bellis' unbarmherziger Blick jedoch deutete ihr an, zur Sache zu kommen – und zwar schnell.

»Sir, es gibt da viele Fragen, auf die ich Antworten brauche.«

Sein Ausdruck änderte sich nicht. »Reden Sie«, sagte er. »Ich höre.«

»Ich bin gestern fast ums Leben gekommen.«

»Das weiß ich. Ich lese Zeitung und sehe fern. Wenn Sie nicht so verdammt gute Arbeit geleistet hätten, hätte es eine Katastrophe gegeben.«

»Das stimmt.« Sie legte eine Pause ein. »Ich glaube, man hat sich an meiner Maschine zu schaffen gemacht.«

»Das ist eine schwere Anschuldigung. Wem gilt sie?«

»Niemand besonderem. Eine Reihe von Leuten hat gewußt, daß ich gestern fliegen wollte.«

»Mich eingeschlossen.«

»Das stimmt, Sir. Ich weiß nicht, wer es ist, aber irgend jemand steckt dahinter.«

»Beweise?«

»Nicht die Art, die Sie – als Anwalt – akzeptieren würden. Aber das ist noch nicht alles.«

»Ich bin ganz Ohr«, sagte er, lehnte sich zurück und legte die Füße auf den Schreibtisch. Was sie als Beleidigung empfand.

»Einige Monate vor dem Mord an Dr. Joycelen hat ein gewisser Major Wayne Reich vom CIA erfahren, daß Captain Cobol homosexuell ist. Wie Sie ja wissen, bedeutet das nach Paragraph dreizehn-zweiunddreißig sofortige Entlassung. Aber Reich machte in Cobols Fall eine Ausnahme. Er sagte ihm, er könne im aktiven Dienst bleiben, weil er ein so guter Offizier sei.«

Bellis' Miene war nicht das geringste anzusehen.

»Man hatte Cobol in New York zu einem vom CIA gecheckten Psychiater geschickt, einem gewissen Dr. Marcus Half. Dieser Half steckte meinen Informationen nach vor einigen Jahren bis über beide Ohren in vom CIA geleiteten Experimenten zur Bewußtseinskontrolle. Er arbeitet mit einem sogenannten Hypnotisierbarkeitsprofil. Das ist eine Skala von eins bis fünf. Eine ›Fünf‹ bedeutet, Sie sind extrem hypnotisierbar, vielleicht sogar in einem Ausmaß, daß Sie programmierbar macht.«

»Fahren Sie fort.«

»Irgend jemand hat Cobols Personalbogen handschriftlich die Bezeichnung ›HP-5‹ hinzugefügt. Meiner Meinung nach bedeutet dies, daß Cobol auf Halfs Skala eine ›Fünf‹ war.«

»Sie arbeiten nicht zufällig an einem Spionageroman?«

Seine Bemerkung erschien ihr unnötig höhnisch, aber sie ignorierte sie. »Major Anthony Mucci, ein Mitarbeiter Colonel Monroneys bei T & A, änderte den Dienstplan für den Samstag vormittag, an dem Joycelen erschossen wurde. Er setzte in letzter Minute Cobol ein. Praktisch, meinen Sie nicht?«

»Vielleicht war es aus personellen Gründen notwendig.«

»Das glaube ich nicht. Mucci hat einen Draht zum CIA.«

Bellis lächelte. »Einer von Hunderten, die hier durch die Flure geistern. Das Pentagon hat schließlich selbst ein über die ganze Hauptstadt verteiltes Maulwurfscorps.«

Margit fuhr fort: »Ich behaupte, daß man Cobol aufgebaut hat, um im Mordfall Joycelen seinen Kopf für jemand anderen hinzuhalten, und daß, wer auch immer dahintersteckt, dafür gesorgt hat, daß man an meinem Hubschrauber herumfummelt.«

»Dieser Major Reich?«

»Sehr wahrscheinlich.« Sie erzählte ihm, daß Reich mit seinem Mechaniker in Andrews gewesen war.

»Warum, glauben Sie, sollte Reich oder sonst jemand Sie beseitigen wollen?«

»Wegen dem, was ich herausgefunden habe.«

Bellis atmete tief ein, warf einen Blick auf eine alte Wanduhr über ihrem Kopf, nahm dann die Füße vom Schreibtisch und setzte sich auf. »Warum?« fragte er.

»Warum was, Sir?«

»Warum sind Sie so verdammt scharf hinter was her, wovon nur Sie überzeugt sind?«

Sie wappnete sich gegen den Zusammenbruch ihrer Nerven und wollte eben antworten, aber er kam ihr zuvor. »Sie und Ihr Engagement, Major – dieser Kreuzzug, auf dem Sie da sind –, machen mir ganz gewaltig zu schaffen. Ich habe heute den halben Tag in Besprechungen verbracht, in denen es ausschließlich um Sie ging.«

»Tut mir leid, Sir. Besprechungen meinetwegen?«

»Richtig. Man hat mir den Befehl gegeben, Ihnen den Kopf zurechtzurücken, Sie von Ihrem weißen Roß zu holen, damit Sie Cobol und Joycelen dort lassen, wo sie sind – unter der Erde.«

»Man beschattet mich«, sagte Margit. »Hat man Sie auf diesen Besprechungen darauf aufmerksam gemacht?«

»Das wußte ich von Anfang an«, antwortete er.

»Sir, ich ... ich bin enttäuscht.«

»Wieso? Es war nicht meine Entscheidung. Es geschah nicht auf meinen Befehl. Aber ich gehöre hier nun mal dazu. Ich muß mitspielen.«

»Es schmeckt mir nicht, daß meine eigenen Leute mir so wenig Vertrauen entgegenbringen, daß man mir Tag und Nacht folgt.«

»Ihre Gefühle spielen hierbei nicht die geringste Rolle«, sagte Bellis. »Man hielt es für nötig, basta.«

»Und von wem stammt diese Entscheidung?« fragte Margit.

»Wollen Sie die Wahrheit? Ich weiß es nicht. Alles, was ich weiß, ist, daß sie von jemandem über mir stammt.«

»Sir«, sagte sie, »Sie haben mich vorhin gefragt, warum ich mich derart verpflichtet fühle, Cobol seinen guten Namen zurückzugeben. Ich weiß, das gehört nicht zu meinem Aufgabenbereich, aber ich habe Cobols Familie nun mal versprochen, ich würde tun, was ich kann, um ihr zu Würde und Frieden zu verhelfen. Ich kann diese Verpflichtung nicht einfach vergessen. Und übrigens, Colonel, ich glaube auch nicht eine Sekunde lang, daß Cobol sich selbst aufgehängt hat.«

Bellis stand auf und streckte sich; dann gähnte er. Er trat an einen Eckschrank, öffnete einen kleinen Kühlschrank und nahm eine Flasche Diätlimonade heraus. »Sie auch, Major?« fragte er über die Schulter hinweg.

»Nein, danke.«

Er kehrte wieder auf seinen Stuhl zurück. »Ist Ihre Liste von Anschuldigungen damit zu Ende?« fragte er.

»Nein. Ich bin zu dem Schluß gekommen, daß man mich für Cobols Verteidigung genommen hat, weil man mich für entbehrlich hielt. Weil ich eine Frau bin. Und weil ich keinen großen Wirbel machen würde.«

»Falls ich Ihnen den Fall tatsächlich deshalb zugewiesen habe, dann war ich auf dem Holzweg.« Er warf einen weiteren Blick auf die Uhr. »Halb sieben«, sagte er. »Wir haben Zeit bis neun. Haben Sie noch was zu sagen?«

Margit legte die Stirn in Falten. »Bis neun?«

»Die Leute, mit denen ich mich vorhin getroffen habe, haben mir bis heute abend Zeit gegeben, diese Geschichte mit Ihnen zu klären. Ich habe ihnen gesagt, ich glaube nicht, daß ich dazu imstande bin, da Major Margit Falk meiner Ansicht nach unter angeborenem Eigensinn leidet.«

Sie zuckte die Achseln und wich seinem Blick aus. »Falls dem so ist, so hat das jedenfalls nie dazu geführt, mich einem Befehl zu widersetzen.«

»Es gibt für alles ein erstes Mal«, sagte er. »Ich erteile Ihnen hiermit den Befehl, die Untersuchungen im Fall Joycelen und Cobol ein für allemal einzustellen.«

Sie biß sich auf die Lippen. »Sir, ich muß Ihnen mit allem Respekt sagen, daß ich das nicht kann.«

»Sehen Sie, was ich meine?«

»Sie kannten meine Antwort im voraus.«

»Allerdings.«

Was passiert um neun? überlegte sie. Sie fragte ihn.

»Ich habe meinen Kollegen gesagt, ich würde mich um sechs mit Ihnen treffen und Ihnen den unmißverständlichen Befehl geben, die Sache fallenzulassen. Aber da ich von vornherein nicht geglaubt habe, daß Sie diesen akzeptieren würden – ach, übrigens, ist Ihnen klar, daß Sie mit einer unehrenhaften Entlassung wegen Befehlsverweigerung rechnen müssen, wenn Sie nicht gehorchen?«

Die Worte taten weh, überraschten sie jedoch nicht weiter. Sie nickte.

»Ich habe denen gesagt, Sie würden sich meinem Befehl höchstwahrscheinlich widersetzen, selbst wenn Ihr Offizierspatent und ihre Karriere dabei auf dem Spiel stünden. Ich habe ihnen gesagt, daß man damit aus Ihnen lediglich eine zornige Zivilistin machen würde, die mit ihren Anschuldigungen an die Öffentlichkeit geht, einen Mordspresserummel veranstaltet, und daß uns die Versuche, Ihre Behauptungen zu widerlegen, eine Menge Zeit kosten würden. Ich habe ihnen für den Fall, daß sich mein Verdacht als korrekt erweisen würde, vorgeschlagen, sich heute abend selbst mit Ihnen zu treffen. Wir haben uns auf neun geeinigt. Ich schlage vor, daß Sie kommen.«

»Ist dieser ›Vorschlag‹ ein Befehl?« fragte Margit.

»Das überlasse ich Ihnen.«

»Ich werde da sein.«

»Viertel vor neun. Hier. Und bevor Sie gehen, gibt es sonst noch etwas, worüber Sie sich Luft zu machen gedenken? Ich hasse Überraschungen.«

Margit zögerte, aber nicht lange. Sie war nun schon so weit gegangen; da konnte sie es genausogut zu Ende bringen.

»Dr. Joycelen wurde ermordet, weil er als Informant für Wishengrads Ausschuß tätig war. Er hat Informationen über das Projekt Safekeep verkauft.«

»Das habe ich auch schon gehört. Er wurde dafür bezahlt?«

»Ja, Sir. Aber ich habe noch etwas anderes erfahren, etwas weitaus Wichtigeres.«

»Und das wäre?«

»Man hat mir gesagt – und ich lasse meine Quelle lieber ungenannt –, daß die Atomwaffe, die im Nahen Osten getestet wurde, von uns selbst geliefert wurde.«

Bellis verzog keine Miene. »Identifizieren Sie die Quelle dieser Behauptung«, sagte er in einem Ton, der keinen Widerspruch duldete.

Margit ignorierte ihn. »Dr. Joycelen, so habe ich erfahren, hatte eben damit begonnen, Wishengrads Ausschuß mit diesbezüglichen Informationen zu versorgen.«

Bellis kam um den Schreibtisch herum und stand nun über ihr. »Ich denke, unser Treffen um neun ist damit nicht mehr nur wichtig, sondern von entscheidender Bedeutung.« Er trat in die Mitte des Raumes und stand jetzt mit dem Rücken zu ihr. Die Hände in die Hüften gestemmt, schien er tief in Gedanken. Als er sich ihr wieder zuwandte, sagte er: »Alles, was ich an gesundem Menschenverstand habe, sagt mir, Sie unter Hausarrest zu stellen. Aber etwas anderes sagt mir, daß Sie pünktlich um Viertel vor neun wieder in diesem Büro sein werden. Welcher Seite soll ich folgen?«

Das Wort »Hausarrest« war ein Schlag für sie. Es schien ihr langsam zur Gewohnheit zu werden, einfach vorwärts zu stürmen, trotz aller möglichen Folgen, außerstande, auf die Bremse zu treten. Sie war zu weit gegangen. Nein, sie war zu weit gesprungen, und das kopfüber. Aber Hausarrest? Unehrenhafte Entlassung wegen Befehlsverweigerung? Wie hatte ihr das nur passieren können? Bellis wartete auf eine Antwort. »Hausarrest ist nicht nötig«, sagte sie. »Ich werde hier sein.«

Er knöpfte den obersten Knopf seines Hemds zu und zog die Krawatte zurecht. Er öffnete die Tür. Margit kam so vieles in den Kopf, was sie noch hätte sagen können, aber sie schwieg. Mit symbolischer Wucht schloß er die Tür hinter ihr.

Margit ging in ihr Büro und ließ sich auf ihren Stuhl fallen. Ein Flugblatt auf ihrem Schreibtisch stach ihr ins Auge. Im Auditorium war für sieben eine Versammlung der Vereinigung der Frauen in Uniform anberaumt, auf die sie hatte gehen wollen. Warum nicht, dachte sie. Allemal besser, als bis zu ihrer Hinrichtung hier herumzusitzen.

Als sie das Auditorium betrat, in dem sich bereits Hunderte von uniformierten Frauen versammelt hatten, fragte sie sich, ob sie sich wohl auf das Programm des Abends würde konzentrieren können. Ihre Sorge erwies sich jedoch als unbegründet. Es gab einen Vortrag von Pat Schroeder, der demokratischen Kongreßabgeordneten aus Colorado, die vor einiger Zeit mit einigen anderen eine Gesetzesvorlage eingereicht hatte, den über vierzig Jahre alten Paragraphen zu ändern, der Frauen von Kampfeinsätzen ausschloß. Auch der Senat hatte sich der Vorlage nicht gänzlich abgeneigt gezeigt. Die Regierung Bush freilich hatte die Vorlage an den unvermeidlichen Ausschuß weitergegeben, in diesem Fall ein vom Präsidenten handverlesenes Gremium, das darüber nachdenken und irgendwann 1993–2003 oder vorzugsweise noch später – seinen Bericht abliefern sollte.

»Tatsache ist jedoch«, sagte Schroeder, »daß das Militär ohne seine Frauen gar nicht auskommt, und zwar in jeder nur denkbaren Rolle. 1968 gab es in den Streitkräften nur vierzigtausend Frauen. Heute sind es weit über eine Viertelmillion, und die Zahl ist im Steigen begriffen. Sie, meine Damen, sind sich der Heuchelei des Gesetzes, das es Ihnen verbietet, sich am Kampfgeschehen zu beteiligen, sehr wohl bewußt. Viele von Ihnen waren bereits im Kampfeinsatz – auch wenn man es offiziell als etwas anderes bezeichnet hat.«

Das Publikum applaudierte.

Sie fuhr fort. »Sie haben im Persischen Golf Ihr Leben aufs Spiel gesetzt, und Sie haben Ihr Leben gelassen. Jetzt sieht es aufgrund eines drohenden Atomkriegs in jener Gegend so aus, als würde man Sie einmal mehr aufrufen, Seite an Seite mit Ihren männlichen Kollegen zu dienen, und Sie werden sich dieser Aufgabe ebenso ehrenvoll und hervorragend stellen wie bisher. Ich war außerordentlich stolz darauf, mit meiner Abgeordnetenkollegin Beverly Brown eine entscheidende Gesetzesvorlage erarbeitet und damit möglicherweise ein klein wenig zur Erleichterung der vollen Gleichberechtigung jener Frauen beigetragen zu haben, die die Verfassung dieses Landes seit seiner Gründung verteidigen helfen.«

Der Applaus war diesmal lauter. Viele standen auf.

Pat Schroeder schloß ihre Ansprache, indem sie die Gesetze einiger anderer Länder zitierte, nicht nur in bezug auf Frauen im Kampfeinsatz, sondern überhaupt auf deren Rolle im Militär. Sie erwähnte Italien und Spanien, die Frauen völlig vom Militärdienst ausschlossen. In Deutschland gab es eine Handvoll Frauen im Sanitätsdienst. Kanada und Dänemark bildeten Kampfpilotinnen aus; die Briten hatten die Richtung eingeschlagen, in die sich auch Schroeders und Byrons Gesetzesvorlage bewegte; und Israel zog Frauen grundsätzlich ein, auch zu Kampfeinheiten, nahm sie jedoch heraus, wenn diese tatsächlich in die Schlacht geschickt wurden.

»Ich danke Ihnen für die Gelegenheit, heute abend hier zu sprechen. Die unermüdliche Arbeit Ihrer Organisation hat uns unserem Ziel, die Frau Schulter an Schulter mit dem Mann in den Kampf ziehen zu sehen, um einiges nähergebracht. Man kann Ihnen nur gratulieren.«

Margit war zugleich bewegt und deprimiert. Sie glaubte an das, wofür diese Gesetzesvorlage stand, und war besonders stolz auf die Luftwaffe, die einzige Waffengattung, die in jüngsten Anhörungen den Gedanken der Frau in der Schlacht offen begrüßt hatte. Gleichzeitig war sie sich schmerzhaft darüber im klaren, daß sie kurz davor stand, eine Karriere zu zerstören, in die sie so viele Jahre investiert hatte.

Sie warf einen Blick auf die Uhr: acht Uhr dreißig. Zeit, zu Bellis' Büro zurückzukehren und sich ihrer Verantwortung zu stellen. Ihrer Verantwortung? Oder dem Feind? Sie war drauf und dran, Mac Smith anzurufen, um seinen Rat einzuholen. Sollte sie hingehen? Sollte sie sich aus dem Staub machen? Nein. Hierbei konnte er ihr nicht helfen. Hier war sie ganz auf sich gestellt, und sie mußte das durchziehen. Hier ging es nicht um juristische Feinheiten. Sie war eine Offizierin der Luftwaffe und nun aufgerufen, sich wegen Befehlsverweigerung zu verantworten, so stillschweigend diese auch immer über die Bühne gegangen sein mochte.

Sie saß in Bellis' leerem Vorzimmer. Um zehn vor neun

kam er herein und verschwand in seinem Büro. Einige Augenblicke später tauchte er wieder auf. »Gehen wir«, sagte er.

Sie schloß sich ihm an, hielt sich links von ihm, aber leicht versetzt,wie ihr geringerer Rang es gebot. Sie wünschte, ihre Absätze würden nicht solchen Lärm auf dem blanken Boden machen. Sie waren unterwegs zum zweiten Stock des E-Rings, wo die Vereinigten Stabschefs ihre Büros hatten. Hier waren die Korridore mit Teppichen ausgelegt; es war still. Das Licht war gedämpft, eine Energiesparmaßnahme. Einige Leute waren noch bei der Arbeit, aber verglichen mit der üblichen hektischen Betriebsamkeit des Pentagon herrschte eine surrealistische, fast traumartige Atmosphäre.

Vor einer Tür mit der Aufschrift BRUCE A. MASSINGILL, Staatssekretär für Politik, blieben sie stehen. »Warten Sie hier«, sagte Bellis. Er klopfte, hörte »Herein« und trat, Margit allein lassend, ein. Er schien ihr eine Ewigkeit weg zu sein. Dann ging die Tür wieder auf, und Bellis sagte: »Kommen Sie rein, Major.«

Ein Captain und ein Colonel saßen im Vorzimmer. Der Captain stand auf, trat an eine Tür und klopfte, öffnete sie dann einen Spalt und steckte den Kopf hinein. »Sie sind hier, Sir«, sagte er. Ohne ein weiteres Wort öffnete er die Tür ganz und nahm Haltung an, als Bellis und Margit in den privaten Konferenzraum des Staatssekretärs traten.

Der große Raum war noch spärlicher beleuchtet als die Korridore. Am Kopfende eines langen, auf Hochglanz polierten Kirschholztisches saß Staatssekretär Massingill. Sie hatte ihn schon oft auf Fotos gesehen und nicht nur von seiner beträchtlichen Macht gehört, sondern auch davon, daß er sie ausgesprochen genoß.

Auf diese Entfernung sah er klein aus. Das an den Schläfen graue Haar war kurz; er trug einen dunklen Anzug und Krawatte. Das Hemd bildete ein weißes V auf seiner Brust. Sein Dutzendgesicht verriet nicht die geringste Emotion. Zu seinen Seiten saßen noch drei weitere Offiziere. Margit wurde zwei von ihnen vorgestellt: General Walker Getlin, zweiter Vorsitzender der Vereinigten Stabschefs, und Joseph Carter, stellvertretender Direktor der Abteilung Außenpolitik beim CIA. Sie gab zu verstehen, daß man ihr Major Anthony Mucci nicht vorzustellen bräuchte.

»Setzen Sie sich«, sagte Massingill mit einer Geste auf die Stühle zu beiden Seiten des Tisches. Margit nahm den neben Carter; Bellis setzte sich ihr gegenüber. »Schön, daß Sie zu so später Stunde hergefunden haben«, sagte Massingill. Die Freundlichkeit seiner Worte überraschte sie. Sie hatte sie nicht erwartet, nicht nur aufgrund seines Rufs, sondern auch der Umstände wegen.

»Wie ich höre, Major Falk, hat Colonel Bellis Ihnen gegenüber heute sehr deutlich unser Mißfallen zum Ausdruck gebracht, was einige Ihrer Aktionen der letzten Zeit anbelangt. Er hat Ihnen befohlen, diese einzustellen. Sehe ich das richtig?«

Margit räusperte sich. »Ja, Sir, das ist richtig.«

»Wie ich nun höre, haben Sie Colonel Bellis wissen lassen, daß Sie nicht die Absicht haben, seinem Befehl Folge zu leisten. Sehe ich auch das richtig?«

»Jawohl, Sir.«

»Ich bin sicher, Sie sind sich darüber im klaren, Major Falk, daß das Militär eine derartige Insubordination weder tolerieren kann noch tolerieren wird.« Margit nickte.

»Vielleicht wollen Sie mir erklären, warum Sie eine so außerordentliche Karriere bei der Luftwaffe der Vereinigten Staaten wie die Ihre so einfach aufs Spiel setzen wollen.«

Margit atmete tief durch, blickte dann hinüber zu Colonel Bellis und schließlich auf ihre Hände, die sie auf den Tisch gelegt hatte. Sie war sich nicht sicher, ob sie noch einmal erklären konnte, warum sie Cobol seinen guten Namen zurückgeben wollte. Sie hatte es bereits Foxboro, Mac und Annabel Smith, Bill Monroney und erst wenige Stunden zuvor Bellis zu erklären versucht.

»Major Falk«, sagte Massingill. »Ich habe Sie etwas gefragt.«

»Sir, ich glaube Colonel Bellis hat Ihnen bereits gesagt, warum ich mich in diese Situation begeben habe. Ich tat es bewußt und übernehme dafür die volle Verantwortung. Ich habe nicht darum gebeten, in den Mord an Dr. Joycelen hineingezogen zu werden, aber man hat mir den Auftrag gegeben, den Mann zu verteidigen, dem man den Mord an ihm zur Last legte, Captain Robert Cobol. Ich bat darum, mich von dieser Aufgabe zu entbinden, was Colonel Bellis jedoch ablehnte. Trotz meiner starken Vorbehalte bin ich seinem Befehl gefolgt. Als Ergebnis davon sowie aufgrund meiner Entschlossenheit, als Verteidigerin mein Bestes zu geben, habe ich einen jungen Mann kennengelernt, einen guten Soldaten, einen anständigen Menschen und die Mutter dieses jungen Mannes. Ich kam zu der Überzeugung, daß Captain Cobol Dr. Joycelen nicht erschossen hat. Davon bin ich auch jetzt noch überzeugt. Ich bin außerdem davon überzeugt, daß Captain Cobol sich nicht selbst erhängt hat. Er wurde eliminiert, um jemanden oder etwas zu schützen, das für Joycelens Tod verantwortlich war. Cobols Mutter lebt mit dem Alptraum, daß man ihren Sohn als Mörder eines bedeutenden amerikanischen Wissenschaftlers zu Grabe getragen hat. Ich weiß nicht, ob ich, wäre ich an ihrer Stelle, damit leben könnte. Ich muß damit leben, daß man meinen Vater völlig unfairerweise zum Austritt aus dem Militärdienst gezwungen hat, nur weil jemand log und ein Vorgesetzter ihm etwas nachtrug.

Ich bin ein stolzer und engagierter Offizier und bin es immer gewesen. Das geht aus meiner Akte hervor. Ich bin der Ansicht, Befehle sind da, um befolgt zu werden – es sei denn, sie verstoßen gegen das Gesetz. Der Befehl, meine Untersuchungen darüber, was es mit Joycelen und Cobol auf sich hatte, zu beenden, verstößt nicht an sich gegen das Gesetz. Aber die Anklage gegen Cobol tut es, wenn ich mit meiner These richtig liege, mit Sicherheit. Mord war noch nie legal.«

Es herrschte eine unheimliche Stille im Raum. Die Männer

starrten sie an. In diesem Augenblick der Stille traf sie wie ein Blitz folgende Frage. Hier saß sie, zusammen mit einigen der höchsten Tiere des amerikanischen Militärs, die vermutlich gekommen waren, um die höchste Strafe über sie zu verhängen, die es gab: die unehrenhafte Entlassung aus dem Militärdienst. Aber wenn dem so war, warum dann hier, um neun Uhr abends, in Gegenwart so mächtiger Leute?

General Getlin, der zweite Vorsitzende der Vereinigten Stabschefs, meldete sich zu Wort: »Wenn ich richtig verstehe, sind Sie sich der Tatsache bewußt, daß Dr. Joycelen den Senator aus Wisconsin und seinen Stab mit Informationen versorgte, die die Entwicklung eines wichtigen Waffensystems, des Projekts Safekeep, ernsthaft gefährden könnten.«

»Ja, Sir, dessen bin ich mir bewußt«, erwiderte Margit. »Ich bin mir auch der Tatsache bewußt, daß man es für sehr wichtig hält.«

Joe Carter vom CIA meldete sich: »Colonel Bellis hat uns darüber informiert, daß Ihnen jemand den absurden Gedanken eingeredet hat, dieses Land, diese Regierung habe einem Wahnsinnigen eine Atomwaffe in die Hand gegeben, um auf diese Weise eine Erhöhung des Verteidigungshaushalts zu erzwingen.«

Margit hatte gehofft, daß man das nicht zur Sprache bringen würde. Es tat ihr bereits leid, es Bellis gegenüber erwähnt zu haben. Sie stand auf. »Sir, man hat mir gesagt, daß Dr. Joycelen nicht nur Informationen verkauft hat, die dem Projekt Safekeep schaden könnten, sondern daß er überdies dabei war, besagtem Senator Informationen über die von Ihnen angesprochene Anschuldigung zu liefern. Ich weiß nicht, ob sie der Wahrheit entspricht oder nicht. Wenn ja, dann macht das meinen Kreuzzeug für Robert Cobols Namen, wie Sie es nennen, unwichtig. Wenn das tatsächlich wahr ist, so ist dies nicht das, wofür mein Land, meine Regierung oder mein Militärdienst angeblich stehen. Es verstößt, wie Mord, gegen das Gesetz.«

Margit sah im schwachen Licht, wie sich auf Massingills

Lippen ein schmales Lächeln bildete. Er hob den Kopf und musterte sie mit gesenkten Lidern. Sein Lächeln hatte nichts Warmes. Es schoß vielmehr einen eisigen Blitz in ihre Richtung. »Major Falk«, sagte er, »wir sind hier nicht zusammengekommen, um Sie für Ihre Unbedachtheit zu bestrafen. Wir verlieren nicht gerne gute Offiziere, und es ist unsere – meine – Politik, besondere Mühe darauf zu verwenden, daß uns gute Offiziere wie Sie erhalten bleiben. Aber zuweilen verrennt sich selbst ein wohlmeinender Offizier in einen Sumpf aus falschen Informationen und unklugem Engagement. Ich denke, es liegt an uns, derlei falsche Informationen mitsamt den Schlüsseln, die ihnen unweigerlich folgen, zu entkräften. Haben Sie mich verstanden?«

Was Margit verstand, war, was Bellis ihr vorhin schon gesagt hatte: Wenn man sie aus dem Militär warf, würde sie als Zivilistin zu einer unberechenbaren Größe, die es in der Hand hatte, den Männern in diesem Raum, und nicht nur ihnen, das Leben schwer zu machen. Außerdem mußte sie an Cobol denken, der gegen den Paragraphen 1332 verstoßen hatte und dasselbe zu hören bekommen hatte wie sie: daß es nicht im Interesse des Militärs liege, einen »guten Offizier« zu verlieren.

»Sir«, sagte sie, »es würde mich sowohl freuen als auch von einer schweren Last befreien, wenn sich herausstellen würde, daß ich unrecht habe. Ich wünschte, all das wäre nicht passiert und würde einfach verschwinden. Falls Ihnen gelingt, was Sie eben sagten, ich wäre Ihnen äußerst dankbar. Es würde bedeuten, daß ich mich mit neuem Engagement wieder meinen Pflichten widmen könnte.«

»Bitte, setzen Sie sich«, sagte Massingill. Er nickte Mucci zu, der hinter Massingill trat und an der Wand hinter ihm zwei Türen beiseite schob, so daß ein Fernsehgerät zum Vorschein kam. Er schaltete es ein und danach einen Videorecorder. Er nahm eine Kassette aus einer Aktentasche, die vor ihm gelegen hatte, schob sie in den Recorder, sorgte mit den

Dimmern für ein mattes kupferfarbenes Glühen im Raum und drückte dann auf »Play«.

Margit fragte sich, ob sie wohl ein weiteres Band über den Atomwaffentest im Nahen Osten zu sehen bekäme. Aber als auf dem Monitor ein Bild erschien, spielte sich vor ihren Augen eine aus einem steilen Winkel heraus aufgenommene Szene ab.

Ein Mann stand neben dem lila Wasserspender im Keller des Pentagon. Er sah auf die Uhr und murmelte etwas vor sich hin. Joycelen! Es war Richard Joycelen.

Gnadenlos zeichnete die Kamera auf, was weiter geschah. Er – Joycelen – warf einen weiteren Blick auf seine Uhr. Dann Schritte. Wieder ein Blick auf die Uhr. Ein zweiter Mann trat auf den Plan. Er richtete eine Waffe auf Joycelen. Keiner von beiden sagte etwas. Der zweite Mann schoß. Die Kugel zerschmetterte Joycelens Brille und sog Haut und Knochen in das klaffende Loch, das zwischen seinen Augen war. Joycelens Lippen formten ein Wort, aber es war nichts zu hören. Der Wissenschaftler sackte zusammen und rutschte, gegen den Wasserspender gelehnt, zu Boden; ein grotesk samtenes Rot überzog sein Gesicht.

Das Bild auf der Mattscheibe verlosch. Mucci nahm die Kassette aus dem Gerät und verstaute sie wieder in seiner Tasche; dann drehte er das Licht wieder auf die Helligkeit von vorhin. Die Männer im Raum musterten Margit, um zu sehen, wie sie reagierte – wie Ärzte angesichts irgendeiner exotischen Operation. Sie sahen, daß sie mit großen Augen, den Schrecken ins Gesicht geschrieben, zu zittern begann.

»Zufrieden?« fragte Massingill.

Sie war wie betäubt, sprachlos.

Joycelen war von Captain Robert Cobol erschossen worden.

»Sie brauchen sich nicht länger Sorgen darüber zu machen, wie Sie seinen Namen reinwaschen sollen, Major«, sagte Massingill. »Sein Name ist deshalb besudelt, weil er es verdient.

Ich schlage vor, wir gehen alle nach Hause, schlafen uns ordentlich aus und widmen uns morgen wieder der entmutigenden Aufgabe, dieses Land gegen jene zu verteidigen, die es gern zerstört sähen. Ach, übrigens, Major Falk, ich habe mir persönlich die Akte Ihres Vaters angesehen. Es sieht ganz so aus, als wäre er das Opfer eines unfaires Prozesses geworden. Ich habe angeordnet, ihn posthum zu belobigen und zu befördern.«

Margit kämpfte gegen die bitteren Tränen an. Sie stand auf und sagte laut: »Falls Cobol es getan hat, dann hat man ihm gesagt, daß er es tun soll. Er wurde dazu programmiert. Er wurde erpreßt oder einer Gehirnwäsche unterzogen.« Diese kurze Erklärung kostete sie ihre letzten Kraftreserven. Sie setzte sich wieder.

»Ihre lebhafte Einbildungskraft wird ziemlich rasch wieder in der Realität landen«, sagte Massingill. Er trat hinter sie und legte ihr eine Hand auf die Schulter. »Ich bin froh, daß wir den Fall für Sie lösen konnten, Major. Ich denke, Sie werden sehen, daß Ihr nächster Auftrag der Traum eines jeden Hubschrauberpiloten ist. Colonel Bellis wird Ihnen alles Nähere mitteilen. Major Mucci wird Sie aus dem Haus begleiten.«

Er nahm die Hand weg und ging zur Tür; Getlin und Carter folgten ihm. »Gute Nacht«, sagte er. »Machen Sie bitte das Licht aus, wenn Sie gehen.«

Mucci stand an der Tür und nahm Haltung an. Margit blickte über den Tisch hinweg Bellis an, der ihr um Jahre gealtert schien. »Ich würde jetzt gern gehen«, sagte sie.

Bellis stand auf. Mit hängenden Schultern stand er da; er vermied es, sie anzusehen.

An Mucci gewandt, sagte sie: »Niemand wird mich irgendwohin begleiten, und vor allem nicht Sie.«

Er sagte nichts, behielt aber seine militärische Haltung bei.

»Entschuldigen Sie uns bitte, Major«, sagte Bellis. Als Mucci nicht reagierte, wurde Bellis lauter: »Verlassen Sie den Raum, Major Mucci. Wir sind gleich bei Ihnen.«

»Ja, Sir«, sagte Mucci.

Als er draußen war, wandte sich Bellis an Margit. »Tut mir leid.«

»Was tut Ihnen leid? Daß ich mit Cobol unrecht und doch recht hatte? Daß man mich so offensichtlich zu bestechen versucht, damit ich ein braves kleines Mädchen bin und den Mund halte?«

»Nein«, antwortete Bellis. »Es tut mir leid, daß dieser Abend überhaupt stattgefunden hat. Was werden Sie tun?«

»Morgen? Ich weiß nicht. Heute abend? Ich habe einige Anrufe zu machen.«

»Ich bewundere Sie, Major«, sagte Bellis.

»Mich bewundern? Weswegen?«

»Wegen Ihrer festen Überzeugungen. Haben Sie die von Ihrem Vater?«

Ihr Blick verschleierte sich. »Ich nehme an«, sagte sie mit einer Stimme, die jeden Augenblick brechen konnte.

»Manchmal sehen sich unsere Überzeugungen von pragmatischen Notwendigkeiten beiseite geschoben«, sagte Bellis. Margit hob die Brauen. »Die Karriere, die Familie oder einfach nur über die Runden zu kommen«, fuhr er fort. »Und manchmal wegen eines Glaubens, der einer näheren Betrachtung nicht standhält. Wie heute abend.« Er setzte sich auf seinen Stuhl; das schwache Licht im Raum sorgte dafür, daß eine Hälfte seines Gesichts im Schatten blieb. »Gehen Sie, machen Sie Ihre Anrufe«, sagte er. »Ich denke, ich bleibe noch ein Weilchen sitzen. Ich habe noch zu überlegen.«

Sie ging zur Tür, blieb stehen und wandte sich um. Er lächelte und salutierte im Sitzen. Sie ging hinaus.

Mucci hatte vor der Tür Haltung angenommen. Trotz Margits Einwänden folgte er ihr bis zu einem der Ausgänge des Pentagon. Er hielt ihr die Tür auf. »Nehmen Sie den Rat an«, sagte er, seine Augen waren rabenschwarz, seine Lippen bewegten sich kaum.

Sie nahm Haltung an. »Nein, Major, Sie nehmen *meinen*

Rat an. Sollten Sie mich je anrühren – oder auch nur in meine Nähe kommen –, dann singen Sie für den Rest Ihres Lebens im Knabenchor!«

34

März des folgenden Jahres.

Henry »Hank« Wishengrad, der Senator aus Wisconsin, saß auf dem Stuhl des Vorsitzenden vom Senatsausschuß für die Streitkräfte und blickte nach unten. Seine Brille saß gefährlich weit vorn auf der Nasenspitze. Seine Stimme entsprach seiner unerbittlichen Miene.

»Die Aussage, die Sie heute hier gemacht haben, ist allein schon ihrer Weiterungen wegen erschreckend. Natürlich wünschte ich, Sie könnten uns handfeste Beweise für die Anschuldigungen liefern, die Sie hier vorbringen. Auf der anderen Seite würde es mich angesichts der Tatsache, daß der Großteil unserer militärischen und nachrichtendienstlichen Einrichtungen unter einer Decke der Geheimhaltung operieren, nicht überraschen, wenn die schriftlichen Beweise, wie Sie sie hier beschreiben, längst den Zähnen eines Aktenvernichters anheimgefallen wären. Wir haben das Videoband, von dem Sie uns erzählt haben, angefordert, aber man hat uns gesagt, ein solches Band hätte nie existiert. Wir haben den New Yorker Psychiater, Dr. Marcus Half, vorgeladen, aber er verweigert unter Berufung auf seine ärztliche Schweigepflicht die Aussage. Der Sanitätsarzt, der Captain Cobol in seiner Zelle besuchte, behauptet, er hätte lediglich ein Sedativum verabreicht, da der Captain in höchstem Maß erregt gewesen sei und laut Ansicht des Arztes eine Gefahr für sich selbst darstellte. Warum ein Militärarzt so einfach derlei Entscheidungen treffen und Injektionen verabreichen kann, ist eine Frage, mit der sich dieser Ausschuß gelegentlich beschäftigen sollte. Ob wir dieser Angelegenheit je auf den Grund kommen werden, bleibt Spekulation. Ich will Ihnen jedoch eines sagen, Ms. Falk: Sie sind eine ausgesprochen couragierte Frau, so wie Sie zu Ihren Prinzipien gestanden haben – eine so gediegene militärische Karriere aufzugeben und hier vor diesen Ausschuß und das amerikanische Volk zu treten, um Recht in einer Sache zu fordern, die, falls sie sich beweisen läßt, einen ganz unglaublichen Mißbrauch von Macht darstellt. Ich möchte noch weitergehen. Jeder, Zivilist oder Militär, der das Gesetz in die eigenen Hände nimmt und für seine privaten Zwecke nutzt, stiehlt uns unser Land unter den Füßen weg. Es sind unsere eigenen Leute, aber sie sind einer wie der andere Verräter.«

Margit lächelte Wishengrad kraftlos an. Ihre Augen wandten sich Jeff Foxboro zu, der links hinter dem Senator saß. Er war der Anhörung wegen ihr Verbündeter geworden. Was immer noch an persönlichen Gefühlen zwischen ihnen beiden übrig war, hatten sie in den Bereich der Erinnerungen verbannt.

»Kann ich noch eine letzte Erklärung abgeben?« fragte Margit.

»Sie können so viele Erklärungen abgeben, wie Sie wünschen, Ms. Falk.«

»Der traurigste Tag meines Lebens war der, an dem ich auf mein Offizierspatent bei der Luftwaffe der Vereinigten Staaten verzichtete. Jedesmal, wenn ich morgens meine Uniform anzog, war ich stolz – sie gab meinem Leben einen Sinn. Und doch glaube ich, mich nie so patriotisch gefühlt zu haben wie heute. Dieses Land, diese Regierung und die Streitkräfte, die ihm dienen, bestehen aus Tausenden von engagierten und qualifizierten Männern und Frauen. Sie verrichten ihre täglichen Aufgaben in dem Glauben, dem Wohl ihres Landes und seiner Menschen zu dienen. Aber es gibt innerhalb dieser Gruppe von guten Leuten jene, die um der Verwirklichung ihrer eigenen Prophezeitungen willen Gesetze und Regeln untergraben. Sie glauben, so nehme ich an, daß, was auch immer sie da tun, gut und recht ist. Aber wir sind eine Nation mit Gesetzen, was mich dazu veranlaßt hat, Anwältin zu werden. Diese Leute – und mein einziger Trost dabei ist, daß es so wenige sind – ignorieren genau das, was sie ihrem Auftrag gemäß schützen sollen. Sie haben das Dorf abgebrannt, das sie retten sollten, wie wir das aus Vietnam gehört haben. Sie maßen sich an, selbst zu entscheiden, was für dieses Land gut ist und ignorieren dabei jene, denen das Gesetz die Autorität verleiht, etwas anderes zu sagen. Zu meinem Unglück kam ich in direkten Kontakt mit dieser Minderheit, als man mich dem Pentagon zuteilte. Mein Leben hat sich dadurch dramatisch verändert, und ich werde mein Pech für den Rest meiner Tage bedauern. Aber ich würde bei diesem Ausschuß gern den Eindruck hinterlassen, daß ich stolz darauf war, mit den Männern und Frauen unserer Streitkräfte zu dienen, und sie immer mit diesem Stolz betrachten werde.« Ihre Augen füllten sich mit Tränen, und sie schloß mit brechender Stimme: »Ich danke Ihnen vielmals.«

Wishengrads Kollegin im Ausschuß meldete sich zu Wort. »Darf ich Ihnen, Ms. Falk – nein, ich denke, ich sage lieber Major Falk –, darf ich Ihnen sagen, daß Sie eine ganz außergewöhnliche junge Frau sind. Die Luftwaffe und dieses Land haben einen wertvollen Menschen verloren, und ich bedaure die Umstände, die zu Ihrem Abschied geführt haben. Aber seien Sie gewiß, daß dem Dienst, den Sie Ihrem Land hier und heute erweisen, mögen ihn auch die verdammen, die in diese skandalöse Episode unserer Geschichte verwickelt sind, unsere Dankbarkeit gebührt.«

Es war elf Uhr vormittags. Wishengrad verkündete eine zwanzigminütige Pause.

Als der Ausschuß aus der Pause zurückkam und der nächste Kandidat sich an den Zeugentisch setzte, bedachte Wishengrad Margit mit einem Lächeln. »Es freut mich, Sie noch hier zu sehen, Major Falk«, sagte er. Er betrachtete den nächsten Zeugen, der neben ihr saß. »Sie, Sir, sind offensichtlich aus demselben Holz geschnitzt. Sie können auf eine Karriere in unseren Streitkräften zurückblicken, die unsere Achtung verdient. Sie haben diesem Land bewundernswert und selbstlos gedient. Da Sie jedoch Prinzipien an die Spitze Ihrer Prioritäten gesetzt haben, sitzen Sie heute vor diesem Ausschuß, um gegen einige jener Männer auszusagen, denen Sie so treu gedient haben. Ich kann Ihnen dafür nur meine Hochachtung aussprechen.«

Colonel James Bellis saß in Uniform, aber mit hängenden Schultern da, die Ellenbogen auf den Tisch gestützt, das Gesicht wie in Blei gegossen. Margit sah zu ihm hinüber. Sie sind ein guter Mann, dachte sie. Sie und mein Vater, ihr hättet euch gut verstanden.

Um sechs Uhr machte Wishengrad Schluß, Bellis sollte seine Aussage am nächsten Tag fortsetzen. Der Colonel hatte alles erzählt, alles, was er über den Plan wußte, den Bruce Massingill ausgeheckt und eine kleine Gruppe von Gläubigen innerhalb des Pentagon ausgeführt hatte: den arabischen Diktator mit Atomwaffen zu versorgen, um in den Vereinigten Staaten für eine Panik zu sorgen, die den Kongreß zwingen würde, den Verteidigungshaushalt beträchtlich zu erhöhen. Seine Aussage war detailliert und überzeugend. Er war bei vielen der Schlüsseltreffen persönlich anwesend gewesen und hatte sogar ein Tagebuch geführt, das er dem Ausschuß vor seiner Aussage überlassen hatte. Da die Beteiligten sich alle Mühe gegeben hatten, keine Spuren zu hinterlassen, war es schwer, seine und Margits Aussagen mit handfesten Beweisen zu untermauern. Aber nach und nach brachte man sie zusammen, ein Stückchen führte zum nächsten, jede Aussage führte die Ermittler des Ausschusses auf neue Wege. Und die Nation saß wie ein Mann vor dem Fernseher, der die schockierende Wahrheit in die Wohnzimmer brachte.

Die Mitglieder von Consulnet, die man vorgeladen hatte, verweigerten ihr Erscheinen, und es gab keine Möglichkeit, die Vorladungen durchzusetzen. Außer Potamos waren sie allesamt Ausländer. Und Potamos hatte, als er hörte, daß man die Aktivitäten von Consulnet unter die Lupe zu nehmen gedachte, seine Siebensachen gepackt und war nach Griechenland gezogen. Foxboro hatte Margit jedoch – unter dem Siegel der Verschwiegenheit – anvertraut, daß das britische Mitglied des Waffenhändlerkonsortiums, Sanford Sheffield, unter dem großen Druck seiner Regierung weich zu werden begann und kurz vor einer Aussage stand.

Zum Abschluß der Sitzung wandte Wishengrad sich an Bellis und Margit: »Es gibt mir einigen Auftrieb zu sehen, wie Sie beide während dieses Verfahrens zusammengehalten haben. Sie vermitteln eine Solidarität, durch die Ihre Aussage – wenigstens was meine Wenigkeit anbelangt – an Glaubwürdigkeit gewinnt. Ich wünsche Ihnen einen schönen Abend und freue mich darauf, morgen fortfahren zu können.«

Ein scharfes Klopfen seines Hammers beendete den Sitzungstag.

Mac und Annabel hatten die Qual der Wahl zwischen zwei bevorzugten Tischen in Macs Lieblingssteakhaus, der Georgetown Filiale von Morton's of Chicago. Da gab es zum einen den Tisch in »Rosty's Rotunda«, an dem Dan Rostenkowski, der demokratische Vorsitzende des Haushaltsausschusses, zu sitzen pflegte, zum anderen »The Box«, einen Tisch unter einem großen Porträt des ehemaligen Sprechers der Demokraten, Tip O'Neill. Sie entschieden sich für die Box. Mac kannte und schätzte den mittlerweile im Ruhestand lebenden Bostoner Politiker.

Auch Annabel gefiel Morton's, was es Smith leichter machte. Normalerweise lehnte sie seine Vorschläge, in einen seiner geliebten Steaktempel zu gehen, konsequent ab; nicht so bei Morton's. Die leichtere Seite der Speisekarte sagte ihr zu, und dann natürlich die herzliche Begrüßung, die sie als beinahe schon Stammgäste erwartete.

»Ruft Margit heute abend an?« fragte Annabel, nachdem man ihnen die Shrimpscocktails serviert hatte. Es war der erste Tag der Anhörungen vor Wishengrads Ausschuß.

»Ich weiß nicht. Wenn ich sie wäre, würde ich schnurstracks nach Hause und ins Bett gehen«, antwortete Mac.

»Sie ist schon eine bemerkenswerte Person«, sagte Annabel. »Ihre Karriere aufzugeben für das, woran sie glaubt – diese Art Idealismus hätte man all den Yuppies beibringen sollen, die nur deshalb auf dem College waren, um als Investmentbroker das große Geld zu machen.«

»Oder als Anwalt«, fügte Smith hinzu. »Von ihrer Klasse gibt es nur wenige. Und sie scheint glücklich zu sein. Daß Bellis sich entschlossen hat, zu ihr zu stehen, hat großen Eindruck auf sie gemacht. Was für einen Eindruck hattest du denn von Bill Monroney?«

»Meine Jury berät noch über ihn. Offensichtlich ist er verrückt nach ihr. Wie lautet denn dein Urteil?«

»Margit muß zu einem Urteil kommen, nicht wir. Ich vertraue ihrem Urteilsvermögen. Sie hatte die besten Lehrer, die man sich denken kann.« Er setzte sich zurück und zeigte ihr ein schiefes Lächeln.

Auf der Polsterbank neben Smith lag die aktuelle Ausgabe der *Washington Post*. Er warf einen Blick auf die Schlagzeile der Titelseite: TRUPPEN IN GRENZSCHARMÜTZELN – DREI AMERIKANER TOT.

Außerdem gab es auf der ersten Seite den vierten Artikel einer Serie von Louise Harrison. Den Artikel zierte ein Foto vom Vortag: Margit und Colonel Bellis auf dem Weg aus dem Russellhaus, wo sie sich mit Wishengrads Stab getroffen hatten. Die ersten drei Artikel hatten den Fall Cobol-Joycelen in allen Einzelheiten aufgerollt – genauso, wie Margit ihn ihr erzählt hatte. Diesmal widmete sich die Harrison Consulnet und Massingills Verschwörung; sie zitierte dabei vor allem Colonel Bellis.

»Watergate. Iran-Contra. Die Oktoberüberraschungen.

Jetzt das.« Annabel seufzte. »Aber wenigstens kommt jetzt alles ans Tageslicht.«

»Ich meine, Beardsley hat unsere Truppen zu schnell in den Nahen Osten geschickt«, sagte Smith.

»Vielleicht hilft Margits und Bellis' Aussage, sie zurückzubringen.«

»Das glaubst du doch selbst nicht. Beardsley braucht den Krieg genauso wie Bush. Wir haben nicht gerade eine Zeit der Fettlebe. Außerdem ist es gut für die Hersteller von gelben Schleifen.«

Annabel lächelte. Ihr Gatte war wieder mal in zynischer Höchstform.

Sie fragte: »Wie, meinst du, geht es mit Margit weiter, wenn diese Geschichte vorbei ist?«

»Ich würde sagen, der könnte es nicht besser gehen. Dieser neue Helikopter-Service wußte schon, was er sich da einkauft. Drei Tage die Woche als Rechtsberaterin und zwei als Pilotin. Natürlich wird sie außerhalb des Militärs nie voll und ganz zufrieden sein. Sie ist eine treue Seele – nur daß es nicht die Dodgers sind, an denen sie hängt. Aber sie kommt schon zurecht. Sie hatte beim Militär sowieso keine Zukunft. Ich nehme an, das Schlimmste für sie war, Cobols Mutter ins Gesicht zu sehen. Ich wußte, wir würden von ihr hören, als Margit Mrs. Cobol die Wahrheit erzählte. Wenn sie einfach hätte verschwinden wollen, ohne Wishengrads Arbeit weiter zu verfolgen, dann hätte sie Mrs. Cobol angelogen und ihr gesagt, sie hätte den Namen ihres Sohnes nicht reinwaschen können, daß sie aber nach wie vor an seine Unschuld glaube. Sie hatte nie die Absicht, die Geschichte gut sein zu lassen. Von Anfang an nicht.«

Die Steaks waren nach Pittsburgher Art halbgar.

Sie nahm einen Bissen. »Ausgezeichnet.«

Er tat dasselbe. »Ausgezeichnet.«

»Mac«, sagte Annabel.

»Was?«

»Hat diese Geschichte mit Margit dich irgendwie verändert?«

»In welcher Hinsicht?«

»Hat sie in dir den Wunsch geweckt, wieder... wieder selbst in die Arena zu steigen? Größere Herausforderungen anzunehmen, als Jura zu lehren?«

»Nein«, antwortete Smith und genehmigte sich einen weiteren Bissen.

»Da bin ich aber froh«, sagte Annabel.

Ihre Blicke trafen sich; ein wissendes Lächeln umspielte ihre Lippen.

Annabels wurde zu einem zynischen Lachen. »Du lügst«, rief sie.

Smith schüttelte den Kopf. »Ich bin weder auf Trubel aus noch darauf, jemanden in die Schranken zu weisen, Annabel. Zufällig bin ich mit dem nichtssagenden, friedlichen und ereignislosen Leben, das ich gegenwärtig führe, durchaus zufrieden. Du gibst ihm all die Würze, die es braucht.«

»Wirklich?«

»Absolut.«

»Das gefällt mir. Ich wußte gar nicht, daß ich in deinen Augen soviel Pfeffer habe.«

»Alles, was ich an Pfeffer brauche.«

»Gut.«

Ihr Ober kam vorbei. »Kann ich noch mit etwas dienen?« fragte er.

»Etwas Meerrettich, bitte«, sagte Smith. »Aber den scharfen.«

GOLDMANN

Stuart Kaminsky

»Kaminsky schafft im besten Sinne Spannung, einerseits durch seine beeindruckenden Charaktere, andererseits durch die Glaubwürdigkeit der Gefahr. Er zeichnet ein authentisches Rußlandbild. Kaminsky ist ein phantastischer Autor.« Washington Post

Zwangsurlaub für Rostnikow 5801

Roter Regen 5089

Der Mann, der wie ein Bär ging 5157

Kalte Sonne 5111

Goldmann · Der Taschenbuch-Verlag